"성령과 공동선"이라는 개념은 21세기의 신학과 교회가 초점을 맞추어야 할 화급한 과제다. 그동안 개인 구원과 신비한 은사 체험의 수준에서 잠복해온 성령론은 이제 우리 세계의 주된 이슈들로 연결되며 발전하고 있다. 세대와 성별을 뛰어넘어 치유와 변혁을 일으키는 성령의 역할에 대한 이해와 신앙은 오순절의 진정한 비전을 구현하는 것임이 분명하다. 저자가 말한 것처럼 교회와 그리스도인의 삶은 자율적 의지에 따른 종교 공동체를 만드는 것이 아니라 그리스도의 생명을 형성하고 창조세계에 화해를 일으키는 성령의 공동체에 참가하는 것이다. 오늘날의 세계는 모두를 위한 선한 삶을 갈망하면서도 이러한 공동선의 역량이 생성되는 깊은 원천은 잃어버렸다. 공공선을 향한 기독교의 움직임도 신앙의 명분 아래 관념적·윤리적 자원에 의지하곤 한다. 이 책은 기독교 신앙의 변혁적 역량이 누구로부터, 누구에 의해서 비롯되는지 그 실체를 명징하게 전달한다.

**김선일** 웨스트민스터신학대학원 실천신학 교수

성령론은 자칫 개인주의적이며 체험적인 성령 체험에 근거한 힘과 에너지의 강력함을 배경으로 한 성령론에 치우칠 수도 있는데, 다니엘라 어거스틴의 성령론은 그것에 치우치지 않고 그것을 뛰어넘는다. 그가 펼치고 제시하는 성령의 역사는 시대가 겪는 아픔의 현장, 분쟁과 고통의 현실을 극복하는 현장성을 단단히 붙잡고 있다. 고아와 과부와 나그네를 돌아보는 공동체는 전적으로 타자를 섬기는 기독교의 영성을 실천한다. 그러한 섬김이 바로 모든 살인이 형제 살인임을 깨닫고 그것에 저항하는 결단이기 때문이다. 소비지향적인 이 세상에서 신자유주의라는 전대미문의 경제적 폭력성을 성찬이라는 공동선의 고백으로 극복해나가며 모든 모양의 폭력에 맞서 용서의 치유를 가져오는 성령의 역사를 소망하는 독자들이 이 책을 통해 성령의 음성을 들을 수 있기를 소망한다.

**김종일** 동네작은교회 담임, 개척학교 숲 대표코치

이 책은 오순절 신학에 대한 우리의 기대를 보기 좋게 무너뜨려 그 지평을 성령의 공동체가 추구하는 하나님 나라와 창조세계와 연관된 공동선이라는 이슈로 확장한다. 미국에서 출발한 오순절 운동의 전 세계적인 신학적 확산은 유럽과는 대개 무관한 주제처럼 보이지만, 이 책의 저자는 동유럽 상황에서 민족적 배타성과 타자에 대한 환대의 결핍을 비판하며 소위 "열린 오순절 운동"에 관한 담론을 전개하며 공적 영역의 중심 주제인 공동선을 하나님 나라 샬롬의 정치와 살림의 경제와 연결한다. 저자는 이런 주제들에 대해 오순절 운동이 강조하는 성령론적 관점에서 그 넓이와 깊이를 설파하는데, 우리는 이런 주장에서 한나 아렌트, 에마뉘엘 레비나스, 르네 지라르, 그리고 미로슬라브 볼프가 주

장하는 삼위일체, 타자의 얼굴과 환대, 모방적 폭력과 희생양 개념을 엿볼 수 있다. 이 책의 전반적인 사상적 흐름은 창조신학에 나타난 공동선에 대한 성령론적 해석과 참신한 접근을 보여준다. 이 책은 독자의 기대를 넘어서서 성령론적 공동체의 세상 속에서 참여와 관여를 창조세계 안에서 하나님이 행하시는 구속적이고 영적인 세계의 개선이라는 신학적 영역으로 확장한다. 오늘날 세계 곳곳에서 벌어지는 비극적인 현장에서 이 책을 읽는 독자는 성령론적 구원론과 창조론의 총체적 관점과 조화와 균형의 아름다움을 접하는 기쁨을 맛볼 것이다. 분열되고 깨진 세상, 증오와 폭력의 정치와 왜곡된 죽임의 소비주의가 지배하는 글로벌 사회 문화 속에서 삼위일체 하나님의 형상을 회복함으로써 하나님의 성품에 참여하고, 용서와 화해와 환대의 삶의 방식을 일상에 적용하고 맛보기를 원하는 모든 이들에게 일독을 권한다.

**최형근** 서울신학대학교 선교학 교수

오순절파에 속한 교회들은 대체로 교파 중심주의, 개교회 중심주의, 카리스마적인 목회자 중심주의 성향을 가지고 있고, 교회 사역 역시 방언과 예언 같은 은사를 통한 성령의 나타남, 병 고침과 귀신 추방을 통한 육신의 건강 회복, 그리고 이런 치유 사역을 통한 전도와 교회 성장에 집중하는 것으로 알려져 있다. 하지만 이 책의 저자가 연구의 대상으로 삼았던 동슬라보니아 지역의 오순절 교회는 이와는 다른 모습을 보여준다. 구유고슬라비아에서 발생했던 끔찍한 전쟁과 폭력, 갈등과 증오 가운데서 작은 규모이지만 오순절 교회들이 보여주었던 놀라운 모습에 대해 저자는 "그 갈등 속에서 그들이 취했던 역사적 중립성 덕분"에 그들이 "화해를 촉진하는 지위"를 얻었다고 말한다.

이 책은 "타자의 중요성"을 강조하는 레비나스, 삼위일체 하나님의 형상을 전 우주적으로 이해할 것을 촉구하는 몰트만, 그리고 인류의 공동체 본질을 강조하는 동방 정교회의 "소보르노스트"라는 교회의 이해 원리뿐 아니라 다양한 신학자의 의견을 한데 모아서 교회는 성령을 통해 공동선을 이루는 공동체가 되어야 함을 역설하고 있다. 이 책은 한국전쟁이 아직 종전되지 않은 상태로 남과 북이 극심한 대립 관계를 형성하고 있고, 사회의 여러 갈등과 분쟁, 투쟁들 가운데서 "역사적 중립성"을 견지하면서 "화해를 촉진하는 지위"를 얻기는커녕, 오히려 이런 갈등과 분쟁의 소용돌이 가운데서 길을 잃고 헤매는 것 같은 모습을 보이는 한국교회가 나아갈 길을 보여주는 한 줄기 빛을 제공해주는 선물과도 같다. 교파와 무관하게 대체로 오순절의 모습을 보이는 한국교회의 현재와 미래를 고민하는 목회자들과 신학생들에게 일독을 추천하는 바다.

**허성식** 홍콩 생명길신학교 선교학 교수

The Spirit and the Common Good

Daniela C. Augustine

# 성령은 어떻게 공동선을 증진하는가?

성령 안에서 인류와 세계의 참된 번영을 모색하기

다니엘라 C. 어거스틴 지음   김광남 옮김

새물결플러스

동슬라보니아 지역에서

평화를 만드는 이들에게

목차

*TheSpiritandth*

CommonGood

오순절파는 내세적이고 신비주의적이라는 평판과 공격적으로 세속적이고 정치적이라는 평판을 동시에 얻고 있다. 그들은 이성과 유용성을 망각한 듯 성령 안에서 방언을 말하고 춤을 추며, 건강과 명성, 풍요와 세속적 권력이라는 특징을 지닌 현재의 나라를 위해 일하고 기도한다는 말을 듣는다. 그리하여 외부인들이 아주 다른 형태의 오순절파가 존재하는 것을 상상하기가 어려울 때가 있다. 아주 폭넓은 독서의 모든 특징을 지닌 이 책에서 다니엘라 C. 어거스틴은 공동선에 참여하고 평화 구축에 전념하는 오순절주의, 다양한 문화를 가진 사람들에게 열려 있는, 그리고 어느 의미에서 오순절 날의 제자들처럼 다양한 "민족적·문화적" 언어를 말하는 오순절파를 제시한다.

어거스틴의 작품의 많은 부분은 동슬라보니아라고 불리는 크로아티아 지역의 오순절파 그리스도인들의 경험에 근거한다. 동슬라보니아의 수도는 오시예크인데, 그곳은 내가 태어난 곳이고 나의 아버지가 사역을 시작하셨던 곳이다. 또한 그곳은 나의 매형인 피터 쿠즈믹이 사역자이자 교육자로 일했던 곳이고 내가 젊은 신학자로서 나의 첫 번째 교수직을 얻었던 곳이기도 하다. 우리는 세상에 열린 오순절파, 전도와 치유 못지않게 배움과 사회적 참여를 강조하는 오순절파였다.

어거스틴은 이런 종류의 오순절주의를 찬양한다. 그 지역에서 나온 성인다운 삶에 대한 기록들은 "육신을 입은 하나님의 삶"을 가시적으로 보여주는데, 그것은 그녀의 이론적 본문 뒤에 있는 이야기이기도 하다. 하지만 그녀는 단지 그런 삶을 찬양하는 것 이상의 일을 한다. 그녀가 하는 일은 독특하고 중요하다. 그녀는 동방 정교회(와 상당한 양의 프랑스 철학)로부터 오는 자료의 도움을 받아가며 이처럼 열린 형태의 오순절주의를 분명하게 설명한다. 『성령과 공동선』은 성장하고 있는 세계적인 오순절파 신학에 창의적이면서도 매력적으로 공헌을 한다. 저자는 오늘날 가장 학식 있고 창의적인 오순절파 신학자 중 한 사람이다.

미로슬라브 볼프
예일대학교 조직신학 교수
신앙과 문화 연구소 설립자 겸 소장

# 감사의 글

이 연구는 구유고슬라비아에서 발생한 1990년대와 그 이후의 전쟁 기간에 동슬라보니아 지역의 오순절 공동체가 전개한 평화 구축 활동에 대한 2011-2012년 현장 연구에서 비롯되었다. 나는 그 지역의 오순절파 교회들과 크로아티아 오시예크에 있는 복음주의 신학교(ETS)의 은혜로운 환대와 물류 지원에 대해 감사드린다. 특히 내가 그 지역에서 30차례 이상 인터뷰를 계획하고 수행하도록 도와준 ETS의 교장인 피터 쿠즈믹 교수, 오시예크에 있는 오순절파 복음주의 교회 담임인 다미르 스폴자릭 목사, (크로아티아 하나님의 성회의 직전과 현재 총회장인) 조시프 젠드리코와 마테이 라자르 코바체비치 그리고 다비드 코바체비치에게 감사드린다.

2012년 여름에 나의 아들 조시아 C. 어거스틴(현재 미국 조지워싱턴 대학교에서 비교정치학 박사 과정 중에 있다)이 나의 연구 조교 노릇을 하며 내가 방대한 분량의 전쟁 문서들을 조사하는 것을 도와주었다. 그의 탁월한 조사 능력과 정치학 분야에서의 통찰은 이 프로젝트의 초기단계뿐 아니라 프롤로그와 에필로그를 형성하는 데도 아주 큰 도움이 되었다.

나의 대학원 조교인 알레얀드라 구아자르도와 마이클 오스틴 카메니치가 시간을 들여 내가 이 책의 색인을 완성하도록 도와준 것을 특별히 기억한다.

나는 리 대학교 행정부의 지속적인 정신적 지원에 대해 그리고 특히 폴 콘 총장, 데비 머레이 부총장, 종교학과장 테리 L. 크로스, 부학장 리키

무어, 신학과장 스킵 젠킨스가 해준 확언에 대해 감사드린다. 2012년 여름의 연구 보조금과 그 후에도 계속된 대학의 여행 보조금은 내가 동슬라보니아에서 수행한 현장 연구의 가장 중요한 부분에 자금을 지원했다.

이 프로젝트의, 특히 그것의 전례적·신학적 부분과 관련된 완성은 루이빌 연구소와 애팔라치아 대학 협회의 후한 보조금이 없었다면 불가능했을 것이다.

어드만스 출판사의 전 출판기획자 마이클 톰슨, 부사장 겸 편집장인 제임스 어네스트, 책임 편집자인 린다 비이즈, 그리고 인내하며 이 책의 출간을 위해 그들과 함께 나를 이끌고 격려해주었던 모든 이들에게 특별한 감사를 전한다.

늘 그렇듯이 이 책은 나의 모든 신학 작품의 신뢰할 수 있는 독자, 편집자, 통찰력 있는 검토자인 나의 남편이자 가장 좋은 친구인 조너선의 신실한 지원이 없었다면 결실을 보지 못했을 것이다.

마지막으로 이 작업의 완성은 몇 년에 걸쳐 이루어졌기에 이 책의 1장과 3장 중 하위 단락 중 일부가 이미 다른 형태로 출간된 적이 있다. 그런 출간물의 본문을 수정해 이 책에 재수록할 수 있도록 허락해준 여러 출판사와 저널 관계자들에게 감사드린다.

다니엘라 C. 어거스틴
리 대학교
2018년 가을

프롤로그

# 본문 배후의 이야기

## 문맥 엿보기

20세기의 마지막 10년은 유럽을 제2차 세계대전 이후 그 대륙이 목격했던 가장 무서운 폭력—이른바 "제3차 발칸 전쟁"[1]—으로 충격에 휩싸이게 했는데, 그것은 구유고슬라비아의 정치적·경제적 붕괴로 이어졌다. 그 전쟁은 그 지역 전체에 불길한 사회정치적 불안정을 촉발하면서 헤아리기 어려운 결과를 지닌 변덕스러운 다민족적이고 종교적인 긴장을 초래했다. 그 갈등의 기원은 여전히 논쟁의 주제가 되고 있으나,[2] 전쟁을 촉발하는 복잡한 사회정치적 사건들을 토머스 홉스(Thomas Hobbes)의 비관적인 인간학을 교과서적으로 정당화함으로써 단순화하려는 것은 솔깃한 일이다. 홉스의

---

1   그 용어는 일반적으로 1991년에서 2002년 사이 구유고슬라비아에서 발생한 일련의 분쟁을 가리키는 데 사용된다. Mish Glenny, *The Fall of Yugoslavia: The Third Balkan War* (London: Penguin, 1992)를 보라. 그 전쟁의 상세한 역사에 관해서는 R. Craig Nation, *War in the Balkan, 1991-2002: Comprehensive History of Wars Provoked by Yugoslav Collapse: Balkan Region in World Politics, Slovenia and Croatia, Bosnia-Herzegovina, Kosovo, Greece, Turkey, Cyprus*(Progressive Management, 2014)를 보라.

2   Peter Kuzmic, "Reconciliation in Eastern Europe," *Reconciliation in Difficult Places: Dealing with Our Deepest Differences, The Washington Forum: Perspectives on Our Common Future* (Monrovia, CA: World Vision, 1994), 47-55(특히 50-51)을 보라. 이 논문에서 Kuzmic은 기본적으로 보스니아에서 일어난 전쟁에 초점을 맞추면서 그것이 민족 간의 그리고 종교 간의 내전이라는 주장을 논박한다. 저자는 기존의 민족적·종교적 모티프의 영향을 거부하면서 오히려 그 갈등을 둘러싸고 있는 이데올로기적이고 영토적인 분쟁을 강조한다.

인간학은 폭력을 경쟁과 불신 그리고 영광의 추구에 의해 끊임없이 악화되는 인간의 자연적 상태로 악명 높게 묘사한다.[3] 그러나 대부분의 학자들은 그 전쟁의 광기가 근본적으로 신과 국가의 이름으로 이웃과의 싸움을 위한 지지를 결집시키는 종교적 십자군 운동과 연관된 수사와 융합된 만연한 민족주의에 의해 연료를 공급받으며 유지되었다는 데 동의한다.[4]

크로아티아에서 시작된 갈등(1991)이 코소보에 이르러 끝날 때까지(1999) 다음과 같은 불안한 질문 하나가 자성적인 유럽인들의 양심을 괴롭혔다. 도대체 무엇이 "그렇게 짧은 기간에 그토록 광범위하게 잔혹 행위와 학살을 초래한" 헤아리기 어려울 만큼 "깊은 증오"를 촉발했을까?[5] BBC의 유명한 중유럽 특파원 미샤 글레니(Misha Glenny)는 상상하기 어려울 만큼 야만스러운 폭력의 규모에 대해 생각하면서 다음과 같이 말한다. "그동안 단지 그 전쟁 자체만이 아니라 그 전쟁으로 이어졌던 촘촘한 정치적 음모의 망을 목격해왔던 나 같은 사람에게조차 그 폭력의 범위와 본질은 도덕적 이해의 그 어떤 틀도 넘어선다."[6] 주목할 만하게도 그 전쟁에 대한 글레니의 신중한 설명과 분석은 그것을 민족 간의 갈등으로 범주화하는 것을 논박하고 정교회를 신봉하는 세르비아인, 로마 가톨릭교회를 신봉하는 크로아티아인, 그리고 무슬림을 신봉하는 보스니아인들[7] 사

---

3    Thomas Hobbes, *Leviathan (Or the Matter, Form and Power of a Commonwealth Ecclesiastical and Civil)* (New York: Simon and schuster, 1962), 99. 『리바이어던 1, 2』(나남출판 역간). Hobbes에 관한 더 많은 논의를 위해서는 이 책 2장의 서문(그리고 각주 1과 2)을 보라.

4    Glenny, *Fall of Yugoslavia*, 166-67, 170-71을 보라.

5    Glenny, *Fall of Yugoslavia*, 166.

6    Glenny, *Fall of Yugoslavia*, 166.

7    보스니아인들은 오스만 제국이 발칸반도를 지배했던 기간에 이슬람으로 개종한 크로아티아인과 세르비아인들이다. 보스니아의 슬라브인들이 이슬람으로 개종한 것에 관한 간략한 역사적 설명을 위해서는 다음을 보라. Theó Tschuy, *Ethnic Conflict and Religion: Challenge to the Churches* (Geneva: World Council of Churches, 1997), ch. 8.

이의 민족지적(ethnographic, 민족지는 인간 사회와 문화의 다양한 현상을 현장 조사를 통해 기술하여 연구하는 학문이다—옮긴이) 연관성을 강조하면서 "살인을 행하는 이들 대부분이 같은 인종 집단"이라고 단언한다.[8] 따라서 저자는 종교가 여러 세기에 걸쳐 "서로 경쟁하는 제국들과 이데올로기들—그것들은 늘 종교에 의해 정의되어왔다—사이에서 선택하도록 요구받았던" "사람들을 갈라놓는 중요한 [문화적] 요소"를 구성한다고 결론짓는다.[9] 그러나 또한 글레니는 그 갈등을 본질상 "신앙 고백적인" 것으로 묘사하려는 시도를 즉각 거부한다.[10] 오히려 그는 서로 싸우는 이들에게 "갈등이 발생할 때 서로를 적으로 식별할 수 있게 하기 위하여 수 세기 동안 여러 문화적 제복을" 입도록 강요했던 국가-형성이라는 발칸반도의 역사적·정치적 현실에서 답을 찾는다.[11]

~~~~

8    Glenny, *Fall of Yugoslavia*, 168.
9    Glenny, *Fall of Yugoslavia*, 169.
10   Glenny, *Fall of Yugoslavia*, 168.
11   Glenny, *Fall of Yugoslavia*, 169. 민족성(ethnicity)과 국적(nationality)이라는 개념은 종종 혼동되며 동의어로 취급된다. 정치철학의 렌즈를 통해 그 두 가지를 구별하는 것에 관해서는 Ernest Renan, "What Is a Nation?" in *The Nationalism Reader*, ed. Omar Dahbour and Micheline R. Ishay(Atlantic Highlands, NJ: Humanities, 1995), 143-55을 보라. Renan은 국가들의 발전 배후에 있는 역사적·정치적 과정에 관해 논하면서 국가가 비교적 최근의 현상이라고 주장한다. 그는 국가들의 폭력적 기원에 대해 설명하면서 그것들은 [정복된] 백성의 무리에 의해 처음에는 받아들여지고 그 후에는 잊힌 이전의 정복"을 대표한다고 지적한다. 이런 "합병이 이루어졌을" 당시에는 "아무도 자연적 한계, 국가의 권리 혹은 지방의 소망에 대해 생각하지 않았다"(148). 따라서 Renan은 국가들이 폭력에 의해 형성되고 결과적으로 공공의 이익에 의해 유지된다는 사실을 감안할 때, 국민 됨(nationhood)이 인종이나 민족성이라는 뿌리를 끊는다고 지적한다(150). 그는 다음과 같이 말한다. "사실 그 어떤 인종[민족성]도 순수하지 않다. 그리고 정치를 민족지적 분석에 근거시키는 것은 그것을 키메라(chimera)에 근거시키는 것과 같다"(150). 또한 Max Weber, "Ethnic Groupe," in *Theories of Ethnicity: A Classical Reader*, ed. Werner Sollors (New York: New York University Press, 1996), 52-66을 보라. Weber는 민족적 정체성의 주관적 성격을 지적하고, 그것과 동족 관계가 다름을 단언하며, "민족적 구성원 됨이 하나의 집단을 형성하지 않는다"라고 주장한다. "그것은 특히 정치적 영역 안에서 단지 모종의 집단 형성을 촉진할 뿐이다"(56).

글레니는 이런 주장에 비추어 갈등을 심화시키는 고통스러운 증오가 역사적으로 축적된 타인에 대한 불신과 두려움을 반복하는 민족주의적 선전에 의해 조장된다고 주장한다.[12] 그로 인해 나타나는 서술적 분석은 서로 싸우는 편들에게 적이 자신들과 가까운 친족이라는 무서운 인식, 즉 "바리케이트 저쪽 편에 있는 원시적 짐승들이 자신들의 형제"라는 인식을 피해가기 위한 정당성을 제공한다.[13] 글레니가 보기에는 정확하게 친족에 대한 불가피한 인식이야말로 보스니아에서 발생한 무시무시한 폭력—인간에 대한 전례 없는 규모의 범죄—과 강간을 종교적 타자를 향한 전쟁 무기로 사용하는 것에 관한 끊임없는 이야기뿐 아니라 강제 수용소와 집단 무덤이라는 유산을 통해 기억되는 갈등에 관한 피비린내 나는 야만을 설명해 준다.[14] (인식 가능한 형제자매의 형상인) 타자의 얼굴이 지닌 근접성에 의해 매개되는 책임에 대한 고통스러운 욕구는 글레니에 따르면 또한 그 지역에서 달리는 설명되지 않는 "안면 훼손"(facial mutilation)[15]—적들 사이의 가족적

~~~~

Roger M. Smith의 논문("Citizenship and the Politics of People-Building" *Citizenship Studies* 5, no. 1 [2001]: 73-96)은 민족적 정체성의 형성 배후에 있는 정치적 과정에 대해 유익한 설명을 제공하고 그가 "구성적 이야기"(constructive stories)—민족적 의식을 형성하는 데 정치적 도구로 활용되는 내러티브—라고 부르는 것의 역할에 주의를 환기시킨다 (73).

12  구유고슬라비아에서 일어난 1990년대의 전쟁은 많은 이들에게 제2차 세계대전 기간에 그 지역을 황폐하게 만들었던 해결되지 않은 갈등의 연속으로 이해된다.

13  Glenny, *Fall of Yugoslavia*, 169.

14  전쟁에서 다양한 세력에 의해 자행된 인간에 대한 범죄에 관해서는 Peter Masses, *Love Thy Neighbor: A Story of War* (New York: Alfred A. Knopf, 1997); David Rieff, *Slaughterhouse: Bosnia and the Failure of the West*(New York: Touchstone, 1995)를 보라. 또한 보스니아에서의 갈등 기간에 강간을 전쟁 무기로 광범위하게 사용한 것과 인종 청소에 관해서는 Tom Post(그리고 Alexandra Stiglemayer, Charles Lanr, Joel Brand, Margaret Garrard Warner 그리고 Robin Sparkman이 함께 씀), "A Pattern of Rape," *Newsweek*, January 4, 1993을 보라. 또한 Roger Thurow, "Bosnian Album: Snapshots of Suffering," *The Wall Street Journal*, August 12, 1992를 보라.

15  Glenny, *Fall of Yugoslavia*, 169.

유사성의 증거를 감추는 성상 파괴적 행위를 통해 타자를 문자적으로 지우는 것—의 이유다. 타자의 얼굴을 망가뜨리는 것은 그 얼굴을 통해 나타나는 공유된 미래, 즉 공동선에 대한 헌신을 위한 불가피한 요구를 배제한다.

실제로 (상호 간의 안전 보장을 위한 책임을 직면하고, 요구하며, 소환하는) 타자의 얼굴에 들어 있는 공유된 형상은 인간의 번영이라는 공유된 현실을 가리킨다. 그것은 우리가 타자에게 저지르는 폭력의 자기 파멸적·자기 비인간화적 결과를 드러내고 또한 그것을 보는 이에게 공동선의 추구가 공통의 형상을 돌보는 것에 대한 인식 및 헌신과 더불어 시작한다는 점을 상기시킨다. 에마뉘엘 레비나스(Emmanuel Levinas, 1906-1995)의 말을 풀어서 설명하자면, 타자와의 접촉은 우리가 윤리를 각성하는 순간이기도 하지만,[16] 또한 기원을 회상하고 종말에 귀향—우리가 타자와 **함께** 그리고 타자를 **위해** 자신이 되는 것—하는 순간이기도 하다. 기독교의 성령론은 이런 목적론적 과정이 우리의 눈을 열어 우리의 동료 인간의 얼굴에서 나타나는 타자의 불투명성을 통해 빛나는 하나님의 얼굴을 보게 하고 또한 우리를 만남의 경이로 사로잡히게 하는 성령의 우주를 개선하고, 신성하게 하며, 그리스도를 닮게 하는 역사라고 담대하게 선언한다.

타자에 의해 우리에게 중재되는 신성의 근접성에 대한 놀라움 속에서 성령은 (니사의 성 그레고리오스[Gregory of Nissa]의 유명한 부정신학적[apophatic] 진술을 따라) 선입견을 가진 "[하나님에 대한] 개념이 우상을 창조한다. 오직 경이만이 무언가를 파악할 수 있다"[17]는 우상을 깨뜨리는 교훈을 가르

---

16    Emmanuel Levinas, "The Ego and Totality," in *Collected Philosophical Papers*, trans. Alphonso Lingis (Dordrecht: Martinus Hijhoff, 1987), 25-48, 30-34. Levinas의 사상에 관한 더 많은 정보를 위해서는 이 책의 1장을 보라.

17    Gregory of Nyssa, *Life of Moses*, Patrologia Graeca 44:374.

친다. 경이를 이해하고 경이에 사로잡히는 사람은 참된 용서와 화해가 발견되는 모든 곳에서, 민족적·종교적·정치적·문화적 타자(심지어 적)에 대한 무조건적인 환대가 타자의 번성을 위한 단호한 헌신 속에서 실천되는 모든 곳에서, 모든 인류 타자와 비인류 타자를 위한 생명과 (사회정치적이고 경제적인) 통합에 대한 방해받지 않는 접근이라는 기반이 세워지고 유지되는 모든 곳에서 이것이 인간 공동체 안에서, 그리고 그것을 통해서 행하시는 성령의 일―창조주께서 자신의 창조세계 안에서 행하시는 구속적이고 영적인 세계 개선을 위한 운동―이라는 인식에 이른다. 이 운동은 (죄의 폭력적이고 세계를 파쇄하는 자기중심성에 대한 구속적인 대항 서사인) 복음을 선포하고 우주 안에서 타인을 향한 하나님의 사랑을 가시적으로 만드는 성령 충만한 그리스도화된 그리고 거룩하게 된 인간의 삶 속에서, 그리고 그것을 통해서 진짜임이 입증되고 구체화된다.

2011년과 2012년 여름 내가 동슬로바니아(오늘날의 세르비아, 크로아티아 그리고 보스니아의 경계가 맞닿는 아주 경쟁이 심한 다민족적이고 다종교적인 지역)를 여행했을 때, 대부분의 거리와 건물들은 여전히 파편 구멍들로 상처가 나 있었고, 그 지역의 비옥한 농경지들은 지뢰 매설에 관한 경고 문구들로 덮여 있었다. 유산탄의 파편들이 박힌 건물들과 버려지고 죽음의 씨앗이 뿌려진 농가들은 형제 살해에 관한 불안한 기억으로 고통을 겪는, 깊은 트라우마와 상처를 입은 사회를 보여주는 유일한 외적인 징표들이었다. 동슬로바니아는 전쟁 기간에 피비린내가 가장 많았던 싸움을 경험했다. 부코바르(크로아티아 동부에 위치한 도시―옮긴이)에서의 야만스러운 파괴와 260명에 이르는 크로아티아인 환자들에 대한 학살(그들은 인근의 공동묘지에 묻했다)은 크로아티아인들에게 복수에 대한 충동을 심어주었다.[18] 그러나 그곳은 전쟁이 끝났을 때 평화로운 재통합을 경험한 그 지역의 유일한 분쟁 지역이기도 했다. 의심할 바 없이 그 전후의 소란스러운 전환에 영향을 주고 그것을 형성한 여러 가지 요소들이 있었다. 그러나 분쟁의 초기 단계에서 종교가 민족주의적 충동에 이끌리어 타인에게 폭력을 행사하는 촉매제 역할을 했음을 알고 있던 나는 전쟁 기간과 그 후에 나타난 종교 기관의 변화/구속에 관심을 기울이게 되었다. 종교가 폭력의 씨앗을 뿌리고 죽음의 수확을 거뒀던 곳에서 구속을 얻어 "생명의 축제"로, 그리고 기도가 "존재의 기쁨에 대한 환희"로 변화될 수 있었던 것일까?[19]

1993년에 영국과 아일랜드 교회 협의회의 대표들이 세르비아와 크로아티아를 방문한 후에 펴낸 한 보고서는 특별히 "종종 주변화되었던" 그 지역의 소수파 교회들의 평화 만들기를 위한 공헌에 대해 지적하는데, "그들은 어려운 환경 속에서 계속해서 용서와 화해에 관한 복음의 부르심을 자신들의 삶의 중심에 두었다."[20] 그들 중에는 동슬로바니아의 작은(약 7백 명의 구성원을 가진) 오순절 공동체도 있었는데, 그 공동체는 인구통계학적으로 하찮은 규모였음에도 그 지역에서 중요한 평화 만들기 세력이 되었고 전후 시민 사회의 발전에 적극적으로 기여했다. 그 연구의 기초가 되는 전제는 그 오순절파 신자들이 그 갈등 속에서 그들이 취했던 역사적 중립성

---

18    Mark Heinrich, "Eastern Slavonia Agrees to Join Croatia," *Independent*, November 13, 1995. 〈https://www.independent.co.uk/news/world/eastern-slavonia-agrees-to-rejoin-croatia-1581721.html〉.

19    Jürgen Moltmann이 자신의 책 *The Living God and the Fullness of Life* (Louville: Westminster John Knox, 2015), 90-92에서 종교의 기원을 묘사하면서 사용했던 표현들이다.

20    "Churches Urged to Play Their Part in Ex-Yugoslavia," *Ecumenical Press Service*, February 22, 1993.

덕분에 특별히 사회적 치유를 위한 안전한 공간을 제공하고 서로 싸우는 분파들(정교회, 로마 가톨릭 그리고 무슬림) 가운데서 화해를 촉진하는 지위를 얻었다는 것이었다.[21] 그 연구는 오순절 교회의 평화 만들기 기관에 관한 비오순절파 신자들 대표들과의 30차례 이상의 인터뷰를 포함하고 있다. 모두의 안녕과 번영을 위한 헌신 과정에서 그 공동체가 보여준 놀라울 정도의 케노시스적(kenotic) 자기 공여에 관한 이야기들(그것은 타종교인들에 의해 증언되고 이야기되었다)은 그들이 보여준 용기와 단순성으로 사람들을 놀라게 하고, 사로잡으며, 직면하고, 영감을 부여한다. 그들의 도덕적 책무는 (전쟁 기간에) 서로 원수가 된 이웃들에 대한 사랑을 통해 하나님에 대한 사랑을 구현하면서 신앙과 실천 사이의 힘든 간극을 메웠다. 그런 이야기들은 이 책의 주제의 범위 배후에 있는 촉매제이고, 문맥의 렌즈를 통해 예비적으로 엿보기를 원하는 독자들은 이 책의 에필로그—동슬라보니아의 에큐메니컬 그리스도인들의 평화 만들기 운동에 대한 짧은 반성인 성인전에 버금가는 찬사—후반에 그중 일부가 섞여 있음을 보게 될 것이다.[22] 정당한 평화를 향한 지지와 협력을 위한 광대한 풀뿌리 네트워크의 발전에 기여했던 그 운동은 그 지역의 성공적인 전후 재통합을 적극적으로 도왔다.

(이 책의 가장 적절한 결론으로서) 동슬라보니아의 그리스도인 평화 만들기 운동가들의 이야기를 전하면서 성인전 장르로 돌아가는 것은 우발적인 것이 아니다. 성인다운 삶을 묘사하려고 할 때 대부분의 현대 성인전 작가

---

21  다른 프로젝트의 핵심적 주제이기도 하고 현재의 논문의 기준 밖에 머물기는 하나, 이 주제는 수행된 인터뷰들에 의해 계속해서 강화되고 확인되었다.

22  영국과 아일랜드 교회 협의회가 세르비아와 크로아티아에 파견했던 대표단의 보고서가 진술하듯이 "모든 종교 전통 안에는" 용서와 화해를 위한 복음의 명령에 헌신하는 이들이 있었다. "Churches Urged to Play Their Part in Ex-Yugoslavia," *Ecumenical Press Service*, February 22, 1993.

들은 옳게도 인류적인 타자와 비인류적인 타자의 번성을 위한 이타적 자기 공여 속에서 자기 자아의 "영향력"을 초월하는 비상한 능력[23]을 통해 드러나는 그들의 케노시스적 에토스와 성찬적 정신을 강조한다. 그런 사고의 맥락에서 로렌스 커닝햄(Lawrence S. Cunningham)은 성인다움에 관한 통찰력 있는 서술을 제공하는데 그것은 타인을 위한 존재가 되는 회복된 능력 안에 들어 있는 거룩한 인간 삶의 내적 추진력을 요약해서 보여준다. "성인은 자신의 인격을 근본적으로 변화시키고 다른 이들이 그것의 가치를 엿보도록 이끄는 방식으로 자기 삶에 핵심이 된 종교적 비전에 사로잡힌 사람이다."[24] 실제로 성인들은 하나님을 흘끗 본 사람들이고, 바로 그분이 그들을 그런 봄에 사로잡히게 했으며 성령의 중재를 통해 그들을 그들이 본 것의 모습으로 변화시켰다. 그러나 커닝햄의 서술에서 특별히 중요한 것은 그것이 성인들의 삶에 있는 광범위한 사회 변혁적 능력을 강조하는 데 있다. 성인은 하나님의 삶 안에 거주하기에(또한 하나님의 삶이 그들 안에 내주하기에), 그들의 삶은 다른 이들을 사로잡아 그들을 거룩한 삶으로 이끌어갈 수 있다. 하나님의 삶에 대한 비전이 성인 안에 거처를 마련하고 그를 그것과 유사하게 변화시키기에 성인은 다른 이들에게 하나님의 삶이라는 비전을 실제로 구현한 사람이 되고, 그렇게 함으로써 그 다른 이들 역시 하나님의 삶을 보고 맛보며 세상에서 그런 삶을 보여주는 살아 있는 형상이 된다.

23    Andrew Michael Flesher, *Heroes, Saints, and Ordinary Morality* (Washington, DC: Georgetown University Press, 2003), 175.
24    Laurence S. Cunningham, *The Meaning of Saints* (New York: Harper & Row, 1980), 65. 저자는 성인의 삶에 관해 말하는 이야기를 교회사의 이야기와 대조하고 그것을 "위로부터가 아니라 아래로부터의 기독교"라고 묘사한다. 그런 것으로서 성인전기는 거룩을 대표함에 있어 인습적인 교회사보다 "민주적"이다. 그것은 여자들의 삶, 경제적으로나 정치적으로 권리를 박탈당한 자들의 삶을 포함하고 "강력하고 매력적인 인물을 위해서만이 아니라 신경증 환자, 순진한 사람, 그리고 사랑스럽지 않은 사람을 위한 여지도 남긴다"(5).

따라서 성인의 삶은 그것의 수신인들을 위한 도덕적 명령이 될 뿐 아니라 또한 그들의 신성화적(theotic)이고 종말론적인 운명을 향한 부르심이자 그들에게 거룩하게 운명지워진 **하나님 닮기**(theoformation)를 위한 성령 충만한 수단이 된다.

세계의 종말론적 미래의 영적 구현인 성인의 삶이 가진 사회 변혁적 능력은 더 나아가 성령 충만한 비전의 능력에 의해 세상에 대한 구속적 백일몽과 새로운 상상으로 변화된다. 이에 비추어 우주의 타락 이후 상황과 성인다움의 전복적 대결에 대해 숙고하면서 샐리 맥페이그(Sallie McFague, 1933-2019)는 ― "어떤 이들이 가진 대안적 삶의 방식에 대한 특별한 통찰"을 가리키기 위해 인류학자들이 사용하는 용어인 ― "야생적 공간"(wild space)이라는 개념을 사용한다.[25] 맥페이그에게 "우리의 인습적 세계와 잘 맞지 않는 우리 각자의 일부"[26]로서의 "야생적 공간"은 우리를 낯설게/다르게/벗어나게 만들어준다. 어떤 이의 야생적 공간은 타인 안에서 그리고 타인에 의해서 배양되고 양육되는데, 그것은 사람이 사회의 변두리로 밀려나 차이로 인해 위협을 받거나 당혹스러워하거나 불편함을 느끼는 소수파로서의 현실과 마주하게 만드는 물리적(인종, 성별, 가시적 신체 장애)·[27]문화적·사회정치적·경제적 주변성을 통해 경험될 수 있다. 따라서 야생적 공간은 종종 고통을 통해, 즉 사회적 배제와 핍박, 외로움과 유기, 깨어진 관계, 상처 난 몸과 마음과 정신의 고통을 견디는 것과 같은 고통을 통해 양육

25  Sallie McFague, *Blessed Are the Consumers: Climate Change and the Practice of Restraint* (Minneapolis: Fortress, 2013, 46.

26  Sallie McFague, "Epilogue: Human Dignity and the Integrity of Creation," in *Theology That Matters: Ecology, Economy, and God*, ed. Darby Kathleen Ray (Minneapolis: Fortress, 2006), 199-212 (206).

27  McFague, *Blessed Are the Consumers*, 47.

된다. 성인들이 가진 야생적 공간은 종종 성령에 굴복한, 우주의 존재론적 갱신을 위한 거룩한 탄식이 스며든, 성령의 활기를 띠게 하는 임재 안에 포용되고 구속된, 그리고 고통을 당하는 타자와의, 또한 실제로는 모든 창조세계와의 연대 안에서 소통의 수단으로 변화된 상처로부터 솟아나온다(롬 8:18-22).[28] 성령 안에서 그리고 성령과 함께하는 인간의 탄식은 낙원에 대한 기억과 창조세계의 종말론적 완전함에 대한 갈망에 의해 감동한다.[29] 기억과 소망 사이에서 사는 "낙원에 대한 생각에 사로잡힌 피조물"[30]로서의 인간은 회상에 의해 연료를 공급받는 다른 가능성에 대한 확신 속에서 세상을 바꾸기 위해 노력한다. 기원과 종말 사이의 긴장을 연결하는 꿈과 비전의 제공자인 성령은 인간에게 상상하고 구하라고,[31] 그러나 또한 다른 세상을 만들라고 가르친다. 이렇게 성령에 의해 양육된 창조세계를 위한 미래에 대한 하나님의 끊임없는 기대는 부서진 현재의 단계를 불변하는 미래의 상황으로 고착화하려는 모든 정치적 계획과 맞서고 그것을 부정한다. 맥페이그에게는 인간의 야생적 공간―그것이 갖고 있는 차이의 방식―이야말로 정확하게 현재와 미래 사이에 존재하는 성령에 의해 유도된 예언적 접촉이 발생하고 그것이 변화를 갈망하면서 실행 가능한 사회-변혁적 행위로 도약하는 곳이다.

바로 그것이 종종 성인들의 삶이 주변 문화의 인습적 흐름에 도전을 제기하는 **거룩한 부적응자**(holy misfits)로 보이는 이유다. 왜냐하면 그들은

---

28  McFague는 "기독교의 극도의 위대성은 그것이 고통에 대한 초자연적 치유책이 아니라 그 것의 초자연적 사용을 추구한다는 사실에 있다"는 Simone Weil의 불안하면서도 놀랍도록 아름다운 진술을 옹호한다. McFague, *Blessed Are the Consumers*, 58을 보라.

29  McFague, "Epilogue," 207.

30  McFague, "Epilogue," 207.

31  McFague, "Epilogue," 207.

자신들, 타인들, 그리고 세상을 도래하고 있는 하나님 나라의 빛에 의해 조명된 성령의 눈으로 달리 보기 때문이다. 그러나 맥페이그가 주장하듯이 바로 이 불안한 (종종 사회적으로 불이익을 초래하고 주변화하는) 관점이 "대안이 가능함을 암시한다."[32] 타인과의 관계를 재구성할 가능성에 대한 이와 같은 영적 개방은 타인에 대한 문화적·사회정치적·경제적 배제에 대한 예언적 비판, 즉 강력한 구현 능력을 바탕으로 한 비판을 제공한다. 실제로 성인다움이 지닌 부인할 수 없는 사회 변혁적 설득력은 정확하게 그것이 **"새로운 비전을 따라 살아낸"**[33] 변화된 인간이 산 삶과의 만남 속에서 세상을 위한 하나님의 미래를 명백하게 제시한다는 사실에 있다. 성인들이 근본적으로 자신의 실제 삶을 통해 보여준 "야생적 공간의 실천"[34]은 "선을 아는 것에서 그것을 실제로 행하는 것"으로 움직이는 패러다임이 된다.[35] 따라서 어떤 거룩한 인간이 가진 야생적 공간은 그것 자체가 우리의 고유성/차이에서 나오듯이 성령이 거기로부터 세계에 대한 구속적 개선을 시작하는 지

32  McFague, *Blessed Are the Consumers*, 47. 세상에 대한 대안적 비전을 촉진하고 사회적 변혁을 유도하는 능력으로서 McFague가 주장하는 "야생적 공간"이라는 개념은 "도덕적 상상력"(moral imagination)에 대한 John Paul Lederach의 표현을 되울린다. John Paul Lederach, *The Moral Imagination: The Art and Soul of Building Peace*(New York: Oxford University Press, 2005), ch. 2를 보라. Lederach에게 도덕적 상상력의 본질적 의미를 규정하는 특징은 "탄생하는 순간부터 우리의 세상과 우리가 사물을 바라보는 방식을 바꾸는 새로운 무언가를 낳는 능력"이다(27). 도덕적 상상력은 현재 상황에서 상상하기 어려운 가능성들을 가져오게 하고 "창조적 행위가 출현하도록" 그리고 존재하지 않는 것과 상상할 수 없는 것을 낳는 공간을 열어준다(38). 그것은 "현실 세계의 도전에 뿌리를 두고 있는 무언가"를 솟아오르게 하고 평화 구축 관련해서는 "폭력의 일상적 도전에 뿌리를 두고 있으나 그것의 파괴적 패턴과 주기의 지배를 초월하고 궁극적으로 깨뜨리는 건설적인 반응과 새로운 중요 계획을 창출하는" 능력과 상관이 있다(29). 궁극적으로 Lederach에게 폭력을 초월하는 것은 "도덕적 상상력을 낳고, 움직이며, 세우는 능력에 의해 이루어진다"(5).

33  McFague, *Blessed Are the Consumers*, 47.

34  McFague, *Blessed Are the Consumers*, 77.

35  McFague, *Blessed Are the Consumers*, 53-54.

점이 된다. 성령은 차이를 가꾸고 창조세계의 타락 이후의 파괴를 치유하는 과정에서 그것의 사회 변혁 능력을 촉진시킨다. 사회 변혁적 성령론의 교훈 중 하나는 그것이 차이를 취해 조화를 이룬다는 것인데, 바로 그것이 오순절의 교훈이다. 몰트만이 주장하듯이 기독교 공동체에 대한 오순절의 명령은 "단순히 하나님의 사랑의 복음을 선포하라는 것이 아니라 또한 [다른 이들과 함께] 그 사랑을 공동체 안에서 살아내라는 것이다."[36] 실제로 오순절은 하나님이 타자를 위해 자신의 미래를 여셨으며 (그 미래를 인간 공동체 안에서 구현하는) 성령이 동일한 것을 모든 육체에게 요구한다는 것을 알려준다. 오순절의 성령은 인종차별, 성차별, 부족주의/자민족중심주의 그리고 민족주의 정신을 죄가 인간 공동체를 분열시키고 서로 적대시하게 만드는 표현으로 여겨 정죄한다. 오순절은 이런 사회적 병리 현상들에 대해, 그리고 그것들을 종교적으로 정당화하려는 모든 시도에 대해 하나님의 심판을 선언한다. 그것들에는 미래가 없다. 왜냐하면 하나님이 정하신 우주의 관계적 성례성 안에는 타자가 없는 미래/종말이 존재하지 않기 때문이다. 오순절 때 (오순절 후 공동체의 변화된 경제적 삶에서는 물론이고) 성령은 **타자라는 성례**(*the sacrament of the other*),[37] 심지어 (민족적·종교적 갈등과 오래된 폭력

---

36    Moltmann, *Living God and the Fullness of Life*, 152.

37    Mother Maria Skobtsova(파리의 성 마리아)에 관한 전기적 에세이에서, Michael P. Plekon 은 "형제/자매라는 성례"라는 표현을 마리아 수녀의 신학과 가난한 자들을 위한 지칠 줄 모르는 자선을 이해하는 해석학적 열쇠로 사용한다(Michael P. Plekon, *The world as Sacrament: An Ecumenical Path toward a Worldly Spirituality* [Collegeville, MN: Lturgical, 2016], 35-49을 보라. 또한 이 책의 에필로그 중 각주 31을 보라). Maria Skobtsova는 이례적인 성인이다. (두 번의 이혼과 세 자녀의 죽음을 겪으며) 어려운 삶을 살았던 훌륭하고, 강하며, 복잡한 여성이다. Evlogy 주교가 (그녀의 두 번째 결혼이 끝났을 때) 그녀의 머리를 밀면서 다음과 같이 말했다. "이제 세상과 세상에서 고통받는 사람들이 당신의 수도원이 될 것입니다." 마리아 수녀는 매일 동료 인간에 대한 사랑을 통해 하나님에 대한 사랑을 구현하면서 이 위임된 명령을 따라 살다가 죽었다. 그녀는 자신의 신학 작품들에서 기독교 신앙과 실천 사이를 연결하는 다리로서 곤경에 처한 이들을 향한 사랑에 대한 우아한 표현을 제

적 영토 분쟁 속에 있는) 적들이라는 성례와 그들을 하나님과의 사랑 어린 교제의 수단으로 사랑하는 일의 필요성을 계시하신다. 그러므로 그로 인해 나타난 (각 사람의 필요에 따라 모든 이에게 삶에 대한 공유된 접근을 제공하는) 오순절 공동체의 성령 충만한 매일의 친교는 성찬 식탁의 연속으로 고양된다. 그것은 신앙과 실천 사이의 간격에 전형적으로 다리를 놓음으로써 또한 교회를 우주의 종말론적 미래—구속된 인간 공동체 안에서 성령에 의해 구현되고 존재하는 모든 것을 그것의 우주적 **소보르노스트**(sobornost, 영적 협의성)[38]에 제한하도록 정해진 삼위일체적 삶에 대한 살아 있는 아이콘—로 드러냄으로써 가시적이고 명백하게 만든다.

종말의 광대한 다성 음악은 여러 언어로 오순절의 급진적인 포용과 타인을 향한 환대에 대해 노래한다.[39] 따라서 아모스 용(Amos Yong)이 주장하듯이 오순절 날의 기적은 "역사의 종말이 아닌 구속"이다.[40] 성령의 타자와의 케노시스적 자기 공여는 "사람들, 심지어 적들조차 함께 묶고 용서를 가능케 하는…묵시적인 애정을 낳는다." 용서와 화해가 가능한 것은 "성령이 여러 언어로 말하고 이해하는 것—참으로 고백—을 가능하게 하기 때문이다."[41] 그러나 오순절의 언어들은 구속된 인류 안에서 성령의 그리스도를

---

공하는 반면, 또한 그녀 자신의 시대의 (세상으로부터 "고립된 거룩"과 "전통의 규율과 세부 사항들에 대한 건강하지 못한 집착"을 추구하는) 수도원적 삶을 날카롭게 비판한다. 또한 그녀는 러시아 정교회가 (표트르 대제 때부터 소련 체제에 이르기까지) 어떤 지배자들과 정부에 혹은 국가의 정치적 관심사에 종속된 것을 비난한다.

38  교회의 (종종 "협의성"[conciliarity] 혹은 "보편성"[catholicity]이라고 번역되는) 소보르노스트(sobornost)라는 복잡한 개념에 관한 확대된 성찰을 위해서는 이 책의 1장을 보라.

39  Daniela C. Augustine, *Pentecost, Hospitality, and Transfiguration: Toward a Spirit-Inspired Vision of Social Transformation*(Cleveland, TN: CPT, 2012)을 보라.

40  Amos Yong, *In the Days of Caesar: Pentecostalism and Political Theology* (Grand Rapids: Eerdmans, 2010), 342.

41  Yong, *In the Days of Caesar*, 342-43.

닮고 그리스도화하는 성육신적 사역과 불가분의 관계가 있으며 모든 피조물의 신성화적(theotic) 공동 운명을 향한 쉼 없는 종말론적 마중물이다. 용이 지적하듯이 오순절은 "땅과 그것의 모든 피조물의" 단지 사회적일뿐 아니라 또한 우주적인 갱신과 화해이기도 하다.[42] 따라서 오순절의 성령 안에서의/성령의 교제는 "모든 육체의 교제"이며, 생명을 제공하는 영적 합의 안에서 모든 피조물을 제한하는 "공유의 민주주의"(a democracy of the commons)[43]에 대한 영적 정당화를 제공한다.

이런 주장에 비추어 이 책은 제사장적 공동체로서의 성찬적 본질을 회복하고, (그것의 근간을 이루는 기독론과의 연속성 안에서) 참으로 인간이 된다는 것은 타자를 위해 존재하는 것을 의미한다는 점을 강조하면서, 구속되고 존재론적으로 갱신된 인류의 삶에서 행해지는 그리스도를 닮게 하는 성령의 역사에 기초한 공동선이라는 신학적 비전을 제공한다.[44] 그리스도와 같은 존재로 성장하는 이 구체적인 여행 과정에서 성령은 인간이 (모든 생명을 무조건적인 거룩한 환대의 선물로 묘사하는) 하나님의 살아 있는 가속과 우주적 전례―하나님의 임재의 직접성 안에서 펼쳐지는 성찬적 성례전―로서의 창조세계의 의미를 새롭게 식별할 수 있게 해준다. 이런 사회 변혁적 비전은 인간이 세계를 타자와 공유하도록 창조된 것으로 보도록, 즉 하나님과의 그리고 인간 및 비인간 이웃 모두와의 교제를 위한 수단으로, 그러하기

---

42    Yong, *In the Days of Caesar*, 343.

43    Yong, *In the Days of Caesar*, 345.

44    성령론적 열쇠를 장착한 신학적 윤리학 프로젝트인 이 책의 주된 초점은 인간과 나머지 피조물 사이뿐 아니라 인간들 사이의 수평적 관계에 대한 성령의 구속적 변화에 맞춰져 있다. 그러나 비록 본문 안에 구별된 단락에 명시적으로 지정되어 있지는 않으나 각 장의 구성은 이 책의 기본이 되는 기독론, 우주론, 인류학 그리고 교회론의 뚜렷한 짜임새로부터 비롯된다.

에 (타인에게 자기를 내어줌으로써 실행되는 그분의 상호내주적 사랑 안에 계신) 하나님처럼 되는 것에 관한 교육으로 보도록 가르친다. 이처럼 갱신된 (그리고 갱신하는) 비전은 타인 및 다른 존재와의 공유된/공통의 미래라는 지속 가능한 공동의 실천에 대한 헌신 속에서, 그리고 그런 헌신을 통해서 행성의 번영을 위한 신학적 윤리를 구성하기 위한 토대가 된다.

　이 책에서 그 프로젝트는 다음 네 개의 중요한 장을 통해 전개된다. 1장은 공동선의 추구에 관한 이 책의 포괄적인 성령론적 비전을 표현하는 데 바쳐진다. 2장은 이 비전을 타자에게 저지르는 폭력의 원인을 살피고 그것의 왜곡된 성상파괴운동에 대한 실행 가능한 해독제를 찾는 일에 적용한다. 3장은 그 비전을 더 확대해 경제의 영역에 적용하면서 모든 물질적인 인간 존재가 영적 근거를 갖고 있음을 강조하고 또한 교회의 성례전적 삶을 존경할 만한 소비를 향한 인간의 갈망을 훈련시키는 (그렇게 함으로써 파괴적인 공동체적·생태적 결과를 내포한 무제한적 소비주의의 모든 것을 상품화하려는 욕망에 대해 구체적인 저항을 육성하는) 것에 관한 교육으로 고양시킨다. 4장은 이 책의 비전을 용서와 화해의 경험에 적용하면서 성령의 화해시키는 역할의 창조적인 예술적 기교를 강조하고 "법제화된 용서"를 실천하라는 (지구적·지역적·국가적) 압박은 물론이고 "용서할 수 없는 자에 대한 용서"라는 도전에 대해 성찰한다. 마지막으로 에필로그는 성인전(hagiography)이라는 장르에 의지하면서, 그리고 구체적인 생활 공동체 안에서 성인다운 삶에 대한 도덕적 명령을 강조하면서 이 책의 비전을 예시한다. 또한 이 책의 결론 부분은 앞서 언급했던 동슬라보니아에서 이루어진 나의 현장 연구 기간에 수집된 인터뷰와 증언들을 바탕으로 다른 모든 이들의 번영을 초래하는 케노시스적/자기 공여적 인간 행위를 통해 성령의 운동을 구현하는 공유된 공동체적 삶에 관한 설명을 제공하면서 그 지역 기독교 공동체의 에큐메니컬적 평화 만들기 노력에 대해 묘사한다.

이 책은 뚜렷하게 성령론적인 렌즈로 공동선에 관한 신학적 윤리로 구성되어 있기는 하나, 그런 구성을 용서/화해 및 평화 만들기에 관한 연구는 물론이고 정치철학, 종교사회학, 경제학 그리고 환경에 관한 연구와 교차 수분(cross-pollinating)시키면서 독자들을 학제 간 대화에 참여시킨다. 이 책의 출발점은 교회의 전례적 삶의 중심성을 모든 피조물의 삶과 번영을 위한 교회의 성령 충만한 사회 변혁적 행위를 육성하는 토대로 고양시키는 성령론적 인간학과 교회론에 있다.

위르겐 몰트만(Jürgen Moltmann)은 1989년에 나온 자신의 『정의로운 미래 만들기』(*Creating a Just Future*)에서 현재 지구의 생태학적·정치적·사회경제적 위기의 원인을 하나님의 형상에 대한 왜곡된 인식과 그런 인식이 우주 내의 인간 사회가 모든 창조세계에 끼치는 해를 반사적으로 반영하는 것에서 찾는다. 이런 매혹적인 주장에 비추어 그는 현대성의 윤리적 비전이 지닌 비인간화하고 생태학적으로 황폐함을 초래하는 결과를 치유하는 데 필요한 심원한 사회 변혁적 변화가—거룩한 사랑의 공동체에 대한 재발견과 그에 대한 영감 어린 묘사와 더불어—삼위일체 하나님의 형상에 대한 갱신된 응시로부터 시작되어야 한다고 주장한다.[1] 동구권이 붕괴된 해에 출간된 몰트만의 이 간략한 책은 냉전 시대의 핵 확산 경쟁(과 그것이 현재 지구촌의 정치적 긴장과 경제적 불확실성 속에서 지닌 위협)에서 절정에 이르는 문명의 자멸이라는 광기에 맞서는 선언으로 읽힌다.

(종교적인 것이 포함되는) 이념적 타자와 천연자원이 제한된 가운데 계속

---

1    Jürgen Moltmann, *Creating a Just Future: The Politics of Peace and the Ethics of Creation in a Threatened World* (London: SCM, 1989), 54-56.

해서 수축되는 세상의 만연하는 경쟁에 대한 두려움에 의해 지배되는 시대에 그 책의 본문은 인류의 생존에 대한 전망과 관련해 고통스러운 질문들을 제기한다. 현대 사회는 지속 가능한 경제적 발전에 대한 비타협적인 헌신과 중단 없는 평화 만들기 그리고 창조세계에 대한 충실한 청지기 역할을 감당함으로써 현재에 대한 그리고 다음 세대의 안녕에 대한 책임 지기를 거부함으로써 미래를 포기한 것인가? 권력, 번영 그리고 타자의 희생을 통해 얻는 안전이라는 "삼위일체"에 의해 지배되는 협소한 민족적·지역적 이익이 자신과 세계에 대한, 우리의 비전과 이해를 돌이킬 수 없을 만큼 왜곡함으로써 우리는 우리의 번영과 타인의 번영 사이에 존재하는 깊고 유기적인 연속성을 보지 못하게 된 것인가? 우리는 (타자에 대한 두려움과 결핍에 대한 근심 때문에) 민족적·인종적·문화적·종교적·이념적·비인류적 타자의 안전과 안녕이 없으면 우리 자신의 안전과 안녕도 없다는 진리,[2] 즉 (샐리 맥페이그의 말을 빌리자면) "관계성"(relationality)이 창조의 표징이기에 진정한 번영은 상호성(mutuality)에 의존한다는 진리에 대해 눈이 멀었던 것인가?[3] (자연에 대한 야만적이고 탐욕적인 "지배"에 대한 열렬한 종교적 정당화로 이루어진) 제어되지 않는 자기 탐닉적 소비주의라는 예배가 참으로 인간적인 공동체와 지구의 공동선에 대한 추구를 위한 여지를 남겨두었는가? 몰트만의 간결한 대답은 고통스러울 정도로 냉정하다. 만약 우리 사회에 남겨진 어떤 미래가 있다면, 그 "미래는 회개"라는 것이다.[4] 그러나 회개에 대한 이런 요구 속에서 그의 작품은 우주적 샬롬에 대한, 즉 사랑에 대한 새로운 (삼위일

---

2   Moltmann, *Creating a Just Future*, 46.
3   Sallie McFague, *Blessed Are the Consumers: Climate Change and the Practice of Restraint* (Minneapolis: Fortress, 2013), 197.
4   Moltmann, *Creating a Just Future*, 15.

체적) 인식론에 의해 조명되고 모든 타자(인류와 비인류 모두)를 포용하는 정의로운 지구 공동체 안에서 이루어지는 "공동생활의 윤리"에 의해 보강되는, 하나님이 창조하신 모든 피조물의 포괄적 번영에 대한 환상적 기대를 강하게 나타낸다.[5]

몰트만에게 우리의 공동의 고향인 지구뿐 아니라 우리 자신의 인간성의 개선을 위해 필수적인 삼위일체 하나님의 형상으로의 회귀는 그들의 눈과 귀가 보고 듣도록 열린 이들 간의 교제, 즉 구속된 공동체인 교회 안에서의 성령의 새롭게 하시는 사회 변혁적 역사의 결과다. 그리스도인은 하나님의 얼굴에 대한 영광스럽고 계몽하는 직관(vision)을 통해 세상을 새롭게 봐야 하고 또한 그것을 달리 알아야 한다. 그러므로 신앙 공동체는 성령을 통해 우주 안에 있는 하나님의 임재, 즉 창조세계를 채우고 살아 있는 모든 것의 숨을 유지하시는 하나님의 가까우심에 대해 다시 민감하게 된 인류다 (욥 32:18; 34:14-15). 교회는 하나님의 얼굴을 보고 성령의 능력을 받아 하나님과 이웃을 위해 자기를 내어주는 무조건적인 사랑을 통해 세상에서 그 얼굴을 반영하는 이들의 공동체다. 몰트만의 세계 개선에 대한 비전은 자기와 타자와 세상을 이해하는 사랑, 즉 성령에 의해 구속된 인류 안으로 부어진, 그리고 존재론적으로 갱신되고 화해를 이룬 언약 공동체에 의해 구현되는 공동의 하나님의 적극적이고 창의적인 사랑에 관한 이 새롭고 성령 충만한 관계적 인식론에 초점을 맞춘다. 그가 주장하듯이 "우리는 무언가를 사랑할 때만 그것에 대해 알 수 있다. 그리고 이 사랑 안에서 그 무언가는 온전히 그것 자체가 된다."[6]

---

5    Moltmann, *Creating a Just Future*, 47, 61.

6    Moltmann, *Creating a Just Future*, 60.

이런 주장에 비추어 이 장의 나머지 부분은 세상을 치유하는 데 필수적인 것으로서 인류의 존재론적 갱신 안에서 활동하는, 성령의 그리스도를 닮게 하는 사역에 대한 성찰을 제공한다. 그것은 "신앙"과 그리스도를 닮아가는 성도의 삶을 통해 표현되고 실행되는 "공동선의 실천"을 연결하는 구체적인 가교로서의 인간 삶의 영적 거룩함으로 돌아서는 것으로 시작된다. 본문은 창조에 관한 동방 정교회의 아이콘에 대한 간략한 "주해"와 이를 뒷받침하는 "얼굴의 신학"으로 진행되며 그것을 통해 세상이 나사렛 예수의 얼굴에서 하나님의 얼굴을 보는 성육신 사건을 강조한다. 이 장은 구속된 인류가 우주 안에서 삼위일체를 형상화하는 몇 가지 방식을 탐구하는 것으로 이어지며 교회를 세상에서 삼위일체의 가시적 아이콘으로 세우는 일에서 오순절이 갖는 의미를 숙고하는 것으로 끝을 맺는다.

## 믿음에서 공동선의 실천으로

말씀을 통해 세상을 존재하게 하고 그것의 숨결로 세상을 유지하는 거룩한 삼위일체의 공동체적 사랑은 구속된 인류를 통해, 즉 모든 타자가 삶을 최대한 누리며 살기를 바라는 인류의 그리스도를 닮는 것, 곧 케노시스적 갈망을 통해 드러난다(요 10:10). 왜냐하면 (아서 맥길이 말했듯이) 사랑은 "삶의 소통"―"삶이 한 사람으로부터 다른 사람에게로, 하나의 공동체로부터 다른 공동체로 전해지는" 창조적 활동―이기 때문이다.[7] 따라서 앎의 새로운 방식으로서의 사랑은 위르겐 몰트만에 따르면 성령이 우주적 공동체 안에

7   Arthur McGill, *Sermons of Arthur C McGill: Theological Fascinations*, ed. Daniel Cain (Eugene, OR: Cascade, 2007), 1:80. McGague, *Blessed Are the Consumer*, 167에서 재인용.

서 "지배하는 것"이 아니라 "참여하는 것"을 위한 것이다.[8] "창조세계 전체에 부어진" 하나님의 성령은 "모든 피조물이 서로 그리고 하나님과 이루는 일치와 공동체"를 만들어내고 유지시킨다.[9] "우주적 성령"은 "공동의 끈", 즉 "그 자체로가 아니라 타자로부터, 타자와 더불어 그리고 타자 안에서 살아가는 모든 것의 근거와 근원"으로서 만물을 하나로 엮는 살아 있는 현존이다.[10] 따라서 하나님이 창조하신 모든 피조물의 번영을 제한하는 공동의 지구적 선을 추구하는 공동생활은 오직 성령과 우주 안에서 하나님의 형상을 갱신하는 성령의 역사 안에서, 그것과 더불어 그리고 그것을 통해서만 가능하다(이것은 세상을 거룩한 현존의 살아 있는 성소로 이해하고 식별하는 것과 일치한다).

이런 사고의 맥락에서 몰트만은 "이전에 그랬던 것처럼 하나님을 위해서가 아니라 자연과 그것의 가치를 위해서 새로운 기독교적 '자연 신학'"[11]의 필요성을 강조하고, 만약 우리가 "우리의 환경의 본성 안에서 하나님의 흔적을 찾는다면, 그때 우리는 우리 안에서 '하나님의 형상'을 발견

---

8    Moltmann, *Creating a Just Future*, 60. Moltmann의 언어는 의심할 바 없이 (연합적이고 케노시스적일 뿐 아니라) 신성화적이며 동방 정교회의 인간학, 구원론, 성령론 그리고 창조론으로 가득하다. Sallie McFague는 그녀의 케노시스적 신학에서 동방 정교회의 구원론에 관해 숙고하면서 그것에 대한 설명과 요약을 케노시스(kenosis, 자기 비움), 에노시스(enosis, 연합), 그리고 테오시스(theosis, 신성화)라는 용어를 사용해 논하고 또한 그것들의 의미가 이 땅에 나타난 "하나님의 얼굴"이신 예수 그리스도의 삶에서 구현된다고 강조한다. 따라서 그리스도가 타자를 위해 자기를 비우는 것(kenosis), 그의 존재 안에서 하나님의 뜻과 인간의 뜻이 연합하는 것 혹은 후자를 전자에 복속시키는 것(enosis), 그리고 "하나님과의 연합" 안에서 인간의 본성이 하나님을 닮도록 도덕적으로 변화/상승하는 것(theosis)이 나사렛 예수의 의도와 행위 그리고 하나님께로 나아가는 길―온전한 인간이 되는 길―을 규정한다. McFague, *Blessed Are the Consumers*, 188을 보라.
9    Moltmann, *Creating a Just Future*, 57.
10   Moltmann, *Creating a Just Future*, 58.
11   Moltmann, *Creating a Just Future*, 77.

할 수 있다"고 주장한다.[12] 정교회의 신학은 이 여행을 다름 아닌 인간 공동체 안에서 성령의 거룩하게 하고 그리스도를 닮게 하는 사역을 통해 하나님처럼 되는 것이라고 설명한다. 따라서 공동선을 향한 여행은 온전히 인간답게 되는 것(그리스도처럼 되는 것)을 향한 여행이다. 그것은 피조물이 상승하여 신처럼 되는 것이다.

종종 창조세계에 대한 제약 없는 착취와 파괴를 정당화하는 신학들은 하나님이 에덴동산에 두셨던 최초의 인간들을 존재하는 모든 것을 위한, 그리고 그들에게 그 모든 것에 대한 의심할 바 없는 지배권이 부여되었던 완전하고 완벽한 프로젝트(창조의 왕관)로 이해한다. 그런 견해와 입장을 달리하면서 동방 기독교는 첫 번째 아담을 창조를 펼쳐나가는 "선한 것"(창 1장), 즉 그의 목적이 최후의/마지막 아담(예수 그리스도)이 되는 계속되는 프로젝트로 이해한다. 이것은 존재하는 모든 것, 곧 모든 창조세계를 향한 신적 사랑의 자유 안에서 성장하는 프로젝트다. 그것은 하나님의 모습을 향한 자유 의지의 여행으로서 그 안에서 인류는 성령에 의해 눈에 보이지 않으시는 하나님의 거룩한 공동생활에 참여하고 (세계의 물질성 안에서) 그것을 눈에 보이게 만드는 영속적이고 영광스러운 상승에 의해 변화된다. 성령의 이런 변화시키는 역사는 세상을 존재케 하신 말씀이 인간 공동체 안에서 구현되고 육화되는 것을 통해 일어나는데, 그것은 인류와 창조세계의 나머지(영원한 말씀에 의해 발설된 물질화된 말씀 자체) 사이의 본질적 연속성과 공동체성을 엮고 유지하는 영적 운동이다.

이런 성령론적 인류학에 비추어볼 때, 동방 교회의 교부 중 많은 이들이 자신들의 작품에서 우주 안에서의 인간의 존재론 및 소명과 관련

---

12    Moltmann, *Creating a Just Future*, 78.

해 "형상"(image)과 "모양"(likeness)을 구분하는 것(창 1:26을 참조하라—옮긴이)은 우발적인 것이 아니다.[13] 그들의 신학적 비전은 이런 용어들이 원형(prototype)에서 목표(telos)로, 즉 잠재성(potentiality)에서 현실화(actualization)로 변화하는 운동을 정확하게 반영하는 것으로 묘사하는 반면에 하나님의 은혜와 인간의 책임 사이의 구속적 긴장을 하나님처럼 되는 것에 관한 의도된 교육으로 확대하는 것으로 묘사한다. 따라서 "형상"은 종종 모양을 이루기 위해 하나님이 부여하신 충만한 잠재성으로 묘사되는 반면, 하나님과의 연합에서 정점에 이르는 신성화(theosis)로 이해되는 "모양"은 인간 존재의 소명과 운명으로 간주된다.[14] 타락한 세상의 존재론적 부서짐 속에서 신성화를 향한 영적 상승은 인류를 영광에서 영광에 이르게 하는 성령의 거룩하게 하는/그리스도를 닮게 하는 역사를 통해(고후 3:18) 신적 본성의 참여자가 되게 하는(벧후 1:4) "하나님 안으로의 여행"[15]으로 경험된다. 실제로 신성화는 그리스도를 닮는 것(인간의 육체를 입으신 하나님의 모양)이다. 그리고 그리스도는 물질적 우주 안에 있는 비가시적인 하나님의 가시적 형상(골 1:15)이므로, 참으로 인간이 되는 것은 그리스도처럼 되는 것이다.[16] 그러나 신성화는 오직 인류뿐 아니라 모든 피조물을 창조주

---

13    Timothy Ware, *The Orthodox Church* (New York: Penguin, 1997), 219-21; Vladimi Lossky, *The Mystical Theology of the Eastern Church* (Crestwood, NY: St. Vladimir's Seminary Press, 1976), 114-21.

14    Christoforos Stavropoulos, "Partakers of Divine Nature" in *Eastern Orthodox Theology: A Contemporary Reader*, ed. Daniel B. Clendenin (Grand Rapids: Baker, 1995), 183-92 (183-84).

15    Sarah Coakeley, *God, Sexuality, and the Self: An Essay 'On the Trinity'* (New York: Cambridge University Press, 2013), 19. 실제로 그리스도는 유일하게 참으로 신성화된 인간으로, 하나님과의 연합에 의해 변화되고 빛을 발하는 인간의 삶, 즉 우주 안에서 비가시적인 하나님을 가시적으로 만들면서 모든 피조물의 번영을 위해 우주를 개선하는 일에 관여하는 인간의 삶으로서의 완전한 신성화를 보여준다.

16    Bartholomew I, *Archbishop of Constantinople and Ecumenical Patriarch, Encountering the*

와의 생명을 제공하는 연합 안으로 집어삼키는 존재론적 갱신과 치유로 경험된다. 이 만유를 관통하는 우주적 치유에는 자유 의지를 지닌, 그리스도를 닮은 그리고 성령의 능력을 받는 인간 행위자가 포함된다. 따라서 인류의 소명은 처음부터 그것의 존재론 안에 새겨져 있다. 첫 번째 아담은 물질과 영, 눈에 보이는 것과 눈에 보이지 않는 것, 그리고 창조된 것과 창조되지 않은 것의 연합으로서 하늘과 땅의 교제를 상징한다.[17] 아담은 온 세계가 우주적이고 교회적인 거대한 인간(macroanthropos)—마지막 아담인 우주적 그리스도 안에서 실현되는 운명—으로 변화될 때까지 창조세계를 창조주와 연합시키는 소우주(microcosm)로서 세계 안에 서 있다.[18] 마지막 아담은 처음부터 첫 번째 아담과 모든 창조세계의 존재론적 목표였고, 그의 공동체인 교회는 (지상적이고 천상적인) 모든 존재를 제한함으로써 하나님과의 연합 안으로 이끌어야 한다. 그리고 창조의 왕관—모든 존재의 운명—은 첫 번째 아담이 아니라 우주적인 그리고 그리스도를 닮은 공동체인 교

Mystery (New York: Doubleday, 2008), 132.

17    Dimitru Staniloae, *The Sanctifying Mysteries*, vol. 5 of *The Experience of God: Orthodox Dogmatic Theology* (Brookline, MA: Holy Cross Orthodox Press, 2012), 4.

18    Vladimir Lossky에게 (그리스도의 공동체인) 교회는 우주를 집어삼켜 하나님과 연합시키도록 되어 있다. Lossky는 다음과 같이 말한다. "교회는 우주의 중심, 즉 그 안에서 우주의 운명이 결정되는 영역이다. 모든 것이 교회 안으로 들어가도록 소환된다. 만약 인간이 소우주라면, 교회는 막시무스의 말처럼 **거대한 인간**이기 때문이다. 교회는 역사 속에서 증대되고 복합되면서 선택된 자들을 품어 하나님과 연합시킨다. 세상은 낡고 무너져 붕괴하는 반면, 교회는 그것의 삶의 근원인 성령에 의해 계속해서 활력을 되찾고 갱신된다. 어느 특정한 순간에, 즉 교회가 하나님의 뜻에 의해 결정된 충만한 성장에 이르렀을 때, 그것의 생명력을 소진한 외적 세계는 소멸할 것이다. 반면에 교회는 하나님 나라로서 그것의 영원한 영광을 지니고 나타날 것이다." Lossky, *Mystical Theology of the Eastern Church*, 178. Dimitru Staniloae는 또한 고백자 성 막시무스(Saint Maximus the Confessor [*Mystagogy*, ch. 7, Patrologia Graeca 91:684C-685A])의 말을 이용하면서 인간을 소우주로 그리고 세상을 거대한 인간으로 묘사하고, 또한 모든 창조세계를 모아 하나님과 연합시키는 과정에서 인간의 역할을 강조한다. Staniloae, *Revelation and Knowledge of the Triune God*, vol. 1 of *The Experience of God: Orthodox Dogmatic Theology* (Brookline, MA: Holy Cross Orthodox Press, 2005), 4-6.

회다. 헤르마스의 목자(the Shepherd of Hermas)의 말을 풀어쓰자면, 교회는 세상이 존재하는 목표다.[19]

하나님의 모양을 얻는 길은 자유로운 인간의 의지와 하나님의 의지의 협력과 제휴를 요구한다. 그것은 하나님을 사랑하기로 선택함으로써 하나님처럼 되는 것에 관한 능력을 부여하는 교육으로서 전개된다. 그것은 우리가 하나님과 이웃을 향한 성육신적 사랑의 표현으로 타인을 위해 절제하면서 개인적 의지와 갈망에 대한 성화를 통해 계속해서 그리스도처럼 변화되라는 부르심이다. 그리스도를 닮는 사랑은 인간을 향한 하나님의 부르심에 대한 자유롭고 자발적인 응답이기에 하나님의 형상 안에 있는 인간 의지의 자유는 신성한 모양을 얻기 위한 전제 조건이다. 블라디미르 로스키(Vladimir Lossky)는 다음과 같이 말한다.

> 하나님을 사랑하는 사람이 되기 위해서는 우리가 그 반대가 될 수도 있음을 인정해야 한다. 우리는 우리가 반란을 일으킬 수 있음을 인정해야 한다. 자유로운 저항만이 연합에 의미를 부여한다.…이 자유는 하나님으로부터 온다. 그것은 우리의 하나님이 참여하신다는 것을 보여주는 인장, 곧 창조주의 걸작이다.[20]

따라서 인류를 창조하기 위해서는 하나의 의지가 필요하지만, 그것을 성화시키기 위해서는 두 개의 의지가 필요하다. 혹은 로스키의 말을 빌리자면 "형상을 일으키기 위해서는 하나의 의지가, 그러나 형상을 모양으로 만들

---

19    *Shepherd of Hermas*, Vision 2, ch. 4, ⟨http://www.earlychristianwritings.com/text/shepherd. html⟩.

20    Vladimir Lossky, *Orthodox Theology: An Introduction* (Crestwood, NY: St. Vladimir's Seminary Press, 2001), 72.

기 위해서는 두 개의 의지가 필요하다."[21]

크리스토포로스 스타브로풀로스(Christoforos Stavropoulos)가 지적하듯이 성령은 인류의 성화와 관련해서 "주된 그리고 핵심적인 시작"이고,[22] 그리스도 안에서 객관적으로 성취된 것을 개별 신자들과 신앙 공동체의 삶에 적용하면서 세상에 존재하는 그리스도의 몸을 하나님의 공동체적 아이콘으로 형성하는 분이다. 로스키는 성 아타나시오스(Athanasius)의 말을 되울리면서 하나님은 인간이 성령을 받도록[23]—영화되도록—하시기 위해 육신이 되셨다고 주장한다. 따라서 오순절은 단순히 성육신의 연속이나 속편이 아니다. 오히려 그것은 인류 안에서 이루어지는 성령의 성화시키는 역사의 최초의 사건으로서 그것의 결과와 목적이다.[24] 그런 것으로서 오순절은 "마지막 일들"의 시작이다. 왜냐하면 그것은 현재의 한가운데서 창조의 종결인 교회를 공표하는 사건이기 때문이다.

신성화에 대한 이와 같은 이해에 비추어 (성령의 부으심을 받은 자들인) 그리스도인들은 성령의 조명과 변화시키는 역사를 통해, 그들이 그분의 생명으로 충만해지고 더는 그들 자신이 아니라 그분이 그들 안에서 사시기까지(갈 2:20), (다른 이들을 위해 자신들을 비우면서, 빌 2:7) 세상에서 그리스도의 케노시스(자기 비움)를, 그리고 (자신들의 인간적 의지를 하나님의 의지에 복속시키면서, 눅 22:42) 그리스도의 에노시스(연합)를 따르고 반영함으로써 그리스도(육신을 입은 하나님)처럼 되라는 거룩한 부르심(명령)에 반응했던 자들이다. 샐리 맥페이그에 따르면, 우리는 그리스도를 닮아가는 성인들의

---

21    Lossky, *Orthodox Theology*, 73.
22    Stavropoulos, "Partakers of Divine Nature," 188.
23    Lossky, *Mystical Theology*, 179.
24    Lossky, *Orthodox Theology*, 85.

여정에서 성령의 이런 운동을 식별할 수 있는데, 그들의 이야기는 구원을 "진노하고 전능한" 신의 "속죄"가 아니라 "우리가 예수처럼 타인에게 하나님의 얼굴이 되기 위해 자신의 삶을 자기 안에 두는 잘못된 이기적인 시도에서 자기를 비우라는 하나님의 부르심에 응답하는 4중의 과정"으로 묘사한다.[25] 맥페이그가 현대의 성인 세 사람(존 울먼[John Woolman], 시몬 베유[Simone Weil] 그리고 도로시 데이[Dorothy Day])—그들의 삶은 그리스도의 살아 있는 아이콘이자 타인을 향한 불의에 대한 예언자적 부정이었다—에 관한 그녀의 성인전(hagiography)에서 요약하는 성인다움을 향한 4중의 여정은 믿음에서 행위로의 구속적이고 사회 변혁적인 이동을 발생시키기 위한 그녀의 제안이다. 따라서 맥페이그에 따르면, 매일의 삶의 투쟁 속에서 하나님을 형상화하는 과정은 타인의 고통에 연대하면서 다음과 같은 급진적인 성육신주의의 단계들을 따라 펼쳐진다.

1. 중산층 사람들이 소유와 권위를 통한 자기 충족이라는 인습적인 모델에서 벗어나 개인적이고 지구적인 안녕을 위한 통로로서 자기 비움의 모델 속으로 들어가도록 충격을 주는 "자발적 빈곤"의 경험… 2. 타인의 필요, 특히 식량처럼 그들의 가장 물질적이고 기본적인 필요에 관심을 갖는 것… 3. 우리의 관심(깊은 동정 혹은 공감)을 구성하는 선이 자기에 대한 좁은 초점에서 벗어나…더는 선이 남아 있지 않을 때까지 더욱더 멀리 나아감에 따라 "우주적 자아"가 점진적으로 발전하는 것… 4. 우주적 자아라는 새로운 모델이 개인적이고 공적인 단계 모두에서 작동하는 것, 예컨대 지구적 법칙들—(1) 자신의 몫만 취하라, (2) 당신 이후를 위해 청소하라, (3) 당신 이후에 그것을 사용할 이들을

25    McFague, *Blessed Are the Consumers*, 159.

위해 집을 좋은 상태로 수선하라—을 따라 작동하는 것.[26]

그러나 우리가 성인들의 삶을 살필 때, 이런 단계들은 서로 구분되고 상승하는 방식으로라기보다는 함께 뒤섞여 얼마간 그리스도를 닮는 것을 향한, 혹은 맥페이그의 용어를 빌리자면 "우주적 자아"의 형성을 향한 케노시스적 운동 안에서 동시 발생적으로 발전하며 펼쳐지는 것처럼 보인다. 성인이 언제 (도덕적·종교적 확신에 고무되어) 타인의 고통과 연대하는 삶으로부터 성육신한 그리스도를 닮은 자아로—성령에 의해 너무나 "확대되어"[27] 인접한 타인(알려진 이웃)을 위해서뿐 아니라 멀리 있는, 익명의, 알려지지 않은 타인(인간이든 아니든)을 위해서까지 성소가 되는 인간의 삶으로—옮겨가는지를 확인하기는 어렵다. 성인의 삶은 그 안에서 모든 피조물이 현재의 고난과 미래의 영광 모두에서 연합하는, 성육신하고 십자가에 달리고 부활하신 하나님을 정말 생생하게 반영하는 것이 된다.

맥페이그는 믿음으로부터 행동으로의, 그리고 이어서 변화된/성화된 (보편적) 자아로의 전환은 "주로 이성을 통해서가 아니라…감정을 통해서 다른 누군가의 피부 속으로 들어가" "어떤 피조물과도 함께 **느낄 수**" 있게 되는 것을 통해 이루어진다고 옳게 주장한다.[28] 그 저자가 주장하듯이 "이런 사람들에게 세상은 다름 아닌 그들의 몸이었다."[29] 맥페이그는 이런 주장에 비추어 생명과 피조물의 안녕의 깊은 생물학적 상호의존에 관해 숙고하면서 "당신의 생명을 찾기 위해 당신은 그것을 잃어야 한다"라는 "이상

---

26    McFague, *Blessed Are the Consumers*, xii-xiii.
27    McFague, *Blessed Are the Consumers*, 117.
28    McFague, *Blessed Are the Consumers*, 112.
29    McFague, *Blessed Are the Consumers*, 111.

한" 종교적 진술은 "모순이나 신비가 아니다. 단지 그것은 과학 역시 우리에게 알려주는 진리에 대한 설명으로, 우리가 우주적 자아라는 사실이다. 성인들과 우리 중 나머지 사람들 사이의 주된 차이는 그들이 이것을 실제로 인식하고 그것을 따라 사는 반면, 우리는 그렇지 않다는 것이다"라고 말한다.[30]

타인의 신체적 결핍과 고통을 다룸에 있어서 타협할 수 없을 만큼 중요한 성인들의 심원한 그리고 모든 것을 포괄하는 동정과 공감은 자신의 모든 피조물의 번영을 바라시는 하나님의 무조건적 사랑의 광활함의 성육신이다. 따라서 개인의 권리와 자기 탐닉적 갈망에 사로잡힌 시대에 성인들의 삶은 사회적이고 지구적인 번영의 반문화적 모델, 즉 세상을 하나님의 임재로 가득 찬, 그리고 그 안에서 모든 삶이 창조주에 대한 깊고 유기적으로 상호연관되고 동시에 발생하는 예배로서 펼쳐지는 성소로 인식하는 모델이다. 성령은 인간의 눈을 열어 우주를 성전으로 그리고 삶을 거룩한 전례로 보게 하고 구속된 인류가 예배하는 피조물로서 자신의 소명을 받아들임으로써 세계가 그것의 충만한 데 이르기까지 살아가게 하도록 촉구한다. 이런 공동의 창조세계에 대한 성례전적인 비전이 없이 세상에서 경건하게 존재하는 방식에 헌신된 진정한 성만찬적 사회를 발전시키는 것은 불가능하다. 이렇게 변화되어 성령 충만한 앎과 봄의 방식은 성령에 의해 거룩한 전례 안으로 소환되는 것을 진지하게 받아들이는 경건한 소비와 지속 가능하고 공정한 경제적 관행을 통해 이루어지는 금욕적이고 케노시스적인 공동생활을 육성하는 데 꼭 필요하다. 이와 같은 매일의 예배의 삶은 세속적인 것의 지루한 소소함 속에서 거룩한 현존에 대해 다시 민감해진 인

---

30    McFague, *Blessed Are the Consumers*, 112.

식을 통해 모든 생각과 행동과 말을 확대하고 검토하면서 전개된다.

　성인들의 삶에서 나타나는 세계에 대한 이처럼 조명된 관점은 "십자가에 달린 그리스도의 눈"으로[31] 동료 인간에게—고통당하는 타인이 겪는 비인간화시키는 빈곤과 생태적 박탈, 정치적 억압과 주변화, 심각한 질병, 남의 눈에 띄지 않는 외로움 그리고 높은 사망률 같은 즉각적이고 직접적인 물질성에—주목한다. 십자가에 달린 그리스도의 눈으로 본다는 것은 공동의 안녕에 맞서는 개인의 권리에 관한 정치적 수사에 의해 눈이 먼 세상에서, 즉 동료 인간 및 창조세계의 나머지에 대한 책임을 받아들이기를 거부하는 세상에서 타인의 고통을 가시화한다는 것을 의미한다. 교황 프란치스코가 테레사 수녀의 시성식에서 행한 설교에서 사용한 표현을 빌려 말하자면, 성인들이 빈곤하고, 억압당하고 이 세상의 권력자들 앞에서 잊힌 이들의 목소리가 되는 것은 "그 권력자들이 빈곤의 죄에 대한 자신들의 죄책"과 "자기들이 행한" 배제를 인식하게 하기 위함이다.[32] 아마도 "형제를 지키는 자"가 되는 인간으로서의 책임을 저버리는 이기적인 무관심과 자기의(self-righteous)에 바탕한 판단주의에 맞서는 성인들의 삶이 보여주는 예언자적 저항은 도스토옙스키(Dostoevsky)의 소설 『카라마조프 가의 형제들』(The Brothers Karamazov)의 등장인물 중 하나가 했던 다음과 같은 말을 통해 요약될 수 있을 것이다. "우리 전부는 모든 면에서 다른 모든 이에게 책임을 져야 해. 그 누구보다도 내가 가장 먼저 져야 해."[33] 어떤 이들은 이런

31　John Woolman, McFague(Blessed Are the Consumers, 177)에 의해 인용됨.

32　Pope Francis, Homily for the Canonization of Mother Teresa, Holy Mass and Canonization of Blessed Mother Terese of Calcutta, St. Peter's Square, September 4, 2016, ⟨http://en.radiovaticana.va/news/2016/09/04/homily_for_the_canonization_of_mother_teresa_full_text/1255727⟩.

33　Jonathan Sacks, To Heal a Fractured World: The Ethics of Responsibility (New York: Schocken,

주장은 사회적 책임을 "감각의 한계 너머로 확장하는 것"이라며 일축할 수도 있겠으나,[34] 그것은 그리스도적인 (혹은 맥페이그의 용어로 "우주적인") 자아로의 여행 과정에서 온 우주를 포용하도록 성령에 의해 확대된 이들이 느끼는 부담의 일부를 표현한다.

세계의 삶을 위한 사랑의 케노시스의 아이콘인, 고난당하고 자기를 비우는 그리스도의 눈으로 보는 것은 성인들이 고난당하는 타인들의 얼굴에서 그분의 얼굴을 식별할 수 있게 해준다(마 25:31-46). 그러므로 하나님의 얼굴을 봄으로써 조명된 신앙의 역설 안에서 ("이 지극히 작은 자"와 자기를 급진적으로 동일시하는) 그리스도의 눈은 굶주리고, 아프며, 벌거벗고, 집이 없으며, 감옥에 갇힌 자들의 눈을 통해 우리를 바라본다. 사람들을 소환하는 그들의 응시는 성인들을 세상에 하나님을 형상화하는 급격한 금욕적이고 케노시스적인 행동으로 움직이게 함으로써 세상이 그것의 인간성을 되찾게 만든다. 그러나 이런 형상화는 (성육신의 대리자인) 성령의 인도와 능력 주심을 통해 성육신의 패턴을 따르며 살아가는 삶을 의미한다. 따라서 성인들은 그리스도가 자신들 안에서 자신을 보도록 택하신 이들과의 급진적인 동일시를 통해 그분에게 자신들의 몸을 바친다. 그들의 삶은 "지극히 작은 자들"의 가난과 비참함을 스스로 짊어지고 그들을 소외시키고 비인간화시키는 궁핍과 곤궁 속에서 그들과 함께 고난을 당하고 그렇게 함으로써 그들의 인간적 존엄성을 확증하는 그리스도의 삶의 확장이 된다. 성인들의 삶을 통해 보이지 않던 이들이 보이고, 침묵하던 이들의 목소리가 들리며,

---

2007), 116. Fyodor Dostoevsky, *The Brothers Karamazov* (Mineola, NY: Dover, 2005), 261. 『카라마조프 가의 형제들』. 조시마 신부의 형제로서 큰 병에 걸린 마르켈의 말로, 그가 그들의 어머니와 나누는 대화 속에 등장한다.

34   Sacks, *To Heal a Fractured World*, 116.

사랑받지 못했던 이들이 사랑스러운 존재로 소중히 여김을 받고, 외로웠던 이들이 공동체 안으로 포용되며, 집이 없던 이들이 무조건적 환대 속에서 쉴 곳을 얻고, 무력했던 자들이 능력을 얻어 다른 이들과 똑같이 자신들의 삶을 나눌 수 있게 된다.

교회는 성도(saints, 부활하신 주님의 몸 안에서 세례를 받고 성령에 의해 그리스도처럼 되도록 부르심을 받은 자들)의 공동체이기 때문에 고통당하는 타인과의 금욕적이고 케노시스적인 연대 속에서 살면서 또한 세상 안에서 하나님의 얼굴을 반영하면서 그리스도의 눈을 통해 세상을 보는 것은 모든 그리스도인의 소명이 된다. 그러므로 교황 프란치스코가 말하듯이,

> 주님께서 나를 만나러 오셨고 내가 곤고했던 때에 나의 수준까지 내려오셨던 것처럼 나 역시 믿음을 잃어버리거나 마치 하나님이 계시지 않는 것처럼 살아가는 이들 앞에서, 가치나 이상 없이 살아가는 젊은이들 앞에서, 위기를 겪고 있는 가정 앞에서, 병들고 갇힌 이들 앞에서, 피난민과 이민자들 앞에서, 몸과 정신이 연약하고 무방비 상태에 있는 이들 앞에서, 버려진 아이들 앞에서, 그리고 홀로 살아가는 노인들 앞에서 몸을 낮게 숙이면서 그분을 만나러 갑니다. 누군가 일어서기 위해 도움의 손길을 요청하며 다가오는 곳이 우리가―소망을 유지하고 제공하는 교회가― 있어야 할 곳입니다.[35]

믿음의 공동체 안에서 남자와 여자들에게 능력을 부여하여 조화롭게 공동선을 추구하면서 하나님의 얼굴을 지닌 타인을 마주하게 하는 성령의 성화시키는 임재에 대한 몰트만과 맥페이그의 주장은 신성화에 대한 동방 정

---

35    Pope Francis, *Homily for the Canonization of Mother Teresa.*

교회의 이해뿐 아니라 **소보르노스트**(*sobornost*)라는 개념과도 공명한다. **소보르노스트**(종종 "보편성"[catholicity]과 "협의성"[conciliarity]으로 번역된다)[36]는 정교회의 교회론 안에서 복잡한 개념이자 가장 포괄적인 주제다. 인류의 공동체적 본질(삼위일체적 공동체로서 하나님의 형상으로 창조된 피조물)을 반영하는 **소보르노스트**라는 교회의 원리는, 칼리스토스 웨어(Kallistos Ware) 주교의 말처럼 "자유와 순종이라는 서로 상충하는 주장들을 화해시키는 살아 있는 유기적 통일체"로서의 교회의 삶을 구성한다.[37] 토도르 슈베프(Todor Subev)는 **소보르노스트**를 성령에 의해 온 세상으로부터 모인 "위대한 '공의회'로서의 교회에 관한 비전", "하나님의 은총으로 자라는 믿음과 사랑과 자유의 독특한 조화"라는 특징을 지닌 "영적 그리스도인의 연합과 교제"에 관한 교회의 내적 "원리"로 묘사한다.[38] 그는 **소보르노스트**의 본질에 관한 풍성한 성찰 과정에서 다음과 같이 말한다.

> **소보르노스트**는 보편성과 협의성의 핵심이다. 그것은 각자가 모든 이들과 연합하는 것에 의해 성취되는 진리와 삶의 조화로서의 보편성과, 그리스도의 몸의 내적 보편성의 원리와 표현으로서, 즉 하나님의 모든 백성이 견지하는 신앙의 합의로서의 협의성을 강조한다.[39]

---

36    그 단어의 기원과 의미에 관해서는 Todor Subev, "The Nature and Mission of Councils in the Light of the Theology of Sobornost," *The Ecumenical Review* 45, no. 3 (July 1993): 261-70(특히 262-64)을 보라. 정교회에서 교회론에 관해 체계적으로 사고했던 최초의 신학자로 알려진 Aleksei Khomiakov의 작품에서 나타나는 소보르노스트라는 개념의 발전과 그것에 대한 설명을 위해서는 Kallistos Ware, "Sobornost and Eucharistic Ecclesiology: Alexei Khomiakov and His Successors," *International Journal for the Study of the Christian Church* 11, nos. 2-3 (May-August 2011): 216-35을 보라.

37    Ware, "*Sobornost* and Eucharistic Ecclesiology," 219.

38    Subev, "Nature and Mission of Councils," 263.

39    Subev, "Nature and Mission of Councils," 264.

그러나 교회의 **소보르노스트**는 시간과 공간을 가로지르며 수평적으로 그리고 수직적으로 뻗어나간다.[40] 따라서 **소보르노스트**는 어느 특정한 세대 안에서 구속된 인류와 연합해 세상의 끝까지 달려가는 것이 아니라 과거와 현재와 미래의 초세대적 융합 안에서 달려간다. 더 나아가 그것은 그것의 범위 안에 하늘과 땅 모두를, 즉 지상의 교회와 천상의 교회, 가시적 교회와 비가시적 교회, 천사와 대천사들, 그룹과 스랍들 그리고 창조세계의 나머지들과 함께 예배하는(시 19장) 성도들의 한 공동체 안에서 알려진 신자와 알려지지 않은 신자 모두를 포함한다. 그러므로 슈베프는 마지막으로 "**소보르노스트**는 사랑의 능력으로 시간과 공간을 구속하기 위하여 우주를 한데 모으는 힘과 과정으로서의 하나님 나라에 대한 관점에서 이해되어야 한다"고 결론짓는다.[41] 그는 "소보르노스트적인 교회" 안에 있는 조화로운 연합을 위한 "기본적 요소"는 "성인다움과 자기를 부인하는 사랑"이라고 지적하고 "그런 기독교적 교제는 세속사회에서 자유와 일치 그리고 공동생활을 발산할 수 있다"는 블라디미르 솔로비요프(Vladimir Solovyov)의 주장을 옹호한다.[42]

**소보르노스트**라는 개념은 그것의 우주적 범위라는 측면에서 (비록 작은 방식이기는 하나) 인간 공동체 너머로 나아가 창조세계의 나머지를 포용하는 "생태학적 보편성"(ecological catholicity)이라는 교회의 새로운 표식에 대한 샐리 맥페이그의 요구와 공명한다.[43] 맥페이그는 지구 전체를 하나님의

---

40  Ware, "*Sobornost* and Eucharistic Eclesiology," 224. Ware는 **소보르노스트**가 하늘과 땅에서, 그리고 영원 속으로 시간과 공간을 가로지르며 포괄적으로 그리고 우주적으로 뻗어나가는 것에 관한 Alexei Khomiakov의 아름다운 인용문을 제공한다.
41  Subev, "Nature and Mission of Councils," 264.
42  Subev, "Nature and Mission of Councils," 265-66.
43  Sallie McFague, *A New Climate for Theology* (Minneapolis: Fortress, 2008), 33-35. 『기후 변

가정으로 보고 인간과 "다른 모든 생명 형태" 사이의 유기적인 "상호의존적 관계"를 진지하게 다루는 보편성에 대한 보다 넓은 정의에 관한 시몬 베유와 테야르 드 샤르댕(Teilhard de Chardin)의 주장을 인용하면서 "우리에게 세계를 사랑할 수 있는 권한을 제공하는" 성육신과 그것이 우리의 매일의 삶에서 무엇을 의미하는지 이해하라는 과제를 지적한다.[44] 성육신에 비추어볼 때, 맥페이그가 주장하듯이 생태학적 보편성은 우주를 그것의 목표인 성육하고 부활하신 그리스도 안으로 불러모으는 "교회의 표식에 대한 사소한 추가가 아니다."[45] 오히려 그것은 모든 피조물에게 복음을 선포하는 사명에 있어 핵심적이다.

## 하나님의 얼굴에 의해 조명된 세상에 대한 기억[46]

인간은 안절부절못하고 향수병에 걸린 피조물로서 자신이 그것을 위해 창조된 잃어버린 고향인 에덴에 대한 원초적 기억—하나님과 이웃(인간 이웃

---

화와 신학의 재구성』(한국기독교연구소 역간).

44 McFague, *New Climate for Theology*, 34. McFague는 성육신에 관해 숙고하면서 다음과 같이 말한다. "기독교의 가장 구별되는 특징 중 하나는 하나님이 육신을 입고 우리와 함께 계신다는 것이다.…예수 그리스도는 우리가 세상에 홀로 있지 않으며 다른 어딘가에 속해 있지 않음을 보여주는 전형적인 예이자 명백한 복음이다. 하나님은 반육신적이거나 반세계적이지 않으시다. 사실은 그와 정반대다. 성육신은 하나님이 우리가 그 안에서 살고, 움직이며, 육체를 지닌 세상의 피조물로서 우리의 존재를 갖게 하는 분이시다. 하나님은 세상을 경멸하지 않으신다. 그분은 세상을 사랑하시고 우리 역시 그러하기를 기대하신다."

45 McFague, *New Climate for Theology*, 34.

46 이 책의 이 단락과 "우주 안에서 거룩한 공동체를 가시적인 것으로 만들기"라는 제목이 붙은 단락은 다음과 같은 나의 두 논문에 실려 있던 글을 확대하고 개정한 것이다. "Image, Spirit and Theosis: Imaging God in an Image-Distorting World," in *The Image of God in an Image Driven Age: Explorations in Christian Anthropology*, ed. Beth Felker Jones and Jeff Barbeau (Downers Grove, IL: InterVarsity, 2016); "Creation as Perichoretic Trinitarian Conversation:Reflections on World-Making with Robert W. Jenson," in *The Promise of*

과 비인간 이웃 모두)과의 친교 안에서 누리는 조화로운 온전함으로서의 샬롬에 대한 기억—에 의해 깊고 강한 인상을 받고 그것에 의해 시달린다. 그것은 창조주의 현존의 가시적 직접성 안에서 하나님의 모든 피조물이 공유하는 생명에 대한 제한 없는 접근에 대한 기억이다. 인간(과 우주)의 번영에 대한 이런 기억은 하나님의 얼굴을 봄으로써, 그리고 그것을 자기 안에서처럼 타자의 얼굴 안에서 인식함으로써 형성되는 생명에 대한 회상으로 인간의 의미와 운명에 대한 다음 세 방향의 반영이다. 곧 하나님 앞에 두려움 없이 서는 것, 타자를 향한 투명한 개방성, 그리고 창조된 우주 안에서 삼위일체적 삶을 성례전적으로 반영하는 것으로서의 인간 존재론의 공동체적 현실의 구조 속에 세워진 개방성이다.

창조세계 안에서 신성한 공동생활의 물질적 구현을 나타낸다는 피조물적 본질을 지닌 인간은 하나님과 이웃을 향한 사랑의 상호내주적 운동으로 물질과 영혼의 교제를 보여주어야 한다. 따라서 낙원의 기억에 따르면, 인간은 삼위일체를 독자적으로, 즉 단지 자기 동료 인간과의 관계의 한계 안에서 형상화하지 않는다. 하나님이 진정으로 인간적인 존재론의 본질을 유지하는 공동체 역학의 세 번째(혹은 외려 첫 번째) 위격으로 나타나신다. 우주적 시간 순서의 신성한 의미에서 창조주와의 관계는 동료 인간 및 나머지 창조물과의 관계보다 우선한다. 창조에 관한 동방 정교회의 아이콘을 통해 우아하게 묘사되듯이 인간이 신성한 창조의 섭리를 통해 땅으로부터 세상으로 나올 때 그의 눈이 보는 첫 번째 얼굴은 그것의 창조자의 얼굴이다. 아이콘의 신학 덕분에, 그것을 보는 자들은 자기들이 아담과 함께 하나

~~~~~
*Robert Jenson's Theology*, ed. Stephen Wright and Christopher W. Green (Minneapolis: Fortress, 2017).

님의 얼굴을 보고 있음을 이해한다. 그들은 그 얼굴을 (계시에 의해 조명된 관점에서) 그리스도의 얼굴, 즉 인간이 보았던 육신을 입은 창조적 말씀에 의해 마지막 아담(고전 15:45)의 얼굴에서 나타난 창조주의 유일한 얼굴로 인식하기에 이르렀다. 거울에서처럼 첫 번째 아담은 마지막 아담의 얼굴에서 자신의 얼굴을 본다. 아이콘은 그것의 신학적 요점을 수정처럼 분명하게 밝힌다. 하나님과 인간이 무언가를 공동으로 갖고 있다. 그 무언가는 하나님의 얼굴에 대한 신학적 상징을 통해 표현된다. 창조되지 않은 영원한 하나님이 자신의 얼굴을 창조되고 유한한 인간과 공유하신다. 그분은 자신의 얼굴을 아담과 하와 모두에게 주심으로써 그들이 (개인적으로 그리고 집단적으로) 우주 안에서 피조물 안에 새겨진 창조주의 형상으로서 자신의 아이콘이 되게 하신다. 그렇게 해서 인간 안에 하나님의 형상을 두는 것은 인간이 하나님과 그리고 서로와 함께하는 교제 및 공동체를 준비하는 것을 위한 신비로운 징표가 되는데, 그 교제는 성령의 중재를 통해 우리를 신성한 공동체적 삶과 본질에 참여하는 자가 되도록 만든다. 다른 한편, 물질은 공유되고 창조된 자연에 대한 인간의 참여로서 인간과 창조된 우주의 나머지 사이의 교제의 수단이 된다. 그러므로 첫 번째 아담 안에서 창조되지 않은 형상의 아이콘과 창조된 물질은 창조된 세상 한가운데서 구현된 인간의 생명 안에 있는 하나님의 생명의 모양을 요약하도록 예정된 교제 안에서 서로 만난다. 이것은 마지막 아담 안에서 실현되고 성취되는 신성화(theosis)—물질과 영의, 창조되지 않은 영원한 말씀과 육신을 입은 인간 존재의 교제로서(요 1:1, 14) 육체의 형태로 거하시는 신성의 충만함(골 2:9)—라는 인간의 운명이다.

　창조에 관한 정교회의 아이콘은 인간 안에 있는 하나님의 형상의 의미와 본질을 철저하게 규명하는 것과는 관련이 없다. 그럼에도 그것은 몇 가지 중요한 신학적 주장을 한다. 첫째, 그것은 그것을 보는 자들에게 "형상"이 "모양"을 위한 온전한 가능성을 대표한다는 것을 상기시킨다. 인간은 그들의 간사회성(intersociality) 및 창조세계의 나머지와의 관계에서 그들의 창조자를 닮도록 지음을 받았다. 둘째, 남성과 여성 모두가 정확하게 동일한 형상을 공유하며 따라서 하나님처럼 될 동일한 가능성을 공유한다. 셋째, 아담과 하와는 그들이 서로 마주하기 전에 먼저 하나님과 대면해 서도록 지음을 받았다. 그들의 근본적인 지향은 무엇보다도 그분을 향해 있다. 따라서 인간은 비인류 타자의 얼굴―자아의 단일성 밖에 있는 공유된 인간적 본성의 얼굴―을 보기 전에 자기 이해와 자기 인식의 기원인 하나님의 얼굴을 본다. 인간 피조물은 이 얼굴에 대한 사랑스러운 긍정 안에서 자신의 참된 의미와 운명―자신의 시작과 본질과 목적―을 인식해야 한다. 인간은 이 얼굴과 그것과 우주의 상호 작용을 배움으로써 창조된 세상 안에서 하나님의 형상으로서 자신의 소명에 대해 배워야 한다. 따라서 다른 피조물(인류와 비인류 모두)과의 관계는 창조주와의 관계에 의해 기능적으로 예정되고 형성된다. 인간의 삶은 창조된 우주 한가운데서 하나님의 삶을 반영하게 된다.

형상의 진전은 움직임과 지향의 측면에서 하나님과의 근본적인 접촉면으로부터 나와서 하나님 자신의 예를 따라 동료 인간을 향해 얼굴을 돌리는 것으로 진행된다. 인간은 자신이 자유로운 만남 속에서 "타자의 눈을 들여다보고 그것들이 우리 자신의 눈을 들여다보게 하면서"[47] 타자를 향해 돌아선 **프로소폰**(*prosōpon*, 그리스어에서 유래한 것으로 얼굴 혹은 용모 그리고 그것이 대표하는 하나의 인격을 의미한다―옮긴이)이 되어야 한다는 것을 깨닫는다.

---

47    Bartholomew I, *Encountering the Mystery*, 132.

인간은 공동생활에서 자신을 기꺼이 타자와 나누고자 하면서 타자를 향해 자신의 얼굴을 돌리시는 하나님을 따름으로써 자신의 사회적 본성을 실현한다. 하나님은 인간을 그분 자신의 형상 안으로 올리심으로써 자신을 인간과 함께 공유하신다. 그러니 이제는 인간이 자신을 타자와 공유하는 것을 배워야 한다. 왜냐하면 형상은 사회적이며 다른 사람과의 공동체적 만남 속에서 가시적으로 나타나기 때문이다. 인간이 하나님의 얼굴을 공유하고 지향성의 측면에서 타자를 향해 그리고 타자를 위해 자신의 체화된 개방성과 취약성을 따라 살아나갈 때, 인간은 창조된 우주 전체와의 관계에서 그것을 양육과 보호라는 사랑 어린 돌봄으로 대하면서 하나님처럼 될 것이다. 하나님의 얼굴을 그렇게 공동체적으로 반영하면서 인간은 평화, 즉 충만한 삶으로서의 에덴의 삶을 살아간다.

에덴의 원시적 삶에서 묘사되는 하나님의 형상에 대한 세 방향의 반영은 창조세계 안에서 그것의 사회적·관계적 본성을 가리킨다. 그것은 인간이 참으로 인간답게 되기 위해서는 하나님과 동료 인간 모두와의 교제 속에서 살아가야 한다는 점을 분명하게 보여준다. 이 두 성찬을 받는 사람(communicant) 중 어느 하나가 부재할 때, 이 근본적인 관계 중 어느 하나가 깨질 때, 인간의 정체성은 비인간화의 위협에 처한다. 얼굴의 신학은 오직 계속해서 하나님과 대면하는 것을 통해서만 인간성을 유지할 가능성을 제시하는 것처럼 보인다. 왜냐하면 오직 그럴 경우에만 우리는 타자를, 그리고 세상의 나머지를 인간의 의미와 소명에 부합하는 방식으로 마주할 수 있기 때문이다. 그러므로 아이콘은 인간의 타락을 창조주의 얼굴로부터 세상을 향해 돌아서면서 세상을 그 자체로 목적으로 삼는 것으로, 그리고 그렇게 함으로써 창조주를 피조물로 대체하는 것으로 묘사한다. 아이콘은 모든 죄는 어느 의미에서 우상숭배의 한 형태라는 신학적 주장을 한다.

얼굴 신학의 중요성은 성인들의 삶에 대한 동방 정교회의 도상학적 (iconographic) 묘사에서도 반영된다. 성인들의 얼굴은 분명히 서로 구별되기는 하나 모두 의도적으로 인간의 원형과 목적인 그리스도의 얼굴을 연상시킨다. 아이콘들은 모든 피조물과 함께 신성화를 통해 변형된 인간을 묘사한다. 성인들의 얼굴에서 하나님의 얼굴을 되찾는 것은 거룩을 성령에 의해 그리스도답게 변화된 인간의 삶 속에 계신 하나님의 가시적이고 유형적인 임재로 표현한다. 따라서 성인들의 아이콘을 전례적으로 통합하는 것은 단순히 "구름 같이 둘러싼 허다한 증인들"(히 12:1)의 존재를 인식하고 그들과 교제하는 것으로만이 아니라, 하나님의 얼굴을 통해 우주 안에 있는 우리의 목적 및 소명—그분의 신비로운 공동체 안에 계신 그리스도 자신—과 만나도록 소환되는 것으로 이해될 수도 있다. 아이콘과 대면해 설 때 우리는 자신에 관한 참된, 즉 치유된 인간 존재론 및 인간의 의미와 목적과 마주한다. 아이콘을 바라보는 것은 동료 인간 안에서 하나님의 얼굴을 식별하는 것에 관한 교육이 되고, 이어서 그것은 그 성찬을 받는 사람을 인간화한다. 그러므로 신자들은 그 얼굴, 특히 고해하는 동안 선 채로 그것과 눈을 마주치면서 그리스도의 아이콘의 얼굴을 보도록 가르침을 받는다. 보되 위로부터나 아래로부터 봐서는 안 되고, 우월함이나 열등함의 자세로 봐서도 안 된다. 왜냐하면 그런 것들 모두는 타자 안에 있는, 또한 그렇기 때문에 자기 안에 있는 하나님의 형상을 왜곡시킬 것이기 때문이다.

아이콘은 마지막 아담 안에서 소환된 그리고 다시 한번 하늘과 땅 사이의 회복된 교제의 아름다움으로 빛을 내는 갱신된 창조세계에 대한 설명이다.[48] 후광은 "도상학적 장치, 거룩함의 외적 표현, (세상의) 빛에 대한

---

48    Leonid Ouspensky, "The Meaning and Content of the Icon," in *Eastern Orthodox Theology:*

증언"[49]이 되는데, 그 빛은 구속된 인류 안에 자신의 거처를 마련하신 예수 그리스도다(요 8:12). 성화된 인류를 통해 온 우주가 다시 한번 빛을 발한다. 따라서 아이콘 안의 개체들은 "그림자를 투영하지 않는다."[50] 빛은 모든 것을 관통하면서 아이콘의 배경이 된다. 레오니드 오우스펜스키(Leonid Ouspensky)는 성화된 인간의 형상인 "아이콘은 다볼산의 변화에서 계시되었던 현실을 보여준다"고 지적한다.[51] 그러므로 거룩한 얼굴 축일(the Feast of the Holy Face) 기간에 전례는 이런 선언문으로 노래한다. "오, 창조주시여, 어두워진 인간의 형상을 조명하셨으니 당신은 그것을 다볼산에서 계시하셨습니다.…그리고 이제 오 주여, 인간을 사랑하시는 이여, 당신의 가장 순결한 형상의 광채로 우리를 축복하시고 거룩하게 해주십시오."[52] 어느 면에서 모든 아이콘은 성육신 사건을 가리킨다.

## 창조, 성육신 그리고 구속적 세계-개선

알렉산더 슈메만(Alexander Dmitrievich Schmemann)이 지적하듯이 아이콘은 "예수 그리스도 안에서 성취한 신성과 인간의, 하늘과 땅의 통일에 대한 증언 혹은 더 낫게는 결과다. 모든 아이콘은 본질상 성육신의 아이콘이다."[53] 영원한 말씀의 성육신은 비가시적인 하나님의 얼굴을 존재론적으로 갱신

　　　*A Contemporary Reader*, ed. Daniel B. Clendenin (Grand Rapids: Baker, 1995), 33-63 (58).

49　Leonid Ouspensky, "The Meaning and Content of the Icon," 53.

50　Leonid Ouspensky, "The Meaning and Content of the Icon," 62.

51　Leonid Ouspensky, "The Meaning and Content of the Icon," 43-44.

52　Leonid Ouspensky, "The Meaning and Content of the Icon," 44.

53　Alexander Schmemann, *The Eucharist: Sacrament of the Kingdom* (Crestwood, NY: St. Vladimir's Seminary Press, 1987), 20. 『성찬』(터치북스 역간).

된 인간—새 창조의 시작(골 1:15)인 예수 그리스도—의 얼굴 안에서 가시적인 것이 되게 만든다. 따라서 성도의 공동체에 의한 우주 안에서의 하나님의 형상과 그것의 반사적 반영에 관한 모든 성찰은 (최초의 창조와 새 창조 모두에서) 말씀의 구현을 바라보는 것으로 시작되어야 한다.

## 구현된 말씀과 세상의 치유

타락의 결과로 상처받은 부서진 세상을 치유하려면 말씀이 필요하다. 이런 결론은 놀라운 게 아니다. 실제로 (요한복음의 시적 서문에서 되울리는) 창세기의 창조 이야기에 따르면, 하나님의 말씀이야말로 세상을 이루는 순전한 소재(fiber) 안에 들어 있고 또한 그런 것으로서 창조의 기원과 운명—말씀으로부터 말씀으로, 성령으로부터 성령으로, 영원으로부터 영원으로—을 밝히 드러낸다. 따라서 세상은 말씀을 되가리키고(시 19:1-6), 두미트루 스타닐로아(Dumitru Staniloae)가 주장하듯이 그 자체 안에 창조주의 신성한 임재와 목적론적 의도를 지니고 있는 말씀의 증인이자 표지가 된다.[54] 그러므로 "우주는 책과 같고, 성경은 우주와 같다. 둘 다 말씀들(logoi)로 구성되어 있다." 그 말씀은 "비록 다양하지만" 영원한 로고스의 사랑스럽고 케노시스적인 자기 공유로서 나타났다.[55] 고백자 성 막시무스(Saint Maximus the Confessor, 662)의 말을 풀어 쓰자면, 모든 우발적인 피조물 너머에 머물러 있기는 하나, 창조와 성경의 계시적 대응 속에서 하나의 로고스(One Logos)

---

54     Dimitru Saniloae, *The World: Creation and Deification*, vol. 2 of *The Experience of God: Orthodox Dogmatic Theology* (Brookline, MA: Holy Cross Orthodox Press, 2005), 21.

55     Andrew Louth, "From Doctrine of Christ to Icon of Christ: St. Maximus the Confessor on the Transfiguration of Christ," in *In the Shadow of the Incarnation: Essays on Jesus Christ in the Early Church in Honor of Brian E. Daley, S. J.*, ed. Peter W. Martens (Notre Damen: University of Notre Dame Press, 2008), 260-75 (269).

는 많은 말씀들(*logoi*)이고, 많은 말씀들은 하나의 로고스다.[56] 로고스는 만물이 성령에 의해 하나의 웅장하고 목적론적인 움직임 속에서 그분에게, 즉 종말로 이끌리고 섭리를 통해 인도될 때 모든 것을 하나로 묶는다(골 1:17). 그리고 그곳에서 창조세계는 자신이 영화되었고 자신의 (신성화에서 그것의 목적인) 창조자와 연합했음을 발견한다.

이 로고스가 만든 세상의 한가운데서 인간은 그 안에서 구현된 말씀인 물질(matter)과 하나님의 생기를 주고 생명을 제공하는 숨결인 성령(Spirit)이 온 우주와 유기적으로 연관된 살아 있는 거룩한 공간 안에서 교제하는 특별한 피조물로 나타난다. 실제로, 존재론적으로 첫 번째 아담은 물질과 영혼—가시적인 것과 비가시적인 것의, 창조된 것과 창조되지 않은 것—의 신비로운 연합으로서 하늘과 땅의 교제를 대표한다. 따라서 스타닐로아에 따르면, 인간은 "전체의 극단들 사이의 일종의 자연적 연결(*syndesmos*)로서의" 하나님의 창조 행위 안에서 마지막으로 나타나는데, 그것은 그가 우주를 대신해 "하나님과 창조세계의 연합인 모든 것을 포괄하는 신비"를 유지하고 성취하기 위해서, 그리고 "하나님이 그것을 통해 이 연합을 유지하고 성취하시는 의식적이고 의지적인 수단"이 되기 위해서다.[57] 그러므로 인간이 에덴동산 안에, 마치 원래의 지성소, 즉 하나님에 의해 세워진 "원형적 성소"[58] 안에 배치된 것은 우발적인 것이 아니다. 하나님은 그곳에서

---

56  Saint Maximus the Confessor, *On the Cosmic Mystery of Jesus Christ* (Crestwood, NY:St. Vladimir's Seminary Press, 2003), 57.

57  Dimitru Staniloae, *The Sanctifying Mysteries*, vol. 5 of *The Experience of God: Orthodox Dogmatic Theology* (Brookline, MA: Holy Cross Orthodox Press, 2012), 4.

58  Gordon J. Wenham, "Sanctuary Symbolism in the Garden of Eden Story," in *Proceedings of the Ninth World Congress of Jewish Studies* (Jerusalem: World Union of Jewish Studies, 1986), 19.

창조세계 안에 내주하시고 인간과 교제하시며 그 인간을 통해 온 우주와 교제하신다.

우주라는 대성전 안에 있는 하나님의 거룩한 형상인 인간은 모든 창조세계가 지성소가 될 때까지[59] 그 낙원(지성소로서의 에덴동산―옮긴이)을 모든 창조세계와 연결해 온 우주가 낙원이 되게 하라는 위임을 받고 낙원에 배치된다. 우주의 변화를 향해 나아가는 모든 것을 집어삼키는 이런 목적론적 움직임은 인류가 그 자신을 하나님을 위한 성소로 제시할 때까지 낙원(하나님이 지으신 성소로서 창조주와의 교제를 위해 지명된 장소)의 내면화를 포함하는 신성화(theosis)에서 실현되는 인간의 운명으로부터 흘러나온다. 따라서 자기 안에 "늘 낙원을 지니고 있는"[60] 인간은 그가 가는 어느 곳으로든 그것을 가져가고 창조적이고 열심히 노력하는 활동을 통해 세상을 그것의 모양대로 빚어가야 한다. 인간의 출산은 이런 목적의 실현을 향한 유기적인, 곧 하나님이 정하신 도구가 된다. 인간은 충만하고 번성하여 땅을 정복하라는 명령을 받는데(창 1:28), 그것은 지구는 온 세상이 하나님의 임재를 위한 성소가 될 때까지 인간의 존재론 안에 새겨진 물질과 성령의 살아 있는, 그리고 구체화된 교제로 덮여야 하기 때문이다. 이 소명은 창조주와의 연합 속에서 종말론적 모임을 향해 가는 모든 피조물에게 인간 공동체의 제사장적 대리인을 제시한다. 그러므로 인간의 대행적 역할은 우주가 낙원으로 심원하게 변화하게 하는 일에서 핵심적이다. 왜냐하면 인간의 신성화는 창조세계의 나머지의 신성화를 위한 조건이기 때문이다.

(그 자체가 성령으로 충만한 구현된/육신을 입은 말씀인) 인간은 (물질화된 말씀

59    Lossky, *Orthodox Theology*, 74-75.
60    Lossky, *Orthodox Theology*, 74.

인) 세상에 거주하도록 지음을 받음으로써 말씀의 물질적이고 구체적인 형태 안에 거주하고 또한 그것을 따라 살도록 운명지어져 있다. 인간이 세계를 창조하는 말씀을 내면화하고 그것을 따라 살아가는 정도만큼 인간은 동료 인간 및 창조세계의 나머지와 조화를 이루며 살아간다. 인간은 그의 집인 말씀 안에 거하도록, 그리고 그 자체가 창조된 우주 안에 있는 성령을 위한 집/성막이 된 음성을 지니고 구현되며 제정된 말씀이 되도록 지음을 받았다. 실제로 마지막 아담인 예수 그리스도는 인간 위격의 신성화로서 첫 번째 아담의 목적이자 운명이다. 왜냐하면 그는 "신성의 충만"(골 2:9)으로 그것의 한계를 채운 살아 있는 성전으로서 성령이 거주하는 육신이 된 말씀이기 때문이다.

물질화된 말씀인 창조세계는 인간을 위한 그리고 (피조물 안에 있는 거룩한 형상의 속성인) 인간의 창조성과 자유를 위한 집이 된다. (인간의 현실과 불가분리한) 그 자유가 창조 프로젝트 내의 위험성, 취약성 그리고 변동성의 전복적인 지점이 된다.[61] 인간은 말씀의 길이 아닌 길을 택하고 모든 창조 질서를 삼켜버리는 자기 파멸 속에서 그 자신의 존재론을 거스를 온전한 가능성을 지니고 창조되었다.[62]

~~~~~

61  랍비들은 인간이 우주 안으로 들여올 폭력과 불의를 미리 아시는 하나님의 전지하심이 인간의 창조와 어떻게 조화될 수 있는지에 대한 답을 찾았다. 때때로 그들의 답(혹은 내러티브와 해석)은 정의롭고, 사랑이 많으며, 친구와 같은 구속주로서의 하나님에 대한 기독교적 이해에는 멀고, 당혹스러우며, 심지어 두렵게 보인다(예컨대, Babylonian Talmud, Sanhedrin 38b에 기록되어 있는 랍비 Judah의 말을 보라). 그러나 랍비 Sacks가 통찰력 있게 지적하듯이, "우리가 하나님을 믿는 것보다 그분이 우리를 더 믿으신다. 우리가 여기에 존재하는 것은 그분이 우리가 여기에 있기를 바라셨고, 값없이 만유의 주께서 우리의 자유를 위한 공간을 만드셨기 때문이다.…[우리가] 아무리 망했다 할지라도, 그분은 언젠가 우리가 그분에게 돌아갈 길을 찾으리라고 믿는 것을 그치지 않으신다. 왜냐하면 그분의 세상에서 그분은 우리에게 그분께로 돌아가는 데 필요한 지도, 지침 그리고 길을 제공하셨기 때문이다. 그것은 책임의 신학이다"(Sacks, *To Heal a Fractured World*, 200).

62  (범신론적 정서와 대조되는) 기독교적 우주론은 하나님으로부터 유기적으로 나타나지만

말씀에 의해 만들어진 세상은 오직 말씀에 의해서만 개선될 수 있기에 타락 상태에 있는 세상과 우주의 치유를 위해 이스라엘에게 토라가 주어진다. 어쨌거나 토라는 단순히 하나의 문화적 현실이 아니며 그것에 대한 연구 역시 단순히 문화적 전승 활동이 아니다. 토라는 생명이며 또한 그러하기에 죽을 운명에 의해 심각한 상처를 입고 멸망해가는 세상을 위한 궁극적인 약이다. 왜냐하면 그것은 "죽음보다 강하기" 때문이다.[63] 토라는 인간 공동체 안에서 그것의 치유력을 지닌 구체적 형태를 찾아야 하고 그곳으로부터 온 우주로 넘쳐 흘러야 한다. 따라서 랍비 조너선 색스(Jonathan Sacks)에 따르면, 히브리 성경은 단순히 "구원"(salvation)만이 아니라 또한 "구속"(redemption)에도 관심을 갖는데, 구원은 "하나님과의 관계 속에 있는 영혼"의 관점에서 이해되고, 구속은 "하나님의 임재를 위한 도구로서의" 사회를 강조한다.[64] 하나님은 그분의 백성 가운데ー하늘이 땅 위로 내려오는 동료 인간들 사이의 구속된 관계라는 성스러운 공간 안에ー거하신다. 이런 이해에 비추어, 색스는 성막에서 가장 거룩한 물품인 언약궤의 창조를 위한 하나님의 가르침에 들어 있는 위험성과 그것의 메시지에 대한 감동적인 성찰을 제공한다. 언약법은 창조된 그 어떤 것에 대한 형상도 만드는 것을 금하는 반면, 하나님은 그 궤 위에 두 개의 그룹들(cherubs)이 위치하도

---

그것의 창조주와 다른 존재로 남아 있는 세상의 독특성을 조심스럽게 보호한다. 인간의 자유(자유로운 인간 의지)는 이 타자성을 축약적으로 보여주고 하나님의 세계 창조의 과정을 타자를 위한 집을 만들기 위해 하나님의 편재를 자기희생적으로 재배치하는 것으로 묘사하는데, 그것은 아주 탁월한 무조건적인 환대의 행위다. Daniela C. Augustine, *Pentecost, Hospitality, and Transfiguration: Toward a Spirit-Inspired Vision of Social Transformation* (Cleveland, TN: CPT, 2012), 특히 2장을 보라.

63  Emmanuel Levinas, *Beyond the Verse: Talmudic Readings and Lectures* (London: continuum, 2007), 45.

64  Sacks, *To Heal a Fractured World*, 33.

록 명하셨다. "그들의 얼굴이 서로 마주보게 하라"(출 25:20). 색스가 독자들에게 상기시키듯이,

> **하나님이 모세에게 말씀하신 것은 그룹들 사이에서였다.** 이 상징이 제공하는 메시지는 너무나 중요해서 하나님 자신이 그것이 오해의 위험을 능가하기에 충분하다고 여기셨을 정도다. 하나님은 **두 인격이** 사랑, 포용, 관용 그리고 돌봄 속에서 **서로에게 얼굴을 향하는 곳에서 말씀하신다.**[65]

세상의 치유적 변화를 위해서는 인간 중재자가 요구된다. 거기에는 언약 공동체 안에서 토라에 의해 결속된 성령 충만하고 갱신된/구속된/존재론적으로 치유된 인간이 필요한데, 그들의 삶은 치유하는 성육신적 말씀이 되어 부서진 세상의 상처에 대해 연고 노릇을 한다. 그러므로 구속에는 성령의 중재를 통한 영원한 로고스(와 인간 공동체 안에서의 그것의 필연적인 신체적 확장)가 필요하다.

　　의심할 바 없이 하나님의 말씀의 구현을 통한 사회 변혁적 세계 개선이라는 성경적 모델의 정점은 그리스도 안에서 축약적으로 나타난다. 그는 종말에 일어날 일들(*eschata*)의 시작, 즉 새 창조의 도래다. 이번에 창조 질서는 뒤집힌다. 우주 출현에 관한 창세기의 설명에서 인간은 모든 피조물의 최종적 연동 장치로 등장하는 반면, 종말론적인 구속 질서 안에서 새로운 아담은 첫 열매, 즉 새 창조의 시작이다. 그리스도 사건은 우주의 목적을 성취하며, 따라서 성경의 내러티브는 핵심적인 신학적 균형을 개략하고 첫 번째와 마지막 창조의 본질을 하나로 결속하면서 새 창조의 출현에서

---

65　　Sacks, *To Heal a Fractured World*, 54.

나타나는 깊은 유사성을 강조한다. 각각의 시작에 말씀이 있는데(요 1:1; 골 1:15-16), 그것은 육신이 되어야(우주 안에서 물질화되어야) 하고, 존재하는 그 어느 것도 그것과 별개로 나타나지 않는다. 그러나 말씀은 단지 시작에 불과한 것이 아니라 목표이기도 하다("알파와 오메가", 계 1:8). 모든 창조의 목표는 그리스도(성육하신 말씀)가 "만유"가 되는 것이다(고전 15:28). 성육신의 계시적 본질 안에서 말씀은 인간 존재 전체에 자기를 적용하는 것을 통해 자기를 해석함으로써 우주 안에서 자신의 목적을 드러내면서 "자신의 모형과 상징"[66]으로서 육신이 된다.

　　종말에 세계는 그것의 타자성을 유지하면서 자기가 그곳으로부터 나온 말씀 안에 모인다. 그리고 이 우주적 변화의 중심에는 구속된 인간 공동체, 즉 모든 창조세계가 그 안에서 자신의 구속적 소명을 발견하는 그리스도의 공동체가 서 있다. 인간의 구속은 단지 하나님과의 화해만이 아니다. 그것은 (자신의 자유를 보존한 채) 하나님에 대한 그리고 인간 및 비인간 이웃에 대한 사랑 속에서 표현되는 그분의 모양으로의 변화이기도 하다. 결과는 존재론적으로 갱신된 인간 사회(*socium*) 안에 있는 말씀의 공동체적 구현이다. 왜냐하면 우주 안에서 신성한 삼위일체의 원공동체 (protocommunity)를 반영하기 위해서는 인간 공동체가 필요하기 때문이다. 그러므로 구속의 신비 안에서 성령 충만한 그리스도의 몸으로서의 교회— 성육신한 말씀의 공동체적이고 신체적인 현실—는 처음부터 창조의 목표로 드러난다. 하나님은 세상을 인간을 위한 집(말씀이신 그분 자신의 존재와 본성에 의해 만들어진 집)으로 창조하시는데, 그것은 인간이 땅 위에 하나님을 위한 집(그분의 말씀을 위한 집, 거기서는 그분이 만유이시다)을 만들게 (혹은 집이

---

66　Saint Maximus the Confessor, *Ambigua* 10.31c, Patrologia Graeca 91:1165D.

되게) 하시기 위함이다. 따라서 교회는—온 세상이 그 안에서 (혹은 그분 안에서) 집을 발견할 때까지, 즉 세상이 교회가 될 때까지—성령에 의해 세상에 존재하는 하나님의 거처, 즉 하나님의 모든 창조물을 위한 성소로 간주된다. 이것은 교회의 신성화에서 실현되는 치유된 세상에 대한 비전이다. 이 구속적 변형은 (자신의 피조물에 대한 하나님의 섭리적 돌봄 속에서) 하나님의 은 총의 부지중의 수혜자가 되는 것으로부터 우주 안에서 신성한 환대의 능동 적이고 의도적인 구현이 되는 전환, 즉 세상에서 그것의 살아 있는 확장이 될 때까지 말씀의 내면화로의 전환이다. 그것은 타자를 위해 집을 짓는 일에서 하나님의 모양을 치유적으로 반영하는 것이다.

## 마지막 아담 안에서의 말씀의 구현

히브리서의 서두(히 1:1-2)는 하나님의 말씀의 구현을 탁월한 인간에 관한 하나님의 "강론"(homily)으로 묘사하면서 그리스도를 교회의 케리그마 (kerygma)—인간을 마지막 아담의 모양으로 변화시키는 복음의 선포 속에서 성도의 교제의 한가운데서 나타나는 하나님의 수행적인 말씀[67]—의 특별한 목표로 드러낸다. 따라서 성자 안에서 이루어진 말씀의 구현은 하나님의 메시지의 내용에 불과한 것이 아니다. 오히려 그것은 인간을 위한 목적 자체다. 그리스도가 존재론적으로 갱신된 인간 안에 거처를 마련하고 그것을 땅 위에 있는 하나님의 성별된 성전으로 만들 때, "강론"은 그것의 목표를 실현한다. 마찬가지로 육신이 된 말씀(the Word)에 관한 말씀(the word)으로 선포된 복음은 성령의 중재를 통해 그것의 성육신을 추구하면

---

67    J. V. Fesko, "Preaching as a Means of Grace and the Doctrine of Sanctification: A Reformed Perspective," *American Theological Inquiry* 3, no. 1 (January 15, 2010): 35-54 (35).

서 그것의 공동체를 불러내고 청중이 메시지가 될 때까지 거룩한 공동생활을 영위하는 그 공동체 안에 거주한다. 성령은 그런 공동체 안에서 성령의 임재를 "먹으로 쓴 것이 아니요 오직 살아 계신 하나님의 영으로 쓴 것이며 또 돌판에 쓴 것이 아니요 오직 육의 마음 판에 쓴"(고후 3:3) 그리스도의 살아 있는 편지(복음)로서 가시적으로 이해되게 한다. 왜냐하면 로버트 젠슨(Robert W. Jenson)이 주장하듯이 복음은 "가능한 한 가시적이 되려고" 하기 때문이다.[68] 그리스도의 삶이 신앙 공동체 안에서 성육신할 때, 그것은 가시적인 말씀이 된다. 젠슨이 주장하듯이 "현실을 떠난 말이 다른 무엇이 될 수 있든 간에, 그것은 하나님의 혹은 하나님을 향한 말이 될 수는 없다."[69] "복음의 하나님은 단지 우리를 위한 말씀을 갖고 계신 것이 아니라 그분 자신이 그분의 말씀이시다.…그분 자신이 그분의 소통이시다."[70] 이것은 신성한 원시공동체의 삼위일체적 본질을 가리키는 주장이다. 만약 "하나님이 그분이 말하는 말씀이라면, 그리고 그분이 말하는 말씀이 구현된 말씀이라면", 그때 그것의 목적을 드러내는 것으로서 말씀이 육신을 입는 사건 속으로 신학적 여행을 하는 것은 필수적이다.

요한복음의 서문(요 1:1-3, 14, 18)은 첫 번째 창조와 새 창조 사이의 목적론적 연속성과 종합을 강조하는데, 첫 번째 창조는 복음 이야기에서 기독론의 계시적 빛 안에서 조명된다.[71] 두 창조는 모두 그 기원을 말씀에 두

---

68    Robert W. Jenson, *Visible Words: The Interpretation and Practice of Christian Sacraments* (Minneapolis: Fortress, 2010), 32.
69    Jenson, *Visible Words*, 28.
70    Jenson, *Visible Words*, 32.
71    Hans Urs von Balthasar, *The World Made Flesh*, vol. 1 of *Explorations in Theology*, trans. A. V. Littledale and Alexander Dru (San Francisco: Ignatius, 1989), 47-48. Von Balthasar는 모든 기독교 신학의 시작으로서의, 또한 그런 까닭에 우리가 그것을 통해 창조 안에서의 그분의 계시를 포함해 하나님의 자기 드러냄의 모든 다른 형태를 이해해야 하는 것으로서의 기독

고 있고, 삼위일체의 두 번째 위격의 이 특별한 칭호[72]가 지적하듯이 하나님은 그것들을 통해 자기 공유 속에서 인간에게 말씀하시면서 우주의 시작과 목표를 신성한 현실 안에 모여 있는 것으로 밝히신다. 그러므로 말씀으로 만들어진 우주와 말씀으로 만들어진 육신과의 만남은 "계시 그 자체와의" 접점이다.[73] 따라서 성 아타나시오스가 에베소서 3:17-19에 관한 자신의 견해를 통해 주장하듯이 "말씀의 자기 계시는 모든 차원에―위로는 창조 안에, 아래로는 성육신 안에, 깊이로는 하데스 안에, 넓이로는 세상 전체에―존재한다. 만물이 하나님에 대한 지식으로 가득 차 있다."[74]

성육신 사건은 하나님의 말씀을 그분의 탁월한 계시적 자기 공유로서 제시한다. 프랜시스 몰로니(Francis J. Moloney)가 주장하듯이 "말씀의 성육신을 응시하는 것"은 "인간의 이야기 속에서 신성의 계시"를 보는 것이다.[75] 왜냐하면 실제로 독생자의 인격 안에 들어 있는 육신이 된 말씀은 비가시적인 하나님의 가시적 아이콘(골 1:15)이며 아무도 창조주를 본 적이 없으나 성육신한 말씀이 "그분을 설명(주해)하셨기 때문이다"(요 1:18). 그러므로 성육신은 말씀의 자기 해석과 자기 선언 행위로 이해될 수 있다. 그리스도 안에서 살아 있는 말씀은 창조세계의 조직 안에 암묵적으로 표현

<hr>

론을 주장한다. 따라서 (우주론이 아니라) 기독론이 "말씀의 성육신이 의미하는 우주적 전제들"을 가져올 것이다(47).

72　Raymond E. Brown, *The Gospel According to John I-XII: A New Translation with Introduction and Commentary*. The Anchor Bible 29 (Garden City, NY: Doubleday, 1966), 32. 저자는 이 칭호가 "인간에게 말하기로 운명지어진 존재"로서 삼위일체의 두 번째 위격을 가리킨다는 주장에 대해 상술한다.

73　Rodulf Karl Bultmann, *The Gospel of John: A Commentary* (Louisville: Westminster John Knox, 1971), 42.

74　Saint Athanasius, *On the Incarnation* (Crestwood, NY: St. Vladimir's Seminary Press, 1996), 42.

75　Francis J. Moloney, S.D.B., *The Gospel of John*, Sacra Pagina 4 (Collegeville, MN: Liturgical, 1998), 39.

되고 돌판 위에 명백하게 새겨진 그 자신의 실체를 인간의 공동체적 실존에 적용함으로써 율법과 예언자 안에서 있었던 그것의 자기 공유의 의미와 목적을 밝힌다. 하나님이 성자를 통해 인간에게 말씀하기로 하실 때(히 1:1-2),[76] 매체는 메시지가 되어 하나님의 자기 계시의 내용을 인간 삶의 다차원성으로 번역한다. 말씀은 하나님의 임재로써 그것의 한계를 채우는 세상 위에 세워진 새로운 성전으로서의 인간 공동체 가운데 존재하는 인간의 위격과 성막의 총체 안에서 우주의 물질성을 취한다[77](요 2:19-22은 이것을 "이 성전을 헐라. 내가 사흘 동안에 일으키리라"는 예수의 말을 통해 확언한다[78]). 따라서 성육신은 또한 "창조와 언약의", 즉 토라와 성전의 "정점"과 목적 자체로 이해될 수 있다. N. T. 라이트(Wright)의 말을 빌리자면, "인간을 위한 하나님의 청사진인 지혜가 마침내 인간이 된다. 셰키나의 영광이 인간의 얼굴을 갖고 있음이 밝혀진다."[79] 하늘과 땅 사이의, 물질과 성령 사이의 온전하게 회복된 교제로서의 마지막 아담은 그의 존재 안에서 우주의 존재론적

---

76 요 1:14에 대한 해설에 관해서는 Brown(*The Gospel According to John I-XII*, 32)을 보라. 그는 "만약 말씀이 육신이 되었다면, 그것은 만나져야 할 뿐 아니라 또한 말을 해야 했다"고 주장한다. 또한 D. A. Carson(*The Gospel According to John* [Leicester: Inter-Varsity and Grand Rapids: Eerdmans, 1991], 127)과 Moloney(*Gospel of John*)을 보라. Moloney는 다음과 같이 말한다. "말씀이 인간의 이야기 속으로 들어온다. 선재하는 말씀—따라서 하나님과 친밀하게 연결되어 있던(vv.1-2) 그리고 이제 육신을 입은—은 이제 그분이 거하시는 인간의 상황 속에서 하나님의 소통과 계시가 될 수 있다"(38). 또한 F. F Bruce, *The Gospel of John: Introduction, Exposition and Notes* (Glasgow: Pcikering and Ingels, 1983), 40을 보라.

77 옛 성막에 대한 대체로서의 예수에 관해서는 Brown, *Gospel according to John I-XII*, 32-33을 보라.

78 성전과 예수의 지상의 몸 사이의 연관성에 관해서는 또한 T. Desmond Alexander, *From Paradise to the Promised Land*(Grand Rapids: Baker Academic, 2012), 235을 보라.

79 N. T. Wright, *The Challenge of Jesus: Recovering Who Jesus Was and Is* (Downers Grove, IL: InterVarsity, 1990), 120. Wright는 또한 "한 사람으로 이루어진 성전 대체물"(one-man Temple-substitue)로서의 예수에 관해 숙고한다. "Jesus' Self-Understanding," in *The Incarnation*, ed. Stephen T. Davis, Daniel Kendall, S.J., and Gerald O'Collins, S.J. (New York: Oxford University Press, 2002), 47-61 (57).

갱신, 그리고 세상에서 하나님의 궁극적인 집/성소를 인간 안에 위치시키는 하나님의 임재의 성전으로서 그것의 재건을 나타낸다. 그러므로 성 막 시무스에 따르면, 성육신은 인간의 본성과 창조세계의 나머지에 대해 "또 다른 시작(*archē*), 두 번째 탄생(*genesis*)을 제공하면서"[80] 우주적 그리스도 안에서 온 우주를 "신성화하는 데 효과적인"[81] 하나님의 은혜를 드러낸다. 마지막 아담은 창조세계 전체를 그 자신의 탄생, 죽음, 부활, 승천이라는 영광스러운 성찬례를 통해 구속되고 새롭게 된 것으로서 성부에게 제시하기 위해 그것을 제한하는데, 그는 이를 통해 세상의 생명을 위해 자신의 생명을 바치고, 저주의 영향을 뒤집으며, 죽음과 무덤을 정복한다.[82]

구현된 말씀은 인간이 그것의 창조주와의 새로운 언약 속으로 들어가는 새로운 지성소와 새로운 시내산으로서 우주 안에 서 있다(히 8:8-13). 그러나 그리스도는 또한 옛 언약—율법과 예언자(마 5:17)—의 성취이기도 하다. 왜냐하면 그는 그의 존재 안에 세상에 존재하는 모든 것의 시작과 끝을 지니고 있기 때문이다(계 21:6). 아마도 예수의 삶의 장면 중 복음서가 전하는 변모 사건(마 17; 막 9) 이상으로 세상에 존재하는 하나님의 새로운 성소(와 새로운 시내산)로서의 성육신한 말씀을 보다 분명하게 묘사하는 것은 달리 없을 것이다. 모세가 산을 올라가 하나님의 임재의 가시적 현현 속으로 들어가는 것, 그리고 훗날 완성된 성막(출 40:34)과 성전(왕상 8:10-11) 위로 하나님의 임재(*shekinah*)가 내리고 하나님의 영광이 인간이 만든 성소를 관통하는 것과 병행하는 생생한 본문 속에서 다볼산은 신성한 가까움의

---

80  Saint Maximus, *On the Cosmic Mystery of Jesus Christ*, 135.
81  Saint Maximus, *On the Cosmic Mystery of Jesus Chrsit*, 100.
82  그리스도의 갱신하고 연합하는 사역에 관한 더 많은 논의를 위해서는 Lossky, *Mystical Theology of the Eastern Church*, 136-37을 보라.

구름에 삼켜진다(마 17:5). 이 영광스러운 사건에 대한 신약 시대의 사도들의 증언에 모세와 엘리야의 증언이 결합되는데, 그것은 구약 시대의 율법과 예언자의 증언을 상징한다(마 17:3). 그들은 모두 참된 성전으로 구현되고 창조되지 않은 하늘의 빛의 빛나는 영광으로 가득 찬 영원한 말씀을 본다. **셰키나**의 광휘가 그리스도의 인간 얼굴의 베일을 뚫고 들어와 그것을 (존재하는 모든 것을 낳은) 신성한 에너지로 감싸고 우주를 조명한다(마 17:2). 다볼산의 계시는 시내산과 갈멜산의 계시들을 소환하면서 그리스도를 그런 계시들의 목표로 드러낸다. 그리스도는 모든 것을 자신에게로 이끌면서 "새로운 우주적 아담"[83]으로서 창조된 질서 **안에** 서 있다.

　실제로 성육신에서 그리스도의 지상의 몸은 또한 메신저와 메시지가 하나이자 동일한 것이 됨으로써 영원한 말씀을 유형적이고 가시적인 것으로 만드는 성전의 휘장이 된다. 마가렛 바커(Margaret Barker)가 고대의 성막에서 휘장이 갖고 있던 기능에 대해 통찰력 있게 주장하듯이 "하늘과 땅의 경계로서…휘장은 그것 너머의 세상으로부터 그것을 통과해 들어오는 모든 것을 가시적인 것으로 만드는 물질이었다. 휘장의 다른 편에서 세상의 옷을 벗은 이들은 영광의 옷을 입었다."[84] 다시 말해 그들은 영화되었다. 성육신 사건은 말씀이 지성소로부터 제사장들의 중재나 예언적 메시지를 통해서 오는 것이 아니라 그 자신이 휘장을 통과해 자신의 물질성으로 옷을 입은 우주 안으로 들어오는 것으로 묘사한다. 이것은 창조세계의 실체에 대한 말씀의 자기 번역과 자기 적용의 행위다. 그러므로 신성화에서 인

83　Lossky, *Mystical Theology of the Eastern Church*, 137.

84　Margaret Barker, "Beyond the Veil of the Temple: The High Priestly Origin of the Apocalypses," 구약성경 연구 협회 회장 연설, Cambridge, January 1998, first published in the *Scottish Journal of Theology* 51, no. 1 (1998), ⟨http://www.marquette .edu/maqom/veil. html⟩.

간의 목표를 위해서는 성육신이 필요하다는 오래된 교부적 주장은 하나님이 휘장을 통과하셔서 인간이 되심으로써, 역으로 인간이 그 자신의 영화를 통해 휘장을 통과해 신성화되게 하기 위함이라고 해석될 수 있다. 말씀은 성령의 중재를 통해 육신이 되고 그로 인해 (성령으로 충만한) 육신은 살아 있는 말씀이 될 수 있다. 인간의 육신은 그리스도 안에서 성령과의 교제를 통해 지성소 안으로 들어가면서 인간이 신성한 성품에 참여할 수 있게 한다(벧후 1:4). 따라서 수태고지의 도상화에 관한 시각적 신학이 묘사하듯이 마리아는 바늘과 실을 손에 쥐고 성전을 위해 새로운 휘장을 짜기 시작할 준비를 하고 있을 때 대천사의 메시지를 받는다.[85] 하나님의 말씀을 받고 그분의 뜻에 굴복할 때, 그녀는 그 안에서 하나님이 성령의 중재를 통해 말씀의 세속적 몸이라는 휘장을 짜시는 하나님의 임재의 성전이 된다.

타락 이전에 첫 번째 아담(남성과 여성[창 1:27]) 안에서 구현된 인간의 존재론(과 소명)은 물질적 세상 한가운데서 형상을 짊어지고 공동체적 삼위일체의 모양으로 성장하는 우주라는 대성당 안에 있는 제사장들의 공동체의 그것이다. 하늘과 땅의 중재자로서 아담의 제사장적 기능은 그의 존재 안에 새겨져 있다. 그는 발설된 말씀으로서 땅으로부터 형성되고 하나님의 숨결로 인해 생기를 부여받은 성령의 중재를 통해 육신이 된 말씀이지만, 또한 그것의 조화와 온전함을 보존하는 우주 안에서 제정된 말씀이기도 하다. 그러므로 그의 제사장적 기능은 우주를 말씀 안에 모아 거주하게 하는 것이다. 그것은 말씀(과 세상의 구조 속에서 하나님이 정하신 경계들)을 지키고 세상의 삶을 위해 그 소명과 거룩한 지식을 세대에서 세대로 전하는 사명

---

85    아이콘에 관한 신학은 누가의 탄생 설화를 성 야고보의 유아 복음에서 이루어지는 주장, 즉 마리아가 몇 사람의 다른 소녀들과 함께 예루살렘 성전의 휘장을 짓고 수선하는 일을 하도록 택함을 받았다는 주장을 반영하는 구전과 융합시킨다.

이다. 필론(Philo)이 주장하듯이 하나님의 말씀은 "모든 것의 첫 번째 시작, 원래의 종(species) 혹은 원형적 관념, 우주의 첫 번째 척도다."[86]

참으로 살아 있는 성전 그리고 그러하기에 우주적 성소의 의도된 목표인 마지막 아담은 모든 것이 그것을 따라 판단되고, 갱신되며 유지되어야 하는 올바른 척도의 구현으로서 우주 안에 서 있다. 그런 존재로서 그는 또한 우주적 대성당의 새로운 대제사장으로서 그의 존재 안에서 하늘과 땅을, 그리고 가시적인 것과 비가시적인 것을 결합시키고, 세상과 말씀의 그리고 피조물의 뜻과 창조주의 뜻의 철저하고 완전한 재정렬로 표현되는 예배 행위를 통해 존재하는 모든 것을 하나님 앞으로 가져온다(막 14:36). 세상은 그 안에서 그의 구속적이고 무제한적인 환대를 통해 (하나님과 연합되는) 온전하고 치유된 그리고 신성화된 존재로 선다. 왜냐하면 (성 아타나시오스의 말을 빌리자면) "창조세계의 갱신은 태초에 그것을 만드셨던 동일한 말씀에 의해 이루어졌기" 때문이다.[87]

성육신에서 물질을 존재하게 했던 영원한 말씀이 물질과 재결합함으로써 창조주와 피조물의 존재론적 관계가 우주적 그리스도의 종말론적 실재 안에서 구속되게 한다. 알렉산더 슈메만이 주장하듯이 "성육신의 세상에는 중립적인 것은 아무것도 남아 있지 않으며, 인자는 아무것도 빼앗기지 않는다."[88] 따라서 성육신은 모든 현실을 신학적 탐구와 신앙 실천의 주

---

86    Philo, *Questions and Answers on Genesis* 1.4, *The Works of Philo, Early Jewish Writings*, 〈http://www.earlychristianwritings.com/yonge/book41.html〉.

87    Saint Athanasius, *On the Incarnation*, 26. 타락 이전의 인간의 존재론에 관한 더 많은 논의를 위해서는 이 책의 3장을 보라.

88    Alexander Schmemann, "The Missionary Imperative in the Orthodox Tradition," in *Eastern Orthodox Theology: A Contemporary Reader*, ed. Daniel B. Clendenin (Grand Rapids: Baker, 1995), 195-210 (201).

제로 주장하고 그것의 참된 의미와 목적을 이해하기 위한 근본적인 해석학적 열쇠가 된다. 구현과 특수성은 계시적인 신학적 실체의 핵심적 차원이 되고, 몸은 탁월한 신적 계시와 만남의 장소로 묘사된다.[89] 앤서니 고지에바(Anthony Godzieba)가 지적하듯이 "예수의 성육신과 부활의 빛 안에서 '존재', '현존', '표상' 그리고 특별히 '몸'은 그것들의 유한성에 의해 흐려지지 않는 적극적인 특성, 성례전적 강렬함 그리고 종말론적 지향성을 갖는다."[90] "그러므로 구현은 근본적인 신학적 원리가 되어" 진리를 그것의 신앙적 입법과 연결시킨다. 또한 신학적 인간학과 윤리가 "근본적인 신학"이 된다. 실제로 성육신의 신학적 윤리에서 하나님 나라의 "가치들을 구체적으로 제정하는 것"은 "그런 가치들의 진리 주장을 위해 중요하다."[91]

성육신의 진리는 특수성을 그것의 실재에 있어서 "구성적이고…핵심적이고 불가결한" 것으로 주장한다. 인간 공동체 안에 거하는 진리이신 그리스도 안에서 진리를 아는 것은 인식의 영역에서 구체적인 대인 관계의 영역으로 이전된다. 따라서 인간은 "인간들 사이에서" 계시되어야 하는 진리를 위해 중요한 것이 된다.[92] 그러나 참으로 인간이 되는 것에는 급진적인 사회문화적·민족지적·언어적·지리적·역사적 특수성이 요구된다. 따라서 말씀은 하나의 "포괄적이고 총칭적인" 인간으로서가 아니라[93] 로마의

---

89  Anthony Godzieba, " 'Stay with us⋯' (Lk. 24,29)—'Come, Lord Jesus' (Rev. 22,20): Incarnation, Eschatology, and Theology's Sweet Predicament," *Theological Studies* 67 (2006): 783-95 (791).

90  Godzieba, "Stay with us⋯," 792.

91  Godzieba, "Stay with us⋯," 791.

92  Lieven Boeve, "Resurrection: Saving Particularity: Theological-Epistemological Considerations of Incarnation and Truth," *Theological Studies* 67 (2006): 795-808 (805).

93  John Meier의 유명한 표현처럼 "말씀은 그것이 유대인이 되었기 때문에 참으로 육신이 되었다. 참된 유대성이 없다면, 참된 인간도 없다"("The Present State of the 'Third Quest' for the Historical Jesus: Loss and Gain," *Biblica* 80 [1999]: 459-87 [486]).

압제하에 있던 팔레스타인의 1세기 유대인이라는 참된 인간의 구체성 속에서 육신이 된다. 영원한 로고스는 하나님의 아들의 지나치게 특별한 인성 "안에서"—그것에도 "불구하고"가 아니라—신성한 실재를 드러낸다. 리벤 보브(Lieven Boeve)가 지적하듯이 "그러므로 그리스도인들에게 예수 그리스도 안에서의 하나님의 현현은 특별한 것과 우발적인 것에 대한 해석학적 열쇠를 형성한다."[94] 구현된 말씀은 참된 인간성의 모든 견고한 차원들을 포괄함으로써 인간 존재 전체를 신성한 임재와의 만남을 위한 거룩한 장소로 지정한다. 로고스는 인간성을 구속하기 위해 그것의 특수성과 보편성 모두에서 그것 전체를 취한다. 그리스의 교부적 전통이 나지안주스의 성 그레고리오스(Saint Gregory of Nazianzus)의 말로 확언하듯이,

> 그[그리스도]는 그가 취하지 않은 것을 치유하지 않았다. 그러나 그의 신성과 연합한 것은 또한 구원된다. 오직 절반의 아담만 타락했다면, 그리스도가 취하고 구원하는 것 역시 절반이 될 것이다. 그러나 만약 그[아담]의 본성 전체가 타락했다면, 그것은 나신 분의 본성 전체와 연합되어야 하며, 그렇게 해서 전체가 구원되어야 한다.[95]

성육신에서 형이상학,[96] 시간, 공간 그리고 물질의 거대한 스캔들은 우주를 봉헌하는 은총의 도구로 성별되고 승인된다. 말씀은 육신이 되면서 우주적 물질—구현을 통한 그것의 "최초이자 원초적인 계시"[97]—을 취하고 "완

---

94    Boeve, "Resurrection," 805.

95    Saint Gregory of Nazianzus, *Epistle* 101 (To Cledonius the Priest against Apollinarius).

96    Lossky, *Orthdox Theology*, 91.

97    Zachary Hayes, O.F.M., "Christology-Cosmology," *Spirit and Life* 7 (1997): 51.

전히 그 자체가 됨"으로써 하나님을 계시하는 성례전적 능력을 확대한다.[98]
만약 우주가 성전이고 시간의 캔버스 위에서 펼쳐지는 성례전이라면, 그것
의 주된 기능은 신성한 존재와의 만남과 교제를 위한 공간이다(그리고 모든
창조물 자체가 물질의 영화를 통해 "하나님과의 완전한 연합 및 그분의 충만하심 안에
서의 쉼"[99]을 위해 예정되어 있기에 그것의 모든 요소는 이 목적을 위해 봉사해야 한다).
그러므로 아레오파고스의 디오니시오스(Dionysius the Areopagite)가 주장하
듯이 "선은 만물을 그 자신에게로 돌린다.…각 존재는 그것을 하나의 근원
으로, 결합의 동인으로, 그리고 목표로 본다.…만물이 그들 자신의 목표인
그것에로 돌아간다. 만물이 그것을 바란다."[100] 세상의 성례전적 본질에 대
한 성육신의 주장은 존재 속에 매일의 삶의 단순성 안에서―시간과 공간
의 구체성과 특수성 안에서, 물질의 한계와 무상함 안에서, 공동의 그리고
가족 관계의 요구와 복잡성 안에서, 세상(과 가정)을 짓는 반복적이고 일상
적인 과업 안에서, 일과 휴식 안에서, 요람에서 무덤까지의 인간 존재의 총
체성 안에서―하나님을 만나는 것에 대한 기대를 불어넣는다.

성례전적 가능성의 강화로서의 성육신(과 부활)은 인간 삶의 모든 측면
을 신성화를 향한 은총의 수단으로 승인하고 그것들의 선함을 인정한다.
따라서 성육신은 인간 타락의 폭력적 결과로 인해 희생된 물질(롬 8:19-22)

---

98    Michael J. Himes and Kenneth R. Himes, "The Sacrament of Creation: Toward an
      Environmental Theology," *Commonweal* 117 (1990): 45-46. Cloria L. Schaab는 이런 저자
      들의 주장을 인용하고 하나님과 창조세계 사이에 존재하는 참여의 관계에 관한 토마스 아
      퀴나스의 가르침에 대해 숙고하면서 다음과 같이 주장한다. "신성한 존재에 대한 참여와 성
      례전적 원리는 하나님의 탁월한 성례전으로서 예수 자신과 더불어 성육신에 철저하게 초점
      을 맞추는 동안, 이 탁월함은 창조세계라는 성례전을 통해 신성한 계시를 폄하하기보다는
      정당화하는 역할을 이해한다"("Incarnation as Emergence: A Transformative Vision of God
      and the Cosmos," *Heythrop Journal* 54, no. 4 [July 2013]: 631-44 [640]).

99    Staniloae, *World*, 19.

100   Dionysius Areopagite, *Divine Names* 4.4, Patrologia Graeca 3:700A-B.

의 결백성을 확언하는 강력한 반영지주의적 진술이다. 그 저주의 조건은 물질을 타자에 대한 폭력에 의해 찢기고 물든 창조세계의 한 부분으로 묘사함으로써 적대감을 불러일으켰다.[101] 첫 번째 아담은 창조세계에 스며든, 그리고 그로 인해 고통과 왜곡을 낳은 저주에 대해 책임이 있다. 마지막 아담(예수 그리스도)은 그 저주로부터 인간만이 아니라 창조세계의 나머지를 해방시킨다. 창조세계는 구주의 탄생에서 이 구속을 기대하고 하늘과 더불어 성육신의 신비 속에 들어 있는 하나님의 은총을 인간의, 그리고 그와 함께 온 우주의 존재론적 갱신으로서 축하한다. 참석한 이들은 천사들의 합창을 듣고 하늘의 불꽃놀이, 즉 "여행하는" 초신성을 보고 이어서 현자들이 갓 태어난 왕께로 순례하는 것을 본다(마 2:1-2, 9-11). 가난한 목자들과 그들의 양떼는 갓난아기의 연약한 몸에서 하늘과 땅을 연합시키는 우주적 사건을 목격한다(눅 2:8-20). 우주는 자신이 영원한 생명 속으로 들어가는 것을 기대하며 창조주를 환영한다.

성육신을 통해 물질이 그리스도의 수난에서 정점에 이르는 구속의 드라마에 참여한다. 따라서 그가 부서져 십자가에 달린 몸 안에서 물질은 죽음을 극복하기 위하여 고문과 죽음에 종속된다. 마지막 아담 안에서 물질의 무고함은 모든 것에서 시험을 받지만 여전히 죄 없이 남아 있는(히 4:15) 인자의 도덕적 순결함과 만난다.

그러므로 죽음은 그와 그의 물질적 몸에 대해 아무런 힘도 갖지 못한다. 그의 성육신, 십자가형 그리고 부활은 인간 타락의 결과를 극복하고 죄

---

101    창 3:14-19에서 저주에 관한 표현은 출생의 고통 속에서 자연과 맞서는 여자, 지배권을 얻기 위해 여자와 맞서는 남자, 자신의 노동의 열매를 자기에게 제공하지 않으려는 땅의 저항 속에서 자연과 맞서는 남자, 여자의 씨와 뱀 사이의 싸움에서 서로 맞서는 피조물의 투쟁을 통해 세상에 만연한 타자와의 폭력적인 갈등을 약술한다.

와 죽음의 힘을 소진시킨다(고전 15:26).[102] 구속의 승리는 성령이 물질을 죽음으로부터 불러내 영원한 삶 속으로 들어가게 했던 부활에서 절정에 이른다. 물질의 영원한 삶의 가능성은 오직 하나님의 환대에 달려 있다. 오직 하나님만이 영원하시기(시작과 끝이 없고 아무것에도 의존하지 않기) 때문이다. 따라서 물질은 하나님이 그분의 생명을 타자와 공유하심으로써 그것들이 영원한 삶을 얻게 하시는 하나님의 환영이라는 선물로서만 영원을 경험한다.

구속과 성화는 하나님의 은혜의 간사회적 활동(intersocial enterprises)으로서 타자에 대한 관계의 복잡한 사회적 구조로서의 인간의 정체성을 가리킨다. 그러므로 구속의 방식은 이런 모든 관계를 인간과 궁극적 타자로서의 하나님 사이의 회복된 존재론적 교제로 재연하며 되돌리는 여행이 된다. 인간이 생명 자체이신 분과 (영원히 그리고 온전히) 재결합할 때, 신성한 공동체적 실재가 하나님의 생명이 구속된 인간의 생명이 될 때까지 인간의 간사회성을 인수하면서 모든 것을 포화시키고 치유하고 구속하는데, 이것은 인간의 공동체적 형태로 이루어지는 상호내주적 삼위일체적 삶이다.

이에 비추어볼 때, 사회적으로 구현되지 않은 개인적 경험으로서의 구속에 관해 생각하는 것은 불가능하다. 오히려 구속은 하나님의 현존 안에서—공동체적 삼위일체의 교제 안에서—인간의 정체성을 이루는 모든 사회적 관계를 가져오는 과정으로 이해되어야 한다. 그리스도의 성육신은 관계 안에 있는 말씀, 즉 인간의 사회적 존재 전체에 적용되는 말씀으로서 영원한 로고스의 구체적 실재를 산출함으로써 이런 구속을 가능하게 한다. 이것은 하나님의 환대의 확장인데, 그분은 자신을 인간의 삶과 격리하지 않으시고 오히려 그것을 취하심으로써 그 자신의 거룩한 공동체적 실제 안

---

102    Stavropoulos, "Partakers of Divine Nature," 188.

에서 그것을 성화시키고 구속하신다.

따라서 성육신의 수치스러운 특수성 안에서 예수 그리스도(세상의 구세주)는 팔레스타인의 유대인으로뿐 아니라 누군가의 아들, 손자, 형제와 사촌으로 그리고 남성과 여성, 청년과 노인, 노예와 자유인, 세리와 로마 군인, 회당의 지도자와 바리새인, 유대인과 이방인, 가난한 자와 부자 모두로 이루어진 추종자들의 선생으로 태어났다. 그는 그들의 부서진 몸과 영혼을 치유하고, 그들의 눈을 뜨게 하며, 그들의 정신과 마음을 조명하고, 그들을 영생의 말씀으로 양육하면서 그들을 위해 빵과 물고기를 늘리고 그들에게까지 사회적 삼위일체의 교제를 확대한다. 구현된 말씀은 (타락에 의해 파열된) 인간의 사회성을 치유하고 그것에 하나님의 샬롬을 주입하기 위해 인간관계의 복잡성에 전념한다.

토라의 수여를 통해 자신을 인간과 공유한 영원한 로고스의 성육신을 통해, 예수 그리스도는 또한 모든 것을 포괄하는 사회적 관계와 함께 인간의 삶 전체에 적용되는 성경이 된다. 율법과 예언자의 구체적인 적용과 성취인 그는 타자를 위한 정의로서의 무조건적인 환대를 위한 명령의 견고한 구현으로 인간 공동체 가운데 서 있다. 오직 그만이 인간의 간사회성을 회복하고 그것을 만인을 위한 급진적인 평등, 자유 그리고 정의로서 인간 사회 내의 삼위일체적 공동생활의 신성한 모양(divine likeness)에 대한 구현으로 변화시키는 "영생의 말씀"이며, 그 말씀을 갖고 있다(요 6:68). 이처럼 성육하신 말씀을 인간의 삶에 포괄적으로 적용하는 중에 복음은 그리스도가 낯선 자, 이방인, 여자, 아이, 가난한 자, 압제당하는 자, 주변화된 자, 그리고 배제된 자들과의 관계에 대한 율법의 규정을 강력하고 권위 있게 재해석하는 것을 강조한다. 그들은 모두 치유, 용서, 수용 그리고 포용 같은 그의 자비의 행위 속에서 무조건적인 신적 환대를 즐긴다. 그들은 모두 환영을 받으며 하나님 나라 안으로 들어가고 구속, 회복, 온전함, 그리고 공동체로서의 그들 자신의 삶 속에서 그 나라의 도래를 경험한다. 예수가 죄인들의 집을 방문하고 세리, 창녀, 이방인들과 교제할 때, 구원이 그들의 가정을 찾아오고(눅 19:1-10) 그들은 그 나라를 환영하며, 이어서 그것에 의해 환영을 받는다.[103] 하나님은 그들을 자신의 가속의 일부로 만드시고 자신의 식탁 주위에 앉게 하시면서 그들이 신적 환대의 수혜자가 되게 하신다. 즉 그분이 그들의 집이 되신다.

## 우주에서 신적 공동체를 가시화하기

존 메이엔도르프(John Meyendorff)는 신학에 대한 동방 정교회의 이해를 "금욕적이고…공동체적인 노력, 성도의 공동체 내에서 이루어지는 노력을 요구하는 **내적** 비전"으로 묘사한다.[104] 그것은 인간 존재의 의미를 인간 공동체의 매일의 삶 속에서 그리고 그런 삶을 통해서 이루어지는 원공동체의 삼위일체적 삶을 가시적으로 묘사하려는 공동체적 노력을 통해 표현되는 끊임없는 전례적 금욕으로 묘사한다. 인간은 성령 안에서 그리고 성령을 통해서 그것이 보는 것, 즉 우주라는 대성당 안에 있는 비가시적인 하나님의 가시적이고 살아 있는 도상(iconography)이 된다.

---

103 누가-행전의 이야기에서 환대의 수취인으로서의 예수에 관해서는 Amos Yong, *Hospitality and the Other: Pentecost, Christian Practices, and the Neighbor*(Maryknoll, NY: Orbis, 2008), 100-3을 보라.

104 John Meyendorff, "Doing Theology in an Eastern Orthodox Perspective," in *Eastern Orthodox Theology: A Contemporary Reader*, ed. Daniel B. Clendenin (Grand Rapids: Baker, 1995), 79-96 (87).

## 하나님을 타자와의 교제 및 무조건적 환대로 형상화하기

삼위일체의 원공동체적 삶에 대한 인간의 형상화는 타자와의 교제로서 및 일치와 차이의 신비로서의 하나님에 대한 비전으로 시작하며, 사람들이 자유롭게 존재하도록 타자를 대신해 사람들의 거리를 반성적이고 지속적으로 재조정할 것을 요구한다. 그것은 신성한 현존이 그들의 삶 전체를 포화시킬 때까지 하나님의 존재가 증대되도록 자신의 자유로운 선택을 감소시키는 것에 대한 표현으로서 성별된, 그리고 성례전적인 절제의 노력 안에서 시행된다. 이렇게 성령으로 충만한 금욕에 의해 하나님의 현존의 살아 있는 집과 성소로 변화된 인간은 말씀으로 우주를 (무로부터) 존재하게 하고 그것을 그 자신의 (케노시스적이고 금욕적인) 공동체적 자아 안에서 관대하며, 무조건적이며, 신성한 환대의 행위로 유지하면서 창조주 삼위일체에 대한 반성적이고 전례적인 이미지가 된다. 어느 면에서 인간은 자기 안에 있는 하나님을 기꺼이 환영함으로써 신성화하는 성령에 의해 "확대되고" 창조주 안에 있는 온 우주에까지 무조건적이고 사랑 어린 환대를 베풀 수 있다. 그러므로 인간은 하나님의 현존의 살아 있는 성전이 됨으로써 자신이 하나님의 "광대하심"과 타자 및 자기와 다른 존재에 대한 사랑을 반영하고 있음을 발견한다. 성령의 성결케 하는 사역 안에서 인간을 신적 성품에 참여하는 자로 만드시는 하나님에 대한 사랑은 그분의 온 세상에 대한 사랑이 되고, 피조물은 창조주의 모양을 (인류와 비인류 모두를 포함하는) 창조 세계 전체에 대한 완전한 사랑으로 경험하고 드러낸다. 따라서 성령의 삶을 구현하는 사람은 자신이 삼위일체적 공동의 삶 속에 갇혀 있음을 발견한다. 형상을 되찾기 위해 노력하는 사람은 그것에 의해 사로잡힌다.[105]

---

105　Sarah Coakley가 지적하듯이 성령의 역사는 "통합적이고" "반사적이다." 그것은 인간을 삼

성령은 인간뿐 아니라 창조된 영역 전체를 사로잡아 하나님의 생명 안으로 이끈다. 그러나 성령이 우주 전체를 삼위일체적이고 공동체적인 하나님과의 생명을 제공하는 교제 속으로 이끌고자 하는 동안 성령의 사랑은 (사라 코클리[Sarah Coakey]의 말을 빌리자면) "타자를 포함시키기 위해 밖으로뿐 아니라 일치와 구별 사이의 완전하고 조화로운 균형을 보존하면서 사람들 사이의 차이를 유지하기 위해 안으로도 (그리고 보호하듯이) 밀치고 나아간다."[106] 그러므로 물질적 우주 안에서 삼위일체적 삶의 신비를 번역하고 체화하는 성령은 타자를 돌보고 축하하면서 공동체적 일치를 육성한다. 일치가 획일로, 즉 구분과 대화적 다성 음악이 타자의 음성을 소거하는 압제적인 독백으로 붕괴하는 것과 여러 색의 타자성이 단색의 동질성으로 단조로워지는 것은 성령을 슬프게 하고 인간 공동체에 각인된 하나님의 얼굴을 왜곡시킨다. 그것은 타자를 폭력적으로 거부함으로써 또한 원심의 주변화와 차이에 대한 배제를 통해 세상에 자기를 전체주의적으로 강제함으로써 형상을 훼손한다. 따라서 존 지지울라스(John D. Zizioulas)에게 타락은 자아에게 "타자에 대한 존재론적 우위"를 제공하는 것의 측면에서 이해될 수 있다.[107]

인간에 대한 신성화로의 부르심은 그리스도를 닮는 것으로의 소환과 마찬가지로 타자를 향한 부르심이다. 궁극적 타자로부터 나오는 이 부르심은 인간 존재의 근본적인 사건, 즉 참으로 인간이 되는 것이 무엇인지를 알

---

위일체적 공동의 삶 속으로 통합시킨다. 또한 그것은 신자들 안에서, 즉 "성부의 부르심-하나님의 모양으로 변화되라는 부르심-에 응답하는 서클 안에서" "반사적으로" 역사한다 (*God, Sexuality, and the Self*, 111).

106    Coakely, *God, Sexuality, and the Self*, 24.
107    John D. Zizioulas, *Communion and Otherness* (New York: T&T Clark, 2006), 43.

려주는 사건이다.[108] 그것은 인간의 기원과 목표로서 그리고 자신의 구별된 타자성을 유지하면서 타자처럼 될 온전한 가능성으로서 인간의 존재론 안에 새겨진 그리스도의 타자성을 향한 부르심이다. 첫 번째 아담은 타자에게서 얼굴을 돌려 자신을 향함으로써 삼위일체적 형상의 전례적 반영인 하나님의 세계를 사랑하고 돌봄으로써 그분을 사랑하라는 그의 소명을 포기한다. 마지막 아담은 타자에 대한 구속적 포용 속에서 첫 번째 아담의 소명과 목적을 구성하는 타자와의 존재론적 교제를 회복한다.

바벨탑에 관한 성경의 이야기는 에덴동산에서 처음으로 시행되었던 인간 드라마의 공동체적 차원들을 다시 기술한다. 그것은 인간이 타자에 대한 자신의 소명으로부터 돌아서서 자신의 창조적인 에너지를 자기를 신격화하려는, 단일하고 균질화하려는 노력에 쏟아붓는 것을 묘사한다. 그러므로 하나님은 그 탑을 해체하심으로써 타자의 존재와 음성을 이끌어내고 확보하면서 참된 인간 공동체를 시작할 상황을 창조하신다(창 11:7-8). 바벨탑 이후의 인간 공동체의 새로운 성취를 위해서는 타자를 용납하고 그들의 언어를 배우려는 노력을 통해 자기 안에 그들을 위한 공간을 만드는 것이 요구된다.

실제로 바벨탑의 형상은 하나님의 형상과 정반대의 것을 대표한다. 그것은 인간의 창조성을 하나님의 창조 행위에 대한 왜곡된 반영으로 묘사한다. 그것은 두 개의 창조적 행위(하나님의 행위와 인간의 행위)를 타자에 대한 포용과 배제를 대조하는 것으로 병렬시킨다. 세상을 무로부터(*ex nihilo*) 창조한 것은 타자의 존재와 그들에 대한 대화적 포용을 환영하고 수용함으로써 삼위일체의 원공동체적 삶의 거리를 급격하게 재조정하는 것으로 표현

---

108    Zizioulas, *Communion and Otherness*, 42.

되는 하나님의 사랑의 행위다. 실제로 이것은 자유의 궁극적 행위로서 사랑의 본질이고 그것이 **행하는** 일이다.[109] 사랑은 (한나 아렌트[Hannah Arendt]의 말을 빌리자면) 두 사람 사이에 "존재하는 세계 속으로 새로운 세계를 삽입하는"[110] 비상한 창조적 능력을 갖고 있다. 자기와 다른 이에 대한 가장 관대하고 널찍한 관계인 사랑은 타자의 존재와 번영을 위한 친절한 성소다. 왜냐하면 그것은 두려움, 질시, 질투, 의심, 경쟁 혹은 분노 같은 왜곡된/파괴적인 압제를 알지 못하기 때문이다(요일 4:18, 고전 13). 사랑(그리고 따라서 창조 자체)은 포용과 권한의 부여다.[111] 그것은 낯선 이들로부터 가족을 만들고 식탁에 그들을 위한 자리를 만들면서 타자의 목소리에 권한을 부여하고 그들이 생명과 정의와 번영에 접근하도록 허용한다. 따라서 창조의 발생은 **프락티케**(*praktikē*), 즉 삼위일체의 사랑 어린 자제(askesis)와 자기 비움이라는 내적 행위 안에서 일어나는 사랑의 움직임으로 이해될 수 있다. 한편 자기를 제공하는 사랑을 금욕적으로 표현하면서 하나님은 자신의 영원한 편재 안에서 타자의 존재를 위한 시간과 공간[112]을 만들기 위해 자신을 억제하신다. 무조건적인 환대라는 은사 속에서 원공동체적 삼위일체는 그 안에서 타자가 살고 움직이며 존재를 얻는(행 17:28) 환경으로서 타자

---

109   Lossky, *Orthodox Theology*, 71-72. Lossky는 신성화—"다시 말해, 무한한 운동 속에서 은총에 의해 하나님, 즉 본성으로 하나님이신 분처럼 되는 것"—라는 최고의 소명으로 소환되는 "자유로운 책임 있는 존재"로서의 하나님의 형상으로 창조된 인간의 존재론이라는 맥락에서 사랑의 자유를 논한다. Lossky가 주장하듯이 그것은 "사랑의 운동"이다.

110   Hanna Arendt, *The Human Condition* (Chicago: University of Chicago Press, 1998) 242. 『인간의 조건』(한길사 역간).

111   권한 부여로서의 창조라는 개념은 Jonathan Sacks의 영감을 부여하는 작품 *To Heal a Fractured World*, ch. 2에서 두드러지게 나타난다.

112   Jenson은 하나님의 광대하심에 관한 자신의 성찰을 계속하면서 다음과 같이 말한다. "성부 하나님, 성자 그리고 성령은 자기 안에 타자를 위한 방을 만들 수 있다. 그리고 그가 만드는 방은 우리의 창조된 시간이다. 그 방을 여는 것이 창조의 행위다"(Robert W. Jenson, *Systematic Theology*, vol. 1. *The Triune God* [New York: Oxford University Press, 1997], 226).

의 직접적인 거처가 된다. 다른 한편, (자기를 공여하는 사랑이자 생명 자체이신) 하나님은 말씀과 성령의 케노시스를 통해 타자의 존재 안으로 자신을 쏟아 부으심으로써 피조물(로고스에 의해 발설된 그리고 자기를 제공하고 삶을 유지시키는 관대한 사랑 안에 그것들을 제한하는 성령에 의해 생기를 얻은 물질화된 말씀)이 존재하게 하신다. 그러므로 창조의 행위 속에서 우리는 타자와 자신을 공유하는 금욕적 공동체로서의 삼위일체를 본다. 이것은 사랑으로서의 하나님의 물질화, 즉 자신들의 타자성을 타협 없이 유지하면서도 타자, 다른 존재, 절대적으로 낯선 존재에 대한 무조건적 사랑이라는 특징을 갖는 급진적인 환대(*philoxenia*)라는 공동체적 삶이다.

그러나 타자에 대한 포용과 권한 부여로서의 창조는 또한 그들을 같은 일을 행할—창조주의 모양으로 사랑할—책임으로 소환한다. 사랑이라는 신성한 실재의 열매와 우주적 표현인 인간은 세상에서 삼위일체의 아이콘이 되고 동료 인간과 창조세계의 나머지와의 관계에서 자기 금욕(*askesis*)과 자기 공여(*kenosis*)라는 특징을 갖는 동일한 공동생활을 나타내도록 창조된다. 인간은 만유가 신적 공동체가 될 때까지 세계를 하나님의 공동체적 삶의 모양으로 변화시키는 대리자/중재자의 역할을 하기 위해 우주의 한가운데 제사장적·전례적·공동체적 실재로 위치한다.

인간은 하나님의 형상으로 그리고 하나님의 모양을 닮도록 창조되었기에, 인간 안에서는 처음부터 자기 금욕의 정신이 하나님과 자연과의 교제를 위해 세상의 열매 중 일부를 멀리함으로써(창 3:2-3) 계발되어야 한다. 인간의 제사장적 소명에는 타자, 곧 하나님과 (인간 및 비인간) 이웃들과 삶을 공유하는 공동체를 계발하기 위해 실체와 아름다움이라는 하나님의 선물로서 세상을 성례전적으로 식별하는 것이 포함된다. 이런 식별에는 자신의 필요와 갈망을 구별하는 것에 대한, 또한 성령 안에서 그리고 성령을 통하여 **하나님을 닮는 것**(혹은 **그리스도를 닮는 것**)으로서의 신중심적이고 신격화시키는 예배 운동을 통해 후자를 성결케 하는 것에 대한 끊임없는 언약적 헌신을 통해 (신적 모양으로) 사랑 안에서 성장하는 것이 필요하다.

창세기 1장에서 우리는 하나님이 거룩한 삼위일체적 자아 속에서 타자의 가능성과 번영을 위해 문을 여실 뿐 아니라 그들을 위한 집을 세우시는 것을 본다.[113] 그러나 우주의 목적론 안에서 하나님은 자신 안에 인간을 위한 집을 창조하심으로써, 그리고 이어서 인간이 자기 안에서 하나님을 환영하고 자신의 존재를 하나님의 현존을 위한 집으로 제시하게 함으로써 삼위일체의 공동체적 삶을 형상화하는 것을 배우게 하신다. 궁극적으로, 인간을 하나님의 모양으로 육성하려는 우주의 성례전적 본성과 교육적 목표는 세상을 만드는 일상의 일을 타자를 위해 집을 세우는 것으로 변화시키는 것이다. 인간의 창조적인 노동은 하나님의 창조를 위한 그분의 사랑을 제사장적이고 성례전적으로 시행하는 것이 된다. 그것은 우주를 자기희생적 양육과 모든 피조물에 대한 돌봄으로 지탱하고 하나님의 가속에 대한 신실한 청지기로서의 인간에게 동일한 것을 요구하는 바로 그 사랑이다.

제4복음서 서문에 실려 있는 시는 하나님의 창조 행위에 대한 비전을 타자에 대한 무조건적인 환대와 타자와의 사랑 어린 공동체적 담화로 융합시킨다. 그것은 우주적 창조의 행위를 방향을 돌려 하나님을 향하여(*pros ton theon*) 말씀하시는 말씀으로부터 나오는 것으로 묘사한다(요 1:1).[114] 창조를 수행하는 말씀은 하나님의 현실 밖을 향하지 않고 삼위일체라는 내적 공

---

113 집을 세우고 꾸미시는 분으로서의 하나님에 대한 설명을 위해서는 John Dominic Crossan, *God and Empire: Jesus against Rome, Then and Now* (New York: HapreOne, 2007), 51-52을 보라.

114 전치사 *pros*의 의미에 관해서는 Carson, *Gospel according to John*, 116; 그리고 Moloney, *Gospel of John*, 35을 보라.

동체 안에 남아 있다. 그러므로 창조는 삼위일체적 삶의 상호내주적 친밀함 안에서 발생한다. 만약 세계의 창조가 하나님의 창조성의 솜씨(poiēsis)를 통해 가시화되는 사랑 어린 공동체적 대화의 결과라면, 그것이 (창의적이고 성령 충만한 인간의 대리 행위를 통해) 하나님의 임재를 위한 성소로 바뀌는 것은 다른 수단을 통해 성취될 수 없다. 그것은 의도적으로 대화적인 인간 공동체를 취하면서 그것의 다양한 음성 문화 및 민족지적 다양성을 한데 모아 타자를 위해 집을 세우는 것과 하나님의 모든 창조물의 삶과 번영을 위해 성소를 쌓아 올리는 것으로서의 세상 만들기라는 적극적이고 창조적인 합의 속에서 하나님의 삶을 반영하는 건설적인 대화적 일치를 만들어낸다. 타자를 대화 공동체 안에 대화적으로 포함시키는 것은 공동의 미래를 건설할 가능성을 위해 필수적이다. 그것은 각자의 독특성을 유지하면서 자신과 타자의 다차원적 일치의 세계를 상상하기 위한 문을 연다. 타자의 음성을 위한 공간을 만들기 위해 자신의 말할 권리를 재조정하는 것은 조화로운 다양성, 즉 다원주의 세계라는 도전적인 지형 안에서 사회문화적 일치의 미래를 형성할 가능성을 제시한다. 실제로 그것이 아니라면 아무것도 우주 안에서 삼위일체 창조주의 공동생활을 타자를 위한 무조건적 환대 속에서 전례적 금욕으로서 세계 만들기라는 조화로운 대화적 하나 됨과 연합된 실체적 위격의 다양성으로 형상화하는 데 충분하지 않을 것이다.

이에 비추어 만약 바벨탑이 타자에 대한 대화의 배제이자 그들을 교제 속으로 환영하는 것을 거부하는 것 두 가지 모두라면, 오순절 사건은 신자들에 대한 성령의 자기 비움을 통해 그것이 뒤집히는 것을 의미한다. 오순절은 인간의 문화적 세계 만들기에 바벨의 청사진을 사용하려는 오래된 유혹에 대한 해독제다. 오순절 사건은 구속된 인간 공동체 안에 있는 신성한 광대함의 이런 구현을 표현한다. 실제로 오순절은 믿음에 의해 조명되는바 첫 번째 아담의 공동체적 몸 안에서 성령의 역사를 통해 이루어지는 마지막 아담(그리스도)의 성육신 사건으로 이해될 수 있다.[115] 그리스도는 비가시적인 하나님의 가시적 아이콘(골 1:15), 즉 "완전한 성찬적 존재"[116]이기 때문에 오순절은 인간 공동체 안에서 이루어지는 하나님 형상의 존재론적 갱신을 표현한다. 성령의 케노시스는 다락방에 모여 있던 120명의 사람들을 세상에 존재하는 그리스도의 담지자이자 그분의 부활하신 몸의 살아 있는 확장으로 만든다. 세르게이 불가코프(Sergei Bulgakov)는 예수의 기적적인 수태 사건을 "동정녀의 오순절"로 부른다.[117] 성령은 마리아의 자발적이고 준비된 섬김에 대한 반응으로 그녀에게 임하며(눅 1:38) 그녀를 인간 한가운데서 육신을 입는 하나님 말씀의 도구로 변화시킨다(요 1:14). 그녀의 의지의 자유는 무조건적인 환대에 대한 이런 반응 속에서 하나님을 환영하는 데 핵심적이다("말씀대로 내게 이루어지이다"[눅 1:38]). 왜냐하면 말씀의 성육신은 자유로운 사랑의 행위여야 하기 때문이다(새로운/갱신된 창조의 시작은 태초에 있었던 하나님의 신성한 창조 행위를 되울리는 것이다). 부활절 퇴장 성가 테오토키온(Theotokion, 정교회 예배 때 불리는 하나님의 어머니[Theotokos] 마리아에 대한 찬가―옮긴이)의 말로 묘사되는 성육신의 신비에 관한 숨이 막힐 듯한 비전 속에서 마리아의 태는 "하늘보다 훨씬 더 넓어졌다." 왜냐하면 그녀가 그 태 안에 그녀의 창조주, 즉 우주를 주관하고 유지하시는 분을 모시고

---

115 오순절 사건의 교회론적 의미에 관한 더 많은 논의를 위해서는 나의 작품 *Pentecost, Hospitality, and Transfiguration*을 보라.

116 Alexander Schmemann, *For the Life of the World*, 38. Schmemann은 다음과 같이 말한다. "오직 그만이 완벽한 성찬적 존재다. 그는 세계의 성찬이다. 창조세계 전체는 이 성찬 안에서, 그리고 그것을 통해서 늘 그렇게 되어야 했던 그러나 아직 되지 못했던 것이 된다."

117 Sergius Bulgakov, "The Virgin and the Saints in Orthodoxy," in *Eastern Orthodox Theology: A Contemporary Reader*, ed. Daniel B. Clendenin (Grand Rapids: Baker, 1995), 65-75 (67).

있었기 때문이다. 유사하게 오순절 날 제자들에게 성령이 임할 때, 그리스도가 그들 안에서 잉태되고 그들은 그리스도를 닮도록(육신을 입은 하나님의 모양을 닮도록) 능력을 부여받는다(행 1:8). 그들은 개별적으로 그리고 집단적으로 하나님을 모시고 사는 사람(*theophoros*)이 되고 (구현된 복음으로서) 세상의 빛과 생명이신 분, 즉 창조세계 전체를 존재의 기원과 목적인 자신의 구속적인 우주적 포용으로 부르시는 분을 낳는다. 오순절에 교회(그리스도의 공동체)는 세계의 집으로, 즉 교회적이고 우주적인 마지막 아담이 온 지구를 그 안에 제한할 뿐 아니라 창조주와의 연합을 향해 나아가는 모든 것을 포괄하는 예배 운동 속에서 지상과 천상의 창조물과 연합하는 집이 된다. 정확하게 이것은 범대륙적이고 지구적인 지성소, 살아 있는 모든 것을 주관하는 신성한 임재를 위한 우주적인 집, 하나님의 영광으로 세상을 뒤덮는 성소, 그리고 어린양의 신부—하나님의 도성—로서의 교회에 대한 요한의 종말론적 비전에서 묘사되는 세계의 운명이다(계 21-22장).[118]

오순절 사건은 세상에서 그리스도의 몸의 확장으로 존재하는 신자들의 공동체 안에서 이루어지는 하나님의 자기 공여적 환대의 성육신에 관한 전형적인 비전을 제공한다. 성령의 부으심은 하나님이 천하의 모든 나라를 환영하시고(행 2:5) 그분의 말씀을 그들의 방언의 형태와 소리에 복속시키시는 것을 통해(행 2:6) 그분의 금욕적 재조정과 케노시스적 자기 공여를 드러낸다. 그러므로 오순절 날 신앙 공동체가 선포한 말은 하나님의 환대의 은사 속에서 타자의 언어를 포용한다. 성령은 모든 인간을 초대해 삼위일체의 간사회성 안에 서식지를 마련하게 한다. 그것은 자신의 위치를 재

---

118    하나님의 도성을 하나님의 환대와 관련해 살펴보기 위해서는 나의 책 *Pentecost, Hospitality, and Tranfiguration*, 특히 67-69과 133-38을 보라.

조정하고 타자를 대화적으로 포용하기 위한 조건을 만듦으로써 이루어지는 대화의 시작이다. 그것은 모든 외국인, 이방인, 낯선 이들을 문자적으로 그들의 모양 그대로 환영해 맞이하는 몸짓이다.

## 기도와 인간적 세상 만들기를 통해 하나님을 형상화하기

창조의 신성한 행위가 그것에 매혹된 증인—그 안의 모든 무리와 함께 하늘 자체—의 눈앞에서 펼쳐진다. 하늘은 삼위일체의 상호내주적 담화의 물질화를 창조되지 않은 신성한 에너지의 조각하는 흐름 아래서 계단식으로 이루어지는 우주의 제작(*poiēsis*) 안에서 조화를 이루는 "가시적인 말씀"[119]으로 듣고 본다. 창조의 선율은 그 웅장한 제막식에서 기쁘게 노래하는 천사들의 끊임없는 예배 가운데(욥 38:4-7) 물질적인 형태를 취하며, 그들 자신이 하나님의 말씀과 영 안에서 이루어지는 하나님의 사랑스럽고 케노시스적인 자기 공유의 결과라는 것을 이해한다. 그러므로 창조는 우주라는 대성당 안에서 하늘의 예배하는 무리 앞에서 하나님 자신에 의해 수행되는 신성한 전례로서 펼쳐진다. 상호내주적 삼위일체적 운동의 전례적 연출 안에서 각각의 피조물은 (로버트 젠슨의 말을 빌리자면) "순종과 예배의 말씀",[120] 다시 말해 창조되지 않은 영원한 말씀의 소환하는 자기 선포에 대한 공동체적 응답으로 나타난다. 따라서 "가시적인 말씀"에 의해서 온 세계는 창조세계의 거창한 전례적 우주생성론 안에서 창조주에 의해 시행되는 성례전으로 이해될 수 있다.

---

119  Augustine, *Tractates on the Gospel of John* 80.3, 〈http://www.newadvent.org /fathers/1701. htm.〉을 보라.

120  Robert W. Jenson, *Systematic Theology*, vol. 2. *The Works of God* (New York: Oxford University Press, 1999), 8.

창조 행위를 통해 하나님에 의해 수행되는 신성한 전례 한가운데서 인간은 말씀의 부르심을 듣고 기도하며 그것에 응답하도록 만들어진 특별한 피조물로, 즉 그들의 존재론적 실현이 신성한 성품(벧후 1:4)의 대화적 교제 안에서 하나님의 공동체적 담화에 참여하는 것을 통해 이루어져야 하는 피조물로 존재하도록 소환된다. 이에 비추어 세상을 하나의 성례전으로 이해하는 것은 인간 안에 있는 하나님의 형상을 "기도의 행위로 이루어지는"[121] 것으로 이해하는 로버트 젠슨의 해석과 상응한다. 젠슨에게 "우리를 향한 하나님의 의례적인 말씀"은 "성례전"이다. 그러나 "구현된 기도"로서 "제사"는 하나님을 향한 우리의 의례적인 말이다.[122] 그러므로 창조주 앞에서 인간의 삶은 "우리를 향한 하나님의 말씀과 하나님을 향한 우리의 말의 응답 송가다. 그리고 그 응답 송가 전체는 들리기도 하고 '보이기도' 한다."[123]

실제로 예배하는 존재(*homo adorans*)라는 제사장적이고 전례적인 본질을 지닌 인간은 세계를 위해 끊임없이 중보기도를 드리며 그것의 창조주 앞에서 기도하면서 그 세계를 받아들여야 한다. 그러므로 중보기도 행위는 어느 의미에서 창조세계에서 이루어지는 삼위일체의 유지하고 섭리하는 역사, 즉 성부의 뜻을 따라 세계의 삶을 위하는 말씀과 성령의 역사를 반영한다. 중보는 타자를 위해 자신을 재조정하는 행위, 즉 우리와 다른 이들을 위한 자기 절제와 환대의 한 형태다. 그것은 타자의 안녕을 살피고 그들의 번영을 위해 필요하지만 결여되어 있는 것을 제공하려고 노력하는 것을 의미한다. 중보는 타자의 고통과 부서짐과 투쟁과 소망을 포용하고, 세상에서 말과 생각과 구현된 삶을 통해 그들을 위한 공간을 만들며, 창조주 앞

---

121 Jenson, *Works of God*, 68.
122 Jenson, *Works of God*, 59-60.
123 Jenson, *Works of God*, 59.

에서 자신의 존재로 그것을 운반한다. 중보기도는 자신의 삶과 존재 안에 타자를 위한 시간과 공간을 만드는 것이다. 더 나아가 타자를 위해 기도하는 것은 그들을 양육하는 것이고, 그들이 말하게 하는 것이며, 신성화되도록(*theoumenon*)[124] 부르심을 받은 피조물에게까지 확장된 삼위일체의 공동체적 대화 안에서 그들의 말이 들리게 하는 것이다. 따라서 기도는 하나님의 창조 행위를 구성하는 신적 금욕과 자기 비움 모두를 형상화하는 것으로 볼 수 있다. 그러나 또한 그것은 창조세계 전체에 대한 삼위일체의 지속적인 섭리적 돌봄을 반영하기도 한다. 이런 이해는 기도를 하나님처럼 되는 것에 관한 교육, 즉 창조주와의 교제를 위해 신이 정하신 수단이자 신성화를 통한 영화를 목적으로 신성한 성품에 참여하는 방식이라고 주장한다. 그것은 인간에게 "성찬적 영"과 "금욕적 에토스"를 얻음으로써 삼위일체의 삶을 형상화하는 방법을 가르친다.[125] 기도를 드릴 수 있다는 것은 (바르톨로메오스[Bartholomew]의 말을 빌리자면) 우리가 "감사하면서 세계를 하나님께 되돌릴 능력을 갖는 것"을 의미한다. 그리고 "우리가 참으로 인간이 되고 진정으로 자유로워지는 것은 오직 이런 드림의 행위를 통해서만 가능하다."[126] 그리고 인간 안에 있는 삼위일체의 공동체적 형상에 부합되게, 이 참된 자유는 "결코 홀로가 아니라 언제나 사회적이다."[127] 그러므로 자유는 하나님을 대면하고 타자를 위해 그 얼굴의 거울이 됨으로써 그들이 이 반영 속에서 자신을 보고 해방되어 참으로 인간이 되게 하는 "만남으로 표현된다."

---

124  Saint Gregory of Nazianzus는 신성화된 동물(*zoon thoumenon*)로서의 인간에 관해 말했다 (*Oration* 38.11).
125  Bartholomew I, *Encountering the Mystery*, 118.
126  Bartholomew I, *Encountering the Mystery*, 132.
127  Bartholomew I, *Encountering the Mystery*, 132.

인간이 "삼위일체의 위격 간의 사랑"(intertrinitarian love)[128]으로서의 세계 만들기에 관한 신성한 공동체적 담화에 참여하도록 창조되었다는 것은 그에게 세계 생성이라는 분명한 목적 안에서 개방성, 자발성 그리고 자유에 대한 감각뿐 아니라 창조적 능력이 주어졌음을 의미한다. (성 아우구스티누스의 말을 되울리는) 젠슨에 따르면, "인간으로서 우리가 그것을 통해 신적 삶에 참여하는 자유는 모든 생명을, 즉 창조의 모든 역동적 과정을 이끌어 내는 바로 그 성령이다."[129] 더 나아가 그는 다음과 같은 것을 주장한다. 성경에서 "창조된 세계의 모든 역학, 즉 그것이 계속해서 아직 되지 못한 것이 되게 하는 사건들은 성령의 창조적 실재를 나타낸다."[130] 그러므로 우주는 "우리에게 열려 있는 전능한 대화다."[131] 그것은 기도를 의미 있게 만드는 열림이다. 왜냐하면 성령의 환대는 우리에게 세계의 조건과 맞서서 그것의 개선을 위해 "믿음과 신뢰" 안에서 공동체적 창조주를 상대하여 말하고, 논의하며, 탄원하고, 심지어 논쟁할 자유를 확대하기 때문이다.[132]

기도는 성령의 자발성과 자유 안에서 유지되는 가능성의 열림에 응답한다. 따라서 바울은 신자들에게 쉬지 말고 기도하라고 가르친다(살전 5:17). 그리고 이런 기도로서의 영속적인 삶과 삶으로서의 기도는 "항상 성령 안에서"(엡 6:18) 발생해야 한다. 그러나 하나님처럼 되는 것에 관한 교육으로서의 기도에서 세계의 구조 안에서 성령에 의해 가꾸어진 모든 열림과 자유의 궁극적 목표는 인간이 **신처럼 변화되는 것**(theoformation)이다. 기도

---

128　Staniloae, *World*, 18.
129　Jenson, *Works of God*, 42.
130　Jenson, *Works of God*, 43.
131　Jenson, *Works of God*, 44.
132　예컨대 우리는 아브라함이 소돔과 고모라를 위해 탄원하면서 신성한 담화에 끼어들어 탄원하는 것을 묘사하는 창 18:17-33을 떠올릴 수 있을 것이다.

는 하나님과 창조의 목적을 변화시키지 않는다. 오히려 그것은 우리를 변화시켜 하나님처럼 되게 한다. 기도는 우주의 치유를 위한 성령의 중보에 동참하고 성령의 "말할 수 없는 탄식"(롬 8:26)에 참여한다. 왜냐하면 "우리는 기도하는 법을 모르기 때문이다." 그러나 우리는 "우리의 연약함을 도우시는" 성령의 중보 운동에 참여하고 그것에 우리 자신을 맡길 수 있다.

실제로 세계 개선으로서의 기도는 성령과 함께, 성령 안에서 그리고 성령을 통해 숨 쉬고, 말하며, 탄식하고, 움직이는 신과 인간의 협력이 된다. 그러나 이것은 모든 인간의 창조성과 관련해서도 사실인 것처럼 보인다. 기도는 세계를 개선하는 문제에서 단순히 하나님 곁에서 일하는 것 이상이다. 성령의 자유 안에서 기도는 또한 말을 통해 우주 안에서 미래의 아름다움과 소망을 낳는 창조적인 세계 개선이 된다. 그것은 공동체적 창조주를 향한 신성한 창조적 담론을 반영하는 성별되고 제의적인 창조성으로서, 그것이 신적 창조의 대리자에게 의존한다는 것을 완전히 의식하면서 "~이 있으라"를 "주님, ~이 있게 해주십시오"로 바꾼다.

(인간의 존재론의 일부로서) 기도는 믿음보다 더 오래되었기에,[133] 우리는 하나의 교창(antiphony), 즉 하나님의 임재 안에 있는 자기 기원의 아름다움과 조화를 갈망하는, 늘 낙원을 떠올리고 향수에 젖어 있는 피조물의 대응적 기도로서의 인간적이고 창의적인 세계 개선에 대해 생각할 수 있다. 바르톨로메오스 1세가 지적하듯이 "아름다움은 지금과 여기를 넘어서 세계의 최초의 원리와 목적에 대한 부름이다."[134] 따라서 창조 자체뿐 아니라 인간의 창조성도 창조주와의 교제의 수단이다. 그것은 기도, 하나님께 드리

---

133    Harvey Cox, *The Future of Faith* (New York: HarperOne, 2010), 5-6.
134    Bartholomew I, *Encountering the Mystery*, 28.

는 제물, 예배의 행위다. 그러므로 세계의 타락 이후의 상황에서 인간의 창조성은 낙원에 대한 뿌리 깊은 원초적 기억과 하나님을 잊고자 하는,[135] 그리고 그분의 부재를 인간의 문명 자체에서 발견되는 만족감으로 보상하고자 하는 분투 사이의 긴장이라는 특징을 지닌다. 따라서 로스키는 창세기 4:22과 "최초의 시민들, 예술과 기술의 발명자들"인 가인의 후손들의 삶에 대해 숙고하면서 다음과 같이 말한다. "여기서 예술은 제의가 아니라 문화적인 가치로 나타난다. 그것은 하나님께 상달되지 않기에 잃어버린 기도다."[136] "예술이 끌어올리는 아름다움은 그것의 마법으로 인간을 속박하기 위해 스스로 닫힌다."[137] 제의와 문화가 인간의 세계를 만드는 과정에서 서로 갈라질 때, (그 자체로 언어의 한 형태인) 예술은 타자와의 교제의 수단으로서 그것의 본질을 유지한다.

성경 이야기에 기록된 인간의 최초의 창조적인 행위가 말의 중재를 요구한다는 것은 우발적인 것이 아니다. 하나님의 말씀이 모든 창조의 기원을 낳듯이 인간의 말이 우주 안에서 하나님의 창조성에 대한 인간의 영감 어린 전례적 형상화를 시작한다. 그러니 이런 창조성은 인간과 하나님 사이의 협력적 대화의 공동체적 역학 안에 머물러 있다. 아담은 동물의 이름을 지을 때 하나님이 그것들을 창조하신 뜻을 완성시키는 행위로서 그 단어들을 발설한다. 인간은 유일하고 영원한 **말씀**(*Logos*)에 의해 발설된 말씀(*logoi*)에 자신의 말(*logoi*)을 덧붙인다. 그러므로 창조로서의 인간의 언어는 "사물의 존재와 동시에 일어난다."[138] 아담은 하나님이 창조하신 인간과 나

---

135  Lossky, *Orthodox Theolgoy*, 86.
136  Lossky, *Orthodox Theology*, 87.
137  Lossky, *Orthodox Theology*, 87.
138  Lossky, *Orthodox Theology*, 69.

머지 피조물 사이에 있는 깊은 유기적 연관성 때문에 동물들의 이름을 지을 수 있었다. 왜냐하면 인간은 "지상의 질서"의 본질이자 지속하는 존재로서 대지로부터 나왔기 때문이다. 그러므로 로스키가 지적하듯이 아담은 동물들을 "안으로부터" 안다. "그는 그들의 비밀을 명시하며…제사장인 것처럼 시인이고 하나님을 위한 시인이다."[139]

만약 기도와 문화적 생산성에서 인간이 가진 창조성이 하나님의 창조 행위를 반영하고 인간이 창조주의 모양으로 변화되도록 촉진하기 위한 것이라면, 언어는 그것의 실현을 위해 필수적이다. 창조된 온 우주와 함께 언어는 그 자신을 인간과 하나님 사이의, 그리고 인간이 신처럼 변하는 과정에서 그들 사이의 성찬적 교제의 수단으로 나타낸다. 그것의 본질은 분명하게 공동체적이다. 왜냐하면 언어는 오직 타자와 공유될 때만 자신을 나타내기 때문이다. 그러므로 언어의 목적은 우주를 만유가 되어야 하는 하나의 성육하신 말씀 속으로 종말론적으로 모이도록—오순절 사건에서 성령에 의해 실현된 비전—육성하면서 인간 모두를 하나의 다성 언어 공동체로,[140] 즉 창조적인 담화로 묶는 수단으로 자신을 드러낸다.

레비나스(Levinas)는 언어의 공동체적 본질과 그것이 공유된 삶을 위한 토대를 만들어내는 능력에 관해 숙고하면서 다음과 같이 진술한다.

언어는 그것이 개별자로부터 보편자로 넘어가는 통로이기에, 즉 그것이 나의 것을 타자에게 제공하기에 보편적이다. 말을 한다는 것은 세상을 평범하게 만

---

139    Lossky, *Orthodox Theology*, 69.
140    Jean-François Lyotard는 언어의 번역 가능성은 모든 인간이 하나의 언어 공동체로 부름 받고 있음을 가리킨다고 상기시킨다("The Other's Rights," in *On Human Rights*, ed. S. Shute and S. Hurley [New York: Basic, 1993], 140–41).

드는 것, 평범한 것을 만드는 것이다. 언어는 개념의 보편성을 가리키지 않으며 오히려 공통의 소유를 위한 토대를 놓는다.···담화 속의 세계는 더는 분리되어 있는 것이 아니라 모든 것이 나에게 주어지는 익숙함 속에 있다. 그것은 내가 제공하는 것, 즉 소통 가능성, 사상, 보편적인 것이다.[141]

레비나스의 아름답고 매혹적인 윤리학에서 (공동선으로서의 언어와 함께) 타자의 벌거벗은 얼굴은 세계의 공유된 본질을 인식하라는 요구로 우리를 소환한다. 타자가 존재한다는 사실은 "세계에 대한 즐거운 소유"라는 의식과 그것에 대해 양도할 수 없는 소유권을 갖는 것의 불가피성에 대해 의문을 제기한다.[142] 레비나스에게 타자의 부담스러운 응시―우리의 양심을 찾는, 그것에게 책임에 대해 변명하지 못하게 하는, 베풂 속에서 인정을 받도록 요구하는 굶주림과 궁핍의 응시―는 "정확하게 얼굴로서의 얼굴의 현현이다." 그러므로 "타자를 인식하는 것은 굶주림을 인식하는 것이다. 타자를 인식하는 것은 베푸는 것이다."[143] 그러나 어느 면에서 이런 인식은 레비나스가 ("자아와 전체"["The Ego and Totality]라는 자신의 논문에서) "첫 번째 생각"(the first thought)이라고 부르는 것과 더불어 시작한다. 원시적인 단계에서 "외부 세계에 대해 무지한" 살아 있는 존재는 자신들을 전체로 여긴다.[144] 개인의 정체성의 내면성과 외부성 사이의 변증법에서 첫 번째 생각

141  Emmanuel Levinas, *Totality and Infinity: An Essay on Exteriority* (Dordrecht: Kluwer, 1991), 76. 『전체성과 무한』(그린비 역간).
142  Levinas, *Totality and Infinity*, 76.
143  Levinas, *Totality and Infinity*, 75.
144  Emmanuel Levinas, "The Ego and Totality," in *Collected Philosophical Papers*, trans. Alphonso Lingis (Dordrecht: Martinus Hijhoff, 1987), 25-48 (30-34).

은 자기 "외부에 있는 자유를 생각할 가능성과 함께" 시작된다.[145] 이 과정은 우리와 타자 사이의 관계적 경계에서 발생한다. 레비나스는 타자에 대한 무고한 폭력을 낳는 도덕적 근시라는 현실에 대해 숙고한다.[146] 인간은 불의를 볼 때 그것을 인식하지만 자신이 세상의 불의에 기여하는 것에 대해서는 완전히 눈이 먼 채 남아 있을 수 있다. 주체는 내적 주관성의 내면성으로부터 자신이 자신의 도덕적 기준을 따라 살지 못하고 있음을 인식하지 못한다. 따라서 첫 번째 생각의 출현은 양심의 탄생 혹은 윤리적 각성의 순간이다. 그러나 양심의 목표는 인간을 세계의 상황에 대한 책임을 묻고 그 혹은 그녀가 세계의 번영을 박탈하는 생태적·경제적·정치적 위기에 익명으로 기여하지 못하게 하는 것이다.

미하일 바흐친(Mikhail Bakhtin)의 말을 빌리자면, "개별적 양심을 위한 언어는 자신과 타자 사이의 경계에 놓여 있다."[147] 그러므로 타자의 언어를 아는 것은 타자의 현실을 아는 데 필수적이다. 하나님의 창조 행위라는 현실에 이종어(heteroglossia)라는 바흐친의 개념을 적용하면서 우리는 그것을 서로의 독특성을 유지하면서 타자와 자신의 다차원적 연합을 만들어내는 담화로 여길 수 있다.[148] 따라서 그 신성한 3인극(trialogue)은 세상이 삼위일체적 공동생활의 이야기로 펼쳐지는 상호 연결된 역사의 살아 있고 유기적인 연속성으로서 존재하게 한다. 언어는 역사적으로 부과된 현실이기에,

---

145  Levinas, "Ego and Totality," 28.

146  Levinas, "Ego and Totality," 39.

147  Mikhail Bakhin, "Discourse in the Novel," in *The Dialogic Imagination*, ed. Michael Holquish (Augtin: University of Texas Press, 1981), 259-422, 여기서는 293. 또한 Maria Teresa Morga, "Tongues as of Fire: The Spirit as Paradigm for Ministry in a Multicultural Setting," in *The Spirit in the Church and the World*, ed. Bradford E. Hinze (New York: Orbis, 2004), 106-25, 여기서는 107을 보라.

148  Bakhtin, *Dialogic Imagination*, 239, 282.

타자와의 대화적 일치에는 타자의 이야기에 대한 참여가 포함된다. 그러나 타자의 이야기의 이런 동거는 동시에 자신의 언어와 이야기에 대한 또 다른 관점을 제공한다.[149] 개인은 타자의 눈으로 자신을 볼 수 있다. 이에 비추어 언어는 인간과 하나님 사이의 교제의 수단으로서 그 두 의사소통자들의 이야기의 상호 동거를 필요로 한다. 그러므로 스타닐로아(Staniloae)가 지적하듯이 창세기를 여는 말인 "태초에"는 "하나님의 영원과 시간의 최초의 연합을 가리킨다."[150] 그것은 "창조세계로 내려오신 하나님과 시간을 통해 그 길을 따라 시작하는 피조물 사이에 대화가 시작되는 최초의 시작이다."[151] 의심할 바 없이 예수 그리스도의 위격 안에서 이루어진 영원한 말씀의 성육신은 이 과정의 절정을 나타낸다. 그 안에서 하나님의 이야기가 인간의 이야기 안에 거하며 그 이야기를 하나님의 삶의 구속적이고 대화적인 교제 속으로 되돌려놓는다.

## 오순절 그리고 세상에서 삼위일체의 아이콘으로서의 교회

할키 신학교에 있는 교회의 매혹적인 성화벽은 정교회가 가르치는 교회론의 토대를 표현하는 참으로 아름다운 아이콘 하나를 도상학적 보물로 갖고 있는데, 그것은 바로 성삼위일체께 바쳐진 난해한 그림이다. 그 아이콘 상

---

149 Bakhtin, "Response to a Question from Novy Mir Editorial Staff," in *Speech Genres and Other Late Essays*, trans. Vern W. McGee, ed. Caryl Emerson and Michael Holquist (Austin: University of Texas Press, 1986), 1-7. 또한 다음을 보라. James P. Zappen, "Mikhail Bakhtin," in *Twentieth-Century Rhetoric and Rhetoricians: Critical Studies and Sources*, ed. Michael G. Morgan and Michelle Ballif (Westport, CT: Greenwood, 2000), 7-20.

150 Staniloae, *World*, 9.

151 Staniloae, *World*, 10.

부는 마므레 상수리 나무 아래에서 세 명의 거룩한 손님이 아브라함을 방문하는 것에 관한 이야기를 전한다(창 18:1-15). 아무도 하나님을 본 적이 없으므로(요 1:18), 이것은 동방 정교회 전통에서 규범적인 것으로 간주되는 삼위일체에 대한 유일하게 가시적인 표현이다. 그 아이콘의 하부는 성경에 기록된 세 개의 구별된 현현 장면을 통해 나타나는 삼위일체의 신비에 대한 신약 시대의 증인들을 묘사하는 세 폭짜리 그림으로 세분된다. 그중 왼쪽에서 우리는 예수가 세례자 요한에게서 물세례를 받는 모양을 보는데, 그것은 메시아 위에 비둘기처럼 내리는 성령의 가시적 현현과 성부의 음성적 현현을 통한 성자의 정체성에 관한 공적이고 삼위일체적인 증언이다. 오른쪽에서 우리는 "성부와 성령에게 공통인 신성을 드러내 보이는 성자의 인간성"[152]에 대한 표현으로서 다볼산에서의 변화에 관한 아이콘을 발견한다. 이번에 그 사건은 모세와 엘리야에 의해 대표되는 구약 시대의 율법과 예언자들의 증언에 신약 시대의 사적인 핵심 제자 그룹의 증언이 결합하는 것을 묘사한다(마 17:3). 그 증인들은 창조되지 않은 하나님의 능력이 성자의 인간성이라는 휘장을 뚫고 나와 우주를 비추는 것을 보고, (예수가 그리스도임을 증명하는) 성부의 음성을 듣고 모든 것을 집어삼키는 성령의 구름 속에 잠긴다. 그런데 그 세 폭짜리 그림 중앙에서 우리는 오순절—신앙 공동체를 성령의 능력을 받아 성부의 뜻을 수행하는, 세상에 존재하는 그리스도의 공동의 몸으로 변화시키는 사건—에 관한 아이콘을 본다. 이것은 교회가 세상에서 삼위일체의 형상으로 설립되는 사건이다. 동방 정교회 전통이 오순절 날을 삼위일체 축일로 지키는 것은 놀랄 일이 아

---

152   Lossky, *Mystical Theology*, 243.

니다.[153]

만약 교회가 삼위일체의 형상이라면, 또한 교회는 성령의 형상이기도 하다. 그러나 성령은 그 자신이 아니라 성자를 증언하면서 신앙 공동체 위로 내린다(요 15:26). 성령은 성자가 성부의 이름으로 오는 방식으로 성자의 이름으로 온다. 이것이 다마스쿠스의 성 요한네스(Saint John Damascene)가 "성자는 성부의 형상이고, 성령은 성자의 형상이다"라고 말하는 이유다.[154] 성령은 그 자신의 형상을 다른 신적 위격(hypostasis) 안에서 가시적이 되도록 만들지 않는다. 그러나 오순절 사건은 비가시적인 성령을 성령 충만한 신앙 공동체 안에서 가시적이 되도록 만들었다. 만약 구약성경이 "성부를 공개적으로 그러나 성자는 모호하게 선포했고" 복음서가 성자를 분명하게 그러나 성령은 희미하게 계시한다면,[155] 오순절은 교회를 세상에서 분명하게 나타난 자신의 형상으로서 성령에 의해 활성화되고 권능을 부여받은 것으로 제시한다. 교회의 카리스마적인 힘은 비가시적인 성령을 성도의 다양성의 일치 안에서 가시적이고 손에 잡힐 듯 소통되는 것으로 만든다. 성도는 권능을 얻어 그리스도의 모양(Christlikeness)으로 변화된─삼위일체 하나님의 삶을 그들 자신의 삶으로 살아내는─사람들이다. 그러므로 성령의 현존을 나타내는 그 두 개의 구별된─공동체적이고 종말론적인[156]─차

---

153 Lossky, *Mystical Theology*, 239.

154 Saint John Damascene, *An Exact Exposition of the Orthodox Faith* 1.13, ⟨http://www.orthodox.net/fathers/exacti.html⟩. Lossky가 주장하듯이 "신성한 위격들은 스스로 자신들을 주장하지 않고, 하나가 다른 하나에 대해 증언한다"(*Mystical Theology*, 160).

155 Gregory Nazianzen, *The Fifth Theological Oration. On the Holy Spirit* 26, in Cyril of Jerusalem and Gregory of Nazianzen, Christian Classics Ethereal Library (⟨http://www.ccel.org/ccel/schaff/npnf207.iii.xvii.html⟩).

156 John D. Zizioulas, *Being as Communion: Studies in Personhood and the Church* (Crestwood, NY: St. Vladimir's Seminary Press, 1995), 131. 『친교로서의 존재』(삼원서원 역간).

원은 오순절에 세상에 존재하는 그의 형상으로서의 교회의 시작에서 분명하게 가시화된다. 오순절은 "마지막 날들"이 현재 안으로 분출하고 그것의 시간을 초월하는 실체가 될 때 시간과 영원의 예언적 융합을 자극하는 **종말의 일들**(*eschata*)의 펼쳐짐을 안내한다. 그러나 이 종말론적 비전은 급진적인 평등주의적 보편성과 민주화된 예언적 발화의 동시성을 가진 성령 충만한 공동체의 비전이다.

"하나님의 모양"은 신적 형상을 멀리서 비추는 것이 아니다. 오히려 그것은 성령의 통합하고 변화시키는 역사를 통한 창조주와의 교제와 공동체의 충만함이다. 우주에서 삼위일체를 형상화하는 공동체는 인간의 축소될 수 없는 공동실체성(consubstantiality)과 평등성에 대한 인식과 헌신이라는 특징을 지니며 거룩한 삶을 공동체의 모든 지체들 사이의 끊임없는 언약적 사랑—각자의 타자성을 온전하게 유지하면서도 생명과 인간의 번영에 대한 조건 없는 접근으로서 타자를 위한 정의로 표현되는 사랑—의 운동으로서의 상호 내주로 묘사한다. 랍비 조너선 색스는 사회는 얼굴이 없으나 공동체는 "인간의 얼굴을 지닌 사회"이며 하나님의 얼굴은 구성원들 사이의 언약적 사랑과 친절을 통해 가시화된다고 말한다. 우리는 오직 우리가 타자 안에서 하나님의 형상을 식별하는 것을 배움으로써 우리 안에서 그 형상을 발견할 때만 "인간적이고 인간화하는" 사회를 세울 수 있다.[157]

하나님은 동료 인간들 사이의 구속된 교제 안에 있는 새로운 인간 공동체인 그분의 백성 안에 계신다. 그분의 얼굴을 세 방향으로 비추는 그곳에서 하늘이 땅으로 내려온다. 따라서 십계명에 따르면 구속은 각각의 인간과 타자(하나님과 이웃) 사이의 거룩한 공간에서 발생하며 사회를 다시 인

---

157    Sacks, *To Heal a Fractured World*, 54.

간화하고 부서진 세계를 수선하는 관계의 치유로서 경험된다.

오순절 날에 교회는 비가시적인 신적 원공동체의 가시적이고 구현된 공동체적 현현으로서 세워진다. 따라서 교회는 성령 충만한 인간 공동체 안에서 하나님과의 신비한 연합을 통해 모든 창조의 목적이 되고 하나님이 만유가 되시는(고전 15:28) 세계의 미래의 구현으로서 현재 안에 서 있다. 오순절의 성령의 케노시스는 그리스도의 공동체를 우주 안에 있는 하나님의 임재가 공동체적으로 구현된 성전으로 변화시키는데(고후 6:16; 엡 2:19-22), 그것은 하나님이 그것을 통해 그분의 구속적 환대를 모든 창조세계로 확장하시는 도구가 되도록 운명지어져 있다. 성령은 온 우주가 하나님과 그분이 창조하신 세상이 결합하는 가운데 존재하는 하늘과 땅의 성찬적 교제인 교회가 되도록 교회를 낳는다. 이것은 하나님의 모양을 지닌 인간의 숨이 멎을 만큼 영광스러운 미래다.

# 폭력이라는 성상파괴운동으로부터
# 새 창조의 삶으로서의 사랑으로

정치철학' 은 폭력이 광범위한 스펙트럼을 가진 이념적·정치적·경제적 과

---

1   또한 사회과학은 폭력의 기원에 관한 문제에 다양한 답을 제시해왔다. 그 답은 호르몬 불균
형 같은 생물학적·의학적 문제로부터 겸손, 사회정치적·경제적·이념적·문화적 박해 같
은 심리적이고 사회적인 문제들에 이르기까지 다양하다. 보다 최근에 임상심리학은 자아
로부터 타자에게로 전환될 때 (때때로) 잘못 배치될 수 있는 죽음과 자멸(*thanatos*)을 향한
원시적이고 내적인 충동으로서의 공격성에 대한 결정론적인 Freud의 주장에 맞서 다소 낙
관적으로 보이는 폭력의 원인들에 관한 통찰들을 제공해왔다. 원래, Freud는 인간 행동의
모든 표현을 그가 "에로스"(*eros*)라고 불렀던 원시적 삶의 충동으로부터 나오는 것으로 해
석하려 했다. 그러나 그의 후기 작품에서 그는 죽음에 대한 충동(death drive)이라는 개념
을 발전시키면서 그것을 에로스에 대항하는 것으로 표현했다. (그의 책 *Beyond the Pleasure
Principle*[London: Hograrth, 1920]을 보라.) James Gilligan은 폭력이 구체적인 (알려진) 생
물학적·심리학적·사회적 요소들의 교차점에서 촉발되며 진단 가능하고, 처리 가능하며, 가
장 중요하게 방지가 가능한 의학적 상태로 접근할 수 있다고 주장한다(Gilligan, *Violence:
Reflections on a National Epidemic* [New York: Vintage, 1996], 24). 더 나아가 폭력과 종교
사이의 복잡하고 다원적인 관계(종교는 폭력의 범죄자이자 동시에 억제자로 묘사된다)는
오랫동안 이론가들을 사로잡아왔다(특히 지난 수십 년 동안 종교 및 종교적으로 정당화된
폭력의 범지구적인 급증―세속주의에 관한 근대의 예언자 중 다수를 놀라게 했던 발전―
에 비추어 그러했다). 그러므로 예컨대 우리는 폭력과 의례적 희생 사이의 상관관계에 관
한 René Girard의 영향력 있고 혼란스러울 정도로 매력적인 주장을 간과해서는 안 된다.
Girard는 만약 "희생이 범죄의 폭력을 닮았다면…역으로 희생의 측면에서 묘사될 수 없는
폭력의 형태는 거의 없을 것이다"(1), 그리고 종교는 "폭력이 종교에서 피난처를 찾는 것처
럼 우리를 폭력으로부터 지켜준다"(24)고 주장한다. 그는 복수, 희생 그리고 법적 처벌 같
은 제도들은 어떤 "기능적이고 신화적인 차이들"을 갖고 있기는 하나 "본질적으로 동일하
다." "그것들은 위기 시에 동일한 형태의 폭력적 대응을 택하는 경향을 보인다"(25)고 말한
다. Girard에 따르면, 희생은 공동체의 폭력의 징후이자 사회가 그것을 덮고 굴절시키기 위

정들에 뿌리를 두고 있다고 보면서 그것의 기원과 관련해 여러 가지 다른 제안을 해왔다(그중 어떤 것은 다른 것들보다 비관적이다). 예컨대 토마스 홉스(Thomas Hobbes)는 (그의 17세기적 관점에서) 유명하게도 폭력을 인간의 본성에 내재된 것으로(자연법과 상관이 있는 것으로) 묘사하면서 모든 사람을 다른 모든 사람과의 영속적인 전쟁—경쟁과 불신 그리고 영광에 대한 추구를 통해 동기를 부여받는 전쟁—상태에 위치시킨다.[2] 홉스는 인간의 삶을 "지속적인 두려움과 폭력적인 죽음"에 의해 그림자가 드리워진 "고독하고, 가난하며, 추악하고, 야만스럽고, 짧은" 영속적인 불확실성의 무대에서 펼쳐지는 것으로 음울하게 묘사한다.[3] 다른 한편으로, 카를 폰 클라우제비츠(Carl von Clausewitz)의 군사 이론은 폭력을 국정을 위한 정치적 도구로 이해하면서 유명하게도 전쟁을 단지 다른 수단을 통한 정치의 연속으로 규정한다.[4] 엥겔스(Engels)의 정치경제학은 (마르크스의 역사적 유물론에 비추어) 사회

---

해 사용하는 수단이다. 그는 "희생 행위의 사소한 카타르시스는 집단적 살인에 한정된 주요한 카타르시스에서 파생된다", 그리고 의례적 희생은 이중의 대체를 기반으로 이루어진다. 첫 번째는 공동체의 한 구성원으로 모두를 대체하는 것이고, 두 번째는 공동체 밖으로부터 온 한 사람(의례적 희생자)으로 내부에서 선발된 원래의 한 사람(대리적 희생자)을 대체하는 것이다(102). 그의 작품 *Violence and the Sacred*, trans. Patrick Gregory(Baltimore: Johns Hopkins University Press, 1979)를 보라. 『폭력과 성스러움』(민음사 역간).

2    Thomas Hobbes, *Leviathan (Or the Matter, From and Power of a Commonwealth Ecclesiastical and Civil)* (New York: Simon and Schuster, 1962), 99. 『리바이어던 1, 2』. 갈등과 그로 인한 폭력의 원인에 관한 Hobbes의 유명한 진술은 다음과 같다. "그러므로 인간의 본성 안에서 우리는 다툼의 세 가지 주된 원인을 발견한다. 첫째, 경쟁; 둘째, 불신; 셋째, 영광. 첫 번째 것은 사람들이 이득을 얻기 위해 서로를 침공하도록 만든다. 두 번째 것은 안전을 위해, 그리고 세 번째 것은 명성을 위해 그렇게 하도록 만든다. 첫 번째 것은 사람들이 자신들을 다른 이들의 인격, 아내, 자식 그리고 소떼의 주인으로 만들기 위해 폭력을 사용한다. 두 번째 것은 그것들을 지키기 위해, 그리고 세 번째 것은 말, 미소, 다른 견해 그리고 직접적으로는 그들의 인격에서 혹은 반성적으로는 그들의 친족, 친구, 국가, 직업, 혹은 이름에서 과소평가되고 있는 다른 징후들 같은 사소한 것들을 지키기 위해 그렇게 한다"(99-100).

3    Hobbes, *Leviathan*, 100.

4    Carl von Clausewitz, *On War* (Princeton: Princeton University Press, 1984), 87. 『전쟁

를 형성하는 생산의 세력과 생산 양식 사이에 내적 모순이 존재할 때 폭력
이 경제 발전의 가속기 역할을 한다고 주장한다.[5]

한나 아렌트는 폭력의 원인에 대한 정치철학의 몇 가지 고전적인 표현
들에 관해 숙고하면서 대량 파괴용 무기가 공격적으로 확산되는 냉전 상황
에서[6] 그런 표현들이 지닌 명백한 부적절성을 지적한다. 그녀는 다음과 같
이 말한다. 오늘날에는 비극적이게도 "전쟁이 '외교(혹은 정치 또는 경제적 목
표의 추구)의 확장'인 반면, 평화는 다른 수단을 통한 전쟁의 지속, 곧 전쟁

---

론」. Michel Foucault는 사람들에 대한 국가의 제도적 폭력의 현실을 살피면서 유명하게
도 Clausewitz의 아포리즘을 뒤집는다. 그는 과연 정치가 다른 수단을 통한 전쟁의 연속인
지에 대해 의문을 제기하고 정치적 권력의 역할을 "제도, 경제적 불평등, 언어 그리고 심지
어 개인들의 몸" 안에 있는 힘을 사회의 표면 아래서 발생하는 "침묵의 전쟁"이라고 지속해
서 "재기입하는 것"이라고 결론짓는다. Foucault는 다음과 같이 결론짓는다. "전쟁은 제도
와 질서 배후에 있는 모터다. 가장 작은 톱니바퀴에서 평화는 은밀한 전쟁을 벌이고 있다.
다시 말해, 우리는 평화 밑에서 진행되고 있는 전쟁을 해석해야 한다. 평화 그 자체는 코드
화된 전쟁이다. 우리는 불가피하게 누군가의 적이다"(*Society Must Be Defended*, ed. Mauro
Bertani and Alessndro Fontana, trans. David Macey [New York: Picador, 2003], 48-51).

5   Engels, *Herr Eugen Dühring's Revolution in Science*, part 2: "Political Economy," ch. 4: "Theory
of Force (Conclusion)"(〈https://www.marxists.org/archive/marx/works/download/pdf/
anti_duhring.pdf〉). Engels는 이런 내적 모순을 혁명에 이르는 길을 추적할 잠재력을 지닌
것으로 보면서 다음과 같이 진술한다. "그러나 정복의 경우를 제외하고 과거의 거의 모든
정치 권력이 어느 단계에서 겪었던 것처럼 국가의 내부 권력이 그 국가의 경제 발전에 대해
적대적이 될 때, 그 경쟁은 언제나 정치 권력의 몰락으로 끝났다. 경제 발전은 가차 없이 그
리고 예외 없이 자신의 길로 나아간다. 우리는 이에 대한 가장 최근의 그리고 가장 놀라운
예인 위대한 프랑스 혁명에 대해 이미 언급한 바 있다." Engels는 혁명 세력의 역사적 불가
결성을 주장하면서도 계속해서 Dühring을 비판하면서 이렇게 결론짓는다. "Herr Dühring
에게 세력은 절대적인 악이다. 세력의 첫 번째 행위는 그에게는 원죄다.…그러나 그 세력은
역사 속에서 여전히 또 다른 역할, 즉 혁명적인 역할을 한다. 즉, 마르크스의 말을 빌리자면,
그것은 새로운 사회를 잉태한 모든 낡은 사회의 산파다. 그것은 사회 운동이 그것의 도움을
받아 자기의 길로 나아가 죽어서 화석화된 정치 형태들을 부숴버리는 도구다."

6   전통적으로 냉전이 제2차 세계대전의 종결로부터 1989년에 있었던 공산주의의 붕괴에 이
르는 기간과 연관되어왔던 것과 달리, 어떤 이들은 오늘날 미국과 러시아가 시리아에서의
군사 및 인도주의적 위기를 두고 갈등을 고조시키고 있는 것을 냉전 현실의 부활로 여긴다.

기술의 실제적 발전이다."[7] 아렌트는 미래의 전쟁의 발전에 관한 나이젤 칼더(Nigel Calder)의 예언적 통찰을 활용하면서[8] (지금으로부터 거의 50년 전에) 오늘날 지구촌의 불안정한 변동성(특히 최근에 테러리스트의 위협이 증가하고 있는 것에 비추어)을 얼마간 예측한다. 아렌트는 생화학 무기와 핵무기의 발전이 가져오는 잠재적인 사회정치적 결과에 대해 숙고하면서 "권력과 폭력 관계의 완전한 역전이 약소국과 강대국의 미래의 관계에서 또 다른 역전의 전조가 된다"고 내다본다. 그러므로 아렌트는 다음과 같이 말한다.

> 어느 특정한 국가가 사용할 수 있는 폭력의 양은 곧 그 국가의 권력에 대한 믿을 만한 징표나 실질적으로 보다 작고 약한 국가에 의한 파괴에 맞설 수 있는 믿을 만한 보증이 되지 못할 수도 있다. 그리고 이것은 정치학의 가장 오래된 통찰 중 하나, 즉 권력은 부의 관점에서 측정될 수 없고, 풍성한 부가 권력을 침식시킬 수 있으며, 부가 공화국의 권력과 안녕에 특별히 위험하다는 통찰과 불길한 유사성을 지니고 있다.[9]

아렌트는 권력과 폭력의 전통적인 동일시를 받아들이기를 거부하고 그런 용어들을 더 넓은 사회역사적 틀 안에서 서로의 관계에 비추어 보다 광범위하게 정의한다. 그녀는 권력을 "단지 행동하는 것이 아니라 함께 행동하는 인간의 능력에 상응하는 것"으로 묘사한다. 따라서 권력은 "결코 어느 한 개인의 자산이 아니다. 그것은 한 집단에 속하며 그 집단이 함께 유지되

---

7      Hannah Arendt, *On Violence* (New York: Harcourt, 1970), 9. 『폭력의 세기』(이후 역간).
8      Nigel Calder, ed. *Unless Peace Comes* (New York: Viking, 1968[특히 "신무기"에 관한 그의 논문]).
9      Arendt, *On Violence*, 10.

는 한에서만 존재한다."[10] 다른 한편으로, 폭력은 "그것의 도구적 성격에 의해 구별되며"[11] "다른 모든 수단과 마찬가지로 언제나 그것이 목표를 추구하는 내내 지도와 정당성을 필요로 한다."[12] 아렌트는 권력은 "실제로 모든 정부의 본질이지만…폭력은 그렇지 않다"고 결론짓는다.[13] (평화로서의) 권력은 그 자체로 하나의 목표이며 "정치적 공동체의 존재 안에 내재되어 있기에" 정당화가 필요하지 않다. "그것에 필요한 것은 합법성이다." 대조적으로, 폭력은 아렌트에 따르면 "정당화될 수 있으나 결코 합법적이지 않을 것이다."[14] 그녀가 지적하듯이 "권력의 극단적 형태는 하나에 맞서는 모두(All against One)이고, 폭력의 극단적 형태는 모두에 맞서는 하나(One against All)다."[15] 그러므로 권력과 폭력은 서로 "반대되는 것들"이다. "하나가 절대적으로 다스리는 곳에 다른 하나는 존재하지 못한다." 다시 말해 폭력은

---

10    Arendt, *On Violence*, 44.

11    Arendt, *On Violence*, 46.

12    Arendt, *On Violence*, 51. Arendt가 그 본문에서 나중에 말하듯이 폭력의 위험은 "언제나 수단이 목적을 압도하는 것이 될 것이다." 계속해서 그녀는 다음과 같이 말한다. "폭력의 실천은 모든 행위와 마찬가지로 세계를 변화시킨다. 그러나 가장 가능성 있는 변화는 보다 폭력적인 세상으로 가는 것이다"(80).

13    Arendt, *On Violence*, 51.

14    Arendt, *On Violence*, 52. 공평하게 말하자면, Arendt가 폭력을 악과 동일시하려 하고 있지 않으며(또한 그녀는 무조건적인 비폭력에 이념적으로 매달리지도 않는다), 오히려 폭력은 "그것의 반대(즉, 권력)로부터 파생될 수 없다"고 강조하고 있다는 것에 주목할 필요가 있다. 그러나 그녀는 폭력은 권력을 파괴할 수 있는 반면, "그것을 창조하는 것이 완전히 불가능하다"고 강조해서 말한다(56). 또한 Arendt는 자신의 작품에서 폭력이 종종 분노로부터 나오는데, 분노는 "비이성적이고 병적일 수 있으나, 인간의 다른 모든 감정 역시 그럴 수 있다"고 지적한다. 그녀는 난폭한 상황을 마주할 때, 그것의 내재적인 직접성과 신속성 때문에 폭력에 의존하려고 하는 것은 굉장히 유혹적이며 어떤 상황에서는 "폭력의 신속성이 유일하게 적절한 구제책이 될 수 있다"(63)고, 즉 그것이 "정의의 척도를 다시 바로잡는 유일한 길"이 될 수 있다고 진술한다(64). 그러나 권력과 폭력에 대한 그녀의 정의는 그것들의 상호성에 대한 서술만큼이나 흥미롭고 통찰력이 있으며 이념적 타자에 대한 폭력적인 폭발에 대한 구제책으로서 공동선에 대한 헌신을 위한 논거의 역할을 한다.

15    Arendt, *On Violence*, 42.

"권력이 위험에 처한 곳에서 나타난다."[16] 그것은 (1968년 "프라하의 봄"의 평화로운 항거를 짓밟는 소련의 탱크에서 혹은 1919년 암리차르 학살에서 드러나듯이 약화된 대영제국의 절망에서처럼) "권력이 망해가는 곳에서 작동한다."[17] 아렌트의 도발적인 결론은 (비록 이 책의 제한된 범위를 넘어서기는 하나) 그 이상의 주목을 받을 만하다. 특히 "비폭력"을 "폭력"에 반대되는 것으로 생각하는 것은 옳지 않다는 제안, 즉 폭력의 반대는 모두의 유익을 위한 건설적인 행동을 통해 드러나는 조화를 이룬 공동체적 합의로서의 권력이라는 그녀의 제안이 그러하다. 이런 의미에서 (폭력에 대한 해독제로서의) 진정한 권력은 공동선에 대한 활발한 추구를 통해 실현되는 공유된 참여적 현실이다. 따라서 폭력은 공동체적 합의의 붕괴 및 사회 계약의 위반으로 끝나는 공유된 번영에 대한 상호 헌신을 포기할 때 나오는 결과다.

아마도 그러하기에 (앞 장의 논의에 비추어) 우리는 구속된 인간 공동체로부터 출발하는 (그리고 온 우주를 자기를 공여하는 신적 사랑에 국한시키도록 예정되어 있는) 성령에 의해 창조된 **소보르노스트**를 진정한 사회정치적 권력의 궁극적 형태로, 그리고 그러하기에 폭력이라는 성상파괴운동과 완전히 반대되는 것으로 생각할 수 있다. 그러므로 폭력에 대한 해독제는 삼위일체적 포용이라는 광대한 환대, 즉 공유된 삶과 모든 창조세계를 위한 번영 속에서 세계를 환영하는 성령 충만한 인간 공동체다. 폭력에 대한 치료제는 성령의 능력 안에서 함께 그리스도를 닮은 삶을 살아가는 인간이다. 그리고 그것은 오순절의 삶이다.[18]

---

16    Arendt, *On Violence*, 56.
17    Arednt, *On Violence*, 53. Arendt는 다음과 같이 진술한다. "권력을 폭력으로 대체하는 것은 승리를 가져올 수 있다. 그러나 그 값은 아주 크다. 왜냐하면 그것은 패자에 의해 지불될 뿐 아니라 또한 그 자신의 권력이라는 관점에서 승자에 의해서도 지불되기 때문이다."
18    Nicolas Berdyaev가 지적하듯이(*Philosophy of Inequality* [Sofia: Prozoretc, 1995]), 오직 성

이런 주장에 비추어 이 장의 나머지 부분에서 우리는 최초의 형제 살해에 관한 창세기의 이야기를 타자에 대한 폭력이라는 성상파괴운동의 견해에 비추어 살펴볼 것이다. 이어서 성경이 폭력을 제한된 재화를 두고 형제간에 벌이는 경쟁과 연결시키는 것에 대해 살필 것이다. 그 후에 포괄적인 평등, 정의, 그리고 평화의 언약 공동체 안에서의 공유된 삶에 대한 비타협적 헌신으로부터 흘러나오는 동료 인간을 위한 책임에 대한 성경의 명령에 관해 논하며 장을 마무리할 것이다.

## 폭력이라는 성상파괴운동에 비추어본 최초의 형제 살해 사건

앞 장에서 언급한 창조에 관한 정교회의 아이콘에 대한 "주해"를 통해 분명하게 표현된 것처럼 공동선에 대한 헌신은 공통적인 하나님의 형상을 인식하고 타자와의 관계에서 그것을 상호 반영하는 것에서 출발한다. 동료인간의 얼굴을 향해 눈을 돌리기 전에 먼저 신성한 얼굴을 보는 것이야말로 타자 안에서 하나님의 얼굴을 인식하고 그에 따라 그들을 대우하는 것을 향한 교육이다. (공유된 인간성에 대한 인식으로서) 신성한 얼굴을 공유하는 것을 배우는 것은 공유된 세상에서의 상호 번영을 위한 토대가 된다. (자신

---

령만이 참된 자유—그리스도 안에서의 자유 같은—의 실현인 형제애와 자매애를 창조한다. 그리스도 중심적인 영적 함께함(*sobornost*) 안에는 그 어떤 "기계적인 평등"도 존재하지 않는다(115). 또한 거기에는 "권리와 의무" 사이의 모순과 차이도 존재하지 않는다(113). 1장에서 지적했듯이 신앙 공동체의 **소보르노스트**는 성령의 사역이다. 성령은 신자들의 공동체 안에서 삼위일체의 공동체적 삶을 번역하면서 모든 면에서 타자와 삶을 공유하는 것을 가능하게 만든다. 성령의 **소보르노스트** 안에서 개인의 자유는 타자의 자유와 모순되지 않는다. 왜냐하면 그것은 물질적 현실의 제한된 자원을 위한 경쟁에 근거하지 않기 때문이다. 오히려 그것은 신적 사랑과 은혜라는 영원하고 무한한 현실에 근거한다. 이처럼 신성하게 시작되고 주입된 **소보르노스트** 안에서 하나님의 환대는 성령의 은사, 즉 존재하고 존재하게 될 타자에 대한 자유라는 은사로서의 그리스도의 공동체 안에서 구체화된다.

과 하나님 그리고 이웃 사이에서 신성한 얼굴을 세 방향으로 반영하는 것을 통해) 우주 안에서 삼위일체적 원공동체의 아이콘이 되라는 인간 모두에게 주어진 소명에 비추어볼 때, 타자에 대한 폭력은 하나님의 얼굴(을 지닌 이)에 대한 폭력이 된다. 그것은 성육신적 유사성 속에 있는 신성한 얼굴에 대한 성상파괴적인 부정과 부인이다. 폭력이라는 성상파괴운동은 공통의 형상을 왜곡하고 공동선을 향한 그것의 강력한 요구를 거부한다. 인간 삶의 본질적 가치, 즉 비가시적인 하나님의 가시적 아이콘으로서 창조세계 한가운데 존재하는 그것의 전례적 현존의 신성함은 타자에 대한 폭력에 의해 부인된다. 그러나 얼굴의 신학에 따르면 타자의 인간성을 인정하기를 폭력적으로 거부하는 것은 자신을 지우고 비인간화하는 결과를 낳는다. 대조적으로, 낙원에 대한 전례적 상기로서 타자의 얼굴에서 하나님의 얼굴을 인식하는 것은 동료 인간에 대한 자신의 관계를 하나님과의 교제를 위한 수단으로 변화시킨다(마 25:31-46).

타자에 대한 관계가 우리의 창조주와의 사회적·공동체적 만남에 대한 거룩한 복제가 되기 때문에, 요한1서 4:20이 진술하듯이 인간은 하나님을 사랑한다고 주장하면서 자신들의 형제자매를 미워할 수 없다. 그런 선언은 곧바로 그들을 거짓말쟁이로 만든다. 만약 "하나님이 사랑이시라면"(요1 4:16), 타자에 대한 사랑은 비가시적인 하나님을 마치 그리스도를 닮은 인간의 목표에 대한 구체적인 선언처럼 가시적인 것으로 만든다. "주께서 그러하심과 같이 우리도 이 세상에서 그러하니라"(요일 4:17). 성별된, 그리고 성령이 거하시는 인간 공동체를 통해 우주 안으로 흘러 들어가는 타자에 대한 사랑으로서의 하나님의 삶은 인간의 공동체적 삶을 삼위일체의 살아있는 아이콘으로 변화시키면서 그것을 폭력이라는 중독성 병리에 대한 해독제로서 세상의 삶을 위해 제공한다. 사랑의 이런 사회 변혁적 세계 개선 능력에 맞서는 것으로, 성경은 증오와 분노를 타자에 대한 폭력적 부정으로 그리고 마음으로 동료 인간을 죽이는 것으로 여기는데, 그것은 타자가 존재하지 않는 더 나은 장소로서의 세상을 상상함으로써 창조세계에 대한 하나님의 미래를 거부하는 행위다. 따라서 요한1서 3:15은 자기 형제를 미워하는 이는 누구나 살인자(anthrōpoktonos)라고 말한다.[19] 산상수훈의 맥락에서 십계명을 윤리적으로 급진화하고 있는 여섯 개의 작은 계명(마 5:21-48) 중 첫 번째 것에서 예수는 놀랍게도 분노를 살인과 일치시킨다.

> 옛사람에게 말한바 "살인하지 말라. 누구든지 살인하면 심판을 받게 되리라" 하였다는 것을 너희가 들었으나, 나는 너희에게 이르노니 형제에게 노하는 자마다 심판을 받게 되고 형제를 대하여 "라가"라 하는 자는 공회에 잡혀가게 되고 "미련한 놈"이라 하는 자는 지옥 불에 들어가게 되리라(마 5:21-22).

의심할 바 없이 이때 예수의 청중은 다른 이가 한 인간을 미리 계획해서 죽였던 성경에 등장하는 최초의 살인에 관한 이야기―가인과 아벨의 이야기에서 묘사된 원시적인 형제 살해(창 4:1-6)―에 대한 언급을 놓치지 않았을 것이다.[20] 다른 인간에 대한 최초의 폭력 행위에 관한 창세기의 이야기

---

19 신약성경이 특히 가인의 형제 살해에 관한 이야기와 관련해 *anthrōpoktonos*라는 단어를 사용하는 방식에 관해서는 John Byron, "Slaughter, Fractricide and Sacrifice: Cain and Abel Traditions in 1 John 3," *Biblica* 88, no. 4 (2007): 526-35을 보라.

20 가인과 아벨의 이야기는 오랜 세월 동안 서로 다른 수많은 해석을 낳으면서 많은 유대교와 기독교 사상가들의 마음을 빼앗아 왔던 여러 가지 해석학적 도전들을 제시한다. 그 최초의 살인에 관한 성경의 이야기와 그와 연관된 해석학적 분투에 내재된 문법적 모호성에 관한 유익한 평가를 위해서는 John Byron, *Cain and Abel in Text and Tradition: Jewish and Christian Interpretations of the First Sibling Rivalry*(Leiden: Brill, 2011)을 보라. 또한 Karolien Vermulen, "Mind the Gap: Ambiguity in the Story of Cain and Abel," *Journal of Biblical Literature* 133, no. 1 (Spring 2014): 29-42을 보라. 신약성경에서 그 이야기를 하

가 "얼굴"이라는 주제적 뉘앙스를 중심으로 움직이는 것은 우발적인 것

나의 수사학적 장치로 사용하는 것에 관한 현대의 연구들에 관해서는 Tom Thatcher, "Cain and Abel in Early Christian Memory: A Case Study in 'The New Use of Old Testament in the New,'" *The Catholic Biblical Quarterly* 72, no 4 (October 2010): 732-51을 보라. Angela Y. Kim이 지적하듯이, "고대의 해석자들에 의한 성경 본문의 확장과 재작업은 일반적으로 [그 이야기 속에 있는] 인식된 특수성으로부터 나타난다." 저자는 그 이야기에서 두 개의 특별한 문제를 확인한다. 첫 번째 문제는 본질상 신학적인 것인데 "왜냐하면 그것은 하나님이 변덕스럽게 하나의 제사는 거부하고 다른 하나는 거부하지 않으시는 것처럼 보이는 것과 관련되어 있기 때문이다." 두 번째 문제는 내러티브 단계에 존재하며 그 이야기에 "살인 동기가 결여된 것"과 관련되어 있다. 왜냐하면 그 이야기에서는 아벨과 가인 사이에 그 어떤 노골적인 적대감도 언급되지 않기 때문이다. Kim은 랍비 전통과 교부 전통이 변덕스럽거나 부당한 신으로서의 하나님이라는 잠재적 이해로부터 주의를 돌리기 위해 어떤 동기(가령, 질투, 질시, 형제간의 경쟁, "제한된 재화"를 위한 투쟁 등)를 제공하기 위해 그 이야기 속에 들어 있는 해석적 내용을 주장하는 방식으로 이런 문제들을 다뤘던 방식을 개괄한다. Angela Y. Kim, "Cain and Abel in the Light of Envy: A Study in the History of Interpretation of Envy in Genesis 4.1-16," *Journal for the Study of Pseudepigrapha* 12, no. 1 (2001): 65-84을 보라. 가인의 형제 살해 행위의 심리에 관한 Rein Nauta의 신학적 성찰은 그 이야기에 대한 흥미로운 읽기를 소개하면서 겉보기에 의미가 없는 그 이야기의 폭력이 수치를 죄책으로 대체하는 선택을 묘사한다고 제안한다("Cain and Abel: Violence, Shame and Jealousy," *Pastoral Psychology* 58, no. 1 [March 2009]: 65-71). Nauta는 수치를 "탁월한 자기 도취적 감정"이라고 묘사한다. "우리의 자기 이미지와 우리가 다른 이가 믿어주기를 바라는 이미지는 언제나 거짓으로 판명된다. 그런 수치는 관리되거나 통제되지 않는다"(66). 아벨은 자기 형제가 바친 제사가 거부되었을 때 그의 수치를 목격한다. 그는 거부에 대한 고통스러운 기억과 함께 사라져야 할 증인이다. "왜냐하면 가인의 무가치함의 불가피성을 결정한 것이 아벨의 응시였기 때문이다"(66-67). Nauta는 수치와 대조적으로 죄책은 "자유를 전제한다. 그것은 이루어져야 하는 것과 이루어진 것 사이의 그리고 의무와 갈망 사이의 선택이다"라고 지적한다. 다른 한편으로 수치는 "부당한 일을 당한다는 느낌과 상관이 있다." "죄책은 언제나 공동선을 보호하기 위해 만들어진 규칙을 어기는 것과 상관이 있다." 저자는 "우리가 수치에 의해 압도될 때, 죄책은 두 악들 중 보다 작아 보인다"라고 주장한다(66). 그는 "가인은 수동적으로 부끄러워했다기보다는 적극적으로 죄를 지었다. 죄책은 보편적인 것을 특별한 것으로 환원시킨다. 죄책은 징계를 그리고 아마도 용서를 함의한다. 죄책은 삶을 더 낫게 만들 수 있다"(67). 더 나아가 가인의 행위를 질투의 결과로 여기는 전통적 해석에 관해 언급하면서 Nauta는 어쩌면 가인이 질투보다는 시기하고 있는 것일 수 있다고 주장한다(69). 그는 다음과 같이 말한다. "질투의 경우, 우리는 우리가 보기에 다른 이가 부당하게 갖고 있는 것을 질투한다.…시기는 어쩌면 그 극적인 손실을 침입자의 힘 탓으로 여김으로써 예기치 않게 그리고 갑자기 다른 누군가에게 사랑을 주는 이를 변명하려는 무력한 시도로 이해할 수 있을 것이다. 그 침입자에 대한 치명적인 증오는 원래의 사랑의 대상에 대한 계속적인 사랑을 표현한다." 이런 주장에 비추어 Nauta는 결과적으로 가인이 하나님으로부터 표시를 받은 것은 더 이상의 폭력을 종식시키면서 복수로부터 그를

이 아니다. 가인은 자기 형제에 대한 불타는 분노에 삼켜지고 자신의 얼굴을 "떨어뜨린다"(창 4:6, 우리말 성경들은 이 구절을 "안색이 변하다"로 번역한다—옮긴이). 분노는 가인 위에 새겨진 하나님의 얼굴을 훼손하고 그의 인간성의 뚜렷한 징표를 왜곡시킨다. 분노라는 성상파괴가 형제에 대한 폭력에서 정점에 이르는, 비인간화시키는 침입을 통해 창조세계(원시적 성전)를 더럽힐 때, 하나님의 아이콘이 우주적 성소 한가운데서 "떨어진다." 살인적 분노라는 침입하는 성상파괴운동은 세상에 있는 그분의 아이콘으로부터 하나님을 지워버리고 그분을 다시 비가시적으로, 그리고 그로 인해 신적 (편만한) 임재를 모호하게 만들어버린다. 가인의 분노에 대한 하나님의 아버지다운 경고는 죄가 그에게 동료 인간의 얼굴에서 하나님의 형상을 인식할 능력을 모호하게 만듦으로써 자신 안에 있는 신적 형상을 왜곡하는 데 맞서 타자를 향한 태도를 지킬 책임을 제기한다. 하나님의 가르침은 죄의 유혹에 맞서고 그것을 "다스리는"(창 4:7) 쪽을 택함으로써 인간성을 유지하기 위한 자유와 의무 모두를 계시한다. 하나님의 경고의 말씀이 갖고 있는 카타르시스적 약속을 수용하지 않으면서 가인은 자신의 마음에 상주하는 악을 인식하고 그것에 대해 책임을 지는 것을 거부한다. 대신에 그는 그 악을 외면화하고 타자(하나님과 동료 인간)에게 투사함으로써 그들에 대한 폭력을 정당화한다. 궁극적 타자이신 하나님을 향한 가인의 분노는 바로 이웃한 타자를 향한 분노와 폭력으로 변한다. 아벨에 대한 살인은 단지 (생명에 대한 접근권으로서) 하나님의 호의를 얻기 위한 경쟁자의 제거일 뿐 아니라 창조주를 향한 분개와 반항의 행위이기도 하다. "만약 당신이 (동물 제사

---

보호하기 위함만이 아니라 또한 "형제 살해라는 비극의 핵심에 있는 상처받은 마음에 대한 연민의 표현"이기도 하다고 결론짓는다(69).

**114**  성령은 어떻게 공동선을 증진하는가?

의) 피를 선호하신다면, 여기 있습니다. 제가 당신께 얼마간의 피(당신의 아벨의 피)를 드리겠습니다."[21] 이것은 피조물로서의 인간에게 내재된 사회성, 즉 우리가 하나님의 얼굴을 상호 간에 그리고 관계적으로 형상화하는 것에 의존하고 있음에 맞서는 반역이다. 여기서 다시 한번 죄는 에덴동산에서의 아담과 하와 이야기에서처럼 그것 자체를 자율/독립 그리고 타자에 대한 존재론적 우위로 드러내면서 인간을 그 자신 (그 자신의 자기 탐닉적 갈망) 안으로 굽게 만들고 타자의 얼굴과의 만남으로부터 멀어지게 한다.[22]

그 이야기의 참상은 제의적 희생이라는 맥락에 의해 강화된다. 하나님을 예배하는 것에 관한 배경 이야기는 종교적 헌신 행위(종교 그 자체)가 우리의 존재 안에 있는 악의 배양과 양육으로부터 우리를 보호하지 못한다는 사실을 지적하면서 독자들을 깊이 불안하게 만든다. 게르하르트 폰 라트(Gerhard von Rad)가 지적하듯이 "가인이 저지른 죄의 무서움은 그것이 하나님과의 분리 상태에서, 즉 그가 인간의 삶에서 자신을 잃어버린 곳에서

---

21    John Byron은 요일 3:12에 나오는 동사 "*sphazo*"("살해하다," "학살하다")의 용법을 70인역(LXX)뿐 아니라 알렉산드리아의 필론과 요세푸스의 작품에서 나타나는 그 단어의 용법에 비추어 논하면서 그런 용법들에 내포된 의례적 희생이라는 공통적 의미를 지적한다. 저자는 Genesis Rabbah 22.8에서 제공되는 가인의 아벨 살해에 대한 해석 중 하나를 강조하는데, 그것은 다음과 같이 주장한다. "R. Issac의 이름으로 R. Azaria와 R. Jonathon은 이렇게 말했다. 가인은 자기 아버지가 [그가 제물로 바쳤던] 수송아지를 잡은 곳을 면밀하게 관찰했다. 그리고 이것이 소, 곧 뿔과 굽이 있는 황소를 드림보다 야웨를 더욱 기쁘시게 함이 될 것이라(시 69:32, 개역개정역에서는 31절이다—옮긴이)고 여겼다. 그리고 그곳에서 그를 죽였다. 목과 그것의 장기들을 베어서." "Slaughter, Fratricide and Sacrifice," 531-35.
22    "자기 쪽으로 굽어 있는"(*incurvatus in se*)이라는 회화적 이미지는 루터가 타락한 인간의 본성에 대해 나타낸 은유적 묘사에서 유명하게 사용되었다. "우리의 본성은 원죄의 사악함 때문에 자기 쪽으로 너무 깊이 굽어 있어서 그것은 하나님의 가장 좋은 은사를 자기에게로 돌리고 그것들을 즐기는 것에 그치지 않으며…사실상 이런 목적을 달성하기 위해 하나님 자신을 이용하기까지 한다. 그러나 그것은 또한 이런 사실 자체에 대해 무지해 보이기도 한다"(Martin Luther, *Lectures on Romans*, vol. 25 of *Luther's Works* [St. Louis: Concordia, 1972], 291).

가 아니라 정확하게 그가 제단에서 하나님을 향해 손을 들어 올린 지점에서 그를 사로잡는다는 사실에 있다."[23] 그 이야기는 제의적 성례전화를 통해 타자에 대한 폭력을 변명하거나 정당화하는 것의 위험성을 확대시킨다. 종교의 역사가 가르쳐주듯이 타자의 피에 대한 갈증을 하나님께 투사하는 것은 하나님의 이름으로 인간에 대한 범죄를 정당화하는 역할을 한다.[24]

그 이야기의 드라마는 타자에 대한 폭력의 무서운 성례전화를 인간의 구속적 회복과 갱신을 향한 하나님의 은총을 위한 성례전적 열림과 대조한다. 그러나 하나님의 면전에서 가인은 다시 한번 땅 위에서 하나님의 "얼굴"을 "들어 올리고" 형상화하면서 고백과 참회할 기회, 즉 자신을 다시 인간화할 기회를 일축한다. 그는 아벨의 피를 흘리고 자기 형제의 얼굴을 땅에 묻음으로써 그 형상(과 자신의 범죄)과 함께 그 형상의 담지자를 덮어버리고 그 형상의 사라짐에 대한 책임을 부인한다. 폰 라트가 지적하듯이 에덴동산에서 하나님이 타락한 인간에게 책임을 묻기 위해 던지셨던 최초의 질문은 "네가 어디 있느냐?"(창 3:9)였던 반면, 이제 하나님의 질문은 사회적 형태로 나타난다. "네 형제가 어디에 있느냐?" 왜냐하면 하나님 앞에서

---

23  Gerhard von Rad, *Genesis*, trans. John Marks (Phladelphia: Westminster, 1961), 105.

24  다양한 종교들에 의해 표현되는 하나님에 대한 비전이 그것들의 밑바탕을 이루는 사회적 구조에 의해 반영된다는 것은 의심할 여지가 없다. 그것들은 대인 관계, 공동체 그리고 보다 넓은 구조적 단계들(거기에는 형식화된 제도적 단계도 포함된다)에서 사회의 형성의 특징을 이루는 일련의 가치들로 변화된다. 그러나 Miroslav Volf가 지적하듯이 종교들(그리고 여기에는 확실히 하나님에 대한 그것들의 비전이 포함된다)은 획일적이거나 정적이지 않다. 그것들은 계속해서 타종교의 존재를 포함해 주변 환경(문화적·정치적·경제적)과 상호 작용하는 다차원적이고 복잡한 문화적 구성체다. 그러므로 정의나 불의를 향한, 폭력이나 평화를 향한 그것들의 성향은 정치적인 그리고 사회경제적인 환경과 관심사들과 분리되어 있지 않다. Miroslav Volf, *Flourishing: Why We Need Religion in a Globalized World* (New Haven: Yale University Press, 2015), 183-86. 아마도 우리는 폭력과 평화 모두에 대한 도덕적 합법화(그것은 구체적인 정치적 의제에 달려 있다)를 위한 종교의 환기를 사회 자체의 이미지를 하나님께 투사하는 것으로 생각할 수 있을 것이다.

의 책임은 "형제(와 자매)를 향한 책임",[25] 즉 동료 인간을 향한 책임이기 때문이다. 가인이 책임지기를 차갑고 냉담하게 거부하는 것은 그 여진이 인류의 역사를 삼켜버린 폭력의 원초적 진원지를 "내가 내 아우를 지키는 자니이까?"(창 4:9)라는 시대를 초월해 차갑게 되울리는 질문을 통해 묘사한다. 그 질문은 타자에 대한 폭력과 불의를 향한 둔감함으로 우리를 괴롭힌다. 드 라 토레(De La Torre)가 지적하듯이 이것은 인간이 하나님께 묻는 "최초의 윤리적 질문" 즉 "그것에 답하기 위해서는 비록 성경의 나머지는 아니지만 창세기의 나머지가 필요한 질문"이다.[26] 그러나 가인의 냉소적이고 수사학적인 질문에 대한 하나님의 대답은 강력한 "그렇다"이다. 우리는 하나님 앞에서 타자의 안녕에 대해 책임이 있다. 그 이야기는 독자들에게 모든 살인은 형제 살해임을 상기시킨다. 왜냐하면 (인간 가족 안에서) 우리는 모두 형제자매이기 때문이다. 우리는 형제이고 자매들이며 "궁극적으로 서로의 보호를 위임받았다."[27] 하나님이 우리를 생명이라는 선물을 공유하는 자들로서 서로에게 주신 것은 우리가 서로가 없이는 번영이 없고, 우리의 선은 그들의 선의 결과이며, 타자의 선은 나의 선이고, 선은 공유되는 것, 즉 공동으로 얻는 것임을 알게 하시기 위함이다. 그러므로 가인의 이야기는 하나님이 형제 살해에 대해 심판하시는 것으로 끝난다. 게르하르트 폰 라트가 주장하듯이 이 심판은 창세기 3장에 나오는 최초의 부부에 대한 심판보다 훨씬 더 무섭다. 그것은 "다시는 좋아질 수 없는" 그 무엇이다. 왜냐하면 인간의 "삶의 물질적 토대"인 땅이 "형제의 피에 취했"기 때문이다.

25    Von Rad, *Genesis*, 102.
26    Miguel A. De La Torre, *Genesis* (Louisville, Westminster John Knox, 2011), 96.
27    Naomi H. Rosenblatt and Joshua Horwitz, *Wresting with Angels: What the First Family of Genesis Teaches Us about Our Spiritual Identity, Sexuality, and Personal Relationships* (New York: Delacorte, 1995), 57.

인간에게 땅은 타자와 공유하도록 만들어진 집이다. 따라서 이제 땅은 가인을 위한 "집을 갖고 있지 않다."[28] 곁에 있는 타자의 얼굴을 지우는 자는 하나님의 얼굴—그가 반영해야 하는 궁극적 타자의 얼굴—로부터, 그리고 "땅의 얼굴"(창 4:14)로부터 쫓겨난다. 가인은 난민이 되어 그의 임재가 쉼과 샬롬인 "여호와의 면전에서 떠나"(창 4:16) 에덴의 동쪽인 놋 땅—"쉼이 없는 땅"[29]—에서 방황한다. 가인에게는 집이 없다. 그러나 그의 집 없음은 땅이 아벨의 피를 삼키는 순간에 드러나는데(창 4:11), 그것은 미로슬라프 볼프의 인상적인 말에 의하면, "소속은 집이고, 집은 형제인데, 바로 그 형제가 더는 존재하지 않기 때문이다."[30]

가인이 (하나님께 분노하고 동료 인간을 부정하면서) 경쟁을 끝내기 위해 아벨을 죽인 것은 타자의 인간성과 직면해서 드러나는 자신의 타락을 감추려는 시도로도 해석될 수 있다.[31] 가인은 하나님의 얼굴의 아이콘인 동료 인

---

28    Von Rad, *Genesis*, 106.

29    Von Rad, *Genesis*, 106.

30    Miroslav Volf, *Exlusion and Embrace: A Theological Exploration of Identity, Otherness, and Reconciliation* (Nashville: Abingdon, 1996), 97.

31    성경 본문은 아벨의 도덕적 상황에 대해 묘사하지 않는다. 그 두 형제의 성품을 병치하는 것은 해석의 역사 속에서 가인의 분노 앞에서 아벨이 침묵한 것을 설명하고 공백을 메꾸려는 시도로 그 이야기의 내용에 대한 결과적인 주장으로서 나타난다. 그러나 Rein Nauta는 아벨의 침묵에서 무의미한 폭력에 대한 그 이야기의 내재적 저항과 "경쟁을 부정함으로써 얻은 승리"라는 모순의 고양을 본다("Cain and Abel," 68). De La Torre는 "아무것도 요구하지 않은 하나님께 제물을 가져가는 동기"와 관련해 그 본문이 침묵하는 것에 대해 논한다. 그는 희생제물의 형태는 "중요하지 않다"고 지적한다. 중요한 것은 신앙이고 마음의 내용이다. 사 1:11, 13, 16-17을 인용한 후, 하나님이 인간에게 요구하셨던 유일한 것으로서 타협하지 않는 정의(희생제물이 아니라)에 대한 하나님의 주장을 강조하면서, De La Torre는 다음과 같이 진술한다. "하나님이 가인의 제물을 거부하신 것은 그가 정의를 행하는 쪽을 택함으로써 신실하게 사는 쪽을 택하지 않았기 때문인 것처럼 보인다. 대신 그는 종교를 세우고 종교적으로 제사를 드렸다"(De La Torre, *Genesis*, 95). De La Torre는 사회 정의에 대한 강조를 계속하면서 다음과 같이 주장한다. 하나님이 "네가 네 형제에게 무엇을 하였느냐?"라고 물으실 때 "그 질문은 그때나 지금이나 학대당하고 살해당한 자들에 대한 하나님의 편

---

간의 얼굴에서 자신의 반영을 찾는 대신, 자신의 마음의 내용을 조명하고 드러내는 대신,[32] 타자를 눈에 띄지 않게 지우고, 그렇게 함으로써 하나님의 창조세계의 온전함과 번영을 위해 자신의 인간성을 다스려야 할 필요성을 지워버린다. 그는 지구의 공동선에 대해 책임지기를 거절한다. 그 이야기는 공동선을 위한 분투가 먼저 인간의 마음에서 시작되고 그곳에서 쟁취되어야 한다는 것을 보여준다. 그것과 별개로는 그 어떤 사회 계약도, 그 어떤 법률적 강제도 상호 간의 "보호"에 대한 비타협적인 헌신 속에서 지속 가능한 공동체적 번영을 보장하지 못한다.

그러나 의심할 바 없이 기독교적 상상력은 가인의 시험을 비가시적인 하나님의 가시적 아이콘이자 본질적으로 가인과 정반대인 그리스도의 그것과 비교한다(눅 4:1-14; 막 1:12-13; 마 4:1-11).[33] 그리스도는 광야에서 받은 시험에서 (성령의 능력을 입어, 눅 4:14) 승리한 모습으로 나타나며 자신의 삶을 동료 인간을 위해 제공함으로써 그들이 삶을 얻고 인간성을 회복하도록 만든다. 그리스도의 시험에 관한 이야기는 가인의 이야기의 끝에서—광야에서—출발하는 것처럼 보인다. 마가복음의 이야기가 메시아 사역의 이 취임 사건의 긴급성을 강조하는 것은 우연한 일이 아니다. 예수가 메시아로서의 정체성을 공적으로 드러내기 위해 세례를 받았던 요단강에

---

애를 드러낸다. 소수가 특권을 누릴 수 있도록 보이지 않게 된 자들은 여전히 하나님께 중요하다. 하나님은 특권을 얻은 자들에게 계속해서 물으신다. 네가 네 형제와 자매에게 무엇을 하였느냐? 네 주변에서 사는 자들에게 무엇을 하였느냐? 너의 이익을 위해 가진 것을 빼앗기고 죽어가는 이들에게 무엇을 하였느냐? 그들의 부르짖음은 계속해서 하나님의 귀에 상달된다"(97).

32    이 책 1장 중 "하나님의 얼굴에 의해 조명된 세상에 대한 기억" 부분을 보라.

33    신약성경에는 가인에 대한 세 개의 직접적이고 해석적인 언급이 있다. 히 11:4; 요일 3:12; 유 1:11이 그것이다. 요한1서가 가인과 그리스도를 대조하는 것에 관해서는 Byron "Slaughter, Fratricide and Sacrifice," 528, 531을 보라.

서 그의 위로 성령이 내린 후 "곧"(막 1:10-11) 성령은 그를 광야로 이끌어 시험을 받게 한다(막 1:12). 성령은 예수의 인간적 갈망을 드러내고, 직면하며, 성결케 함으로써 자신의 세계 개선 작업을 시작한다. 그곳, 즉 광야의 소외된 고독 속에서 성령의 움직임을 따르면서 마지막 아담은 첫 번째 아담(완전한 인간)을 자신 안에서 재현함으로써 우주 안에서 인간의 존재와 소명을 갱신한다. 그 새로운 창조는 세계를 그 자체로 하나의 목적으로 만듦으로써 그것을 삼켜버리지 않고 대신 창조주를 향해 돌아서서 그분 안에서 하나님과 이웃과의 만족스러운 샬롬 안에서 자신의 참된 운명을 찾는 구속되고 거룩한 인간적 갈망으로 시작되어야 한다. 첫 번째 아담의 잘못되고 그릇된 갈망이 저주를 초래하고 인류 앞에서 에덴의 문을 닫았던 것처럼, 그 문은 마지막 아담—성화된 감정과 상상력과 갈망을 지닌 새롭고 완전한 인간—앞에서 열린다. 그는 창조세계를 비가시적인 하나님의 가시적 아이콘인 자신에게로 이끈다. 전에 가인이 하나님의 얼굴 앞에서 추방되었던 광야에서 사람의 아들은 하늘과 땅("들짐승과 천사들"[막 1:13])[34]을 그들의 창조주의 얼굴로 마주하고 다시 그들을 한 분이신 유일한 하나님에 대한 예배에 동참시킨다. 그리스도 안에서 인간은 예배하는 인간(*homo adorans*)으로서 그것의 제사장적 기능을 되찾고 말씀의 선포와 제정된 구현(가인이 자신에게 주신 하나님의 말씀을 수용하고 구현하기를 거부했던 것과 생생하게 대조되는 정통 교리와 정통 실천의 결합)에 동참함으로써 예배한다. 발설을 통해 우주를 존재하게 했던 성육신한 말씀은 성령의 능력을 입고(눅 4:14) 광야

---

34    막 1:13에 관한 대안적 해석에 대한 간략한 개요를 위해서는 Charles A. Gieschen, "Why Was Jesus with the Wild Beasts(Mark 1:13)?" *Concordia Theological Quarterly* 73, no. 1 (January 2009): 77-80을 보라. 또한 A. B. Caneday, "Mark's Provocative Use of Scripture in Narration: 'He Was with the Wild Animals and Angels Ministered to Him,'" *Bulletin for Biblical Research*, no. 9 (1999): 19-36을 보라.

로부터 나옴으로써 부서진 창조세계를 치유하고 약동하게 한다. 온전한 인간인 그리스도는 인간을 동료 인간의 포옹 속에 있는, 그리고 타자의 얼굴 안에 있는 하나님의 얼굴 앞에 있는 집—하나님이 만물을 새롭게 하시는 곳—으로 데려가기 위해 가인이 집이 없이 방황하던 영역으로부터 걸어 나온다.

따라서 리처드 보컴(Richard Bauckham)은 예수가 들짐승과 함께 있었다는 마가복음 1:13의 주장에 대해 숙고하면서 그 본문이 우주적 평화와 화해라는 메시아적 시대의 시작을 가리키는 것으로 해석할 수 있다고 옳게 주장한다. 마지막 아담은 낙원을 회복시키면서 저주를 전복시키는 일에 앞장선다. 왜냐하면 그는 (첫 번째 아담과 달리) 사탄에게 맞섰고 모든 일에서 시험을 받았으나 죄 없는 상태에 머물렀기 때문이다(히 4:15). 보컴이 주장하듯이,

들짐승과의 평화는 이 메시아의 의로운 통치에 속한다. 예수의 세례에 관한 마가의 설명(막 1:9-11)—거기서 그는 성령의 부으심을 받고(사 11:2) 하나님의 아들이라고 불린다(시 2:7)—은 그를 이런 다윗 계열의 메시아로 확인해주는데, 그러하기에 그는 사탄을 극복함으로써뿐 아니라 또한 들짐승과의 메시아적 평화를 수립함으로써 메시아 시대를 연다. 유대교의 종말론적 기대라는 배경에 비추어볼 때, 후자는 그것 자체로 실제적인 중요성을 갖는다. 그것은 단지 사탄에 대한 예수의 승리 혹은 그가 종말론적 구원의 시대를 출범시키는 것에 대한 상징이 아니다. 들짐승과의 평화는 실제로 종말론적 구원의 한 측면이다.[35]

35  Richard Bauckam, "Jesus and the Wild Animals (Mark 1:13): A Christological Image for an

예수의 시험에 대한 마가의 간결한 설명과 대조적으로 마태와 누가가 제공하는 상세한 이야기[36]는 사탄의 세 가지 도발이 메시아적 정체성의 세 차원을 목표로 삼고 있는 것으로 묘사하는 것처럼 보인다. (메시아의) **예언자적 차원**은 하나님 앞에서 자신의 서약(이 경우에는 삶의 유일하게 참된 근원이자 목표인, 그리고 오직 그 안에만 창조세계의 온전함과 만족이 있는 창조주를 가리키는 금식 행위)을 깨뜨리고 대신 (아메리칸 드림에서처럼) 번영을 추구하는 자기 충족에 대한 유혹에 의해 내몰리고 있는 자기를 향해 돌아서려는 충동과 마주친다. 이에 대해 예수는 (광야에서의 만나를 언급하는) 신명기 8:3을 인용하면서 생명(과 안녕)이 그것을 지으시고 유지하시는 분인 하나님 자신으로부터 나온다고 확언한다. 그러므로 요한복음 4:34에 따르면, 성자의 음식은 그를 보내신 분의 뜻을 행하는 것이고,[37] 그분의 일을 완성하는 것이다. 이것은 예언자적 사명과 관련해 핵심이 되는 진술이다. 존 마이어(John P. Meier)는 그 본문에 대한 대안적 이해를 제시한다. 그는 그 유혹자가 메시아에게 그의 아들 됨을 사용해 기존의 천연자원 없이 식량을 제공하면서(돌을 빵으로 만들면서) 경제적 기적을 수행하도록 유혹하고 있다고 여긴다. 제한된 자원 때문에 굶주림과 빈곤으로 오염된 세상에서 정치적이고 경제적인 구세

---

Ecological Age," in *Jesus of Nazareth: Lord and Christ—Essays on the Historical Jesus and New Testament Christology*, ed Joel B. Green and Max Turner (Grand Rapids: Eerdmans, 1994), 3-21, 그중에서도 19-20. Bauckham은 더 나아가 다음과 같이 말한다. "우리에게 예수가 들짐승들과 잘 지내는 모습은 그것들이 그들 자신과 하나님께 대해 갖고 있는 독립적인 가치를 확증해준다. 예수는 그것들을 인간 세계 안으로 입양하지 않고 그들의 야생성을 유지하게 하면서 또한 그들을 하나님의 창조세계의 공동체 안에서 우리와 함께 세상을 공유하는 피조물로서 긍정하면서 스스로 평화롭게 존재하도록 내버려둔다"(20).

36  주목할 만하게도 누가복음의 이야기는 두 번째와 세 번째 시험의 순서를 바꾼다.

37  요 4:34과 관련해서는 D. A. Carson, *Matthew: Chapter 1 through 12*, The Expositor's Bible Commentary(Grand Rapids: Zondervan, 1995), 113을 보라.

주를 바라고 찾는 것은 옳은 일 아닌가?[38] 가난한 자를 먹이는 것과 인간을 "지극히 작은 자"에 대한 정치적·경제적 책임으로 소환하는 것 또한 예언자적 소명의 본질적 일부 아닌가? 그렇다, 참으로 그러하다. 그러나 사회경제적 정의에 대한 예언자적 소환은 언제나 유일하게 생명을 제공하고 유지하는 분, 즉 우리가 그 안에서 생명이 그것의 의미와 목적을 발견하고, 그러하기에 그 앞에서 우리가 이생의 삶을 동료 인간과 공유함으로써 그들이 번영하게 하는 책임을 맡은 분을 가리킨다. 이런 주장에 비추어볼 때, 종교가 (세계의 양심을 부추겨 타자의 안녕에 대한 책임을 갖게 하면서) 굶주림과 빈곤을 근절하기 위해 노력하는 반면, 시장 중심적인 세계화에 대한 종교의 도전은 미로슬라프 볼프의 말을 빌리자면 "예수가 말했듯이 '목숨이 음식보다 중하다'(눅 12:23)는 것, 그리고 오직 그렇게 될 때만 음식이 더 깊은 의미를 얻고 그로 인해 더 풍성하게 즐길 만한 것이 될 수 있음을 효과적으로 상기시키는 것"이다.[39]

계속해서 그 시험 이야기는 메시아적 소명의 **제사장적 차원**이 생명, 하나님의 은총과 보호에 대한 접근권을 시험하고 조작하려는 충동과 부닥치고 있음을 묘사한다. 마태복음에서 그 유혹자가 예수를 제사장적 소명이 드러나는 가시적 장소인 예루살렘 성전 "꼭대기"로 데려간 것은 우연이 아니다. 마이어가 지적하듯이 여기서 마귀는 그 역시 "자신의 목적을 위해" 성경(시 91:11-12)을 인용할 수 있음을 보여준다. 그리고 그로 인해 유혹은

---

38    John P. Meier는 다음과 같이 말한다. 이것은 예수가 그 자신의 이익을 위해 그의 아들 됨을 오용해 그것을 "굶주린 인간을 먹임으로써 정치적이고 사회적인 메시아"의 역할을 하는 것과 바꾸려는 "유혹을 암시할 수도 있다"(*Matthew* [Wilmington, DE: Michael Glazier, 1990], 30).

39    Volf, *Flourishing*, 51.

신속하게 "참된 아들 됨의 본성에 관한 랍비식 토론으로 바뀐다."[40] 이에 대해 예수는 신명기 6:16("너희가 맛사에서 시험한 것 같이 너희의 하나님 여호와를 시험하지 말라")로 대응하면서 구현된 선언에 대한 순종 속에서 말씀을 올바르게 해석하고, 가르치며, 그것을 따라 살아가는 대제사장으로서 자신의 의무와 권위를 드러내 보인다. 마지막으로 **왕적 차원**은 우상숭배―창조주 대신 사탄(타락한 피조물)을 경배하는 것―를 통해 (세상의 왕국에 대한) 절대적인 권력과 지배에 이르는 지름길의 유혹에 의해 도전을 받는다. 유혹자는 권력의 유혹을 성경의 약속(시 2:6-8)으로 포장하여 제시한다. 하나님이 자신이 메시아에게 나라들을 유업으로 주실 것이라고 말씀하지 않으셨는가?(시 2:8) 왕 중의 왕께서는 하나님이 그에게 주신 지상과 천상의 창조물 모두에 대한 권위를 행사하면서, 그리고 사탄에게 일신론에 대한 비타협적인 명령인 신명기 6:13로 대응하면서 그 논쟁을 끝낸다. 유혹자가 떠나자 천사들이 도착하고, 마이어의 생생한 표현을 빌리자면, "유혹의 산이 낙원의 산으로 변한다."[41]

대부분의 주석가들이 동의하듯이 예수가 광야에서 (40일 금식 후에) 시험을 받은 이야기는 이스라엘이 시내 광야에서 40년간 방황할 때 받았던 시험과 직접적인 대조를 이루는 것처럼 보인다. 그러하기에 데이비드 힐 (David Hill)은 "예수가 이스라엘이 광야에서 굴복했던 시험에 대해 승리하고 스스로 이스라엘의 운명을 짊어지고 그것의 성취를 위해 나아간다"고 주장한다.[42] 어떤 면에서 복음서들은 예수를 "참된 이스라엘"로 묘사한

~~~~~

40    Meier, *Matthew*, 30.
41    Meier, *Matthew*, 30.
42    David Hill, *The Gospel of Matthew*, New Century Bible Commentary (Grand Rapids: Eerdmans, 1981), 99. 저자는 그 복음서가 시험 이야기를 형성할 때 의존하는 다음 세 가지의 성경적 주제가 있다고 지적한다. 광야에서 이스라엘이 받은 유혹, 예수와 모세의 유사성,

**124**    성령은 어떻게 공동선을 증진하는가?

다.[43] 그러나 우리는 이 삼중의 시험이 (그리스도의 공동체인) 교회가 번영, 보호(안전) 그리고 권력의 유혹 때문에 자신의 예언자적·왕적·제사장적 정체성을 배반하고자 하는 항존하는 유혹과 연관되는 것을 피할 수 없다.[44] 광야에서의 시험은 개인의 목적을 이루기 위해—자신의 직접적인 필요, 바람 그리고 갈망을 충족시키기 위해—하나님의 말씀을 이용하라는 초대(이것은 서구로부터 세계 전역으로 수출된 기독교의 다양한 "번영 신학" 형태에 공통되는 관습이다)로 묘사된다.[45] 성육신한 말씀인 그리스도의 대응은 세계를 그 자체가 하나의 목적인 것처럼 보고 기록된 말씀을 단순히 그 목적을 추구하는 데 사용하는 것을 거부하는 것이었다. 오히려 그는 인간의 갈망의 구속과 성화의 필요성을 지적하면서 그 말씀을 자신의 말과 행위와 존재를 통해 세상의 강력한 목적—그 자체로 살아 있고 구속적인 체현으로서의 말씀—으로 선언한다. 세상의 빛(요 1:9), 생명(요 14:9), 평화(엡 2:14)이신 그리스도는 유혹자를 거부하면서 새로운 창조를 시행하고 인류의 존재론적 갱신을 온 우주의 갱신과 융합시킨다. 그는 새로운 세계의 시작으로서 성령의 능력으로 광야로부터 나와서 오순절에 그 능력으로 자신의 공동체

---

그리고 "시 91편의 영웅에게 주어지는 하나님의 보호."

43  Meier, *Matthew*, 29.

44  예컨대 기독교가 그것의 상실된 문화적 영향력을 되찾기 위해 "정치적 수단을 통해" 시민 종교와 병합되는 것은 교회가 자신의 예언자적 사회적 주변성을 정치적 권력과 경제적 풍요에 대한 유혹과 맞바꾸려는 유혹을 반영한다. Miroslav Volf, *Public Faith: How Followers of Christ Should Serve the Common Good* (Grand Rapids: Brazos, 2011), 77-78을 보라. 『광장에 선 기독교』(IVP 역간).

45  범세계적인 신자유주의적 자본주의의 이념적 플랫폼 역할을 하고 있는 번영 복음은 말씀을 세속적 목적을 위한 초월적("마술적") 수단으로 활용하는 것에 관한 한 예다. Daniela C. Augustine, "Pentecost and Prosperity in Eastern Europe: Between Sharing of Possessions and Accumulating Personal Wealth," in *Pentecostalism and Prosperity: The Socio-Economics of Global Renewal*, ed. Amos Yong and Katy Attanasi(New York: Palgrave Macmillan, 2012)을 보라.

인 교회에 옷을 입힘으로써 그것이 창조세계의 궁극적 한계에까지 그 새로운 현실을 이어가게 한다.

## 성경이 말하는 폭력과 "제한된 재화"의 상관관계

성경은 공동체의 불화와 언약적 결속의 해체인 폭력의 기원을 어디에서 찾고 있는가? 안젤라 킴(Angela Y. Kim)의 통찰력 있는 "질투에 비추어본 가인과 아벨"(Cain and Abel in the Light of Envy)이라는 논문은 형제간의 경쟁에 관한 성경의 이야기들과 "이스라엘 역사의 핵심적 영웅들"을 둘러싸고 있는 질투라는 현상이 일정한 패턴을 따른다고 지적한다. 그런 이야기들은 제한된 (혹은 모두에게 불충분하다고 이해된) 재화에 대한 이용과 관련해 시작되어, 결국 (아브라함과 롯 혹은 야곱과 에서의 경우에서처럼) 물리적 분리 속에서 일시적인 해결책을 찾는다. 그리고 그것들은 그 재화를 두고 벌이는 형제들(혹은 다른 가족 구성원들) 사이의 폭력적 갈등으로 이어지는데, 그런 갈등의 최종적이고 돌이킬 수 없는 형태는 ("가인과 아벨, 아비멜렉과 70명의 형제들 그리고 암논과 압살롬의 경우"에서처럼) 경쟁자 중 하나(혹은 여럿)가 죽는 것이다.[46] 또한 저자는 제한된 재화를 두고 벌이는 투쟁의 폭력적 성향이 경쟁자들의 근접성에 의해 "악화된다"고 지적하는 최근의 사회학적 연구들의 결론을 강조한다.[47]

제한된 재화와 그것의 희소성에 대한 근심 속에서 생존을 위한 싸움을 벌이는 것에서 타자에 대한 폭력의 기원을 찾는 것은 또한 저주에 관한 창

---

46   Kim, "Cain and Abel in the Light of Envy," 66.
47   Kim, "Cain and Abel in the Light of Evny," 66.

세기 이야기의 신학적 저류에까지 추적될 수 있다. 성경은 그 저주를 본질적이고 생명을 제공하는 관계의 파멸에서 드러나는 것으로, 또한 그런 기형적 관계가 폭력적이고 종종 치명적인 적의로 이어지는 것으로 묘사한다. 따라서 창조세계의 부서짐은 인간과 하나님(피조물과 창조주)의 관계가 깨어진 것으로부터 나와서 인간의 정체성을 설명해주는 다른 모든 유기적 관계들 속으로, 즉 (동료 인간과의 갈등으로서) 남자와 여자의 관계, (인류와 비인류 피조물 사이의 적의로서) 뱀과 인간의 관계, (인간의 경작의 극심한 노고와 그에 대한 땅의 지속적인 저항이라는 측면에서 표현되는바 인간의 문명과 자연의 충돌로서 [창 3:14-19]) 인간과 땅 자체의 관계 속으로 스며든다. 이런 부서진 관계 속에서 아담과 하와가 에덴으로부터 그리고 (동산 중앙에 있는 나무로 상징되는 [창 3:22-24])[48] 생명에 대한 제한 없는 접근으로부터 추방되는 것은 인간을 유일하게 영원한 생명이신 하나님의 현존의 가시적인 직접성으로부터 "뽑아내는 것"(unplugging)으로 이해될 수 있다. 사실 물질이 영원히 살 가능성은 전적으로 하나님의 환대에 달려 있다. 왜냐하면 오직 하나님만이 영원하시기(시작과 끝이 없이 비우발적이시기) 때문이다(그분은 모든 피조물을 위한 살아 있는 집/거주지이시다[신 33:27]). 그러므로 인간의 몸을 포함하는 물질은 오직 하나님이 자신의 생명을 타자와 공유하심으로써 그들이 영원한 삶을 살게 하시는 신적 환영이라는 선물로서만 영원을 경험한다. 에덴에서 추방되고 생명의 근원(하나님 자신)과 분리된 인간은 (은유적으로 말하자면) "만료일"을 얻는다. 인간의 "생명 배터리"는 고갈되기 시작하고, 인간의 죽음

---

48  Walter Vogels, "The Tree(s) in the Middle of the Garden (Gen. 2.9; 3.3)," *Science et Espirt* 59, nos. 2-3 (2007): 129-42, 특히 129. Vogels는 동산 중앙에 있는 두 나무라는 상징에 관해 숙고하면서 다음과 같이 말한다. "우리 인간의 실존의 한가운데는 실제로 낙원 중앙에 있는 그 나무들이 있다. 하나는 생명이고 다른 하나는 지식이다. 그것들은 두 가지의 신적 속성들이고 그러하기에 가장 깊고 가장 신성한 인간적 갈망이다"(141).

은 물질적 우주 안에서 물질의 점차적인 악화와 분해에서 드러나며, 인간의 점진적으로 짧아지는 수명에 관한 설명에서 상징적으로 반영되는 불가피하고 시간에 묶인 현실로 나타난다.[49] 따라서 한때 조화를 이뤘던 우주의 한가운데서 펼쳐지는 창세기 2:17의 경고[50]는 모든 창조세계가 인간의 자유로운 도덕적 선택의 결과에 종속될 때까지(롬 8:20-21) 인간이 현재 그들의 세계와 공유하는 사망 선고로 볼 수 있다. 그러나 우리는 창세기 2:17의 의미를 또한 인간의 존재론 및 목적과 조화되지 않는 인간의 행위 안에 거하는 죽음의 내재성과 관련해 이해할 수 있다. 이런 의미에서 죽음의 출현은 타락[51]이 삼위일체의 형상을 입고 그것의 모습을 닮은 인간의 본성을 구

~~~~~

49  John Behr는 자신의 *The Mystery of Christ: Life and Death*(Crestweed, NY: St. Vladimir's Seminary Press, 2006)에서 "자신들의 후손들보다 생명의 근원에 더 가까이 있는" 최초의 인간들의 "특권적 지위"는 그들의 장수에서 반영되는 반면, "인간의 수명이 극적으로 짧아지는 것은 에덴으로부터의 추방이 아니라 홍수 이후부터다"라고 주장한다. 또한 저자는 창세기 본문에서 "죄"라는 단어가 "아담과 하와의 행위"를 묘사하는 데 사용되지 않으며, "범죄"나 "반역"이라는 말도 사용되지 않는다고 지적한다. 창세기에서 "죄"라는 단어가 처음 등장하는 것은 가인과 아벨의 이야기에서다(창 4:7에서 그 용어는 가인에 대한 하나님의 경고에서 등장한다[79]). 또한 Behr는 구약성경이 죽을 운명을 자연적인 것으로 여기는 것처럼 보인다고 지적한다. 그는 다음과 같이 말한다. "구약성경에서 죽음은 도처에서 죄에 대한 저주나 징벌로 보이지 않는다." 사실 (수명이 다해서 많은 후손들에 둘러싸여서 죽는 아브라함의 죽음처럼) 좋은 죽음은 축복으로 간주된다(81). 그러나 기독론은 죽음에 대한 우리의 견해와 이해를 변화시킨다. 그 주제에 대해서는 이 단락의 후반부에서 다시 언급할 것이다.

50  창 2:17에 관한 매력적인 연구와 그 구절과 창 3:3-4(하나님의 경고와 그것에 관한 뱀의 진술)을 대조함으로써 제기되는 해석적 쟁점들에 관해서는 R. W. Moberly, "Did the Interpretaters Get It Right? Genesis 2-3 Reconsidered," *Journal of Theological Studies*, 59, no. 1 (April 2008): 22-40을 보라.

51  John Behr는 동방 교회의 많은 교부들이 "타락"이라는 어휘를 사용하지 않았음을 통찰력 있게 지적한다. 그는 우리는 타락을 "전적으로 자유로운 인간 의지의" 결과로서 "창조세계의 삶에 우발적인 변화를" 낳은 것으로 다루는 경향이 있다고 말한다. 그러나 교부들은 "말씀에 대해 묵상하는 것으로부터 돌아섬"(Saint Athanasius), "영적 즐거움을 위해 자신들의 하나님이 주신 능력을 오용함", 그리고 창조주가 아닌 피조물을 향해 움직임(Saint Maximus the Confessor)이라는 측면에서 아담과 하와의 자유로운 선택에 관해 말했다. 또한 저자는 구원을 근본적으로 그리스도를 닮은 상태에 이르는 것의 측면에서 이해하면서

성하는 본질적인 공동체적 관계를 깨뜨린 결과로서 참된 인간 존재론의 종결/해산을 가리키는 것으로 보일 수도 있다. 타락이라는 상황 속에서 (애초에 창조주에 의해 의도되었던) 인간은 더 이상 존재하지 않는다. 인간은 존재하기를 그쳤고, 죽었으며, 재탄생/부활/구속/갱신되어야 할 필요가 있다.

성경이 (존재론적 치유와 생명에 대한 갱신된 접근권으로서의) 구원을 타자를 위한 그리스도의 (자기희생적·자기 공여적) 사랑(마 22:37-40)의 상호내주적 상호성 안에서 이루어지는 하나님 및 이웃과의 본질적이고 존재론적인 교제라는 측면에서 표현하는 것은 우연이 아니다. 죄를 "자기 쪽으로 굽어 있는"(*incurvatus in se*) 것으로 묘사하는 것에 비추어볼 때, 구속은 자신의 삶을 타자와의 갱신된 접점을 향하여 위로 "펴지는"(uncurves) 회복된 공동체적 인간의 정체성으로 경험된다. 그것은 우리가 타자를 오직 생존과 방종을 위한 수단으로서 약탈적 방식으로만 접근하는 죄의 자기중심성으로부터 벗어나 그리스도를 닮아가면서 인간이 되어가는—타자와의 지속적인 접촉에서 공동체적 존재를 되찾는—여행에서 자신의 삶을 타자와 공유하는 회심적 돌아섬을 통해 나타난다. 이런 펼쳐짐은 성령이 창조세계를 개선하는 작업이다. 성령은 "죄에 대하여 세상을" 책망하고, 인간(인간의 사회

---

인간은 구원을 받기 위해 창조되었다는 성 이레나이우스의 놀라운 주장을 강조한다(78). 이에 비추어 John Behr는 창세기에서 "타락에 대한 관습적인 상과 공통되는 무언가를 갖고 있는" 것으로 묘사되는 유일한 시간은 지구가 폭력으로 물들어 있는 "홍수 이전 시기"라고 주장한다. "여호와께서 사람의 죄악이 세상에 가득함과 그의 마음으로 생각하는 모든 계획이 항상 악할 뿐임을 보시고…그때에 온 땅이 하나님 앞에 부패하여 포악함이 땅에 가득한지라"(창 6:5, 11 [81]). Behr는 죽을 운명은 구약성경에서 자연스럽지 않은 것으로 보이지 않는 반면에 "폭력적인 죽음은 하나님의 뜻을 따라 일어나지 않으며 그런 죽음은 자연스럽지 않고 사악하다. 폭력적인 인간과 폭력 그 자체의 사악함은 구약성경 전체를 관통하는, 그리고 중요한 방식으로 신약성경에서도 계속되는 주제다"라고 말한다(82) (*Mystery of Christ*, 78-82). 이 책에서 "타락"이라는 용어는 그것의 전통적 이해를 따라 사용되고 있으나, 폭력과 폭력적인 죽음의 사악함에 대한 Behr의 주장은 폭력이라는 성상파괴운동에 관한 현재의 연구와 관련이 있다.

정치적 상상력과, 꿈, 바람 그리고 갈망을 포함해)을 갱신하고 거룩하게 하며(벧전 1:2), 인간의 마음에 하나님의 사랑을 부으면서(롬 5:5), 다시 한번 인간이 타자와 함께 그리고 타자를 위해 신성한 공동의 얼굴을 형상화할 수 있게 한다. 구속된 삶은 하나님의 얼굴에 대한 지속적이고 영적이며 전례적인 상기가 되는데, 그것은 동료들의 번영을 위해 필요하지만 없는 것을 그들을 위해 제공하려고 노력하면서(마 25:31-40) 동료 인간의 얼굴에서 하나님의 얼굴을 식별하는 것에 대한 지속적인 헌신을 통해 실행된다. 그리스도인의 삶은 우리의 평화이신 그리스도(엡 2:4)에 대한 살아 있는 공동의 기억 속에서 에덴의 샬롬의 기억을 전례적으로 다시 포착하고 시행하는 것이 된다.

1장에서 이미 지적했듯이, 타락은 생명, 창조, 공동체라는 선물의 공동 수취인인 타자에 대한 비전과 이해를 손상시키며 동료 인간을 창조의 신성한 전례를 공동으로 집전하는 자로부터 세상의 제한된 물질적 자원에 대한—생명에 접근할 권한에 대한—경쟁자로 축소시킨다. 샬롬에 대한 원시적 기억에 따르면 평화는 단지 목가적인 우주 안에 폭력적 갈등이 없는 것이 아니라 타자(하나님과 이웃)와의 교제 속에서 생명에 접근하는 것이므로, 구원은 하나님, 동료 인간, 그리고 세상에 대한 갱신된 비전—지구의 번영을 추구하면서 (물질적 자원을 포함해) 공유된 삶의 공동체성과 연대를 육성하는 비전—을 포함한다. 타락 이후 인간의 왜곡된 비전은 제한된 재화의 희소성에 대한 두려움과 그것을 둘러싸고 벌어지는 폭력이 고조되는 가운데서 세상을 성찬적으로 공유하는 것을 그것에 대한 광적이고 무제한적인 삼키기로 대체한다.[52] 생명에 대한 접근의 본질은 관계적 만남으로부터 자

---

52    성령의 관대함 속에 있는 창조세계의 성찬적 본질에 관한 추가적인 논의를 위해서는 이 책

기 탐닉적 소비로, 친교와 교제로부터 적자 생존을 위한 경쟁으로 바뀐다. 의심할 바 없이 세계는 악화와 쇠퇴를 겪는 동안에도 여전히 그 자체로 물질, 에너지, 천연자원의 형태로 (보존된) 생명을 나타낸다. 그러나 창조주와는 달리 이 생명은 제한적이고 사망에 종속되어 있다.[53] 인간은 에덴동산에서 최초로 비극적인 한입을 베어 물었을 때부터(그것은 인간이 창조주 대신 피조물을 향하여 돌아서면서 하나님처럼 되고자 하는, 인간에게 존재론적으로 주어진 갈망을 충족시키기 위한 지름길을 찾았던 순간이었다)[54] 세상속으로 들어가는 자신의 길을 미친 듯이 그리고 폭력적으로 "먹어대기" 시작했다. 인간은 살아가기 위해 세상을 섭취한다(인간은 어떤 면에서는 자신이 먹는 것이 된다. 피조물은 그것의 세상의 한계 안에서 자신의 한계를, 즉 물질의 끝에서 자신의 끝을 갖는다). 자신의 유한성과 창조세계의 한계에 대한 의존성과 마주해서 인간은 영토

~~~~~

의 1장과 4장을 보라.

53　지속 가능한 경제적 성장을 위한 천연 자원의 유용성에 대한 현재의 암울한 예측은 생산과 소비라는 지속적인 인간 사이클 안에서 우리의 생리권과의 관계의 새로운 패러다임을 개발할 긴급한 필요성을 강화시킨다. John E. Tilton, *On Borrowed Time? Assessing the Threat of Mineral Depletion*(Washington, DC: Resources for the Future, 2003)과 그의 논문 "Depletion and the Long-Run Availability of Mineral Commodities" *Mining, Minerals and Sustained Development* 14(March 2001)을 보라. 이것은 International Institute for Enviornment and Develoment의 출판물로 〈http://www.iied.org〉에서 찾아볼 수 있다.

54　Daniela C. Augustine, *Pentecost, Hospitality and Transfiguration: Toward a Spirit-Inspired Vision of Social Transformation* (Clevelan, TN: CPT, 2012), 40-42을 보라. 거기서 나는 에덴동산에서의 타락 이야기가 하나님의 모습을 얻기 위한 하나님의 방식을 거부하고 대신에 신성화(theosis) 속에서 자신의 운명을 성취하기 위한 "가짜 지름길"을 택하는 인간의 자유로운 선택에 관한 이야기로 이해될 수 있다고 제안했다. 하나님처럼 되고자 하는 아담과 하와의 갈망(창 3:5)은 피조물로서 그들의 목적을 반영하는 하나님이 주신 존재론적 충동이다. 그러나 피조물이 창조주처럼 되는 데는 오직 하나의 길이 있을 뿐이다. 그것은 거룩한 생명이 피조물의 생명이 될 때까지 하나님이 피조물의 삶에 참여하는 방법이다. 이런 닮음을 존재로 만들 수 있는 지름길이나 마법의 열매는 존재하지 않는다. 그것은 하나님과의 언약적 교제 안에서의 삶을 세상에서 자신의 존재를 하나님의 목적에 영속적으로 복속시키는 것으로, 즉 인간이 지상에서 하나님의 삶의 확장이 될 때까지 인간 안에 있는 그분의 뜻을 성육신적으로 제정하는 것으로 여긴다.

적이고, 소유욕이 강하고 탐욕적인 존재가 되면서 자신의 눈앞에서 점차적으로 쇠퇴하는 세상을 더욱더 갈망한다. 인간과 자연의 관계의 이런 퇴행적인 변화는 불가피해 보인다. 살기 위해 제한된 자원을 손에 넣으려고 투쟁하는 다양한 경쟁자들 가운데서 그것에 절실하게 매달리는 인간은 생존을 위해 (하나님 대신) 세상에 의존하게 되었다. 세상의 유한성에 붙들려 있는 인간은 하나님의 임재와의 교제에 대해 하나님이 주신 허기를 잘못된 방향으로 이끌어간다. 피조물은 유한한 창조세계를 소비함으로써 무한한 창조주에 대한 한없는 허기를 만족시키려 한다. 알렉산더 슈메만이 요약해서 말하듯이 "인간은 허기진 존재다. 그는 하나님에 대해 허기를 느낀다. 우리의 삶의 모든 허기의 배후에는 하나님이 계신다. 모든 갈망은 최종적으로 그분에 대한 갈망이다." 죄로 인해 훼손된 창조에 대한 비전 안에서 인간은 모든 "존재하는 것이" 인간의 삶을 "하나님과의 교제"로 만들도록 의도된 "하나님의 선물"임을 망각한다. 슈메만의 매력적인 말을 빌리자면, 그것은 인간을 위해 "음식이 된, 삶이 된 하나님의 사랑"이다.[55]

타락의 상황에서 세계를 소비하는 것은 그것의 불가피성과 가까움이 타락 후 현실의 징표가 되는 죽음을 늦추기 위한 매일의 투쟁이 된다. 타락의 내재적 병리 현상은 인간이 세상과 맺는 자기 파괴적 관계의 비극적인 아이러니 속에서 드러난다. 인간은 세상―이제 인간의 생존과 죽음 사이에 서 있는 유일한 존재―을 대적하면서 살아남기 위한 절망적인 시도 속에서 그것을 게걸스럽게 먹어치우고, 그렇게 함으로써 자신의 생명선을 파괴한다. 무섭게 뒤틀린 운명 속에서 인간은 죽음에 이르기까지 생명을 소

55    Alexander Schmemann, *For the Life of the World: Sacraments and Orthodoxy* (Crestwood, NY; St. Vladimir's Seminary Press, 1963), 14. 『세상에 생명을 주는 예배』(복있는사람 역간).

모한다. 창조세계 안에 보존된 생명은 오직 경작을 통해서만 연장되고 (어느 정도) 번식이 되기에 인간은 자신의 생명을 보다 효과적으로 우려내기 위해 자연을 정복하고 식민지화한다. 자연에 대한 폭력적인 정복은 천연자원이 고갈되고, 땅이 황폐해지며, 환경이 (인간의 몸과 함께) 오염과 무차별적이고 탐욕적인 착취를 통해 학대와 질병에 시달릴 때 물질적 존재의 한계와 죽음의 불가피성을 더욱더 드러낸다.[56] 아마도 농경지가 점점 더 (경작에 저항하고 자신을 사람들이 거주할 수 없는 황야로 만들면서) 사막으로 변하는 것[57]

---

56   아마도 인간 문명의 점증하는 소비 욕구 앞에서 물질과 에너지의 한계로 인해 야기되는 절망은 열역학 제2법칙에 의해 설명되는 우주의 유한성의 어두운 불가피성을 통해 가장 잘 표현될 것이다. 그 법칙이 발견된 19세기 후반에 살았던 철학자 Henri Bergson은 그것을 "물리학의 법칙 중 가장 형이상학적인 것"이라고 불렀다. "왜냐하면 그것은 병행하는 상징 없이, 인위적인 측정 장치 없이, 세상이 가고 있는 방향을 지적하기 때문이다"(Creative Evolution [New York: Cosimo Classics], 265, 『창조적 진화』[아카넷 역간]). 그 법칙은 지구의 에너지와 천연자원의 비축량이 제한적이라고 확언했는데, 그것은 사회정치적·경제적·생태학적으로 광범위한 결과를 낳은 발견이었다. (Kiril Neshev, The Philosophical Postmodernism [Sofia: Filvest, 1997], 7-9을 보라.) 에너지와 천연자원의 유한성에 대한 점증하는 인식은 더 많은 세상에 대한 격렬한 경쟁을 가속화시켰고 제3세계(majority world)를 희생시키면서 서구의 북대서양 지역의 경제를 신식민지적이고 제국주의적으로 확장하는 것을 추동하고 있다. 이런 지정학적 범주에 속한 나라들에 대한 연속적이고 무제한적인 삶의 추출은 수십 년간이나 그들의 경제를 불구상태로 만들었고 그들과 북대서양 지역 서구 사이의 불균형을 증대시키며, 그들의 경제 발전을 방해하고, 세계의 많은 인구를 영속적인 빈곤 상태에 머물게 했다. 창조세계에 대한 무차별적이고 탐욕적인 추출 관행을 통해 천연자연을 광적으로 소비함으로써 발생한 파괴적인 생태학적 영향은 환경의 황폐화와 가중되는 건강의 문제를 초래했다. 탐욕은 다수의 이미 가난한 공동체들의 생리권에 해로울 뿐 아니라 창조세계의 외관을 훼손하는 경제적 번영을 위한 지름길을 요구함으로써 우리가 한때 낙원과 같았던 산, 숲 그리고 동산들이 슬럼가, 유독성 폐기물 처리장 그리고 사람이 거주할 수 없는 황야로 변한 것을 통해 보듯이 세대의 환경 미학을 바꿔놓고 있다. 예컨대 애팔래치아 산맥에서 행해진 산꼭대기에서의 석탄 채굴, 아마존 지역에서 행해진 탈산림화, 농경지에 대한 과잉 수확, 자연 습지에서 물 빼내기 그리고 전통적으로 농업 공동체였던 비옥한 땅 위에 (그 환경권 안에서 유독성 잔류물을 생산하는) 중공업 건설하기 같은 것들을 생각해보라. Peter Jacques, "Ecology, Distribution, and Identity in the World Politics of Environmental Skepticism," CNS Journal (September 2014), ⟨http://www.cnsjournal.org/wp-content/uploads/2014/09/Jaques.19.3.Sep_08.pdf⟩를 보라.

57   국제 뉴스는 계속해서 지구상의 한때 비옥했던 농경지가 점차적으로 사막화되고 있다는 비

은 동정적이고 생태신학적인 렌즈를 통해서 본다면 단지 저주의 표현만이 아니라 창조세계의 무자비하고 탐욕적인 착취에 의한 자신의 황폐화에 맞서는 자기 보존 차원의 저항으로 해석될 수도 있다. 아마도 이것은 학대적이고 감사할 줄 모르는 인간과 자신을 공유하려고 하지 않는 자연의 상징적인 거부일 것이다. 아마도 그것은 창조세계의 절망과 샬롬, 안식일 그리고 치유를 향한 갈망의 표현일 것인데, 이것은 인간 공동체가 구속하고 성화시키는 성령의 역사, 즉 하나님의 자녀의 역사를 통해(롬 8:21) 최종적으로 그리스도와 같은 형태에 도달할 때까지 인류를 그 품에서 추방함으로써만 달성할 수 있는 것처럼 보인다. 그리고 이것은 창조세계가 산통 속에서 신음하는 것이다.

통한 보도를 내보내고 있다. 예컨대, *Reuters*, June 18, 2014, 〈http://www.businessinsider.com/r-a-quarter-of-indias-land-is-turning-intodesert-minister-2014-18〉을 보라. 그 통신사는 "인도 땅의 1/4이 사막으로 변하고 있으며 농경지의 황폐화는…잠재적으로 세계에서 두 번째로 많은 인구를 가진 나라의 식량 안보를 위협하면서 심각한 문제가 되고 있다"는 인도 환경부 장관의 말을 인용했다. 40년 이상 UN은 사막화 현상을 중단시키거나 적어도 늦추기 위한 활발한 연구와 프로그램 시행에 참여해왔다(그것의 1977년도 회의에 관한 최종 문서는 〈http://www.ciesin.org/docs/002-478/002-478.html〉에서 얻을 수 있다). 2016년 6월 17일에 있었던 세계 사막화 퇴치의 날(the World Day to Combat Desertification)에 UN은 농경지가 급속한 사막/황야화를 통해 상실되는 가장 일반적인 이유를 다음 몇 가지로 지적했다. 1) 토양의 유실을 막아주는 나무와 표층 식물이 제거된다. 이런 일은 나무와 관목들이 땔감과 목재용으로 사용되기 위해 혹은 경작을 위해 땅을 개간하기 위해 베어질 때 발생한다. 2) 동물들이 풀을 먹고 그들의 발굽으로 표토를 침식한다. 3) 집중 농업이 토지의 양분을 고갈시킨다(〈http://www.un.org/en/events/desertificationday/background.shtml〉). 그 문서는 최근의 UNCCD 소책자로부터 다음과 같은 암울한 통계를 인용했다. "26억 명의 사람들이 직접적으로 농업에 의존하고 있으나, 농업에 사용되는 땅의 52%는 토지 오염에 의해 얼마간 혹은 심각하게 영향을 받고 있다. 땅의 오염은 범세계적으로 15억 명의 사람들에게 영향을 준다. 경작 가능한 땅의 상실은 역사적 비율의 30내지 35배에 이르는 것으로 추정된다. 가뭄과 사막화로 인해 매년 1,200만 헥타르가 상실되고 있는데(1분당 23헥타르), 그런 규모의 땅에서는 2,000만 톤의 곡물이 자랄 수 있었다. 가난한 자들의 74%(극빈자의 42%와 얼마간 가난한 자의 32%)가 범세계적으로 토지의 사막화로 인해 직접 영향을 받고 있다"(〈http://www.unccd.int/Lists/SiteDocumentLibrary/WDCD/DLDD%20Facts.pdf〉).

키릴 네쉐브(Kiril Neshev)는 우주의 유한성에 대한 19세기의 발견(과 그것에 이은 지구의 생리권에 대한 추가적인 황폐화를 야기하는 약탈적 착취의 강화)은 위르겐 하버마스(Jürgen Habermas)의 말을 빌리자면 "유토피아적 에너지의 고갈"로 이어졌다고 주장한다.[58] 하버마스가 지적하듯이 "풍부함을 지닌 **유토피아적 사고**의 기능은 역사적 연속성을 넘어서는 가능성의 행위와 한계에 대한 대안을 여는 것처럼 보인다."[59] 인간의 유토피아적 에너지는 세상을 달리 상상하기 위한 사회정치적 상상력에 연료를 공급하면서 현재 안에서 창의적이고 변혁적인 개입을 자극하고 새로운 것(*novum*)의 도래를 위한 희망적인 개방을 만들어낸다.[60] 따라서 유토피아적 백일몽의 소진은 대안적인 (더 나은) 미래를 상상할 가능성을 훼방하는 것, 즉 (세계 형성과 세계 개선에서) 인간의 창의성의 지평을 단지 현재를 유지하는 것으로 축소시키는 것과 더불어 일어난다. 이것은 절망적이고 미래가 없는 실존의 단계로 타자와 연대하면서 지구의 공동선을 추구하는 일에 아주 깊고 부정적인 영향을 끼친다. 그것은 유한한 세계 안에서 죽음을 연장하기 위한 분투의 외로움과 소외감을 악화시키고 격렬한 생존 경쟁과 인류 및 비인류 이웃에 대한 적대감을 심화시킨다. (인간을 성만찬적이고 공동체적인 존재로 육성하면서) 인간을 확대하는 성령의 관대하고 친절한 광대함과 절연된 상태에서 사회

---

58   Neshev, *Philosophical Postmodernism*, 8.

59   Jürgen Habermas, "The Crisis of the Welfare State and the Exhaustion of Utopian Energies," in *Jürgen Habermas on Society and Politics: A Reader*, ed. Steven Seidman (Boston: Beacon, 1989), 285.

60   Habermas는 유토피아적 사고에 대한 후기 계몽주의의 의혹과 부정론에 관한 역사적 기록을 옳게 지적하고 그것의 희망적인 사회 변혁적 충동은 Ernst Bloch와 Karl Mannheim 같은 사상가들이 "'유토피아'라는 용어에서 '유토피아니즘'과 연관된 것"을 제거하고 그것을 "역사적 과정 자체에 내재된 대안적 삶의 가능성을 묘사하기 위한 적법한 매체로" 복귀시켰던 20세기까지는 재확인되지 않았다고 주장한다("Crisis of the Welfare State," 285-86).

가 죽음에 대한 근본적인 두려움에 쫓기면서 결핍에 대해 갖는 근심은 타자를 절망적으로 유한하고 폐소 공포증을 유발하는 세상 속으로 환영받지 못한 채 침입한 자들로 마주하도록 만든다. (창조세계의 갱신을 위한 성령의 근심에 둔감해지고 하나님의 얼굴을 기억하지 못함으로써 눈이 먼) 타자에 대한 이처럼 왜곡된 비전은 결국 자연의 물질적 한계 때문에 우리의 삶이 타자의 죽음의 함수가 되는 것은 불가피하다는 논리를 정당화한다. 자기 보존이라는 기형적 본능에 이끌리는 인간은 타자를 교제에 대한 성례전적 소명이 아니라 폭력이라는 비인간화하는 성상파괴운동의 입장에서 바라본다. 타자의 얼굴은 더는 영원한 삶으로 이어지는 강력한 만남이 아니라 우주의 일시성과 유한성이라는 드라마 안에서의 삶을 위한 잠재적 경쟁의 표지다. 생명이라는 선물을 공유하도록 지음 받은 자가 죽음의 가까움과 연관된 자가되었다. 그러나 인간의 공동체적 본성에 비추어볼 때, 타자의 파멸은 자기 파멸과 다르지 않다. 타자에 대한 약탈적 지움을 행하는 자는 참으로 인간이 되기를 그친다.

앞서 지적했듯이 마지막 아담은 인간을 구성하는 존재론적 관계에 치유를 가져다주고 그들을 성령의 성결케 하는 능력을 통해 "죄의 폭압"[61]으로부터 구원하면서 저주의 결과를 뒤엎는다. 그러나 그 안에서는 또한 죽음 자체가 극복되고 종말의 이편에서조차 구속된 인간 안에서 성령의 부활시키는 현존을 통해(롬 8:11) 영생에 이르는 통로로 변화된다. 존 베어(John Behr)가 주장하듯이 성령은 지금 그리스도인들 안에 거하면서 "그들을 부활을 위해 준비시키신다." 왜냐하면 "그리스도의 부활의 삶은 무덤 이편,

---

61    John Behr, *The Mystery of Christ: Life and Death* (Crestwood, NY: St. Vladimir's Seminary Press, 2006), 98.

즉 이 세상에 대한 지속적인 죽어감의 삶 속에서 시작되기" 때문이다.[62] 그러므로 신자들 안에서 이루어지는 성령의 성결케 하는 (그리스도를 닮게 하는) 사역은 그들이 (현시대 가운데서) 다가오는 시대의 부활한 삶을 구현하는 결과를 낳는다. 부활은 하나님이 인간을 위해 의도하셨던 참된 자유—참으로 인간이 되기 위해, 즉 그리스도처럼 되기 위해 필요한 자유—안에서 "새 생명"(롬 6:4b)을 경험하기 위해 (물 세례의 공적인 전례적 선언을 통해 제정된 바와 같이[롬 6:3-4a]) 그리스도와 함께 죽고 매장되면서 시작된다. "그리스도와 함께 십자가에 못 박히는 것"(롬 6:6)은 인간을 (결핍에 대한 근심, 즉 그렇게 하지 않으면 그들이 자신을 지배하게 될 것에 대한 두려움 때문에 타자를 노예로 삼고 착취하고 지배하려는 노력을 포함해) 온갖 형태의 죽음에 대한 두려움으로부터 구해낸다. 왜냐하면 죽음에 대한 두려움은 동료 인간과 창조세계의 나머지에 대한 폭력이라는 병리 현상을 뒷받침하기 때문이다.[63] 사실 모든 두려움은 이제 신자들의 마음을 통해 부어지는 하나님의 사랑에 의해 인간의 삶에서 "쫓겨나야" 한다(롬 5:5). 요한1서 4:18의 유명한 진술에 따르면, "사랑 안에 두려움이 없고 온전한 사랑이 두려움을 내쫓나니…두려워하는 자는 사랑 안에서 온전하지 않다." 바로 다음 구절은 "우리가 사랑함은 그가 먼저 우리를 사랑하셨음이라"(요일 4:19)라는 아름답고 단순한 선언을

---

62 Behr, *Mystery of Christ*, 100.
63 Nikolai Berdyaev는 노예제도 및 자유와 연관된 죽음의 두려움에 관해 철학적으로 숙고하면서 다음과 같이 진술한다. "두려움과 노예제도의 결과는 암과 같다. 만약 인간이 노예적 두려움을 극복하는 데 성공한다면, 그[그녀]는 죽임을 멈추게 될 것이다. 인간은 그[그녀]의 죽음에 대한 두려움으로부터 죽음을 뿌린다. 주권은 늘 살인을 필요로 한다. 주권은 늘 두려움이 필요하며, 또한 바로 그것 때문에 살인을 필요로 한다. 그것은 죽음과 싸우는 것을 원치 않는다"(저자의 사역이다). Nikolai Berdyaev, *Slavery and Freedom* (Paris: YMCA, 1939), 209. 죽음에 대한 두려움과 동료 인간 및 창조세계의 나머지에 대한 폭력의 관계는 이 장의 다음 단락에서 보다 상세하게 살필 것이다.

통해 표현되는 이런 구속적이고 해방시키는 사랑의 귀감이 되는 상호성을 가리킨다.

　이 진술의 윤리적 함의는 (그들이 오는 것과 존재하는 것이 우리에게 두려움—폭력적인 죽음과 불충분하고 제한된 재화에 대한 두려움—이 되는 외부인/낯선 이를 포함해) 타자와의 공동체를 세워야 하는 우리의 책임을 가리킨다. 우리는 그들이 우리를 사랑하는 것을 배우기 전에 그들을 사랑해야 한다. 우리는 그들이 상호성 속에서 우리에게 사랑을 보여줄 수 있기 전에 사랑의 광대함과 사랑의 성소를 그들에게 확대해야 한다. 그래야 우리가 그들과 함께 공유된 삶의 공동체를 엮어낼 수 있다. 그 구절은 독자들을 그들의 인간성(자유로운 의지로 하나님의 얼굴을 형상화하면서 타자에 대한 상호적이고 언약적인 책임을 지닌 갱신된 삶)에로 소환하고 또한 결핍에 대한 근심과 다른 모든 형태의 죽음에 대한 두려움에 대한 유일한 치료는 번영과 권력과 안전이 아니라 사랑이라는 단언으로 그들의 정신을 일깨운다. 사랑은 우리 안에 (사랑이신) 하나님을 위한 공간을 만듦으로써 유한한 세상에서 타자를 위한 공간을 만드는 자유의 궁극적 형태다. 요한1서 4:7-8의 인식론적 단언은 동료 인간에 대한 사랑을 그 삶이 타자를 위한 사랑으로서의 신성한 공동체적 삶의 살아 있는 확장이 된 (하나님에 의해 태어난) 하나님의 자녀로서의 우리의 존재론에 대한 표현으로 묘사한다. "사랑하는 자들아, 우리가 서로 사랑하자. 사랑은 하나님께 속한 것이니 사랑하는 자마다 하나님으로부터 나서 하나님을 알고 사랑하지 아니하는 자는 하나님을 알지 못하나니 이는 하나님은 사랑이심이라." 사랑은 새 창조 및 하나님 안에서 그리고 하나님과 함께하는 새 창조의 삶의 근본적 형태이고, 내주하는 성령의 열매(갈 5:22)이며, 현재와 갱신된 인간 공동체를 약동하게 하는 하나님의 생명으로서의 종말 사이의 완전하고 유기적인 연속성(그것은 사라지지 않을 것이다,

고전 13:8-13)이다. 칼 바르트(Karl Barth)가 주장하듯이 사랑은 "다른, 더 높은, 그리고 미래의 형태 속으로의 흡수라는 변화를 요구하지 않고 그것에 복속되지도 않는 기독교적 행위의 한 형태다."[64] 혹은 트뢸치(Troeltsch)의 유명한 선언처럼 그것(사랑)은 "이미 그러한 것으로서 오는 세상의 권력인 이 세상의 권력이다."[65] 따라서 사랑은 그리스도인의 성숙함으로 나타나는 완전함―신자의 그리스도 닮기다(고전 13:10-11).

실제로 그리스도 안에서의 죽음은 신자가 확신에 차서 다음과 같이 말할 수 있게 하는 낡은 인간의 죽음이고 새 인간의 부활이다. "내가 그리스도와 함께 십자가에 못 박혔나니 그런즉 이제는 내가 사는 것이 아니요 오직 내 안에 그리스도께서 사시는 것이라"(갈 2:20). 이것은 단순히 새로

---

64  Karl Barth, *Preaching through the Christian Year: A Selection of Exegetical Passages from the Church Dogmatics* (Grand Rapids: Eerdmans, 1981), 255. Barth는 고전 12장과 13장에 대한 자신의 주해라는 맥락에서 이런 진술을 하는데 거기서 그는 방언과 사랑이라는 카리스마적 은사들에 관해―성령의 카리스마(charism)와 그리스도의 성품 사이의 살아 있는 연속성에 관해―숙고한다. 그는 "(성령의 능력을 받아) 방언으로 말하면서도 사랑은 없고 하나님과 이웃에게 자기를 내어주지 않을 수 있다"고 말한다. 그러나 결국 "중요한 것은 사랑뿐이다." 왜냐하면 사랑은 구속된 인간 안에 있는 그리스도, 즉 영광의 소망이기 때문이다(엡 1:18). 방언이 카리스마적 은사의 나머지와 마찬가지로 그것의 목적을 이룰 때, 그것은 그치지만(고전 13:8), 그것의 목적―사랑 자체―은 남아 있을 것이다. 비슷하게 Raniero Cantalamessa는 "결국 사랑은 우리를 은사의 수여자 자신, 즉 성령과 같아지게 만들고, 그 수여자는 분명히 그의 은사들보다 낫다"고 결론짓는다(*The Mystery of Pentecost*, trans. Glen S. Davis [Collegeville, MN: Liturgical, 2001], 51). Cantalamess는 아우구스티누스가 요일 4:8("하나님은 사랑이시다")을 성령이 누군가의 마음에 하나님의 사랑을 부으실 때, 그분은 자신을 부으시는 것이라고 주장하는 롬 5:5을 서로 연관시키는 것을 활용한다(*The Trinity*, Fathers of the Chursh 45, trnas. Stephen McKenna [Washington, DC: Catholic University of America Press, 1963], 495-96). Cantalamessa는 또한 자선/사랑을 성결케 하는 은사로 규정하는, 그리고 그것이 신자를 직접 그 목표인 하나님과 연합시키는 반면, 카리스마는 이 목표에 이르는/그것을 가리키는 도구적 성격을 갖는다는 토마스 아퀴나스의 주장에 대해 언급한다(*Summa Theologiae*, vol. 30, trans Cornelius Ernst [London, UK: Blackfriars, 1972], 141-43).

65  Barth in *Preaching through the Christian Year*, 255에서 재인용.

운 생명이 아니다. 그것은 인간 존재 안에 거하면서 만물을 새롭게 하는(계 21:5) **생명 그 자체이신 분**이다(요 14:6). 그러나 이 새 생명은 단지 인간적 영성만을 포함하지 않는다. 성경은 그리스도(와 신자)의 부활을 오직 영적 측면에서만 말하지 않는다. 왜냐하면 그는 "죽음으로부터 육체적으로 부활했고" 하늘로 올라가 성부의 오른편에 앉아 있기 때문이다.[66] 유월절 트로파리온(troparion, 정교회에서 기념하는 행사의 본질을 표현하는 짧은 성가―옮긴이)은 당당하게 그리고 즐겁게 다음과 같이 선언한다. "그리스도가 죽으심으로써 죽음을 짓밟으며 죽음에서 일어나 무덤 속에 있는 자들에게 생명을 주신다." 이것은 그리스도의 성육신, 죽음, 그리고 부활을 통해 새 생명 안으로 제한된 온 우주에 대한 좋은 소식의 선포다. 여기에는 또한 인간의 몸의 육체성과 그것이 취해진 땅의 물질성이 포함된다. 그러므로 성육신뿐 아니라 부활과 승천도 온갖 연약하고 부서지기 쉽고 유한한 물질성 속에 있는 자신의 창조세계를 향한 하나님의 구속적 사랑에 대한 선언이다. 바로 이것이 부활에 대한 그것의 희망적인 기대에도 불구하고 기독교가 죽음을 아주 진지하게 다루고 또한 그것을 (나쁘게 말해서) "재앙"[67]으로, 그리고 (기껏해야) 종말에 (부활을 통해) 그것에 대한 해결책을 찾는 일시적인 긴급 상황으로 여기는 이유다.

그러나 성령에 의해 조명된 신앙의 눈은 이 세상에서의 삶과 죽음 모두를 신자들을 그리스도 닮기를 향하여 이끌어가도록 의도된 목적론적이고 성례전적인 운동으로 여긴다. 존 베어가 주장하듯이 창조와 구원, 곧 "인간의 본성의 출현과 불멸성에 의한 죽을 운명의 파멸"은 모두 "동일한

---

66    Berh, *Mystery of Christ*, 99.
67    Berh, *Mystery of Christ*, 100.

경륜에 속해 있다." 이 경륜은 "진흙으로부터 하나님의 형상과 모습을 지닌 피조물을 형성한다는 애초의 신적 의도"를 그것의 최종적 목표로 갖는다.[68] 그러므로 생명과 죽음은 모두 그리스도의 삶을 살아가는 인류를 이룬다는—온전한 인간을 낳는다는—하나님의 창조 프로젝트를 위해 그분의 손에 들려 있는 도구로서 구속된다. 다마스쿠스의 성 요한네스(Saint John of Damascus)가 죽음을 "우리 앞에 닥치는 신비"와 "놀라운 일"로 묘사한 것에 영감을 받은 베어는 "신비"라는 용어가 "성례전"에 대한 명칭으로 사용되는 것을 지적한다. 그리스도의 성례전에서는 인간의 죽음조차 창조주와의 구속적 결합을 향한 성례전적 차원을 얻는다.

베어는 (성 이레나이우스의 신학적 주장에 비추어) 하나님의 경륜 안에서 죽음의 신비가 갖는 역할에 대해 숙고하면서 세 가지 요점을 강조한다. 첫째, 그는 "인간에게 유혹"은 모든 호흡이 전적으로 하나님의 무조건적인 환대에 달려 있음을 이해하지 못한 채 "자신들이 지닌 생명이 본래 자신들의 것이라고 생각하는 것"이라고 지적한다.[69] 따라서 베어에 따르면, 죽음은 "인간이 생명의 유일한 근원이신 하나님을 배반한 상태에서 그들의 연약함과 죽을 운명을 극도로 경험하게 하며, 그리하여 그들이 [그분을] 더욱더 굳게 붙들게 하는" 교육적 역할을 한다.[70] 더 나아가 저자는 죽음의 두 번째 역할은 "죄의 통치를 제한하는 수단"으로서의 역할이라고 주장한다. 그는 비록 "죽음이 죄의 결과로서 세상에 들어왔을지라도(롬 5:12), 역으로 죽음은 또한 죄에 대한 제한으로도 보일 수 있다"고 말한다. 베어에 따르면, 하나님의 목적 안에서 죽음의 신비가 갖는 마지막 측면은 그것을 성찬의 용

---

68    Behr, *Mystery of Christ*, 95.
69    Behr, *Mystery of Christ*, 102.
70    Behr, *Mystery of Christ*, 104.

어로 이해하게 한다. "그리스도의 죽음과 같은 '모양'(롬 6:5)으로 세례에서 죄에 대해 죽음으로써 시작되는 죽음 속의 삶은 그리스도를 증거하는 자신의 육체적 죽음을 통해 자기를 성찬적으로 봉헌하는 것에서 결실을 발견한다."[71] 이것은 교회가 순교를 받아들이는 일에서 오랜 세월 동안 경험했고 지금도 경험하고 있는 일이다.[72] 성인들은 기꺼이 그들의 몸을 뿌림으로써 교회의 수확을 거뒀고[73] 그들의 질그릇 안에서 진동하는 그리스도를 닮는 새로운 삶—죽음이 두려움 속에서 지배하지 않는 삶—을 증거했다. 그러나 세상에서 하나님의 현존의 살아 있는 성소와 그리스도의 삶의 성육신적 연속으로서의 성령에 의해 충만함을 얻은 그들의 육체는 종종 종말의 이편에서도 부패하지 않은 채 남아 있었는데, 그것은 과학적 설명에 도전하고 세상을 성화된 인간의 삶 앞에서 불안한 경이 속에 남아 있게 하는 반복해서 발생하는 현상이다. 실제로 그들은 온전하게 살아 있는 인간들이었다.[74] 존 베어가 지적하듯이 성인들에게 그리스도를 닮은 죽음을 죽는 것은 참으로 인간이 되는 여행을 했던 그들의 주님을 따르는 것이었다.[75] 저자의 기

---

71    Behr, *Mystery of Christ*, 105.

72    순교에 대한 교회의 신학의 역사적 발전과 형성에 관한 간략한 개관을 위해서는 Timothy Ware, *The Orthodox Church*(New York: Penguin, 1997), 14-15을 보라.

73    테르툴리아누스는 자신의 작품 *Apology* 50장에서 다음과 같이 유명한 말을 했다. "우리가 당신들에 의해 베임을 당하면 당할수록 우리의 수는 그만큼 더 증가한다. 그리스도인의 피는 씨앗이다"(〈http://www.newadvent.org/fathers/0301.htm〉).

74    이레나이우스는 "하나님의 영광은 온전하게 살아 있는 인간"이라는 유명한 말을 남겼다 (*Adversus Haereses* 4.20.7).

75    Behr, *Mystery of Christ*, 105-6. 저자는 성 이그나티오스와 성 이레나이우스의 순교의 예와 그들의 순교 신학을 언급한다. 예컨대 그는 이그나티오스가 로마의 그리스도인들에게 자신의 순교를 방해하지 말라고 청하며 했던 유명한 말을 인용한다. *Letter to the Romans*, ch. 4 (〈http://www.newadvent.org/fathers/0107.htm〉에서 찾아볼 수 있다)를 보라. 이그나티오스는 다음과 같이 말한다. "나는 교회들에게 글을 써서 명심하게 하고자 합니다. 여러분이 방해하지만 않는다면 나는 기꺼이 하나님을 위해 죽겠습니다. 나는 여러분이 나에 대해 때에 맞지 않는 선한 의지를 보이지 말아달라고 간청합니다. 내가 들짐승들의 먹이가 되게 해

독론은 예수의 십자가 위에서의 죽음에 관한 복음서들의 이야기를 흙으로 첫 번째 아담을 빚는 것으로 시작해 마지막 아담의 죽음과 그를 흙으로 돌려보내는 것으로 끝나는 하나님의 인간 창조 행위에 비추어 조명하듯 성찰한다. 베어는 다음과 같이 말한다.

> 그리스도가 "다 이루었다"(요 19:30)라고 말했을 때, 그는 단지 자신의 세상에서의 삶이 끝났다고 선언하는 것이 아니라 오히려 하나님의 일이 이제 "성취되었다"고 혹은 "완성되었다"고 선언하는 것이다. 이런 관점에서 이야기되는 창조와 구원의 모든 계획인 하나님의 경륜은 이 지점에서 절정에 이른다. 창세기가 전하는 하나님의 일, 즉 "우리의 형상을 따라 우리의 모양대로 사람[anthrōpos]"을 창조하는 일(창 1:26-27)은 여기서 완성된다. 이보다 몇 구절 앞서 빌라도는 다음과 같이 말한다. "보라 이 사람[anthrōpos]이로다"(요 19:5). 하나님의 일은 완료되고, 이제 창조의 주님은 복된 안식일에 그분의 일에서 물러나 무덤에서 안식을 누린다. 한 인간으로서 직접 수난을 당하신 하나님의 아들이자 하나님 자신이신 예수 그리스도는 우리를 하나님의 형상과 모양대로, 즉 그분 자신이신 하나님의 형상대로 빚으신다(골 1:15).[76]

---

주십시오. 그들을 도구로 삼아 나는 하나님께 이르게 될 것입니다. 내가 들짐승들의 이빨에 갈리게 해주십시오. 그러면 나는 그리스도의 순전한 빵이 될 수 있을 것입니다. 들짐승들을 자극해 그들이 나의 무덤이 되게 하고 나의 몸을 남기지 않게 해주십시오. 내가 [죽어] 잠들었을 때 아무에게도 짐이 되지 않도록 말입니다. 그러면 세상이 나의 몸조차 보지 못하게 될 때 나는 참으로 그리스도의 제자가 될 것입니다."
76    Behr, *Mystery of Christ*, 107-8.

## 폭력적인 세상 가운데서 타자에 대한 책임에로 부르심

우주에서 하나님의 모습을 훼손하는 폭력이라는 성상파괴는 인간이 하나님의 현존과 동료 인간 및 창조세계의 나머지에 대한 책임에 대한 자신의 소명에 대해 무감각해지도록 만든다. 그것은 세상의 고난과 고통에 대한 인간의 양심을 마비시키고, 침략, 소외시키는 적대감 그리고 전쟁의 야만성을 문명의 규범으로 정당화한다.[77] 그동안 종교는 불의와 압제와 폭력에 대한 인간의 무감각화와 성례전화에 이념적 범죄자로 연루되어왔다.[78] 그러므로 혁명으로 흔들렸던 19세기 유럽이라는 소란한 상황 속에서 유명하게도 마르크스(Marx)는 종교를 "민중의 아편",[79] 즉 폭력적인 경제적 착취에 시달리는 무산계급의 고통을 무감각하게 만들고 그렇지 않다면 정당한 사회정치적 변화로 향할 수도 있는 혁명적 에너지를 무력화시키는 강력한 이념적 진정제로 묘사한다. 역사가 가르쳐주듯이, 종교는 정치 체제에 의해 합당한 대의와 부당한 대의 모두를 위해 흡수될 수 있으며, 그것의 신성한 본문은 평등과 정의와 평화의 증진을 위해서뿐 아니라 폭력과 착취와 압제를 옹호하기 위해서도 이용될 수 있다.[80] 그러나 역사는 또한 (그것들에

---

77    문명적 장치로서의 전쟁의 규범성에 대한 이런 선언에 맞서면서 John Dominic Crossan은 문화적 역동성과 기대에 의해 형성되고 초점이 맞춰진 우리의 특별한 해석학적 렌즈는 성경이 하나님을 폭력적인 동시에 비폭력적인 존재로 묘사하는 모호성을 지적함으로써 타자에 대한 폭력을 정당화하는 것을 찾아내고 읽어낸다. "기독교의 성경은 부당하고 폭력적인 문명의 규범성에 맞서면서 정의롭고 비폭력적인 하나님의 급진성을 거듭 그리고 끊임없이 제시한다"는 것이 Crossan의 제안이다(*God and Empire: Jesus against Rome, Then and Now* [New York: HarperOne, 2007], 94).

78    René Girard의 작품 *Violence and the Sacred*에 관해서는 이 장의 각주 1의 내용을 보라.

79    Karl Marx, "Introduction," *A Contribution to the Critique of Hegel's Philosophy of Right*, ⟨http://www.marxists.org/archive/marx/works/1843/critique-hpr/intro.htm⟩.

80    Volf, *Flourishing*, 183-94을 보라. Volf는 종교가 폭력과 평화 그리고 정의와 불의 모두에 대해 갖는 성향의 주목할 만한 모호성에 대해 통찰력 있는 분석을 제공한다. 그는 종교의 사회

게 있다고 추정되는 불합리성과 함께) 종교뿐 아니라 (이성에 근거해 사회로부터 하나님의 현존에 대한 지적·이념적 부정과 추방으로서의) 무신론에 대한 호전적인 종교적 열정도 인간을 고통과 불의라는 체계적인 불행에 대해 진정시키고 인간의 양심을 문명의 (문화적이고 과학적인) 진보에 대한 신경증적 방해물로 일축할 수 있음을 분명하게 보여주었다. 하나님의 부재는 그것이 일간의 실존이 지닌 수용할 만한 부분이 되어 삶을 진화적 생존을 위한 경쟁으로 환원시킬 때까지 타자의 고통과 멸절을 상대화한다. 그것은 사회적 편의를 위해 타자에 대한 정치적이고 경제적인 폭력을 규범화하고 정당화한다. 사회적 구원의 도구로서의 과학과 기술의 발전에 대한 무신론의 모더니즘적 숭배는 삶의 신성함이라는 종교적 개념을 비신화화하고 삶의 현상학을 생물학적 과정으로 이해하기 쉽게 설명해줌으로써 과학적 진보를 둘러싼 윤리적 모호성의 상당 부분을 조금씩 없애버리고 추가적인 탐사에 대한 도덕적 장애물을 제거한다. 결국 도스토옙스키의 말을 빌리자면, "하나님과 미래의 삶이 없다면…모든 것이 허용된다."[81]

동유럽에서 공산주의의 호전적인 무신론적 통치가 계속되었던 수십년 동안 그 체제에 대한 가장 강력한 반체제적 비판 중 하나가 기독교 공동

---

적 역할에 대한 비판자들과 옹호자들 모두에 대해 논하고 종교의 외관상의 모호성에 대한 실행 가능한 설명을 제안한다. (종교를 옹호하는 입장에서) 종교와 폭력/전쟁의 관계의 흥미로운 맞물림에 관해서는 Stanley Hauerwas, *Approaching the End: Eschatological Reflections on Church, Politics, and Life* (Grand Rapidsd: Eerdmans, 2013), 120-38을 보라. 또한 종교의 옹호와 관련해서 William Cavanaugh, *The Myth of Religious Violence: Secular Ideology and the Roots of Modern Conflict*(New York: Oxford University Press, 2009)를 보라. 유럽의 역사적 상황 속에서 종교의 역할을 살피면서, Cavanaugh는 종교는 그것의 존재가 그것에 구유럽을 종교적 폭력으로부터 구원한다는 메시아적 목적을 부여하는 것을 통해 정당화되었던 민족 국가의 창조에 수반했던 문화적·이념적 산물이라고 지적한다(114).

81  Fyodor Dostoevsky, *The Brothers Karmazov*, trans. Richard Pevear and Larissa Volokhonsky (San Francisco: North Point, 1990), 589.

체의 삶에서 구현되었다. 하나님의 오심과 (샬롬 안에서의 정의와 평등과 자유라는 포괄적인 사회정치적 현실로서의) 그분의 나라의 불가피성에 대한 그 공동체의 수그러들지 않는 믿음은 공산주의가 의기양양하게 자신을 역사적 과정의 종말을 대표하는 세계의 미래와 동일시했던 것에 대한 강력한 예언자적 심판이었다. 서로를 그리고 그들의 무신론자 이웃들을 사랑하는 것에 대한 그리스도인들의 매일의 언약적 헌신은 공산 국가에서 신중하게 만들어지고 교묘하게 유지되었던 타자에 대한 배신, 의심, 감시, 부역의 문화에 맞서는 용기 있는 혁명적 행위였다.[82]

불의에 대한 종교의 조직적인 무감각화라는 마르크스의 주장에 대응해서 랍비 조너선 색스는 성경의 사회 변혁적 효력을 긍정하면서 다음과 같이 말한다.

[성경의 일신론적 신앙은] 세상에 대한 수용이 아니라 저항, 즉 아직 존재하지 않으나 존재해야 하는 세상의 이름으로 행하는 세상에 대한 저항이다.…성경은 형이상학적 아편이 아니라 그것과 정반대다. 그것의 목표는 신자들을 사적인 천국으로 옮기는 것이 아니다. 오히려 그것이 열정적이고 지속적으로 갈망하는 것은 천국을 땅으로 가져오는 것이다.…하나님을 본받는 것은 타자의 빈곤과 고난과 외로움에 대해 예민해지는 것이다. 아편은 우리를 고통에 무감각해지게 한다. 성경은 우리를 그것에 대해 예민해지게 한다.[83]

82      Daniela C. Augustine, "Pentecost and Prosperity in Eastern Europe: Between Sharing of Possessions and Accumulating Personal Wealth," in Amos Yong and Katy Attanasi, eds., *Pentecostalism and Prosperity: The Socio-Economics of Global Renewal* (New York: Palgrave Macmillan, 2012), 182–212을 보라.

83      Jonathan Sacks, *To Heal a Fractured World: The Ethics of Responsibility* (New York: Schocken, 2005), 27–28. 저자는 유대교가 불의 앞에서 안절부절 못하는 것(그것은 예언적 메시지의

성경은 (타자에 대한 두려움에 그 뿌리를 둔) 사회정치적이고 경제적인 압제에 대한 정당화와 함께 온갖 형태의 제국주의적 의식을 면밀하게 조사하고 비판하는 매우 반체제적인 텍스트다. 그것은 그들의 종말의 불가피성을 선언함으로써 제국들을 불안정하게 한다. 그것은 정의로우신 하나님에 의해 창조된 세상에서 타자를 희생시키며 정치적 권력과 경제적 이익을 제도적으로 혹은 사적으로 추구함으로써 발생하는 온갖 형태의 불의를 비난한다. 성경 본문의 반체제적 신랄함은 예언자들의 직접적이고 전복적인 메시지에서 절정에 이른다. 월터 브루그만(Walter Brueggemann)이 지적하듯이 "예언자적 상상력"은 "진리를 말하는 것에 실패함으로써 생명을 제공할 수 없는 실천으로서의 지배적인 상상력"이 제시하는 주장들을 효과적으로 해체한다.[84] 진리는 제국의 통치에 대해 매우 반항적이지만, 적절한 시민/정치적 종교의 건설을 통해 현상태를 영속적으로 확보하려는 이념적 선전에 의해 조직적으로 좌절된다.[85] 결국 모든 형태의 체계적인 압제로부터의 해방

~~~~~

열정에 의해 영감을 얻고 현자들의 가르침을 통해 분명하게 표현된다)을 강조하며 성경은 인간적 책임에 대한 하나님의 부르심이라고 결론짓는다(28). 그는 "유대교는 우리를 세상과 화해시키는 종교가 아니다. 그것은 메소포타미아와 이집트 같은 고대 세계의 위대한 제국들에 맞서는 도전의 행위로 태어났다. 그런 제국들은 모든 종교들이 하는 일―위계질서를 신성시하고, 약자들에 대한 강자들의 지배를 정당화하며, 왕과 바로들에게 영광을 돌리고, 대중을 제자리에 있도록 유지하는 일―을 했다. 성경의 상상력이 일어난 것은 사회적 저항의 목소리 안에서였고 그런 목소리로서였다"(18).

84  Walter Bruggemann, *The Practice of Prophetic Imagination* (Minneapolis: Fortress, 2012), 42.

85  시민 종교는 하나님과 제국/황제(혹은 하나님과 민족국가 상태에 있는 나라)를 과두 정치와 그것의 행위에 신성한 재가를 부여하는 방식으로 병합한다. 세속적 권위에 신성을 부여하는 것은 세속적 이익과 신적 이익을 융합함으로써 그것의 영원한/비일시적인 확립을 주장한다. (시민 종교의 전례들을 포함해 세속적 전례들에 대한 통찰력 있는 "주해"를 위해서는 James K. A. Smith의 *Desiring the Kingdom: Worship, Worldview, and Cultural Formation*, vol. 1 of *Cultural Liturgies* [Grand Rapids: Baker Academic, 2000], ch. 3를 보라. 『하나님 나라를 욕망하라』[IVP 역간]). 그러나 시민 종교들은 시민 계약에 의해 촉구되는 공동선에 대한 헌신을 지속하는 데 필수적인 중요한 시민적 덕목의 형성에 도움을 주었다. (Martha

의 변증법은 다음과 같은 그리스도의 말씀으로 요약된다. "진리를 알지니 진리가 너희를 자유롭게 하리라"(요 8:32).[86] 압제당하는 자들의 부르짖음에 귀를 기울이시고 그들의 고난 때문에 과격하게 해방시키는 행동을 하시는(출 2:23-24; 3:7-8), 진리를 말씀하시는 하나님은 불의한 고난에 대한 진정제가 아니라 모든 폭압적인 체제에 대한 위협이시다.

이미 지적했듯이 타자를 위한 정의에 대한 성경의 타협 없는 헌신은 십계명(출 20:1-17) 안에 사회적 언약(동료 인간과의 정의로운 관계에 관한 규약)이 두드러지게 포함된 것을 통해 드러난다. 타자와의 정의로운 관계를 하나님과 그분의 백성 사이에 거룩하게 제정된 언약을 성취하는 불가결한 요구로 만드는 것은 하나님의 은혜와 인간의 책임 사이의 중요한 성경적 상관관계를 조명해준다. 그것은 가까이 있는 타자의 얼굴에서 하나님의 얼굴을 인식하는 법을 배우는 신성한 교육으로서의 율법을 확립한다. 타자와의 관계는 하나님과의 관계의 한 부분이다. (자기 탐닉적 갈망으로부터) 자신을 절제함으로써 타자와의 평화를 만드는 것은 세상 안에 하나님을 위한 자리를 만드는 것이다. 그것은 인간 공동체를 하나님의 현존을 위한 집으로 만드는 것이다. "왜냐하면 우리가 배운 것은 인간이신 하나님의 형상을 높이는 것"이지 다른 신들(돈, 권력, 이념적 영향, 욕망 등)을 갖거나 그것을 위해 타자를 희생제물로 바치는 일시적인 피조물로 우상을 만드는 것이 아니기 때

---

C. Nussbaum의 *Political Emotions: Why Love Matters for Justice*[Cambridge, MA: Harvard University Press, 2015을 보라.] 『정치적 감정』(글항아리 역간).

86   Marx조차 성경의 계시의 이런 반란의 원칙에 동의하지 않을 수 없었다. 프롤레타리아의 혁명적 의식의 탄생은 경제적 착취와 압제라는 상황에 대한 진리의 조명하고 해방시키는 효과로부터 나온다는 생각이 그의 주장 안에서 울려퍼진다. 『공산당 선언』(*The Communist Manifesto*) 4장에서 Marx와 Engels는 혁명에서 노동자들은 "그들의 사슬 외에는 잃어버릴 게 없다"는 선언으로 프롤레타리아가 포착해야 할 진리를 분명하게 밝힌다(〈http://www.marxists.org/archive/marx/works/1848/communist-manifesto/ch04.htm〉).

문이다(출 20:3-5)."[87] 언약은 인간을 하나님의 모양으로 변화시키고 또한 그럼으로써 타락으로 인해 탈선했던 피조물로서의 자신의 운명을 성취하도록 고안되었다. 왜냐하면 우리는 우리가 사랑하는 것을 예배하며 우리가 예배하는 것처럼 되기 때문이다. 그러므로 예배에 대한 궁극적 표현은 "여호와의 도를 지켜 의와 공도를 행하는 것"(창 18:19)인데, 이것은 상처받은 세상을 치유하시는 그분의 일에 대한 능동적이고 구체적인 확장이다.

십계명은 하나님의 의와 정의가 하나님의 관대한 환대를 통해 타자를 위한 집으로 창조된 세상 안에서 하나님의 현존을 구체화하는 것으로서 우주의 구조 안에 내재되어 있음을 알려준다. 구속은 존재론적으로 갱신된 타자와의 관계[88]—모든 인간에게 새겨진 하나님의 얼굴의 평등함을 전제하는 관계—로서의 정의의 사회적 구현을 통해 표현된다. 그러므로 율법은 하나님의 현존의 가시성이라는 특징을 지닌 땅에서 타자 앞에서 살아가는 이들 모두를 위한 것이다. 모든 이가 그 앞에 평등하게 서 있다. 젊은이와 늙은이, 남자와 여자, 유대인과 그들 가운데서 살아가는 이방인 모두가 평등하다. 약속의 땅은 정의와 평화를 가져오는 평등의 땅, 야웨의 방식이 의와 정의를 행하는 것으로 지켜지는 땅이다. 하나님은 우리의 동료 인간과의 이런 구속된 관계를 통해 이 땅 위에 자신의 거처를 마련하신다.

실제로 성경은 (조너선 색스의 말을 빌리자면) 책임에로의 부르심이며 그런 것으로서 자유로운 도덕적 행위자들에게 전해진다. 1장에서 지적했듯이 인간을 자유로운 도덕적 행위자로 창조하는 것은 의심할 바 없이 하나의 모험이다. 그것은 사랑의 모험이다. 그러나 또한 그것은 인간의 책임에

---

87    Sacks, *To Heal a Fractured World*, 28.
88    Emmanuel Levinas, *Totality and Infinity: An Essay on Exteriority* (Dordrecht: Kluwer, 1991, 87.

대한 내재적인 표현이다. 자유는 책임이다. 우리에게 행동하거나 행동하지 않을 개인적인 선택의 자유가 없다면, 우리에게는 우리 주변의 물질적 존재 안에서 이루어지는 드라마와 고통에 대한 책임도 없다. 그러나 자유는 **공동체 안에서의** 책임이다. 왜냐하면 바르톨로메오스 1세(Barholomew I)가 주장하듯이 인간 안에 있는 삼위일체의 공동체적 형상을 따르면, 참된 자유는 "결코 홀로가 아니라 언제나 공동체적"이기 때문이다.

> 우리는 오직 우리가 인간(*prosōpon*)—"인간"(person)에 해당하는 그리스어를 사용하자면, 그것은 문자적으로 "얼굴" 혹은 "용모"를 의미한다—이 될 때만, 오직 우리가 타자를 향해 돌아서서 그들의 눈을 들여다보고 그들의 눈이 우리의 눈을 보도록 허락할 때만 자유롭다. 외면하고 나누기를 거부하는 것은 자유를 박탈하는 것이다. 자유는 만남으로 표현된다.[89]

자유의 관계성을 긍정하면서 위르겐 몰트만은 (정치사에서 나타나는 자유에 대한 일반적인 정의에 비추어) "지배/주권으로서의 자유"를 "공동체로서의 자유"와 대조한다. 그는 "가부장적 문화의 표시"로서 "주권으로서의 자유"는 (봉건주의적 사회 구성에 전형적인) "객체에 대한 주체의 일방적 관계"라고 말한다. 이런 일방적 관계와 대조적으로, 부르주아 혁명은 자유를 "그 자신의 삶과 능력에 대한 모든 개인의 자율적인 자기 결정"으로 고양시켰는데, 그것은 개인의 자율을 상호 인정하고 존중하는 행위에서 "타자의 자유에 의해서만 제한된다." 그러나 몰트만은 이처럼 "자유롭고 고립적인 개인들,

---

89    Bartholomew I, Archbishop of Constantinople and Ecumenical Patriarch, *Encounering the Mystery* (New York: Doubleday, 2008), 133.

즉 고독한 군중[The Lonely Crowd]"[90]으로 이루어진 사회보다 더 낮고 더 유기적인 대안이 존재한다고 제안한다. 그것은 바로 사람들이 함께 삶을 공유하기 때문에 "서로를 위해 존재하는" "상호적이고 교류하는 사회적 대표성"을 지닌 공동체적 관계라는 특징을 지닌 사회다.[91] 몰트만이 보기에 "이런 대표적인 관계에서 사람들은 서로에 대한 책임을 떠맡는다. 그리고 신약성경 시대 이후 이런 관계는 기독교 전통 안에서 **사랑**으로 알려져 왔다." 그는 이런 공동체적 에토스를 "**소통적 자유**"(communicative freedom)로 여긴다. 그런 자유 안에서

> 타자는 나의 자유에 대한 제한이 아니라 그것의 확장이다. 타자의 삶에 대한 상호 참여를 통해 개인은 각자의 개별성이라는 경계를 넘어 자유로워진다. 바로 그것이 자유의 사회적 측면이다. 우리는 그것을 연대라고 부른다. 이런 종류의 공동체 안에서 개인은 인격체가 된다. 개인은 궁극적으로 나뉠 수 없다. 그러나 인격체는 타자에 대한 참여 및 그들과의 소통을 통해, 즉 공동체 안에서 나타난다.[92]

니체(Nietzsche)를 따르면서 몰트만은 인간성(personhood)을 약속을 하고 그 약속을 지키는 자유로운 인간의 능력, 곧 "자유로운 사회의 정치적 패러다임"을 대표하는 지속 가능하고 신뢰할 만한 "약속들의 네트워크"를 세우는 것의 측면에서 정의한다. 그러므로 "자유로운 사회는 독립적인 개인들

---

90    Jürgen Moltmann, *The Living God and the Fullness of Life*, trans. Margaret Kohl (Geneva: World Council of Churches, 2016), 112-23. 『살아 계신 하나님과 풍성한 생명』(대한기독교서회 역간).

91    Moltmann, *Living God and the Fullness of Life*, 113.

92    Moltmann, *Living God and the Fullness of Life*, 113.

의 축적이 아니다. 오히려 그것은 연대하는 인격체들의 공동체, 즉 '돌봄과 공유'의 공동체다."[93] 그러나 자신의 신학적 과정과의 연속성을 염두에 두면서 몰트만은 (지배/주권이라는 낡은 법칙을 인간적으로 대체한 결과인) 이런 연대를 단지 인간 사회에만 국한시키지 않고 공유된 공동체적 자유라는 그것의 현실을 창조세계의 나머지에까지 확대한다. 그는 다음과 같이 결론짓는다. "경쟁이 협력으로 대체되면 조화로서의 자유가 표어가 될 것이다. 그리고 자연과의 상호 주고받기가 생겨날 것이고, 이것은 모두의 공동 생존에 이바지할 것이다."[94] 이미 지적했듯이 조화로운 자유—사랑으로서의 자유—안에서 공유하는 삶의 우주적이고 공동체적인 상호내주는 성령의 역사다. 왜냐하면 "주의 영이 계신 곳에는 자유가 있"기 때문이다(고후 3:17). 우리는 성령을 통해 삼위일체의 공동체적 삶의 자유에 참여하고 인간의 공동체적 자유는 세상 안에 하나님이 사회 변혁적 방식으로 임재하시게 하기 위한 성령으로 충만한 도구가 된다. 따라서 몰트만이 지적하듯이 자유는 "하나님이 그리스도의 부활을 통해 약속하셨던 일들"에 대한 적극적이고 **창조적인 기대**로 경험된다.[95] 이것은 "새 하늘과 새 땅"(계 21:1)이라는 사회정치적 현실을 위해 성령이 계속해서 인간을 가다듬고 (또한 인간을 그 현실 안으로 엮어 넣고), 그런 현실이 모두를 위해 **사랑하고 소망하는** 창조적이고 생명을 만드는 (그리고 생명을 공유하는) 자유 안에서 가시적인 것이 되게

93    Moltmann, *Living God and the Fullness of Life*, 114.
94    Moltmann, *Living God and the Fullness of Life*, 114.
95    Moltmann, *Living God and the Fullness of Life*, 115. Moltmann은 그리스도인에게 "신앙은 오직 사랑 안에서"만이 아니라 소망 안에서도 사는데, 소망은 "기다림이나 '관망'의 문제가 아니라" 하나님이 약속하신 미래에 대한 적극적이고 창조적인 기대라고 지적한다. 창조적이고 적극적인 현실로서의 인간의 자유라는 그의 개념은 (*Viva Activa oder vom tätigen Leben* [Stuttgart: Kohlhammer, 1977], 168에서 표현되는바) 새로운 무언가를 "시작하는 능력으로서의 자유"에 대한 Hannah Arendt의 묘사와 맞물리면서 발전한다.

하는 역사 속에서 "지금 여기서" 사는 것이다.[96] 이것은 하나님의 모양으로의 공동체적 변화로서의 자유다. 인간 공동체는 성령의 생생한 현존을 통해 "우리가 다 수건을 벗은 얼굴로 거울을 보는 것 같이 주의 영광을 보매 그와 같은 형상으로 변화하여 영광에서 영광에 이르니, 곧 주의 영으로 말미암아"(고후 3:18) 그렇게 될 때까지 삼위일체적 공동체의 삶 속으로 진입한다. (창조적으로 세계를 만들고 개선하는 사랑과 소망인) 성령 안에서 누리는 삶의 자유는 공동체가 지금 여기서 책임 있는 행동을 하도록 촉구한다. 몰트만은 그의 매력적인 산문을 통해 다음과 같이 주장한다.

자유의 영역을 소망하는 사람은 지금 여기서 정치적 억압과 경제적 착취로부터의 해방을 바랄 것이다. 새로운 땅의 의와 정의를 바라는 사람은 지금 여기서 땅을 존중하고, 땅의 생명에 대한 경외심을 계발하며, 그것에 대한 착취와 파괴에 저항할 것이다. 영원히 살기를 바라는 사람은 지금 여기서 이 "독특하고, 영원하며, 빛나는 삶"에 의해 이미 붙잡힐 것이고 자기가 그렇게 할 수 있

---

96 타자를 위한 자유와 소망 사이의 영적 연관성은 또한 (비록 다른 형태로이기는 하나) Karl Barth의 작품에서도 찾아볼 수 있다. 그의 *Dogmatics in Outline*(New York: Harper & Row, 1959), 139을 보라. 『칼 바르트 교의학 개요』(복있는사람 역간). Barth에 따르면, (인간 안에 있는 그리스도의 삶으로서) 성령의 삶을 사는 것은 성찰적이고 책임 있는 자유라는 은사와 그리스도의 사역과 그분의 복음에 대한 충실한 청지기직에 대한 감사라는 특징을 갖는다. 그러나 Barth는 성령 안에서의 새로운 삶의 이런 표현들에 또 다른 표지 하나를 덧붙이는데, 그것은 바로 "모두를 위한 최선을 바라는" 자유의 선물로 경험되는 동료 인간에 대한 변화된 시각과 관계다. 끊임없는 감사, 충실한 책임, 그리고 모든 타자를 위한 소망이라는 이 세 가지 요소는 삶의 "기독교적 방식"을 포화시키고 구별해준다. 그러나 이런 삶은 그것의 아름다운 타계성에서 스스로 유지되지 않는다. 그것은 전적으로 하나님이 인간에게 계속해서 자신을 주시는 것에, 그리고 해방자 성령이 계속해서 오시는 것에 의존한다. Barth의 말을 빌리자면, "그러므로 우리는 매순간 그리고 매일 그리스도의 말씀을 듣고 감사하면서 성령 강림 대축일 성가인 오소서, '창조주 성령이여'(*Veni Creator Spiritus*)를 부르며 기도해야 한다. 그것은 폐쇄된 서클이다. 우리는 이 자유를 '갖고 있지' 않다. 그것은 거듭해서 하나님에 의해 우리에게 주어진다."

는 모든 곳에서 생명이 살아 있게 할 것이다.[97]

정확하게 자유는 타자와 함께하는 그리고 타자를 위한 책임, 즉 공동선을
위한 책임이기 때문에 그것은 우리가 세상에 존재하기 위해 무서울 정도
로 강력하게 요구되는 조건이다. 그것은 숨이 막힐 정도로 힘을 실어주지
만 또한 무서운 현실이기도 하다.[98] 거기에는 특히 자신의 자유로운 선택으
로 인한 돌이킬 수 없는 비극적 결과의 여파 때문에 책임에 직면하여 자유
로운 도덕적 선택을 포기하거나 거부하려는 유혹 또는 부서진 세상에 대해
끊임없이 책임이 요구되는 상황에서 느끼는 압도적인 무력감이 동반된다.
이 근본적인 유혹은 창세기의 타락 이야기에서 분명하게 표현된다. 그 본
문은 하나님이 정하신 경계들(창 2:16-17)로 표시되는 세계의 구조적 의도
를 설명하는데, 그 의도는 그런 경계들의 존재와 그것들을 무시할 때 나타
나는 결과에 대한 완전한 지식을 지닌 인간들에 의해 침범된다.[99] (자유의 표

---

97    Moltmann, *Living God and the Fullness of Life*, 115.

98    Erich Fromm은 영향력이 큰 자신의 *The Fear of Freedom*(London: Routledge Classics,
      2001)에서 인간의 자율/자유의 복잡한 심리학을 논하면서 16세기의 종교개혁(과 그로 인
      한 개인의 발흥)과 20세기의 독일 나치의 출현 상황을 분석한다. 그는 세상 가운데서 개인
      이 종교개혁 시기 이전에 (가령, 그가 자연과 공동체와 가졌던 유기적 연속성 속에서) 그의
      정체성, 의미, 소속감을 발견했던 보다 큰 실체로부터 분리/단절됨으로써 느꼈던 작음과 무
      력함 그리고 외로움이 주는 압도적인 감정/인식을 지적한다. 저자는 자유와 사회적 책임을
      포기(회피)하는 쪽을 택하게 될 수도 있는 무력감과 소외감으로부터의 "도피"라는 심리적
      이고 사회적인 메커니즘은 물론이고 자유의 모호함에 대해서도 숙고한다.

99    Lee Roy Martin은 그러나 "창 2-3장의 이야기 세계 안에서 최초의 인간들은 죽음을 경험
      하지 않았다. 그런 까닭에 그들은 그것을 온전하게 이해하지 못했다"라고 주장한다(개인적
      이메일 교환과 사전 대화에서 그가 한 말이다). 이 구절에 대한 보다 상세한 해석을 위해서
      는 John H. Walton, *Genesis*, The NIV Application Commentary(Grand Rapids: Zondervan,
      2001), 174-75; Walter Brueggemann, *Genesis*, Interpretation: A Bible Commentary for
      Teaching and Preaching(Atlanta: John Knox, 1982), 47-49을 보라. Bruggemann은 창
      3:1-7의 주제와 Dostoevsky의 소설 『죄와 벌』(*Crime and Pusnishment*)을 놀랍게 대응시키
      면서 다음과 같이 말한다. "신뢰와 순종에 관한 이야기였던 것(창 2장)이 이제 죄와 벌에 관

정인) 책임 앞에서 나타나는 최초의 인간적 본능은 부정이다(창 3:8-12). 남자가 여자를 비난하고 이어서 여자가 뱀을 죄책이 있는 가해자로 지적함으로써 궁극적으로 인간(피조물)은 자신의 죄책을 창조주에게 투사한다("**당신이** 내 삶에 심어놓으신 **당신의** 피조물 중 하나가 나에게 그렇게 하도록 시켰습니다"). 그런 비난은 세상의 구조 안에서 하나님을 의심스러운 악의 저자로서 심판대 위에 올려놓는다. 책임에 대한 이런 거절은 하나님과 그분의 창조의 신성한 계시에 대한 위험한 왜곡이다. 그것은 창조주와 그분의 세상이 불완전하고, 결함이 있으며, 악하다는 것을 함의한다. 만약 인간이 **이런** 하나님의 형상을 따라 창조되고 그런 모습이 되도록 운명지어져 있다면, 구속에 대한 소망도 구원에 대한 기대도 존재하지 않는다. 이처럼 왜곡된 관점은 악을 창조 질서의 불가피한 측면으로, 즉 창조세계의 구조 안에 내재된 치유할 수 없는 치명적인 질병 곧 죽음에 이르는 병으로 예측한다. 또한 그런 주장은 인간이 저지르는 후속적인 악들을 편리하게 정당화한다. 그것은 인간의 도덕적 선택과 행위에 대한 그 어떤 책임도 편리하게 포기한다. 따라서 랍비 색스가 주장하듯이 이 근본적인 이야기의 "깊이와 독창성은 아담과 하와가 죄를 지었다는 것이 아니라(죄는 거의 독창적이지 않다) 그것이 보여주는 자기 기만의 정신 역학에 관한 통찰에 있다.…그들은 개인적 책임을 부정하고"[100] 또한 그렇게 함으로써 도덕적 행위자로서 자신들의 자유

---

한 이야기(창 3:1-7)가 된다. 간단히 말해서, 그 역학은 Dostoevsky의 그것과 다르지 않다. 죄와 벌 사이에 이상한 미끄러짐이 존재한다. 라스콜리니코프의 고통은 거기에 없는 것을 보고, 목소리를 들으며, 위협을 상상하는 데 있다. 죄책의 힘은 그 자체의 생명을 갖고 있다. 그것은 그 자체의 파멸을 초래한다. 죽음은 외적 강요에 의해서가 아니라 그 자신의 무게로 다가온다"(49).

100 Sacks, *To Heal a Fractured World*, 137. 저자는 죄에 대해 창 3장의 이야기에 대한 유대교의 해석을 반영하는 다음과 같은 정의를 제공한다. "죄는 잘못된 장소에서 이루어지는 행위, 곧 우주의 깊은 구조를 형성하는 경계와 제약들을 존중하지 않는 것이다. 그것은 **하브달라**

를 부정한다. 이것은 하나님의 형상이 새겨진 피조물로서 자신들의 정체성을 부정하는 행위, 즉 세상에서 타자에게 행하는 전쟁과 폭력이라는 현실과 관련된 심오한 사회정치적 함의를 지닌 행위다.

(자신의 실패와 관련해 타인을 비난하면서) 개인적 책임에 저항하는 것을 통해 악을 타자에게 투사함으로써 자신의 악을 외부화하는 것은 인간을 하나님과 이웃으로부터 소외시킬 뿐 아니라 인간을 정의하는 (그리고 피조물인 우리를 인간화하는) 존재론적 관계를 무너뜨린다. 그것은 자신과 타자 사이에 증오로 확대되면서 결국에는 정치적으로 편리한 순간에 타자를 희생양으로 만드는, 악마화로까지 이어지는 적대감과 폭력적 긴장을 만들어낸다. 찰스 테일러(Charles Taylor)는 폭력의 근원에 관해 숙고하면서 타자에 대한 폭력을 유발하는 메커니즘 안에 존재하는 필수적인 요소로 악의 외부화를 강조한다.[101] 증오가 사회 계약에 의해 규정되고 또한 시행되는 제약들을 통해 억압되고 억제되는 때조차 그것의 잠재적인 병적 상태는 다양한 형태의 사회적 배제와 (**범주적 폭력**[categorical violence]의 경우처럼) 사람들 개인이나 집단 전체에 대한 조직적 소외라는 병리 현상을 통해 드러날 수 있다.[102]

---

(havdalah), 즉 이것과 저것 사이의 차이와 무엇이 어디에 속해 있는지를 아는 인지적 행위에 관여하는 데 실패하는 것이다." 그는 예컨대 "바벨탑의 건설자들이 하늘에 자신들의 집을 세우고자 하면서 인간과 하나님 사이의 구분을 존중하는 데 실패했다"고 주장하면서 이런 개념을 설명한다(143).

101  Charles Taylor, "Notes on the Sources of Violence: Perennial and Modern," in *Beyond Violence: Religious Sources of Social Transformation in Judaism, Christianity, and Islam*, ed. James L. Heft, S. M. (New York: Fordham University Press, 2004), 15-42, 특히 19-23.

102  Taylor, "Notes on the Sources of Violence," 15. 저자는 "범주적 폭력"을 "모든 범주의 타자, 즉 그동안 한 번도 알았거나 접촉했던 적이 없는 사람들에게 행해지는" 측면에서 정의한다. Taylor는 "2001년 9월 11일의 사건"뿐 아니라 "소수의 희생양에게 가해지는 폭력이나 인종 청소 혹은 집단 학살 같은 현상"을 지적한다. 범주적 (하위) 폭력으로서의 사회적 배제라는 관행에 관해서는 32-35을 보라. 하위 폭력적 배제의 예로는 동유럽과 발칸반도의 국가들 전역에서 공산주의 치하에서 세워진 집시들의 게토(Roma ghettos)다. 집시들은 도시의 변

희생양 만들기는 폭력을 신성하게 하며 그것에 악을 사회 구조로부터 카타르시스적으로 추방/퇴치하는 아우라를 부여한다.[103] 특정한 정치적·경제적 시스템의 사회적 결과에 대한 소란스러운 대중의 불만에 직면해 희생양 만들기는 (지배 권력의 "전례들" 안에서) 조직적 악의 현실로부터 사람들의 관심을 돌리고 일시적으로 긴급한 정의의 요구를 억누를 뿐 아니라 자유로운 도덕적 행위자들을 불의의 상황에 책임을 지는 의무로부터 구해내는 신성한 살해(sacred killing)로 사용될 수 있다.[104] 희생양 만들기는 (전쟁에서처럼 외

---

두리나 경계 밖에 종종 높은 벽 뒤에 있는 고립된 지역에 묶여 있었다. 오늘날에도 (배관이나 수돗물 같은) 기본적인 기반시설도 없는 게토들이 많이 존재한다. 집시들이 자신들의 고유의 삶의 방식을 의도적으로 유지하고 보다 큰 사회와의 문화적 통합을 거부하기는 하나, 국가가 그들을 게토에 고립시키는 것은 그들의 사회정치적이고 경제적인 주변화를 더욱 심화시킨다. "Decade of Roma Inclusion 2005-2015"로 알려진 국제적인 운동(12개 유럽 국가 정부들의 협력 운동)을 통해 소수파 집시들에 대한 탈주변화와 포괄적인 사회적 편입을 시도하려는 최근의 노력에도 불구하고, 지금까지 별다른 진전은 이루어지지 않고 있다. ("Decade of Roma Inclusion 2005-2015"에 관한 선언과 다른 연관된 문서들은 ⟨http://www.romadecade.org와 http://www.romadecade.org/about-the-decade-decade-in-brief#⟩에서 찾아볼 수 있다.)

103  Taylor, "Notes on the Source of Violence," 19-20. Taylor는 René Girard의 작품, 특히 *Le Bouc émissaire*(Paris: Grasset 1982)와 *Je vois Satan tomber comme l'éclair*(Paris: Grasset, 1999), 그리고 John Keegan, *A History of Warfare*(London: Hutchinson, 1993)와 대화하면서 희생양 만들기의 메커니즘을 약술한다. Taylor는 어떤 이들을 목표물로 삼아 그들에 대한 폭력을 정당화하는 데까지 이어지는 세 가지 가능성을 다음과 같이 묘사한다. 1) Girard에 의해 표현된 "희생의 메커니즘." "사회를 해산하겠다"고 위협하는 "의사(擬似) 경쟁"에서 시작해, "한 사람의 희생자를 빼고 모두의 일치를 이루는 것"으로 이어지다가, 그 희생자의 희생을 대가로 "일반적인 평화"를 회복하는 것. 2) "희생양 메커니즘." Taylor에게 이것은 희생의 메커니즘과 같지 않다. 카타르시스—"추방된 것은 모든 악을 그 자신 안에 집중시킨다"라는 주장과 함께 "악을 추방하는 것"으로 시작해 "거룩한 분노"를 발산하고, 다시 한번 이전처럼 "단단함" 혹은 "확고한 충성"이라는 의미를 지닌 연합을 달성하는 것. 마지막으로 3) 외부의 적/목표물을 찾아 그것에 대해 전쟁을 벌임으로써 내부의 손상을 제한하는 것. 여기서 Taylor는 처음에는 전쟁 역시 "의례화되었다"는 Keegan의 주장을 빌려온다.

104  불가리아의 최근의 역사에서 "재탄생 과정"(Vuzroditelen Process)이라고 불리는 운동—그것은 소수파인 튀르키예인과 푸마크인(Pumaks, 오토만 통치기에 이슬람으로 개종한 불가리아인)의 문화적 동화를 목표로 했다—은 사람들이 그들의 불안한 상황과 잠재적인 사회적 불만의 확대로부터 다른 곳으로 관심을 돌리도록 만들기 위해 그 나라의 공산당 정권

부적이거나 인종 청소에서처럼 내부적인) "적"을 제거하고 나면 악이 소멸될 것이고 삶이 고통과 불의로부터 구원을 얻게 되리라는 약속을 통해 (전제주의에서는 물론이고 민주적인 정부 형태에도) 신성한 권력의 신화를 유지한다.

그동안 인간을 향해 자행된 수많은 잔혹 행위들이 범주적 폭력이라는 메커니즘을 통해 하나님과 국가의 이름으로 신성한 그리고 카타르시스적인 살해로 정당화되었다.[105] (우리 가운데 있는 타자/낯선 이에 대한 두려움으로서)

에 의해 시행된 희생양 만들기의 한 예로 간주될 수 있다. "재탄생 과정"은 공산주의가 붕괴되기 불과 몇 달 전인 1989년 봄과 여름에 이런 소수파들을 강제로 불가리아로부터 추방한 것에서 정점에 도달했다. 2010년에 불가리아 의회의 인권 및 종교적 자유 위원회는 공산주의 정권이 그 나라의 튀르키예인들에 대한 강제적인 동화를 승인한 것을 비난하는 선언을 승인하고 1989년에 360,000명의 튀르키예인들을 추방한 것을 인종 청소의 한 형태로 묘사했다(Sofia News Agency, "Bulgaria MPs Move to Declare Revival Process as Ethnic Cleansing," Novinite.com [February 11, 2010]).

105  범주적 폭력이라는 무서운 드라마는 유럽의 역사 전반에서 자행되었던 유대인과 집시들에 대한 학살, 르완다와 케냐에서 있었던 부족 학살, 나이지리아와 소말리아 그리고 중동의 여러 나라에서 일어나고 있는 그리스도인들에 대한 반복적인 폭력, 힌두교도에 의한 무슬림교도 학살, (1990년대의 전쟁 기간에 만들어진) 보스니아와 크로아티아의 대규모의 무덤들, 새로운 범세계적 팬데믹으로서의 테러리즘에 의해서뿐 아니라 프랑스 혁명과 볼셰비키 혁명 그리고 중국의 문화 혁명 기간 동안 이념적 타자와 사회경제적 타자에 대해 행해진 대규모 숙청에 의해서도 예시된다. 범주적 폭력/대량 학살의 원인과 관련해 정치학 분야에서의 합의가 존재하지 않는다는 것에 주목할 필요가 있다. 그러나 Scott Straus는 다섯 개의 이론군(five closters of theories)을 유용하게 식별한다. 첫 번째 것은 "집단 간의 적대감과 분열"을 중심으로 전개되며 대량 학살을 사회적 배제와 주변화라는 "기존의 경멸적인 대중의 믿음과 차별적인 제도적 관행"에 뿌리를 둔 것으로 보는데, 그것은 집단들 사이에 오랫동안 존재해왔던 증오, 불신, 두려움 그리고 비인간화를 강화한다. 두 번째 것은 정치 체제의 특성에 초점을 맞추면서 대량 학살은 대안적 정치사상에 대한 정치적 탄압의 역사가 있을 때, 그리고 어떤 정치 체계와 시민 사회가 극단적 수단들을 제어하는 견제와 균형을 갖추지 못하는 경우 "권력이 소수의 결정권자들의 손에 집중될 때 가능하다"고 주장한다. 세 번째 것은 고통스러운 트라우마의 기간 동안 "스트레스와 격변"이 갖는 촉매 효과를 강조하는데, 그것은 결과적으로 사회 내의 특정한 집단에 대한 비난과 희생양 만들기로 향한다. "큰 변화와 불확실성의 기간"에 사람들이 "극단적인 정책"을 훨씬 더 잘 수용한다는 주장 역시 이 부류에 속한다. 네 번째 것은 "분석의 중심에 이념을 놓고" "정치적 상상력"(가령, 인종적 유토피아, 민족의의 프로젝트 등)을 이해할 필요성을 강조한다. 다섯 번째 것은 대량 학살과 전쟁 사이의 경험적 연결에서 "대량 학살의 전략적 기원"을 찾아낸다(가령, 집단 학살을 현대전의 "확장"으로 보는 것). Scott Straus, *Making and Unmaking*

외국인 혐오의 수사학은 모든 종교적·인종적·문화적·이념적 타자성을 사회 조직과 공동체적 안녕의 완전성, 안정성 그리고 "순결성"[106]을 잠재적으로 위협하는 것으로 예측한다. 악을 어느 하나의 집단 속으로 외부화하는 것은 세계를 "우리"와 "그들"로 구분할 것을 요구한다. 그것은 (찰스 테일러의 용어를 빌리자면) "대조 케이스"(a constrast case)[107]의 존재—악을 인격화하는 도덕적 반대자로서의 타자의 출현—를 요구한다. 자신과 타자 사이의 구성된 대조는 사회의 정화를 위한 십자군의 정체성을 규정하고 강화할 뿐아니라 비난의 대상이 되는 인구학적 집단 안에서 구체화되는 외부 현실로서의 "악, 실패, 과실을 규정하기도 한다."[108] 그러므로 희생양 만들기 과정은 로고스 중심적 이분법(logocentric binaries)[109]—선과 악, 옳고 그름, 순결

Nations: War, Leadership, and Genocide in Modern Africa (Ithaca, NY: Cornell University Press, 2015), 3-5을 보라. 기존의 이론들의 강점과 약점들을 분석한 후, 저자는 이념적 주장과 전략적 주장 사이의 "종합"을 지지한다(33). 또한 우리는 Magnus I. Midlarsky의 작품 Origins of Political Extremism: Mass Violence in the Twentieth Century and Beyond (New York: Cambridge University Press, 2011)에 관심을 기울일 수도 있을 것이다. 그 책의 저자의 연구는 특별히 정치적 극단주의와 폭력의 원인으로 (둘이 결합될 때) "덧없는 이익"과 "죽음의 현저성"의 중요성에 초점을 맞춘다.

106  Charles Taylor가 지적하듯이 "지라르식의 희생양 메커니즘이 외부자들이 내부에서 활동하는 것으로 정의할 때", 그들은 "오염시키는 자들"로 보인다("Notes on the Sources of Violence," 20).

107  Taylor, "Notes on the Sources of Violence," 20. Taylor는 "대조 케이스"가 늘 "어떤 중요한 위협"을 대표하는 것으로 보여야 하는 것은 아니며 "실제적 접촉이 없는 멀리 있는 사람들"을 포함할 수 있음을 지적하는데, 그 경우에 대조는 "비록 접촉할 경우 끔찍한 진인성을 허용할 수 있으나 상대적으로 해가 없을 수 있다." 그는 정복(conquista)과 노예 무역을 예로 제시한다.

108  Taylor, "Notes on the Sources of Violence," 20.

109  Jacques Derrida는 그의 유명한 작품 Of Grammatology에서 "로고스중심주의"(logocentrism)를 "음성학적 쓰기의 형이상학"으로 규정하는데, 그것은 쓰기, 과학 그리고 형이상학의 역사라는 개념을 통제하는, "세상에 자신을 부과하는" "가장 독창적이고 강력한 민족 중심주의에 다름 아니다"(Of Grammatology, trans. Gayatri Spivak [Baltimore, MD: Johns Hopkins University Press, 1998], 3-4). 『그라마톨로지』(민음사 역간).

과 불결―이라는 대조적이고 소외적인 수사학을 통해 사회의 파편화를 보급하는데, 그 안에서 특권적이고 긍정적인 의미는 사회 정의의 집행자에게 귀속되고 부정적인 의미는 비난받는 타자에게 귀속된다. 희생양 만들기의 정당화에는 종종 타자가 모든 선하고 당당하며 덕스럽고 거룩한 것의 대척점에 있는 자들로 투사될 때까지 그들에 대한 조직적인 훼손과 비인간화를 통해 이루어지는, 그들에 대한 왜곡된 시각이 요구된다. 타자를 사회적 역병처럼 비방하는 것은 그들에 대한 박멸 가능성을 향한 집단적 상상을 촉발하고 그것에 신성한 도덕적 의무의 지위를 제공한다.

　　희생양 만들기의 비인간화하는 왜곡은 그 바탕을 타자에 대한 박멸을 정당화하기 위해 선과 악 그리고 구속과 사회적 치유의 현실을 위험하게 전도하는 것에 두고 있다. (십계명에 따르면) 구속은 공동체적인 일이고 타자가 없이는 구속도 없기 때문에 타자에 대한 살해를 신성시하는 것은 구속의 가능성을 위험에 빠뜨리는 행위가 된다. 그런 경우에는 자신과 타자 사이의 치유에 대한 소망이 없고, 낙원에 대한 기억을 되찾고 타자의 얼굴에서 하나님의 얼굴을 볼 소망도 없으며, 하나님의 모습을 닮은 미래도 없다. 따라서 사회에서 나타난 악과 그것이 창조세계에 미치는 황폐하게 만드는 영향에 대한 개인적 책임을 부정하는 것은 인간의 미래에 해롭다. 역으로 세계의 상황에 대한 자신의 책임을 인정하고 받아들이는 것은 구속의 시작이다. 자신의 행동과 말과 사고의 결과에 대해 책임을 지는 것은 그것이 없이는 우리의, 그리고 우리가 인간 및 비인간 타자와 맺는 관계의 갱신/치유가 있을 수 없는 (개인적 변화에 이르는 입구인) 회개를 위한 문을 열어준다.[110]

---

110　회개의 치유적이고 사회 변혁적인 효과를 개인의 변화 및 기억의 역할의 치유적 변화와 관련해 통찰력 있게 다루는 것에 대해서는 Max Scheler의 "Repentance and Rebirth," in *On the Eternal in Man*, trans. Bernard Noble(Hamden, CT: Archon, 1972)을 보라.

회개는 자신, 타자 그리고 세상을 향한 우리의 전망 안에서 일어나는 변화의 시작이다. 그것은 성령의 시간을 초월하고 해방시키는 진리라는 냉정한 현실주의로 시간이 압축한 물질적 존재에 대한 근시안적인 인간적 전망을 조명하면서 종말론적 소망에 대한 통찰을 통해 세계의 상황을 이해하는 렌즈의 초점을 맞추고 예언자적 불만의 비판적 예봉을 날카롭게 한다.

회개는 타자를 비난하고, 악을 외면화하며, 그로 인해 자신과 동료 인간 사이의 갈등에 불을 붙이려는 인간의 본능(그것은 희생양 만들기와 타자에 대한 물리적 폭력으로 비화할 수 있다)으로부터 방향을 전환한다. 그러므로 (세상의 부서짐과 타자의 생명에 대한 접근을 의도적으로 고갈시킨 것에 책임을 지는 것으로서의) 회개는 불화, 증오, 압제, 착취, 피흘림 그리고 타자에 대한 공격을 끝내도록 돕는다. 그런 회개는 정의로운 사회, 즉 모든 이가 생명에 접근할 수 있는 평등과 평화의 사회의 구성 요소다.

갈등의 외부와 대조되는 내면화—우리가 세상에서 이끄는 근본적인 투쟁은 자신 안에 있는 것이지 자신과 타자 사이의 관계적 공간 안에 있는 것이 아니라는 이해—는 실제로 개인에게 능력을 부여하고 해방시킬 뿐 아니라 심오한 사회 변혁적 효과를 갖는다. 조너선 색스가 말하듯이

> 일단 우리가 우리의 상황의 원인을 우리의 통제 너머 "바깥 저곳"에 있는 외적 요소들이 아니라 우리 자신 안에서 찾는다면, 우리는 인간의 자유의 범위를 확대시킨다. 책임은 학습된 무력감에 대한 부정이다. 그것은 감당하기에는 큰 무게다. 그러나 다른 방식은 훨씬 더 무겁다.[111]

---

111    Sacks, *To Heal a Fractured World*, 187.

회개(와 세상의 고통에 대한 책임 떠맡기)의 사회 변혁적 효과는 참회와 용서, 그리고 상호 간의 언약적 책임의 문화를 육성하고 유지하는 것에 관한 관심을 가리킨다. 회개는 정치적 계약의 의무를 넘어서 "활발한 개인 간의 책임에 근거한" 시민적 언약의 의도를 향해 움직일 필요를 강조한다.[112] 그것은 우리가 무관심, 냉담, 불개입 혹은 타자의 안녕을 희생해서 얻는 방종 같은 사치를 부인하고 세상의 상처와 치유에 참여하는 것에 대해 설명하도록 우리를 소환한다. 시민적 언약 안에서의 삶은 (사람들 사이의 사회적 현실에 맞서 개인의 자율이라는 개념을 높이는 것의 반사회적이고 비인간화하는 효과를 법적 현실로 만드는) 현대 서구 사회에 의해 우상화된 개인주의와 소비주의라는 문화적 규범으로부터 물러선다. 공동체 의식에 대한 각성은 데스몬드 투투(Desmond Tutu)의 말을 빌리자면 정치적 반대자, 이전의 압제자, 현재의 경제적 착취자, 학대자, 고문자 그리고 적을 포함해 사회의 모든 구성원의 안녕을 진지하게 다루는 변화의 영성을 요구한다.[113] 이런 영성이 언약적이고 도덕적인 사회에서 구현될 때, 그것은 바츨라프 하벨(Vaclav Havel)이 "도덕적 상태"[114](the moral state [그것 바깥에서 민주주의는 불가능한 프로젝트로 남는다])[115]라고 불렀던 것을 세우는 데 기여하고 "도덕의 실천으로서 정치"[116]의 존재를 보장한다. 이런 언약적 영성은 그 안에서 동료 인간과 공유하는 평화와 안녕이 성령의 돌보심을 받으며 성장하고 번성하는 토양이 된다.

---

112    Sacks, *To Heal a Fractured World*, 115.
113    Desmond Tutu, *The Rainbow People of God* (New York: Doubleday, 1994), 특히 6장을 보라.
114    Vaclav Havel, "Politics, Morality, and Civility," in *The Essential Civil Society Reader: Classic Essays in the American Civil Society Debate*, ed. Don E. Eberly (New York: Rowman & Littlefield, 2000), 396.
115    Havel, "Politics, Morality, and Civility," 391-402, 특히 401.
116    Havel, "Politics, Morality, and Civility," 397.

기독교는 여러 세기 동안 회개의 삶이라는 금욕적 훈련과 그것이 개인적이고 집단적인 사회 변혁에 대해 갖는 의미를 강조해왔다. "무릎"의 관점으로 살아가는 삶은 개인적 책임을 피하려는 시도 속에서 이루어지는 과잉 영성화와 과소 영성화라는 두 가지 오류 모두로부터 우리를 보호해준다. 실제로 회개는 세상의 치유에 대한 추구가 "혈과 육을 상대하는" 싸움이 아니며 "하늘에 악한 영들"이 있음(엡 6:12)을 염두에 두면서 무엇보다도 우리 자신의 "육"─꿈과 갈망의 요람(롬 7:5-25)─안에서, 즉 우리의 마음과 정신 안에서 이루어지는 싸움에 주목할 것을 주장한다. 회개에는 조직적인 악이 우리의 선택의 결과이고 빈곤과 착취는 우리의 탐욕과 욕망 때문에 생긴다고 고백하는 것이 수반된다. 그것은 우리의 사회적 이미지(와 그것에 상응하는 윤리)에 대한 수정과 "정화"를 촉진할 뿐 아니라 한때 적으로 지정되었던 타자와 화해하는 길을 열 수 있는 자기 비판적 렌즈를 제공한다.[117]

이 장 앞 단락에서 지적했듯이 성경은 구속적인 우주적 변화의 근거를

117   Irvin Greenberg("Religion as a Force for Reconciliation and Peace: A Jewish Analysis," in *Beyond Violence: Religious Sources of Social Transformation in Judaism, Christianity, and Islam*, ed. James L. Heft, S. M. [New York: Fordham University Press, 2004], 88-112)는 회개의 사회 변혁적 효능을 종교 간의 갈등과 대화의 맥락에서 숙고한다. 그는 도덕적·문화적 상대주의에 빠지지 않고 다원주의적 정치 체제를 세우기 위한 "토대로서의 자기 비판"의 중요성을 지적한다(109). 홀로코스트 이후에 유대교와 기독교의 대화에 참여했던 유대교 학자로서 그는 그리스도인들이 홀로코스트에 대한 책임을 지는 예와 이런 행위가 기독교의 메시지의 신뢰성과 영향에 끼치는 효과를 높이 평가한다. 그러므로 Greenberg는 다음과 같이 말한다. "회개를 통해 그리스도인들은 자기를 비판하고, 대체주의(supercessionism, 기독교가 유대교를 대체했다고 여기는 것─옮긴이)를 거부하고, 반유대적인 고정관념을 명확히 하고 제거하려고 싸웠다. 그들은 테러와 배제의 텍스트를 줄이고 중화하기 위해 노력했다. 그 과정에서 그들은 기독교를 훨씬 더 도덕적으로 효과적인 신앙으로 만들었다. 그들은 그것을 증오라는 특권화된 성소가 되는 것으로부터 사랑─심지어 유대인을 향한─이라는 참된 복음이 되도록 움직였다"(100). 현재의 단락은 회개를 사회적 책임과 관련해 논하는 반면, 4장은 그것의 중요성을 용서와 화해의 맥락에서 다시 논할 것이다.

"성령의 일"에 우리의 마음을 맞추고 그분의 길을 따라 살아감으로써(롬 8:5-8) 우리의 의지와 갈망을 성화시키는 것에 둔다. 이런 변화의 여정에는 성령이 인간의 양심을 동요시키고 마음의 숨은 동기를 드러낼 때 발생하는 인간의 책임에 대한 각성이 포함된다. 바로 그것이 구속의 본질로서 하나님처럼 되는 것에 대한 교육이 성경 이야기 속에서 뚜렷하게 성령이 이끄시는 운동으로 표현되는 이유인데, 색스는 그것을 **"인간을 위해 하나님에 의해 이루어지는 행위로부터 하나님을 위해 인간에 의해 이루어지는 행위로"** [바꾸는 것이라고] 말한다.[118] 이런 운동은 구약과 신약성경을 모두 포괄한다. 하나님은 그분의 백성을 압제로부터 구해내시고 자유케 하심으로써 그들이 자신의 길을 택하고 자신과 같은 모습으로 변화되어 세상을 변화/개선시키게 하신다. 사도행전은 이런 운동의 정점이다. 성령의 역사를 통해 성육신한 그리스도 곧 그들의 개인적이고 공동체적인 삶에서 육신이 되신 하나님의 방식이 된 자들은 (성령의 능력으로, 행 2장) 세상을 변화시키는 자들이 된다. 그들은 세상을 뒤흔들고 움직여(행 17:6) 변화되게 한다.

인간의 작용을 동원하도록 요구하는 이런 운명에 비추어볼 때, 토라와 모든 성경은 책임에 대한 부르심이다.[119] 하나님의 말씀은 인간을 "그 길"(행 22:4)로 다시 소환해 타자 및 창조세계의 나머지와의 관계를 치유하게 한다. 본질적으로 이것은 우리와 하나님의 관계에 대한 치유다. 왜냐하면 십계명의 논리에 따르면 타인에 대한 죄는 하나님 자신에 대한 죄이기 때문이다. 그것은 악을 개인적 갈망이라는 내면, 즉 정신과 마음의 삶 속에 위치시킨다. 그곳, 즉 인간의 가장 내밀한 곳에서 온 우주의 변화가 시작된

118    Sacks, *To Heal a Fractured World*, 157.
119    Sacks, *To Heal a Fractured World*, 28. 이것은 Sacks의 책의 주된 기본 주장 중 하나다.

다. 인간은 말씀을 내면화하면서 하나님의 말씀을 따라 세상을 구속적인 방식으로 재정립하는 일에 참여하면서 그 말씀의 구현이 된다.

시편 51편에 실려 있는 다윗의 참회의 기도는 이런 갱신 과정을 가장 잘 보여준다. 그것은 인간의 범죄를 완전히 지워버리는 하나님의 자비와 연민에 대한 인식 속에서 긍휼을 탄원하는 것으로 시작한다(시 51:1-2). 그것은 저질러진 악에 대해 책임을 지겠다는 고백(시 51:3)과 타자에게 행한 죄가 실제로는 하나님께 행한 죄였고 지금도 그런 죄라는 인식(시 51:4, "내가 주께만 범죄하여 주의 목전에 악을 행하였사오니 주께서 말씀하실 때에 '의로우시다' 하고 주께서 심판하실 때에 '순전하시다' 하리이다")으로 이어진다. 시편 51:4의 후반부는 다시 한번 하나님의 의로우심을 높이고 따라서 (아담과 하와와 반대로) 그분이 악이 없으시다고 선언함으로써 인간의 책임을 다시 한번 강조한다. 5절과 6절은 타락한 인간의 상황과 해방시키는 진리의 조명을 통한 인간의 내적 변화를 향한 하나님의 의지에 대한 인식으로 이어진다(시 51:6, "보소서, 주께서는 중심이 진실함을 원하시오니 내게 지혜를 은밀히 가르치시리이다"). 갱신을 향한 시편 저자의 절망적인 부르짖음(시 51:7-12)은 용서와 성화의 구속하는 능력으로 인간의 바람과 갈망을 정화하고 (인간 존재의 핵심인) 마음의 의도를 깨끗하게 하시는 하나님의 능력에 대한 확신으로 가득 차 있다. 13절은 그 구절을 "그리하면 내가 범죄자에게 주의 도를 가르치리니 죄인들이 주께 돌아오리이다"라는 확신으로 장식하는데, 이것은 의의 길에서 용서를 받아 새롭게 된 이는 세상에서 하나님의 치유의 임재의 도구가 된다는 의미다. "주의 도"는 이제 타자를 향한 의와 정의로 제정된 인간의 마음에서 쏟아져나온다. 이것은 구현된 토라이고 그것의 변형적 능력은 인간 사회에 전염된다. 그것은 타자가 하나님께 나아와 생명을 찾는 길이 된다.

그러므로 토라를 아는 것은 그것을 지키는 것(혹은 그것을 살아내는 것)
이다. 하나님을 아는 것은 타자를 위한 구체적인 사랑으로서 그분의 뜻을
행하는 것이다. 하나님의 말씀을 듣고 그것을 행하는 것은 하나님의 참된
가족에 속하기 위한 기준이다(눅 8:21). 말씀을 지키는 것이 죽음에서 벗어
나 영생에 이르는 길을 만든다(요 8:51). 그런 까닭에 시편 저자는 "나의 발
걸음을 주의 말씀에 굳게 세우소서"(시 119:113)라는 진지한 기도를 드린
다. 그에게 주의 말씀은 더 풍성한 생명인 의의 길이다. 거꾸로 성경은 "창
조세계에 대한 파괴는 토라에 대한 불순종으로부터 나온다"고 암시한다.[120]
따라서 호세아 4:3은 깜짝 놀랄 만한 생태계의 파괴에 대해 묘사한다. "그
러므로 이 땅이 슬퍼하며 거기 사는 자와 들짐승과 공중에 나는 새가 다 쇠
잔할 것이요 바다의 고기도 없어지리라." 하나님은 이런 환경적 재앙의 이
유를 밝히신다. 그런 일이 일어난 것은 "이 땅에는 진실도 없고 인애도 없
고 하나님을 아는 지식도 없"어서다(호 4:1). 인간은 주의 길을 배우고 타자
에 대한 자비와 정의를 통해 그것을 구현하는 대신 폭력과 유혈의 끊임없
는 순환에 개입했다(호 4:2). 따라서 랍비들의 가르침의 의미를 과도하게 확
장하는 얼마간의 위험을 무릅쓰면서 우리는 타자에 대한 증오와 폭력은 온
세상을 향한 폭력이라고 결론지을 수 있다. 탈무드는 이런 놀라운 결론을
복원하지만, 거기서 그치지 않고 그것을 다음과 같은 희망적이고 힘을 실
어주는 진술과 대조한다. "한 영혼을 파괴하는 자는 누구든지 온 세상을 파
괴한 것으로 간주된다. **한 생명을 구원하는 자는 누구든지 온 세상을 구원한
것으로 간주된다.**"[121]

---

120  Walter Brueggemann, *The Practice of Prophetic Imagination* (Minneapolis: Fortress, 2012),
    35.
121  Mishina, Sanhedrin 4:5; Bablylonian Talmud, Sanhedrin 37a. Irvin Greenberg는 탈무드

유대교와 기독교가 모두 각 인간의 삶의 신성함을 높이고 각 인간이 세상의 상황에 대해 집단적 책임을 공유한다는 깨달음을 강조하는 것은 또한 사회 변혁에 대한 그들의 전망에 변화를 가져다준다. "삶을 변화시켜라, 그러면 당신은 세상을 변화시킬 수 있다."[122] 그런 견해는 세상의 모든 것을 삼켜버릴 듯한 파괴와 고통 앞에서 개별적인 도덕적 행위자를 압도할 수도 있는 무력감으로부터 빠져나올 길을 제공한다. 점증하는 빈곤, 죽음, 질병, 폭력, 압제 그리고 생태적 재앙이라는 범지구적 도전에 절망하는 이들은 이렇게 힘을 제공하는 낙관주의를 통해 한 번에 한 걸음씩 세상의 개선을 위해 노력하는 일(한 번에 한 걸음씩 행하는 의와 정의, 긍휼과 사랑의 행위)을 계속해나가기 위한 희망과 용기를 발견할 수 있다. 사회 변혁적 인간 행위에 대한 이런 전망은 또한 우리의 가까운 이웃의 필요—종종 그것은 범지구적 정의에 대한 압도적이고 현재적인 요구라는 익명의 일반성에 의해 흐려진다—와 관련된 도덕적 근시에 대해 치유책을 제공한다. 세상을 변화시키는 것은 우리 가까이에 있는 타자의 상황을 변화시키는 것, 즉 그들에게까지 하나님의 환대를 확장하고, 하나님을 닮는 과정에서 그들을 위해 절제하며, 그들의 번영을 위해 필요하지만 결여된 것을 제공하고자 하는 것에서 시작된다. 언제나 독특하고[123] 대체할 수 없는 하나님의 형상인 타자의 얼굴은 우리에게 생명과 번영에 대한 접근으로서의 정의를 구하며 부르짖는 세상의 얼굴이 된다. 바로 이것이 세상이 한 사람으로, 한 번에 한

---

의 이런 진술의 두 번째 부분을 "하나님의 형상의 세 가지 근본적인 위엄" 즉 무한한 가치, 평등, 그리고 독특성 중 첫 번째 것에 비추어 언급한다. 그는 (하나님의 형상으로서) 각 개인이 무한한 가치가 있기에 우리는 그 개인을 구원함으로써 "무한을 구원한다"고 말한다 ("Religion as a Force for Reconciliation and Peace," 95).

122    Sacks, *To Heal a Fractured World*, 72.

123    Greenberg, "Religion as a Force for Reconciliation and Peace," 95.

생명으로 변화되는 방식이다. 사회 변혁의 이런 변증법 안에서 변화는 변화의 대행자이자 변화하는 대행자인 우리와 더불어 시작된다. 우리가 먼저 우리 자신을 변화시키고 타자를 다른 방식으로 바라본다면, 우리는 세상을 변화시킬 수 있다.[124] 그리스도인들에게 이런 변화는 절망적으로 곤고한 세상 가운데 존재하는 성육신한 말씀인 그리스도의 살아 있는 확장에 다름 아니다.

인간 공동체가 말씀을 위한 집이 될 때, 모든 창조세계는 하나님과 평화를 이룬다. 이사야 11:1-9에 실려 있는 영광스러운 종말론적 구절은 이런 성경의 주장을 예시한다. 그 위에 야웨의 영이 머무는 메시아(사 11:2, "그의 위에 여호와의 영, 곧 지혜와 총명의 영이요 모략과 재능의 영이요 지식과 여호와를 경외하는 영이 강림하시리니")가 세상에 하나님의 포괄적인 정의를 수립하고(사 11:4-5) 모든 것에 스며드는 평화로 나타나는 창조세계의 치유를 가져올 것이다.

그때에 이리가 어린양과 함께 살며, 표범이 어린 염소와 함께 누우며 송아지와 어린 사자와 살진 짐승이 함께 있어 어린아이에게 끌리며 암소와 곰이 함께 먹으며 그것들의 새끼가 함께 엎드리며 사자가 소처럼 풀을 먹을 것이며 젖 먹는 아이가 독사의 구멍에서 장난하며 젖 뗀 어린아이가 독사의 굴에 손을 넣을 것이라. 내 거룩한 산 모든 곳에서 해 됨도 없고 상함도 없을 것이니 이는 물이 바다를 덮음 같이 여호와를 아는 지식이 세상에 충만할 것임이니라(사 11:6-9).

이것은 하나님에 대한 지식으로 충만한 세상의 미래에 대한 매력적인 비전

---

124    Rabbi Jonathan Sacks, *The Politics of Hope* (London: Vintage, 2000), 269.

이다. 우리는 그런 세상으로부터 말씀을 짜낼 수 없는데, 왜냐하면 그런 세상에서 말씀은 우리와 타자가 맺는 관계의 본질적 구조로서 그 안에 유기적으로 존재하기 때문이다. 이것은 구속되고 치유된 우주에 대한 황홀한 엿보기다. 유한한 우주적 물질의 존재가 무한한 성령의 삶 속으로 들어가는 이런 구속적 변화는 저주에 대한 역전이다. 그것은 죽음과 고통을 종결시키고 인간과 창조세계의 나머지 사이에 맺는 관계는 물론이고 모든 비인류 피조물 사이에 맺는 관계의 치유에서 정점에 이른다. 더 이상의 피흘림이 없고 우리의 존재는 타자를 소비하는 것을 통해서 유지되지 않는다. 우리의 삶은 더는 다른 이의 죽음과 함수 관계에 있지 않다. 이것은 신성한 임재의 관대한 환대 속에서 이루어지는 낙원의 회복이다.

## 평등, 정의 그리고 평화

만약 인간 공동체가 물질적 우주 안에서 삼위일체 하나님의 아이콘이 되도록 창조되었다면, 그것의 삶은 애정 어린 자기 비움(kenosis)과 금욕(askesis)으로 표현되는 공동실체성(consubstantiality), 공평성, 상호내주라는 특징을 지녀야 한다. 이런 징표들의 가시적 임재가 없다면, 인간의 공동체적 존재는 무너지고 그와 더불어 그 존재가 유기적으로 그 안에서 그리고 그것을 위해 만들어진 세상도 함께 무너진다. 성별, 나이, 인종, 민족, 종교와 상관없이 각 인간에게서 나타나는 신성한 형상의 현존은 포괄적인 정의에서 그것의 표현을 찾는 사회적 평등의 토대가 된다. 그리고 이어서 그것은 모든 이가 생명에 접근하는 것을 통해 나타나는 편재하는 평화로 이어진다. 따라서 위르겐 몰트만은 사회 정의와 지구의 번영에 관해 숙고하면서 다음과 같이 말한다.

"세상이 망할지라도 정의가 시행되게 하라"(*Fiat justitia pereat mundi*)라는 오래된 속담은 과도한 의와 정의를 가정한다. 그러나 만약 의가 평화와 생명을 낳아야 한다면, 그 속담은 "세상이 살도록 정의와 의가 시행되게 하라"(*Fiat justicia vivat mundi*)가 되어야 한다.[125]

실제로 평등, 정의, 평화의 현실은 서로 분리될 수 없다. 그것들은 하나가 다른 것들의 전제 조건이 되기에 유기적으로 그리고 기능적으로 서로 연관되어 있다.[126] 이런 불가분의 연속성은 구약성경에서 가장 분명하게 표현된다. 레비나스는 구약성경이 타자를 위한 정의에 급진적으로 집착하는 것에 대해 숙고하면서 다음과 같이 말한다.

> 토라는 결국 세상의 순전한 존재 방식과 충돌하는 그것의 요구 때문에 초월적이며 하늘로부터 온 것이다. 토라는 각각의 존재가 그 자신의 힘으로 존재한다는 것에 반대하면서, 이방인과 과부와 고아에 대한 관심과 다른 사람에 대한 배려를 요구한다.[127]

토라의 하나님은 의를 가난한 자, 억눌린 자, 권리를 빼앗긴 자에 대한 정의와 동등하게 여기신다(신 10:17-18; 16:19-20). 이 개념은 추상적인 것 이상이며 자신의 생명에 대한 접근권을 동료 인간과 공유하라는 구체적인 지시

---

125  Jürgen Moltmann, *Ethics of Hope* (Minneapolis: Fortress 2012) 164. 『희망의 윤리』(대한기독교서회 역간).

126  공동선의 추구에 있어서 정의, 용서, 그리고 평화 사이의 관계에 대한 설명을 위해서는 이 책의 4장을 보라.

127  Emmanuel Levinas, *In the Time of the Nations*, trans. Michael B, Smith (London: Athlone, 1994), 61.

를 통한 경제적 정의에 대한 요구에서 정점에 이른다. 신명기 24:17-22의
본문은 타자의 안녕에 대한 책임이라는 언약적이고 공동체적인 의식과 그
들의 위엄을 보호하면서("나그네, 고아 그리고 과부"[128]라는 유명한 세 부류의 인간
으로 요약되는, 따라서 이민자, 낯선 이, 인종적이고 종교적인 타자를 포함하는) 가난
한 자를 위한 분배적 정의에 대한 헌신을 육성하는 경제 프로그램을 약술
한다.

> 너는 객이나 고아의 송사를 억울하게 하지 말며 과부의 옷을 전당 잡지 말라.
> 너는 애굽에서 종 되었던 일과 네 하나님 여호와께서 너를 거기서 속량하신 것
> 을 기억하라. 이러므로 내가 네게 이 일을 행하라 명령하노라. 네가 밭에서 곡
> 식을 벨 때에 그 한 뭇을 밭에 잊어버렸거든 다시 가서 가져오지 말고 나그네
> 와 고아와 과부를 위하여 남겨두라. 그리하면 네 하나님 여호와께서 네 손으로
> 하는 모든 일에 복을 내리시리라. 네가 네 감람나무를 떤 후에 그 가지를 다시
> 살피지 말고 그 남은 것은 객과 고아와 과부를 위하여 남겨두며 네가 네 포도
> 원의 포도를 딴 후에 그 남은 것을 다시 따지 말고 객과 고아와 과부를 위하여
> 남겨두라. 너는 애굽 땅에서 종 되었던 것을 기억하라. 이러므로 내가 네게 이
> 일을 행하라 명령하노라.

---

128 구약성경에 나오는 이 세 부류 인간의 의미와 중요성에 관한 개요를 위해서는 Mark Sneed,
"Israelite Concern for the Alien, Orphan, and Widow: Altruism or Ideology?" *Zeitschrift für
die alttestamentliche Wissenshaft* 111, no. 4 (1999): 198-507을 보라. 저자는 그 세 부류가
단지 가난한 사람만이 아니라 "그들을 지탱해줄" 친척이 없어서, 그리고 그러기에 "성
문에서 구걸하는 눈먼 자와 다리 저는 자들 가운데 앉을 수밖에 없어서" 가난 속에서 특별
히 더 쉽게 부서질 수 있는 사람들을 가리킨다고 지적한다. Sneed는 고대에 "그들을 지지해
줄 친척 네트워크의 결여"는 물론이고 "그 어떤 현대적인 복지 시스템"도 없었기 때문에 이
런 사회적 범주에 속한 자들은 아주 쉽게 (합법적이고 불법적인) 압제와 소멸에 노출되었
다"고 주장한다(500-501).

실제로 인간의 위엄을 보호하는 것은 모세의 율법과 랍비 전통 모두의 근본적인 관심사다. 원치 않는 (금욕의 실천으로 의도적으로 수용되지 않은) 빈곤은 사람을 비참하게 만들고 타자의 자비에 의해서야 부분적으로 경감될 수 있는 굴욕적인 존재의 상황 속으로 밀어넣는다. (금전을 지원하거나 음식, 의복, 주거지를 제공하는 전통적 형태의) 자선이 고통과 결핍의 순환을 일시적으로 깨뜨릴 수는 있으나, 그것은 결코 장기적인 해결책을 제공하지 못한다. 자선은 수여자에게 약간의 존중감을 제공할 수는 있으나 그것의 수령자들에게는 절망적인 의존감을 줄 수 있다. 인도주의적인 구제는 경제적 개입을 위해 필수적이지만(그리고 이미 보았듯이 근본적인 기독교적 명령이지만[마 25장]), 건강한 성인에게 가장 적합한 형태의 자선은 적절한 고용,[129] 질 좋은 교육, 그리고 직업 훈련 같은 필수적인 사회 기반 조건을 통해 경제적 능력을 부여함으로써(그것은 사회정치적 해방 및 비주변화와 분리될 수 없다) 그들이 지속적으로 굶주림과 빈곤을 경감시키고 각자의 노동에 대한 정당한 재정적 보상을 얻게 하는 것이다.[130] 따라서 신명기 24:17-22의 지침은 자선을 타인의 노동과 결합함으로써 그들의 존엄성을 보존한다. 이 모든 것은 땅과 그것의 열매는 물론 우리의 삶과 모든 개인적 소유의 유일하게 참된 주인이 하나님 자신이며 이스라엘에 속한 모든 이는 그분 앞에서 동등하다는 신학적 이해 안에서 발생한다(레 25:23-55). 구약성경은 반응하는 인간의 행위를 통해 곤궁한 이들을 위해 시행되는 하나님의 분배적 정의로서의 자선을 강조한다. "주의 길"은 (분배적 정의의 측면에서 이해되는) 의(*tsedaqah*)

---

129    Sacks, *To Heal a Fractured World*, 38.

130    지면의 한계 때문에, 이 글은 공정한 임금이라는 중요한 문제를 적절하게 다룰 수 없다. 그러나 우리는 공정한 사회가 적절하게 계산된 생활 임금과 최소한 같은 (그리고 바라기는 그보다 높은) 최저 임금을 정하고, 입법화하려고 노력하리라고 기대할 수 있을 것이다.

와 (보복적 정의와 연관된) 정의(*mishpat*)로 묘사된다(창 18:17-19). 그리고 인간은 그분의 모습으로 변화되기 위해 그것들을 배워야 한다. 그러므로 시편 저자는 다음과 같이 말하고 있다. "나는 의로운 중에 주의 얼굴을 뵈오리니 깰 때에 주의 형상으로 만족하리이다"(시 17:15). 조녀선 색스는 랍비 전통이 이 구절을 "내가 자선을 통해 주의 얼굴을 뵈오리니, 내가 깰 때에 주의 형상으로 만족하리이다"라고 혹은 "내가 자선을 통해 주의 얼굴을 뵈올 것이다"라고 번역했음을 지적한다.[131] 색스에 따르면, 이것은 특이한 번역이 아니다. 체다카(*tsedaqah*)는 사실상 번역이 불가능하다. 왜냐하면 그것은 자선과 정의라는 얼핏 보기에 서로 배타적인 두 가지 개념을 결합하면서 정의로서의 자선이라는 개념을 표현하고 있기 때문이다.[132] 존재하는 모든 것의 주인이 개인이 아니라 하나님이시기에 자선은 분배적 정의다. 따라서 (시 17:15에 비추어볼 때) 자선은 변혁적/변화시키는 종교적 경험이다. 그것은 세상에서 하나님의 성품과 본성을 구현하는 것이다. 그것은 우리를 우리의 창조주와 대면하는 신성한 존재로 변화시키는 신성한 본성에 대한 참여, 즉 하나님의 얼굴을 바라보는 에덴동산에 대한 회상으로서의 구속적이고 회복적인 접촉이다.

하나님의 도덕적 성품을 찬양하면서 성경은 그분이 의(*tsedaqah*, 분배적 정의로서의 자선)와 정의(*mishapt*, 보복적 정의)를 사랑하신다고 주장한다(시 33:5; 37:28). 그것들은 그분의 보좌의 토대(우주에서의 그분의 통치와 권위)이

---

131 Sacks, *To Heal a Fractured World*, 41. 그곳에서 저자는 Babylonian Talmud, Baba Batra 10a를 인용한다.

132 Sacks, *To Heal a Fractured World*, 32. Sacks가 관찰하듯이 서구의 정신 안에서 그 두 개념은 보통 교차하지 않는다. 만약 어떤 이가 다른 이에게 돈을 준다면, 그 돈을 받는 사람은 그것에 대한 권리가 있거나 있지 않거나 둘 중 하나다. 첫 번째 경우에 그 돈을 주는 행위는 정의이고, 두 번째 경우에 그것은 자선이다.

고(시 89:14; 97:2), 그분 앞에는 "인자함[*hesed*]과 진실함이 있다"(시 89:14). 의와 정의가 인간에 의해 구현될 때, 그것들은 구속의 길이 되고(사 1:27), 하나님은 자기 백성 안에서 그것들을 육성하고자 하신다. 그러므로 이사야 5:7은 이스라엘을 야웨께서 그 안에서 자신이 좋아하는 열매인 의/자선과 정의를 구하셨으나 "유혈"(우리말 성경에는 "포학"으로 번역되어 있다―옮긴이)과 "부르짖음"만 발견하고 실망하셨던 포도원으로 묘사한다. 이스라엘은 우주 안에서 야웨를 형상화한다는 자신의 소명을 완수하지 못한다. 오히려 그들은 타자에게 압제와 폭력을 행사한다(그리고 그것은 예언자적 비판의 핵심에서 타오르는 걱정거리다[렘 22:13; 겔 22:29; 암 6:12]). 그들은 "강탈을 일삼고 가난하며 궁핍한 자를 압제하고 나그네를 부당하게 학대했다." 야웨께서는 자기 앞에서 그 땅을 위해 "성을 쌓으며 성 무너진 데를 막아 서서 나로 하여금 멸하지 못하게 할 사람을 찾으셨으나" 결국 아무도 찾지 못하셨다(겔 22:29-30). 의심할 바 없이 이런 말을 들었던 이들은 소돔과 고모라를 위한 아브라함의 중보, 즉 비인간화된 폭력적인 세상 한가운데서 하나님의 의와 정의를 거듭 주장하는 하나님과의 놀라운 대화를 떠올렸을 것이다(창 18:17-33).[133] 그러나 하나님의 약속은 자기 백성과 온 세상을 의와 정의, 그

~~~~~
133 세상을 위한 중보의 다리로서 구현된 의라는 개념에 영감을 받은 유대교 신비 전통은 숨은 의인들(*Lamed-Vav Tzadikim*, 그들 때문에 세상이 계속해서 존속하고 멸망하지 않는 36명의 의인들)에 관해 말한다. 그들 모두가 공유하고 있는 가장 중요한 특징은 그들이 자기들이 그 수에 속해 있음을 알지 못한다는 것이다. 유대교의 이런 믿음은 각 세대에는 하나님 자신의 임재인 "셰키나[Shekhinah]를 반기는" 36명의 사람들이 있다는 탈무드의 주장에 기초를 두고 있다(Sanhedrin 97b; Sukkah 45b). 그 두 도시를 위한 중보에 앞섰던, 그리고 랍비들이 셰키나를 맞이하는/반기는 것이라고 말했던 아브라함이 하나님께 바쳤던 환대에 관해서는 Nancy Flam이 "'Pass Not Away': Yearning for a Seamless Life of Connection," in *Jewish Mysticism and the Spiritual Life: Classical Texts, Contemporary Reflections*, ed. Lawrence Fine, Eitan Fishbane, and Or N. Ross (Woodstock, VT: Jewish Light, 2010), 3-14에서 지적했던 연관된 탈무드 구절에 관한 주석을 보라.

리고 인애와 연민 가운데 있는 자신에게 연합(결혼)시켜 갱신하고 치유하
시겠다는 것이다(호 2:19). 그것들은 그분의 율법이 그들 안에 내면화될 것
이기에 신성화(theosis)를 통해 그들의 창조주와 하나가 될 것이다. 율법은
그들의 마음에 새겨질 것이고 하나님 안에서 그들의 새로운 성품이 될 것
이다(렘 31:33). 그리고 그들의 행동은 세상에서 그들의 존재를 갱신할 것이
고 그들을 만들었던 말씀 자체와 일치되게 할 것이다.

실제로 신명기 24:17-22은 신명기 15:7-11 및 희년(Jubilee, 조상들의
땅을 그것의 원래의 소유주에게 돌려주고 노예들을 해방시키는 해) 제도를 다루는
모든 성경 구절과 함께 "복지 국가의 초기 형태"[134]로 보일 수 있는 것을 (토
라에 의해 확립된 것으로서) 도표처럼 그려내는 놀라운 본문이다. 그러나 랍비
색스가 관찰하듯이 이 사회경제적 제도가 갖는 독특성은 그것이 국가에 의
존하지 않는다는 것, 즉 그것이 국가의 권력에 의해서가 아니라 "도덕적 책
임과 시내산에서 맺은 언약에 의해 만들어진 의무의 네트워크"에 의해 유
지되었다는 것이다.[135] 이스라엘의 삶에서 도덕적 형성에 관한 교육의 역
할을 하는 율법은 하나님의 백성을 동등한 자들의 사회로 형성하고 모두
에게 동등한 존엄성을 보장하기 위한 것이었다. 그러므로 헨리 조지(Henry
George)는 다음과 같이 말한다.

모세의 큰 관심사는 그 앞에 분명하게 놓여 있는 의무에 있었다. 그것은 인간

---

134    Sacks, *To Heal a Fractured World*, 34.
135    Sacks, *To Heal a Fractured World*, 34. Sacks가 주장하듯이 "히브리 성경의 메시지는 문명들
       이 살아남는 것은 힘에 의해서가 아니라 그것들이 가난한 자들을 돌보는 방식에 의해서이
       고, 권력에 의해서가 아니라 무력한 자들에 대한 그것들의 관심 때문이라는 것이다. 어느
       문화를 쳐부술 수 없는 것으로 만드는 것은 그것이 부서지기 쉬운 자들에게 보이는 연민이
       다"(37).

의 에너지를 낭비하는 비열한 투쟁에서 해방된 이들이 지적이고 도덕적인 발전의 기회를 얻을 수 있는 깊은 빈곤과 굴욕적인 결핍이 알려지지 않은 사회 국가의 기반을 마련하기 위해 노력하는 것이었다.[136]

실제로 유대교 사상과 초기 기독교 모두에서 평등과 정의라는 개념은 불가분의 관계에 있다. 따라서 알렉산드리아의 필론의 말을 빌리자면, 평등은 "정의의 어머니"이고 정의는 평등의 "자녀"다.[137] 의심할 바 없이 정의의 토대로서의 평등이라는 주제는 예수와 사도들의 시대에도 유대교 사상 안에서 계속되었고 시빌라의 신탁(Sibylline Oracles) 같은 비정경적인 유대-기독교 본문이 증언하듯이 초기 기독교의 에토스 안으로 들어왔다.[138] 그 신탁은 평등과 사회 정의에 대한 놀랄 만한 종말론적 비전을 전망한다.

---

136 Henry George, *Moses: A Lecture*. 이 유명한 본문은 원래 1878년에 샌프란시스코에서, 그리고 1884년에 스코틀랜드 던디에서 행한 강연의 내용이었다. 그후 그 본문은 여러 차례 다양한 출판사들에 의해 출간되었다(그 본문은 〈http://www.cooperativeindividualism.org/george-henry_moses-a-lecture-1878.html〉에서 무료로 얻을 수 있다). 거기서 저자는 다음과 같이 주장한다. "모세의 율법은 재산이 아니라 인간을 보호하는 것을 목표한다. 그것의 조항은 약자들이 성벽으로 몰려드는 것을 막을 만큼 강자들이 부를 쌓아올리는 것을 보장하는 데 맞춰져 있지 않다. 모든 점에서 그것은 만약 제어되지 않는다면 분명히 사람들을 지주와 농노, 자본가와 일꾼, 백만장자와 부랑자, 통치자와 피지배자로 차별하게 될 이기적인 탐욕에 대해 장벽을 세운다. 율법의 안식일과 안식년은 가장 낮은 계층의 사람들에게까지도 쉼과 여가를 확보해준다. 희년의 나팔소리와 함께 노예들이 풀려나고, 갚지 못했던 빚이 청산되며, 땅의 재분할이 다시 가장 가난한 이들에게 공동의 창조주 풍성함에서 자신들이 받아야 할 공정한 몫을 받게 해준다. 추수꾼은 이삭 줍는 이들을 위해 얼마간을 남겨두어야 한다. 황소조차 밭을 가는 동안에는 재갈을 물리지 말아야 한다. 모든 곳에서 그리고 모든 일에서 지배적인 생각은 우리의 통속적인 문구의 그것이다. '살고 살게 하라!'"

137 필론에게 "평등의 원리"는 정의의 가장 중요한 (창찬할 만한 가치가 있는) 부분이다. "평등은 결코 그늘이 지지 않는 빛이다"(*The Works of Philo Judaeus, Special Laws* 4, 42 [230]). (〈http://www.earlychristianwritings.com/yonge/book30.html〉.)

138 시빌라의 신탁에 대한 고무적인 신학적 설명을 위해서는 Crossan, *God and Empire*, 78-82을 보라.

그리고 벽이나 울타리로 구분되지 않은 모두에게 공평하게 주어진 땅, 더 풍성한 열매가 저절로 맺히고, 삶의 과정은 일반적이고 부는 배분되지 않는다. 왜냐하면 더는 부자도 가난한 자도, 폭군도 노예도, 큰 자도 작은 자도, 왕도 지도자도 없을 것이기 때문이다. 모두가 공통으로 똑같을 것이기 때문이다.[139]

평등이 정의를 낳듯이 정의는 평화를 낳는다. 그러므로 그 신탁은 인간의 집인 온 세상의 치유를 포함한 폭력의 중단이라는 특징을 지닌 변화된 세상에 대한 선언에서 정점에 이른다.

세상에는 칼도 소요도 없을 것이다. 더는 땅이 신음하지도 흔들리지도 않을 것이다. 더는 전쟁도, 가뭄도, 기근도, 열매들을 파괴하는 우박도 없을 것이다. 대신 큰 평화가 온 땅에 임할 것이다. 세상 끝날까지 왕과 왕이 친구가 될 것이다.[140]

사회 변혁에 관한 이런 비전은 정치적·경제적·생태학적 정의의 불가분성을 확언하고 그 셋 모두가 생명에 대한 접근과 우주의 치유로서의 평화의 수립에 꼭 필요하다고 전망한다. 정치적 정의의 결여는 경제적 착취와 불평등이라는 상황을 만들어낸다. 타자를 상품화하고 그들에 대한 야만적인 착취를 정당화하는 탐욕과 방종은 또한 자연을 황폐하게 만드는 착취를 허락한다. 몰트만이 말하듯이

---

139    *The Sibylline Oracles*, book 2, 390-96, trans. Milton S. Terry (New York: Eaton and Mains, 1899), 20.
140    *The Sibylline Oracles*, book 3, 935-39.

인간의 사회적 상황과 그들과 자연의 관계 사이에는 부정적인 상관관계가 존재한다. 만약 사회 구조 안에서 노동력에 대한 착취가 지배적이라면, 자연에 대한 관계 역시 땅의 광물 자원에 대한 착취에 의해 결정될 것이다. 자연에 대한 인간의 착취적 관계는 오직 인간의 다른 인간에 대한 착취적 관계가 중단될 때만 중단될 것이다. 생태학적 정의는 오직 경제적 정의와 함께 획득될 것이다.[141]

현명하고 의로운 우주의 구조 속에서는 침범하지 말아야 할 신성하게 확정된 한계/경계들의 "견제와 균형"이 나타난다. 따라서 생태학적 한계는 경제적 성장에 부과되며,[142] 이어서 그것은 사회와 자연 모두와 관련해 인간에 대한 다른 인간의 제한 없는 착취를 종식시킨다. 그러므로 이런 한계를 분명히 밝히고 그것의 성취나 위반 사이의 선택이 개인뿐 아니라 그의 공동체와 세상의 나머지 모두에 삶과 죽음 혹은 축복과 저주의 차이를 만든다고 경고하는(신 11:26) 포괄적인 정의에 대한 말씀(창조세계에 대한 하나님의 의와 섭리적 돌봄에 대한 언어화된 표현)으로서 율법이 주어진다.

　　우주의 구조 안에 내재된 경제적·생태학적 불의 및 사회적 불평등에 맞서 신성하게 부과된 보호/제한은 (율법에 의해 명령된) 이스라엘의 전례적 삶―애초의 창조 행위와 구속된 인간의 공동체적 행위를 통한 그것의 존재론적 갱신을 보여주는 영속적이고 살아 있는 기념비―안에서 분명하게 드러난다. 하나님과의 언약적 교제 안으로 이식된 인간의 공동체적 언약은 3년마다 하나님의 백성 가운데 거하는, 언약을 맺지 않은 나그네와 이방인

141　　Moltmann, *Ethics of Hope*, 221.
142　　Moltmann, *Ethics of Hope*, 221.

을 포함해 곤궁한 이들을 위해 바치는 자선의 십일조에 관한 명령과 함께 희년에 관한 정교한 지침들은 물론이고 안식일(과 안식년)의 과격하게 평등화하는 요구를 고양하면서 인류 및 비인류 피조물 모두에게 휴식을 확대한다. 따라서 우상숭배적이지 않은 참된 예배는 하나님의 모든 피조물의 생명에 대한 접근권으로서의 평등과 정의라는 직접적이고 공동체적인 결과 안에서 나타난다.

율법과 예언자에 대한 신약성경의 요약이 하나님 사랑과 이웃 사랑이라는 예수의 가르침을 통해 표현된 것은 우연한 일이 아니다. 궁극적 타자인 하나님에 대한 사랑은 가까이 있는 타자에 대한 사랑에서 표현되며 그들의 번영을 위한 의도적이고 적극적인 관심으로 드러난다. 그러므로 하나님에 대한 사랑은 동료 인간에 의해 분배적 정의로 경험된다. 존 도미니크 크로산(John Dominic Crossan)이 제안하듯이 "정의와 사랑은 변증법적이다." 그 변증법 안에서 "정의는 사랑의 몸이고 사랑은 정의의 영혼이다. 정의는 사랑의 육신이고 사랑은 정의의 영혼이다. 그것들이 분리될 때, 우리는 도덕적 시체가 된다. 사랑 없는 정의는 야만이고 정의 없는 사랑은 진부한 말에 불과하다."[143]

분배적 정의는 창조세계의 존재 안에 새겨져 있고 그것의 정의로운 창조자와의 결합 속에서 그것이 갖는 모든 것을 소환하는 운명과 밀접하게 연결되어 있다(그것은 공동체적이고 전례적인 삶의 사회 변혁적 교육을 통해 수행된다). 따라서 구약과 신약성경은 모두 동료 인간에게 정의를 행하는 것을 피하기 위해 예배를 이용하려는 그 어떤 시도에 대해서도 강력하게 맞선다. 그러므로 호세아 6:6의 예언자적 비판은 하나님이 바라시는 것이 제사가

---

143    Crossan, *God and Empire*, 190.

아니라 인애, 그리고 "번제보다 하나님을 아는 것"이라고 주장한다. 거룩한 말씀의 살아 있는 구현으로 입증되는 이 지식은 (월터 브루그만의 말을 빌리자면) "제의 활동보다 언약적 연대"를 우선시한다. 그것은 세상에 신이 편재하다는 인식에 대해 응답하는 예배의 기본 형태로 이웃의 안녕을 추구한다. 분배적 정의의 행위는 인간 공동체와 창조세계의 나머지를 하나님과의 만남과 교제를 위한 거룩한 장소로 성별한다. 그것들은 성전으로서의 우주와 인간 공동체를 인간화하는 성례전적 실천으로서 분배적 정의에 대한 갱신된 비전을 밝히고 우주적 성소 안에서 거룩한 형상을 다시 한번 가시화하면서 드러낸다. 의심할 바 없이 예배를 정의의 대체물로 이용하는 것에 대한 가장 강력한 부정 중 일부가 이사야, 예레미야, 그리고 아모스 같은 예언자들의 말에서 발견된다. 이사야 1:14-17의 유명한 본문은 종교적 헌신이라는 덮개 아래서 불의를 수용하는 것에 대한 타협 없는 거부로 독자들을 뒤흔든다.

"내 마음이 너희의 월삭과 정한 절기를 싫어하나니 그것이 내게 무거운 짐이라. 내가 지기에 곤비하였느니라. 너희가 손을 펼 때에 내가 내 눈을 너희에게서 가리고 너희가 많이 기도할지라도 내가 듣지 아니하리니 이는 너희의 손에 피가 가득함이라. 너희는 스스로 씻으며 스스로 깨끗하게 하여 내 목전에서 너희 악한 행실을 버리며 행악을 그치고 선행을 배우며 정의를 구하며 학대받는 자를 도와주며 고아를 위하여 신원하며 과부를 위하여 변호하라" 하셨느니라.

궁핍한 자들에게 정의를 행하기를 부정하는 것은 피흘림으로, 그리고 그들에게 미리 계획된 폭력을 행하는 것으로 묘사된다. 동료 인간의 피흘림은 예배를 위해 들어 올려진 손바닥으로부터 하나님께 부르짖으며 그분의 개입을 요구한다. 결국 그 땅으로부터의 추방 형태로 보복이 나타나는데, 그것은 그분의 백성 안에 깃들어 있는 악으로부터 그 땅을 깨끗하게 만드는 유일한 길이 추방이기 때문이다. 따라서 예레미야 6:20은 제의 행위는 이스라엘이 저지른 불의를 보상하지 못한다는 주장을 되풀이하면서("나는 그들의 번제를 받지 아니하며 그들의 희생제물을 달게 여기지 않노라") 하나님의 평결을 변경할 수 있는 유일한 조건을 선포한다. 하나님은 번제 대신에 **"인애**(hesed)와 **정의**(mishpat)와 **의**(chedaqah)"를 "기뻐하시는데", 그것들은 그분의 이름으로 불리는 자들이 또한 그들의 예배로 구현된 삶의 방식으로 이행해야 하는바 그분 자신이 이 땅에서 행하시는 일의 징표들이다(렘 9:24).[144] 그러므로 여호와께서는 다음과 같이 말씀하신다.

> 너희 길과 행위를 바르게 하라. 그리하면 내가 너희로 이곳에 살게 하리라. 너희는 "이것이 여호와의 성전이라, 여호와의 성전이라, 여호와의 성전이라" 하는 거짓말을 믿지 말라. 너희가 만일 길과 행위를 참으로 바르게 하여 이웃들 사이에 정의를 행하며 이방인과 고아와 과부를 압제하지 아니하며 무죄한 자의 피를 이곳에서 흘리지 아니하며 다른 신들 뒤를 따라 화를 자초하지 아니하면, 내가 너희를 이곳에 살게 하리니 곧 너희 조상에게 영원무궁토록 준 땅에니라(렘 7:3-7).

아마도 예배에 감춰진 불의에 대한 가장 강력한 저항은 아모스 5:21-24에서 드러날 것이다. 그것은 이사야 1:14-17에서 표현된 하나님의 불만을

---

144  렘 9:24에 관한 보다 심층적인 숙고를 위해서는 Brueggemann, *Journey to the Common Good*, 62-63을 보라.

다음과 같이 의역한다.

내가 너희 절기들을 미워하여 멸시하며 너희 성회들을 기뻐하지 아니하나니, 너희가 내게 번제나 소제를 드릴지라도 내가 받지 아니할 것이요 너희의 살진 희생의 화목제도 내가 돌아보지 아니하리라. 네 노랫소리를 내 앞에서 그칠지어다. 네 비파 소리도 내가 듣지 아니하리라. 오직 정의를 물 같이, 공의를 마르지 않는 강 같이 흐르게 할지어다.

제의 활동을 정의의 결여에 대한 보상으로 사용하는 것은 그 안에서 창조주의 영광이 (성 이레나이우스의 말에 대한 샐리 맥페이그의 아름다운 의역을 빌리자면) "모든 피조물이 온전히 살아 있는 것"[145]인 창조의 본질에 대한 왜곡이다. 따라서 정의 없는 예배는 우상숭배다. 그것은 다른 신들(그런 신들 중에는 탐욕, 이기주의 그리고 방종이 있다)을 섬기면서 그들 앞에 동료 인간의 생명과 안녕 그리고 창조세계의 나머지를 제물로 바친다. 복음서들은 하나님과 "맘몬"을 동시에 섬길 수 없다고 주장함으로써(마 6:24; 눅 16:13) 하나님의 세계(그러하기에 또한 그것의 구조에 새겨진, 그리고 생명의 길인 율법에서 분명하게 표현된 말씀 자체)에 대한 그런 우상숭배적 왜곡에 맞서는 경고에 동참한다. 마태복음 15:5-9과 마가복음 7:10-13은 분배적 정의가 없는 예배는 종교 전통의 관행으로 하나님의 말씀을 "무효로 만든다"고 비난한다. 구현된 말씀인 그리스도의 가르침은 이런 복음서 구절들에서 이사야 29:13의 말을 떠올린다. "이 백성이 입으로는 나를 가까이 하며 입술로는 나를 공경하나

---

145    Sallie McFague, *Life Abundant: Rethinking Theology and Economy for a Planet in Peril* (Minneapolis: Augusburg Fortress, 2001), 3.

그들의 마음은 내게서 멀리 떠났나니 그들이 나를 경외함은 사람의 계명으로 가르침을 받았을 뿐이라."

불의에 대한 종교적 정당화에 맞서는 공관복음서들의 저항은 이른바 "성전 정화" 장면에서 절정에 이른다(마 21:12-16; 막 11:15-17; 눅 19:45-46). 이것은 인자가 창조주의 "집"과 하나님의 모든 가속(거기에는 "만인"이 포함된다, 막 11:17)을 위한 성소로서 그것이 지닌 제의적 기능을 다시 성별하고, 그것과 더불어 그것의 성례전적 목적─하나님의 현존의 내주 및 그분과의 교제─을 위해 창조세계 전체(우주적 성전)를 상징적으로 정화하는 것에 대한 묘사다. 이 과격한 몸짓은 첫 번째 임재의 사명을 상징적으로 요약하고 제정하는 것으로 이해될 수 있다. 신성하게 건축된 성전(우주적 창조)[146]과 인간이 만든 그것의 복제물 모두가 하나님의 피조물에게 안전과 치유와 관대한 환대의 장소가 되어야 한다. 그럼에도 그것들은 침해되었고 경제적 불의의 관행을 통한 타자에 대한 조직적인 폭력에 물들었다. 강탈과 갈취를 정당화하기 위해 종교적 권위를 사용하는 것은 성전을 "강도의 굴혈"로 축소시켰다. 이에 비추어 존 도미니크 크로산은 이 장면에서 예레미야 7:14("그러므로 내가 실로에 행함 같이 너희가 신뢰하는 바 내 이름으로 일컬음을 받는 이 집 곧 너희와 너희 조상들에게 준 이곳에 행하겠다")에 기초한 "성전의 상징적 파괴"를 발견한다.[147]

(앞서 예언자들을 통해 말해졌던) 성육신한 말씀의 이 놀랍고 고의적인 행위는 그 성전에서 모든 "맹인과 저는 자들"이 그에게로 나왔고 그리고 그들이 치유되는 결론에 이른다(마 21:14). 그러면서 그것은 온 우주의 치유

---

146  하나님이 만드신 최초의 성소/성전으로서의 창조세계와 그것의 복제물로서의 성전에 관한 보다 깊은 논의를 위해서는 이 책의 3장을 보라.

147  Crossan, *God and Empire*, 133.

가 시작되는 장소로서의 그 거룩한 구조물의 회복된 목적을 구체적으로 보여준다. 실제로 톰 라이트(N. T. Wright)가 관찰하듯이 이 강렬한 장면에서 예수는 자신을 "한 사람으로 이루어진 대안적 성전"(one-man-temple-alternative)[148]으로 계시한다. 그 안에서 하나님은 신성하게 건축된 자신의 현존을 위한 살아 있는 성전으로서의 인간의 목적(그것의 갱신된 존재론)을 성취하셨다. 그곳에서 가난한 자와 곤궁한 자들이 더욱 풍성하게 생명에 접근할 수 있었다.

그 장면이 그리스도의 수난의 전주곡처럼 보이는 것은 놀랄 일이 아니다. 세상의 폭력적 야만성을 자기 안으로 흡수하고, 고문당해 부서진 자신의 몸으로 타자를 희생시키는 모든 일을 삼키고, 자신의 죽음으로 죽음과 무덤을 삼키는 것 외에는 그것을 끝장낼 다른 방법이 없었다. 그의 모든 삶이 그렇듯이 그리스도의 수난은 말씀의 성취이며 자신의 가르침의 구현을 통해 그 가르침의 참됨을 예증하는 것이다. (실제로 성육하신 말씀은 선포되고 기록된 말씀을 그 자신의 삶과 죽음으로 해석하고 성취한다.)[149] 그러므로 수난은 마태복음 5:38-45에 기록된, 그리고 기독교 윤리의 가장 두드러지는 차이로 간주되는 여섯 개의 큰 계명 중 마지막 두 개의 실행이 된다.

또 "눈은 눈으로, 이는 이로 갚으라" 하였다는 것을 너희가 들었으나 나는 너

---

148   N. T. Wright, "Jesus' Self-Unerstanding," in *The Incarnation*, ed. Stephen T Davis, Daniel Kendall, S. J., and Gerald O'Collins, S. J. (New York: Oxford University Press, 2002), 47-61, 특히 57.

149   실제로 Anthony Godzieba가 지적하듯이 "하나님 나라"의 "가치를 구체화하는 것"은 진리 주장에 아주 중요하다. "'Stay with us…'(Luke 24:29) — 'Come, Lord Jesus'(Rev. 22:20): Incarnation, Eschatology, and Theology, and Theology's Stweet Predicament," *Theological Studies* 67 (2006): 783-95 (791).

희에게 이르노니 악한 자를 대적하지 말라. 누구든지 네 오른편 뺨을 치거든 왼편도 돌려 대며 또 너를 고발하여 속옷을 가지고자 하는 자에게 겉옷까지도 가지게 하며 또 누구든지 너로 억지로 오 리를 가게 하거든 그 사람과 십 리를 동행하고 네게 구하는 자에게 주며 네게 꾸고자 하는 자에게 거절하지 말라. 또 "네 이웃을 사랑하고 네 원수를 미워하라" 하였다는 것을 너희가 들었으나 나는 너희에게 이르노니 너희 원수를 사랑하며 너희를 박해하는 자를 위하여 기도하라. 이같이 한즉 하늘에 계신 너희 아버지의 아들이 되리니 이는 하나님 이 그 해를 악인과 선인에게 비추시며 비를 의로운 자와 불의한 자에게 내려주 심이라.

메시아의 유월절 고난은 세상에서 인간의 죄로 인해 유발된 폭력의 악순환을 영속화하는 것에 대한 결정적인 거부, 즉 가해자들(그들은 그리스도의 수난이라는 초시대적인 현실 안에서 "로마 제국의 지배에 종교적으로 협력했던 유대인들"[150]을 넘어서 온 인류를 포괄한다)에 대한 용서에서 절정에 이르는 거부다. 따라서 모든 것을 포괄하는 우주적 구속이라는 신비로운 본질을 지닌 그리스도의 십자가 위에서의 폭력적인 죽음은 타자에 대한 폭력의 궁극적 종식과 하나님과 이웃과의 화해로서의 평화의 시작이라는 특징을 지닌다. 십자가의 구원의 능력은 평화 만들기의 역설을 지적하는데, 그 역설 안에서 희생자는 "실제적이고 근본적인 화해를 위한 열쇠를 가진 사람이다. 왜냐하면 예수 그리스도는 바로 그 희생자 안에 있기 때문이다."[151] 그러므로 각각의 용서

---

150 Crossan, *God and Empire*, 132.
151 Emilio Castro, "Reconciliation," in *The Ecumenical Movement: An Anthology of Key Texts and Voices*, ed. Michael Kinnamon and Brian E. Cope (Geneva: World Council of Churches, 1997), 67.

2장   폭력이라는 성상파괴운동으로부터 새 창조의 삶으로서의 사랑으로   **185**

의 행위는 우주를 우주적인 그리스도 안으로 소환하는 그것의 종말론적 목적을 향해 몰아간다. 만약 창조세계가 하나님과의 교제와 그리스도를 닮아가는 교육의 수단으로 나타난다면, 용서는 "우주의 구조 안에 기록되어 있고"[152] 그것에 의해 기대된다. 테야르 드 샤르댕(Teilhard de Chardin)의 매력적인 산문이 상기시켜주듯이

> 복음서는 우리에게 언젠가 인간과 하나님 사이에서 점차적으로 축적되어온 긴장이 세상의 가능성이 규정한 한계를 건드리게 될 것이라고 말한다. 그러고 나면 종말이 올 것이다. 사물들 속에서 조용히 발생해왔던 그리스도의 임재가 갑자기 극에서 극으로 번쩍이는 번갯불처럼 나타날 것이다. 겉보기에 물질의 베일과 수밀성 영혼이 그것을 그 안에 가두어왔던 것처럼 보이는 장벽을 부수면서 그것이 지구의 표면을 침범할 것이다.[153]

그리스도가 그분의 창조세계의 불투명성을 뚫고 빛을 발하면서 모든 이의 눈에 보이게 될 때까지 그분의 내주하는 현존은 폭력에 물든 세상 한가운데서 하나님과 이웃에 대한 용기 있는 사랑으로, 즉 용서하고, 적을 미워하거나 적이 되기를 거부하며, 미래를 위한 희망으로 타자를 소중히 여기고, 자신과 동료 인간 사이의 공간을 인애라는 치유의 행위로 채우는 치유로서

---

152  Sacks, *To Heal a Fractured World*, 25. 창조세계의 교육적 기능에 관해 숙고하면서 Sacks는 학습 과정에서 "우리는 걸려서 넘어지지만, 아이들은 오직 그렇게 함으로써만 걷는 법을 배운다.…하나님은 우리가 오직 우리의 잘못을 시인하고 그것으로부터 배우기를 요구하신다"고 지적한다. 그러므로 용서는 창조세계의 교육이라는 현실 안에서 기대되고 그 안에 새겨져 있다.

153  Pierre Teilhard de Chardin, *The Divine Milieu* (New York: HarperCollins, 2001), 129-30. 『신의 영역』(분도출판사 역간).

그 모습을 드러낸다.

3장

시장이 된 세상에서
성찬적 존재 회복하기

세상은 시장이다! 오늘날 이런 진술에 반대하는 이는 거의 없다. 기술적으로 유도된 시간과 공간의 압축으로서의 세계화 과정은 서구의 신자유주의적 자본주의와 모든 것을 상품화하는 시장 논리에 참된 의미의 편재성을 부여했다. 범세계적인 경제 통합은 온 세계가 서구의 번성하는 주식 시장에서 부정한 거래와 대출 관행에 의해 시작된 각각의 위기의 파괴적인 영향을 공유할 수밖에 없도록 만들었다. 그렇게 해서 2008년에 세계 경제는 월가의 도덕적 무책임성의 부정적 결과를 흡수하고 이를 "공평하게" 배분함으로써 모든 이가 소수의 탐욕스러운 욕구의 대가를 치르게 했다. 그러므로 전세계의 모든 이가 이런저런 방식으로 (가령, "투자, 은퇴, 대학 저축"의 손실을 통해, "압류로 인한 집의 상실이나 고용감축으로 인한 실업", 혹은 국내 및 국외 프로젝트에 대한 자선적 기부의 감소뿐 아니라 정부의 "증가된 부채 부담"[1]을 통해) 경제 위기의 결과에 종속되었다.[2]

1    Rebecca Todd Peters, "Examining the Economic Crisis as a Crisis of Values," *Interpretations* (April 2011): 154-66 (154).
2    Micael Hardt와 Antonio Negri는 2012년에 나온 자신들의 선언문(*Declaration*)에서 "신자유주의와 그것의 위기는 경제적·정치적 삶의 조건들을 바꿔놓았지만, 그것들은 또한 주체성의 새로운 특징들을 날조하면서 사회적·인류학적 변화를 작동시켰다"고 주장한다. 예컨

그러나 한편으로 우리는 도덕적 가치는 시장과 무관하다는, 즉 시장은 도덕적으로 중립이고 생산과 소비와 교환이라는 과학적으로 접근 가능한 경제적 법칙에 의해 길을 찾아간다는 말을 듣는다. 신자유주의 경제학의 주장은 모든 것은 시장에 의해 상품화되어 팔릴 수 있으며, 시장은 중립적이고, 비인격적이며, 자율적이기에 "자연법에 기초한 정의라는 시스템 없이" 기능할 수 있다는 것이다.[3] 더글라스 믹스(M. Douglas Meeks)가 지적하듯이 "시장의 큰 매력은 마침내 우리가 지배와 권위와 억압 없이 대중의 행동을 조작할 길을 찾았다는 것이다."[4] 그러나 신자유주의자들(혹은 "신고전주의자들")의 아버지인 애덤 스미스(Adam Smith)는 자신의 정치경제학을 발전시키면서 도덕적 함의를 지닌 언어를 활용했다. 그는 공동선은 개인이 부와 경제적 이익을 추구한 궁극적 결과라고 주장했다. 스미스는 사회는 각 개인이 자신의 이익과 갈망에 탐닉하는 동안 모두에게 더 나은 것을 성취하는 신적 섭리라는 "보이지 않는 손"에 의해 인도를 받는다고 주장했다.[5] 그 시대의 다른 사상가들은 개인의 탐욕은 그것의 최종적 목적이 전체

---

대 "금융과 은행의 헤게모니는 **빚진 자**를 양산했다"(9). 저자들이 진술하듯이 빚을 지는 것은 오늘날 "사회생활의 일반적인 조건이 되어가고 있다"(10). 어느 의미에서 **"부채에 쩌든 상태"**(debtfare)가 **"복지"**(welfare)를 대체했다. Hardt와 Negri는 오늘날 착취의 주된 징후는 불평등한 교환이 아니라 부채인데, 그것은 채권자-채무자의 관계를 노예의 빈곤이 "주로 부채의 사슬에 의해 특징지어지는" 새로운 주인-노예 존재 방식으로 변화시킨다고 주장한다(13) (*Declaration* [Argo Navis Author Service, 2012]).

3    M. Douglas Meeks, *God the Economist: The Doctrine of God and Political Economy* (Mineapolis: Fortress, 1989), 38.

4    Meeks, *God the Economist*, 38.

5    Adam Smith, *The Theory of Moral Sentiments* (New York: Augustus M. Kelley, 1966), 304. Smith는 이 특별한 작품에서 "모든 이성적이고 감각적인 존재들의 보편적 행복에 대한 하나님의 돌보시는 일"에서 인간의 탐욕과 신적 섭리의 연관성을 옹호한다(210). 자기 이익의 기능에 관한 Smith의 개념에 관한 추가적인 독서를 위해서는 그의 작품 *An Inquiry into the Nature and Causes of the Wealth of Nations*(London: William Benton, 1955)를 보라. 경제학에 관한 그의 작품을 피상적으로 읽을 경우 그의 분석과 그에 상응하는 결론을 지지

적으로 보다 부유한 사회로 이어지기에 시장 경제의 이런 모델 안에서 하나의 미덕으로서의 역할을 한다는 스미스의 개념을 지지했다.[6]

신자유주의 경제학은 이윤과 효율성이 "모든 합리적인 경제의 최종 목표"라고 주장하지만 이런 목표들이 "행위와 의사 결정을 인도함으로써" 사회에서 도덕적 가치로서의 역할을 한다는 사실은 부인한다.[7] 레베카 토드 피터스(Rebecca Todd Peters)가 주장하듯이

우리는 경제 이론이 사실상 특정한 가치에 특권을 부여한다는 것을 입증함으로써 어째서 이런 가치들이 정의, 연민 그리고 환경의 지속 가능성보다 중요한지를 물을 수 있다. 그렇게 우리는 어떤 가치들이 경제 이론과 사업 공동체 안에서 의사 결정 과정을 이끌어야 하는지에 관한 중요한 대화의 가능성을 연다.

---

하는 세속적 근거에 대한 인상을 얻을 수 있으나, 많은 연구가들은 우리가 Smith를 "경제적 진실에 대한 그의 후기의 추구에서 인간의 도덕성에 관한 자신의 보다 앞선 관심을 결코 포기하지 않았던 일생에 걸친 도덕 철학자"로 보아야 한다고 주장해왔다(Kathryn D. Blanchard, *The Protestant Ethic or the Spirit of Capitalism: Christians, Freedom, and Free Makrkets* [Eugene, OR: Cascade, 2010], 57). Smith에 대한 그런 이해를 위해서는 그의 주저 두 권, 즉 *The Theory of Moral Sentiments*와 *An Inquiry into the Nature and Causes of the Wealth of Nations* 사이의 변증법적 긴장을 유지하는 것이 필요한데, 흔히 두 번째 텍스트는 얼마간 첫 번째 것에 의해 정보를 얻고 형성되었다고 간주된다. 만약 실제 사정이 그러하다면, "그때 Smith는 적절하고 정당한 사회적 제도에 의해 지지를 받는 사회적으로 승인된 윤리적 기준에 기초를 둔 경제 모델을 홍보하고 있는 것으로 보일 수 있다"(Blanchard, *Protestant Ethics or the Spirit of Capitalism*, 57). 어떤 저자들은 심지어 Smith는 사실상 도덕 신학자이며 "보이지 않는 손"에 대한 그의 설명은 "18세기 신정론에 대한 그의 특별한 공헌"이라고 주장하기까지 한다(Lisa Hill, "The Hidden Theology of Adam Smith," *European Journal of the History of Economic Thought* 8, no. 1 [2001]: 1-29 [22]). Hill은 Smith의 작품에서 나타나는 "보이지 않는 손"의 기능에 대한 다양한 해석들에 대해 명확하게 설명하는데, 예를 들어, 어휘적이고 은유적인 해석, 비판적이고 역설적인 해석, 진화적인 다원주의적 해석, 신의 섭리에 대한 신학적 주장 등이다.

6    Munyaradzi Felix Murove, "Perceptions of Greed in Western Economic and Religious Traditions: An African Communitarian Response," *Black Theology* 5, no. 2 (2007): 220-43.

7    Peters, "Examining the Economic Crisis as a Crisis of Values," 160.

경제가 도덕적으로 중립적이지 않다는 사실에 대한 인식은 서구 기독교와 신자유주의 시장 경제의 무분별한 결합의 적합성에 관해 중요한 의문을 불러일으킨다. 기독교는 시장의 가치를 신성화하면서, (종종 무분별하게) 그것의 상품화하는 관행에 참여하면서, 그리고 사변적인 약속을 손쉽게 돈으로 바꾸는 메커니즘을 통해 이익을 취하면서 시장에 영적 권위를 부여했다. 윌리엄 코놀리(William E. Connolly, 존스홉킨스 대학교의 크리거-아이젠하워 정치 이론 석좌 교수)가 관찰했듯이, 미국에서 신자유주의는 "그것의 모든 측면에 공개적으로 헌신하지는 않으면서 자신이 그 안에 내재되어 있는 보다 큰 문화적 에토스에 기식한다."[8]

> [신자유주의는] 시장이 신성하게 영감을 받았다고, 생태적이고 평등주의적인 실천에 대한 국가의 지지가 신적 질서에 대한 공격을 구성한다고, 그리고 재산 형태, 소비 관행, 작업 과정과 연관된 미시경제적 실험이 미국의 예외주의를 공격한다고 주장하는 유권자들의 영적 지지를 [먹고 산다].[9]

신에 의해 결정되고 연도되는 자본주의에 대한 확신을 "거의 자족적이고 스스로 균형을 이루는 시스템과 같은 시장에 대한 신자유주의적인 믿음"과 연결시키는 것의 아이러니는 그것들이 서로 모순되는 개념이라는 점이다. 지구촌 사회는 지금 완전히 자기를 규제하는 시장 같은 것은 존재하지 않는다는 것을 고통스럽게 인식하고 있음에도, 이런 두 가지 확신의 의심스러운 결합은 "이윤 창출이야말로 민주주의의 본질이므로" 엄격한 시장

---

8    William E. Connolly, "Capitalism, Christianty, America: Rethinking the Issues," *Political Theology* 12, no. 2 (2011): 226–36 (228).

9    Connolly, "Capitalism, Christianity, America," 229.

규제 정책을 추구하는 모든 정부는 "반민주적"이라는 신자유주의의 옹호
자들(가령, 밀턴 프리드먼[Milton Friedman])의 주장을 통해 더욱 강화되고 있
다.[10] 그러나 역설적으로 로버트 맥체스니(Robert W. McChesney)가 주장했
듯이 시장의 "신성함"에 대한 주장은 결과적으로 시민을 비정치화하기 때
문에 사실상 민주적 과정에 대해 사기를 저하시키고 해체적인 영향을 끼쳐
왔다. "만약 선거 민주주의가 사회생활에 아무런 영향을 주지 않는다면, 그
것에 그렇게 많은 관심을 기울이는 것은 합리적이지 않다."[11] 따라서 정부
의 변화와 상관 없이 경제 시스템 안에서는 그 어떤 본질적인 변화도 기대
될 수 없다. 더 나아가 맥체스니는 다음과 같이 주장한다.

> 신자유주의적 민주주의는 **모든 것 위에 있는**(*über alles*) 시장이라는 그것의 개념
> 과 함께 이 부분을 겨냥한다. 시장은 시민이 아닌 소비자를 만들어낸다. 그것
> 은 공동체가 아닌 쇼핑몰을 만들어낸다. 최종적인 결론은 사기가 저하되고 사
> 회적으로 무력한, 소외된 개인들로 이루어진 파편화된 사회다.[12]

서구의 기독교는 신자유주의 경제 이론과 그것의 적용 모두가 도덕적으로
비난을 받는다는 사실을, 그것도 종종 성경과 기독교 전통의 근본적인 가
치들과 충돌하는 방식으로 비난을 받는다는 사실을 계속해서 무시할 수 없
다.[13] 기독교는 사람보다 이익을 우선시하는, 그리고 시장 가치를 갖고 있
지 않기에 생산과 소비의 사이클로부터 소외된 비시장성 대중의 생성에 대

---

10    Robert W. McChesney, *Profit over People: Neoliberalism and Global Order*, by Noam
      Chomsky(New York: Seven Stories, 1999), 7-16(9)에 붙인 서문.

11    McChesney, introduction, 10.

12    McChesney, introduction. 11.

13    Peters, "Examining the Economic Crisis as a Crisis of Values," 156-58.

해 눈을 감고 있는 시장의 포괄적인 "객관성" 앞에서 냉담할 수 없다. 약자, 청년, 노년 그리고 장애인들이 시장 사회의 축복에서 배제된 이런 "잉여"[14] 인간에 속해 있다.

서구 기독교는 신자유주의적 자본주의의 도덕적 가치를 비판적으로 재조사하면서 지구 가족(*oikos*) — 행성 가정 — 안에서의 경제(*oikonomia*)의 기능을 재구상하는 데 자신의 영적 자원을 활용하면서 경제학에 도덕적 책임을 요구하고 경제 발전에서 도덕적이고 사회적인 가치들을 강조할 수 있다.[15] 더글라스 믹스는 **오이코스**(*oikos*)를 "생계에 대한 접근권"으로 정의한다.[16] 왜냐하면

> [집은] 모두가 당신의 이름을 아는 곳이기 때문이다. 집은 당신이 언제나 위로를 받고, 용서를 받으며, 사랑을 받고, 돌봄을 받기를 기대할 수 있는 곳이다. 그리고 마지막으로 집은 당신이 식탁 위에 놓인 것을 공유하기를 기대할 수 있는 곳이다.[17]

만약 우리가 집에 관한 이런 시적인 정의를 오늘의 범세계적 사회의 **오이코스**로서 지구 행성에 적용한다면, 우리는 지구 인구의 거의 2/3가 노숙자라는 결론을 내릴 수 있을 것이다. 왜냐하면 그들은 빈곤 상태에서, 즉 생계에 대한 접근권이 거의 없이 인간 이하의 조건 속에서 살아가고 있기 때문

---

14  M. D. Meeks는 자신의 작품에서 시장 경제의 논리와 순환에 적합하지 않은 "잉여 인간"이라는 개념을 발전시킨다. "The Church and the Poor in Supply-Side Economics," *Cities* 1 (Fall 1983): 6-9을 보라.

15  Bartholomew I, *Encountering the Mystery* (New York: Doubleday, 2008), 161.

16  Meeks, *God the Economist*, 33.

17  Meeks, *God the Economist*, 36.

이다.[18] 다니엘 그루디(Daniel G. Groody)가 말하듯이 "아래에서" 볼 때 "지구촌의 경제 발전이 언제나 더 큰 인간적 발전으로 이어졌던 것이 아님은 아주 분명해진다. 세계의 대다수의 사람은 품위 있는 인간적 삶을 위한 기본적인 생필품을 갖고 있지 못하다."[19] 경제 정의는 지구촌 경제(*oikonomia*)의 핵심적 문제가 되었고, 정의를 얻는 것은 "집에 대한 접근권"을 얻는 것이다.[20] 경제 발전의 부적절성은 생태적·경제적·사회적 지속 가능성의 상호의존성에 대한 점증하는 인식 때문에 더욱 강조된다. 그러므로 샐리 맥페이그 같은 저자들이 자연을 북대서양 경제권 내의 "새로운 빈자"와 동일시하고 그것의 해방과 지구 가족 안으로의 편입을 요구했을 때, 경제 정의에 대한 관심은 생태적 정의에 대한 요구와 밀접하게 연관되었다.[21]

동유럽의 경험은 사회주의와 자본주의가 모두 세계의 경제 정의와 지속 가능성의 문제를 풀 수 있는 답을 갖고 있지 않음을 보여주었다. 니콜라스 베르댜예프(Nikolas Berdyaev)가 주장하듯이 자본주의와 사회주의는 모두 궁극적으로 개인주의에 의해 동기를 부여받으며, 그것들이 공동선에 대해 보이는 관심은 이런 자기 이익 우선시와 분리될 수 없다.[22] 자본주의와 사회주의는 모두 삶의 영적 목표들을 물질적 수단으로 대체했다. 따라서

---

18    지구촌의 빈곤에 관한 통계를 위해서는 Daniel G. Groody, "Globalizing Solidarity: Christian Anthropology and the Challenge of Human Liberation," *Theological Studies* 69 (2008): 250-68을 보라.

19    Groody, "Globalizing Solidarity," 258.

20    Meeks, *God the Economist*, 36.

21    Sallie McFague, "An Ecological Christology: Does Christianity Have It?" in *Christianity and Ecology: Seeking the Well-Being of Earth and Humans*, ed. Dieter T. Hessel and Rosemary Radford Reuther (Cambridge, MA: Harvard University Press, 2000), 29-45 (30). 또한 *McFague's Life Abundant: Rethingking Theology and Economy for a Planet in Peril* (Minneapolis: Fortress, 2001), 33-37을 보라.

22    Niclaos Berdyaev, *The New Middle Ages*, in vol. 2 of *Collected Works* (Sofia: Zachari Stoyanov, 2003), 515-607 (426, 530-31).

그 두 경제 모델은 모두 참된 인권과 자유를 유지하지 못한다(이런 권리와 자유는 높은 영적 목표들을 대표하며 영적 기원을 갖고 있기 때문이다).[23] 베르댜예프는 "역사적인 물질적 힘은 영적인 역사적 현실의 일부"이며 "인간의 모든 경제적 삶은 영적 기초, 즉 영적 토대를 갖고 있다"고 지적한다.[24] 그러므로 경제적 불의의 뿌리는 정신과 물질 사이의, 즉 정신적 삶과 경제적 삶 사이의 자연적 위계질서의 역전에 있으며, 이것은 사회적 비전의 개인주의적 전도(inversion)에서 그리고 물질주의와 경제학의 세속화 및 맹목적 숭배에서 그 모습을 드러낸다.[25] 경제적 개인주의는 진리를 황금만능주의로 대체했다. 그리고 이어서 "경제적 유물론"은 인간의 모든 영적 삶을 "환상과 사기"로 선언하고,[26] 세상의 영적 본질을 모호하게 만들면서 그것에서 신비를 벗겨내고 경이를 박탈했다. 이런 주장에 비추어볼 때, 베르댜예프에 따르면 "사회주의는 단지 산업적 자본주의 시스템의 추가적인 발전에 불과하다. 그것은 그 시스템의 시작에 대한 최종적인 축하이고 그것들의 보편적 확장의 승리다."[27] 따라서 참된 인간의 자유와 사회경제적 정의를 촉진하는 사회 변혁에 대한 모든 기대는 그것의 영적 정체성과 목적을 다시 포착하는 세상에 대한 갱신된 비전을 낳는 "영의 혁명"[28]을 요구한다. 베르댜예프가 지적하듯이 오직 성령만이 참된 자유의 실현인 형제 됨과 자매 됨을 창출하는데, 그것은 그리스도 안에 있는 자유다. 이 그리스도 중심적 영

23    Berdyaev, *New Middle Ages*, 531-32; Berdyaev, *Philosophy of Inequality* (Sofia: Prozoretc, 1995), 113-15.
24    Nicolas Berdyaev, *The Meaning of History*, in vol. 2 of *Collected Works* (Sofia: Zachari Stoyanov, 2003), 299-514 (313).
25    Berdyaev, *New Middle Ages*, 531.
26    Berdyaev, *New Middle Ages*, 531.
27    Berdyaev, *New Middle Ages*, 531.
28    Berdyaev, *New Middle Ages*, 522.

적 하나 됨 혹은 **소보르노스트**(*sobornost*)[29] 안에는 "기계적인 평등"이 존재하지 않는다. 또한 거기에는 "권리와 의무" 사이의 모순과 차이도 존재하지 않는다.[30] 실제로 신앙 공동체의 **소보르노스트**는 성령의 역사다. 성령은 삼위일체의 공동체적 삶을 신자들의 공동체 안으로 옮겨놓으면서 모든 면에서 타자와 삶을 공유하는 것을 가능하게 만든다. 성령의 **소보르노스트** 안에서 개인의 자유는 타자의 자유와 모순되지 않는다. 왜냐하면 그것은 물질세계의 제한된 자원에 대한 경쟁이 아니라 신적 사랑과 은혜라는 영원하고 무한한 현실에 기초를 두고 있기 때문이다. 이처럼 하나님에 의해 시작되고 주입된 **소보르노스트** 안에서 하나님의 환대는 성령의 선물, 즉 타자가 존재하고 타자가 될 자유의 선물로서 그리스도의 공동체 안에서 구현된다.

오순절 날 성령에 의해 교회의 태에서 하나님 나라의 사회정치적이고 경제적인 현실이 태어난다. 성령이 창조하는 것은 거룩하다. 왜냐하면 그것은 인류 안에서 구현되는 삼위일체적 공동생활의 사회적 형태이기 때문이다. 그것은 인간 사회 안으로 옮겨진 거룩하신 하나님의 삶이다. 성령의 경제학은 신앙 공동체를 하나님의 가정으로 변화시키고, 그렇게 함으로써 세상을 만인을 위한 집으로 만든다. 성령은 성화되지 않은 시장의 본질을 드러내고 또한 하나님과 이웃과의 거룩한 교제를 위한 선물로 창조되어 인간에게 주어진 세상의 거룩함을 보여준다. 마지막 아담 안에서 인간은 우주 안에서 제사장적 임무를 지닌 성찬적 존재로서 자신의 존재론적 본질의 회복을 경험한다. 이 갱신된 존재는 새롭게 그리스도처럼 변화된 신자들의 의식 안에서 경제를 그것의 영적 토대와 재결합시킨다.

---

29 **소보르노스트**라는 개념에 관해서는 이 책의 1장을 보라.
30 Berdyaev, *Philosophy of Inequality*, 115.

의심할 바 없이 기독교는 하나님의 모든 피조물에게 유익이 되는 경제 운용의 지도적 원리인 정의와 연민, 그리고 지속 가능성을 우선시하는 새로운 세계적 경제 에토스를 고무하고 세우는 일에 지속해서 기여할 수 있다. 결국 만약 하나님의 모습을 얻는 것이 영적 삶의 목표라면, 그것은 (1장에서 지적했던 것처럼) 성화에는 "모든 피조물에 대한 사랑"이 포함된다는 것을 의미한다.[31] 신성화(theosis)를 통해 하나님과 연합한다는 교회의 종말론적 운명에 비추어볼 때, 세상에서 교회의 근본적인 사회적(그리고 그러하기에 또한 경제적) 프로그램은 삼위일체에 관한, 즉 "교제 안에 계신 하나님, 곧 사회적 하나님"에 관한 교리여야 한다.[32] 바르톨로메오스 1세가 주장하듯이 모든 형태의 인간 공동체는 "각각 나름의 방식으로 삼위일체의 살아 있는 아이콘이 되는 것을 소명으로 갖고 있다."[33]

이상에 비추어 이 장의 나머지 부분은 새롭게 성령에 의해 영감을 받은 정치경제의 몇 가지 잠재적 구성 요소에 관한 신학적 성찰을 제공한다. 그것은 성찬적 성례전으로서 세상의 현실을 강조하고, 그렇게 함으로써 "신성한 시장"으로부터 신성한 세계로의 정치경제적 전환에 동기를 부여할 수 있는 우주에 관한 비전을 제공한다. 본문은 우주의 왕 같은 제사장과 청지기로서 (타락 이전의) 인간의 존재론과 소명을 살피고, 또한 세상에서 인간이 지닌 성찬적 제사장직을 회복하는 일에서 오순절, 성결, 그리고 경제의 상관관계를 살필 것이다. 마지막으로 이 장은 갈망에 규율을 부여하는 교육과 소비주의의 세속적 전례라는 기형에 대한 해독제로서의 성찬 이해를 제공한다.

31    Bartholomew I, *Encountering the Mystery*, 94.
32    Bartholomew I, *Encountering the Mystery*, 133.
33    Bartholomew I, *Encountering the Mystery*, 133.

## 성찬적 성례전으로서의 세상

만약 지금도 진행 중인 인간의 세계 창조 프로젝트가 하나님의 무한한 창조적 활동 안에서 개체 발생(ontogenesis) 과정을 갖는다면, 인간의 삶이 하나님의 창조 행위에 대한 영속적인 기념으로서 몇 주 단위로 조직된 시간의 행렬로 전개되는 것은 우연한 일이 아니다. 7일의 각 시간 단위는 그 사건의 우주적 메아리가 되어 인간 공동체의 사회적 구조 안에서 공명하고, 모든 인간의 삶을 창조에 대한 제의적 복사물로 제시한다. 하나님은 세상(자연과 거의 틀림없이 최초의 문화)을 창조하시고 그것을 인간에게 선물로 주신다. 이어서 인간이 자연을 취하고 그것에 제한된 방식으로 하나님의 창조 행위를 떠올리는 창조적인 상상력을 통해 조명된 일상적 일의 형태로 그 자신의 삶을 덧붙임으로써 문화를 창조한다.[34] 우주의 시공간 연속체로서의 처음 7일은 모든 시간을 내부 지형성과 추진 원리로 표시하는 척도가 된다. 따라서 매일의 삶이라는 예전적 회상에 덮여 있는 인간 생산성의 순

---

[34] 우리는 문화를 "우리가 세상을 갖고 만드는 것"으로 정의하기에 이르렀다. Andy Crouch, *Culture Making: Recovering Our Creative Calling* (Downers Grove, IL: InterVarsity, 2008), 23을 보라. 『컬처 메이킹』(IVP 역간). 그러므로 많은 저자들이 자연을 하나님의 창조물로 그리고 문화를 인간의 창조물로 여긴다. 또한 Kathryn Tanner, *Theories of Culture: A New Agenda for Theology* (Minneapolis: Fortress, 1997), 28-29; H. Richard Niebuhr, *Christ and Culture* (New York: Haper & Row, 1975), 32-34을 보라. 『그리스도와 문화』(IVP 역간). Niebuhr는 "문화는 인간이 자연에 덧씌우는 '인위적이고 2차적인 환경'이다. 그것은 언어, 습관, 개념, 신념, 관습, 사회 조직, 상속된 유물, 기술적 과정, 그리고 가치들로 이루어진다"고 결론짓는다(32). "세상은 그것이 인간이 만들고 인간이 의도하는 한에서 문화의 세상이다"(34). 그러나 만약 경작이 문화의 최초의 기본적인 단계, 즉 문화적 창조성의 입구라면, (창세기의 설명에 따르면) 자연뿐 아니라 문화 또한 세상을 존재하게 할 뿐 아니라 에덴동산에 의해 대표되는 최초의 경작 행위를 수행하셨던 하나님에 의해 창조된 것으로 (혹은 문화의 경우에 적어도 시작된 것으로) 볼 수 있다.

환을 위해 시간의 경험은 "예배로서의 휴식"(rest *as* worship)[35]인 제7일에서 절정에 이르는 예배로서의 일(work as worship), 다시 말해 6일간의 지속적인 삶으로 나타난다. 이런 주간 운동은 인간의 세계 만들기가 하나님의 창조되지 않은 에너지의 증거 능력 아래에 있는 하나님의 뜻을 구체화한 것으로서 무로부터 나오는 우주에 대한 원초적 기억을 보존하는 삶의 리듬을 만들어낸다. 하나님의 창조의 7일이라는 특징을 갖는 주간의 삶은 시간과 물질의 목적론적 진행—영원에서 영원으로, 성령에서 성령으로—을 초래하는 하나의 전례가 된다. 그것의 성례전적 본질이라는 측면에서 시간은 세상을 그 자신의 한계를 넘어서 영원의 문을 이루는, 새롭고 결코 끝나지 않는 "제8일"에 이르는 최종적 완성을 향해 이끌어간다. 그리고 우주는 그곳에서 "물질과 영의 융합과 변화"를 경험한다.[36]

시간과 물질에 대한 이런 이해는 인간을 창조주의 모습으로 형성하기 위해 의도된 절묘하게 구성된 성찬적 전례(eucharistic ligurgy)로서의 우주의 성례전적 본질(sacramental essence)을 드러낸다. 그것에 참여함으로써 인간은 그들 각자가 실체화하지만 모두가 공동으로 갖고 있는 공유된 우주적 본질 안에서 타자와 연대하는 법을 배운다. 그러므로 드미트루 스타닐로아(Dimitru Staniloae)가 통찰력 있게 주장하듯이

인간 개인들 사이의 경계에까지 도달한 우주적 자연의 분리는 불가능하다. 자연의 너무 크거나 너무 불평등한 분리는 개인들 사이의 전쟁 그리고 인간의 본

---

35    John Dominic Crossan, *God and Empire: Jesus Against Rome, Then and Now* (New York: HarperOne, 2007), 54.

36    Dimitru Staniloae, *The World: Creation and Deification*, vol. 2 of *The Experience of God: Orthodox Dogmatic Theology* (Brookline, MA: Holy Cross Orthodox Press, 2005), 6.

성 내의 전쟁을 초래하거나 후자를 노예로 만든다. 바로 그런 이유 때문에 모든 이는 단지 자신에게 개인적으로 속한 본성뿐 아니라 모두에게 속한 본성의 부패에 일조할 수 있다.[37]

따라서 하나님이 물질 세계에 부여하신 한계들은 그분처럼 되는 것에 관한 의도적인 교육의 일부다. 그런 한계들은 우리가 물질이 모든 실존적 필요를 충족시킬 수 있는 유일한 방법은 오직 성령의 관대함을 통해서뿐임을 인식하면서 삶을 공유하고 이기심에서 벗어나 (공동선을 추구하면서) 정신적으로 성장해 타자와의 공통적 연대 안으로 들어가도록 자극한다. 성령과의 교제 안에서 물질로서의 삶이 지닌 전례적 본성은 인간이 다른 세상—신성과의 만남을 위한 신성한 장소, 하나님의 삶이 우주의 물질성 안으로 완전히 성장할 때까지 성령에 의해 씨가 뿌려지고 가꿔지는 성당—을 보도록 가르치는 교육 도구다. 이렇게 조명된 관점은 "일과 희생"[38]이라는 인간의 공동체적 삶을 삼위일체의 거룩한 공동체적 현실에 대한 영감 어린 형상화가 되도록 만든다. 그것은 타자에게 "발전 가능성"[39]과 번영을 제공하는 경건한 소비를 통한 연대에 굴복하는 새로운 금욕주의에 대한 명령으로 세상의 제한된 자원의 문제에 맞선다. 이것은 세상의 현 단계와 하나님 안에서 그것의 운명을 구별하는, 그리고 세상을 그 자체로 하나의 목적으로 만듦으로써 그것을 상품화하는 열정과 갈망에 대한 해독제를 제공하는 성찬적 존재의 표시다.[40] 성찬적 의식이 세상의 삶을 위한 하나님을 닮은 자

37    Staniloae, *World*, 2.
38    Staniloae, *World*, 7.
39    Staniloae, *World*, 7.
40    Alexander Schmemann, *For the Life of the World* (Crestwood, NY: St. Vladimir's Seminary Press, 1983), 17. 『세상에 생명을 주는 예배』(복있는사람 역간).

기희생적 태도를 양육한다(요 6:51). 그것은 인간을 자신의 삶으로 세상을 개선하고 그것을 온전하고 치유되며 갱신된 모습으로 성부께 돌려드리는 그리스도의 모습으로 바꾼다.

1장에서 이미 분명하게 밝혔듯이 창조 행위를 통해 하나님은 생명의 은사로서의 자기를 공여하여 인간에게 세상을 제공하심으로써 인간이 이어서 그것을 타자와 그리고 다른 존재와 공유하는 법을 배우게 하신다. 세상은 하나님의 모습으로 성장하기 위한—인간이 "영적으로 성장하도록"[41] 돕는—교육적 기능을 가진 선물이다. 이런 교육은 (스타닐로아의 말을 빌리자면) 수용자와 제공자 사이의 "선물의 대화"를 통해 발전하는데 그 과정에서 세상은 계속해서 감사함으로 받아들여지고 자기희생적 공여의 몸짓으로 하나님께 다시 바쳐져야 한다.[42] 그러므로 사람은 하나님께 드릴 수 있는 자신의 것이 없기에 창조된 세상으로부터 창조주께 되돌려드리는 법을 배운다(가령 십일조, 안식일). 이 교환에서 가장 큰 선물은 자신, 즉 자신의 삶을 제공하는 것이다. 인간이 하나님을 닮아야 한다는 이 궁극적인 명령은 그리스도 안에서의 하나님의 자기 공여를 통해 전달된다.

"선물의 완전한 대화"[43]라는 역설적 변증법에 따르면, 두 사람은 서로 계속해서 선물을 주고받는 것을 통해 서로에게 점점 더 가까워지다가, 디

---

41    Staniloae, *World*, 22.

42    Staniloae, *World*, "[선물의 반환의] 역설은 받고 돌려받은 선물이 사람들을 선물의 대상이 공통적인 무언가가 되어 사람들 사이의 가장 온전한 교제를 위한 수단이 될 때까지 서로에게 가까워지게 한다는 사실에 의해 설명된다. 그리고 그 선물은 단지 공통적인 무언가일 뿐 아니라 또한 사람들이 그들이 하는 선물을 통해 드러나는 사랑으로써 서로 소통하는 삶을 통해 증가한다. 이런 식으로 사람들은 자신들을 선물로 제공하고, 이런 제공을 통해 영적으로 성장한다"(22). "하나님과 사람 사이의 선물의 대화는 각자가 상대방에게 자신을 제공한다는 사실에 있다"(23).

43    Staniloae, *World*, 22.

미트루 스타닐로아의 말을 빌리자면 다음과 같은 상태에 이른다.

그 선물은 공통적인 무언가가 되어 사람들의 온전한 교제를 위한 투명한 수단
이 된다. 그리고 그것은 단지 공통적인 무언가일 뿐 아니라 또한 사람들이 그
들이 하는 선물을 통해, 드러나는 사랑을 통해, 서로 소통하는 삶을 통해 증가
한다. 이런 식으로 사람들은 자신들을 선물로 제공하고, 이런 제공을 통해 영
적으로 성장한다.[44]

실제로 이런 논리는 세상이 스스로 유지될 수 없다는 것, 즉 그것이 타자와
의 성찬적 교제로 공유되도록 만들어졌다는 것을 확증한다. 세상을 자신을
위해 지키려고 하는 것, 즉 그것을 자신의 욕구와 욕망을 충족시키기 위해
의도된 개인적 소유물로 축소시키는 것은 물질과 성령의 교제로서 그것의
의미와 목적을 왜곡한다. 영적 차원과 결별한 세상은 상품화되고 그 자체
가 목적이 된다. 또한 그것의 물질적 한계는 세상의 더 많은 것에 대한 인간
의 지속적인 요구를 충족시키는 것이 불가능하다는 사실과 함께 드러난다.
2장에서 논의되었듯이 세상이 모든 사람의 탐욕과 방종을 충족시킬 만큼
충분하지 않다는 인식은 이제 제한된 자원을 위한 경쟁자로 보이는 타자로
부터의 소외와 그들에 대한 폭력을 유발한다. 하나님처럼 되는 것에 관한
교육과 그분과의 교제를 위한 선물로서의 세상은 그것이 하나님 안에 그것
의 기원과 의미와 목적을 갖고 있는 것으로 보일 때만 충분해진다. 세상은
우리가 "전례적 금욕"[45]과 세상의 생명을 위한 자기 공여에 대한 경외심을

---

44    Staniloae, *World*, 22.
45    우리의 목적을 위해 "성찬적 금욕"(liturgical askesis)은 전례의 맥락 안에서 **프락티케**
       (*praktikē*, 금욕적 투쟁)의 행위로 이해된다. Margaret Pfeil이 주장하듯이, **프락티케**는 "기

지니고 기쁨과 감사로 그것을 성찬적 선물로서 축복하고 공유할 때만 충분하다.

그러므로 세상은 그것의 참된 본성의 측면에서 하나님이 주신 선물이다. 따라서 그것은 인간을 그분에게 좀 더 가까이 데려갈 뿐 아니라 또한 타자와의 온전한 교제의 수단이자 구성으로서 동료 인간들 사이에서 공유될 수 있다. 우리가 그것을 타자에게 선물로 제공할 때, 우리는 그것을 하나님께 되돌려드리는 것이기 때문이다(마 25:31-46). 선물이 제공하는 그리스도를 닮게 하는 교육의 일부는 우리가 하나님으로부터 받은 것보다 더 많은 것을 타자에게 주어야 한다는 것이다(마 25:14-30). 즉 우리는 우리가 자연으로부터 받은 것의 가치를 증진시키는 창조적인 일의 형태로 우리의 삶 자체를 그 선물에 더해야 한다(예컨대, 곡식과 포도는 성찬을 통해 하나님께 바쳐지기 전에 인간의 노력이라는 금욕을 통해 빵과 포도주로 변화된다). 바로 이것이 우리가 무언가를 제공하는 일을 타자의 삶을 위한 희생제사로 만든다. 우리

---

독교 전례 안에서 경축되는 하나님의 무상의 사랑에 대한 그리스도인 예배자들의 은혜롭고 자유로운 응답으로서" 발생한다. "첫째, 전례적 금욕주의는 기독교 예배 공동체의 삶으로부터 나오고 그것을 육성하고자 한다. 그리고 둘째로 그것은 금욕의 궁극적 목적이 하나님 안에서의 온전한 삶으로 구성되는 종말론적 지평을 함의한다"("Liturgy and Ethics: The Liturgical Asceticism of Energy Conservation," *Journal of te Society of Christian Ethics* 27, no. 2 [Fall/Winter 2007]: 27-149 [127-28]). David Fagerberg가 주장하듯이, 만약 전례가 "그리스도의 생명을 나누는 것"을 의미하고 "만약 금욕이 (형성이라는 의미에서) 훈련을 의미한다면, 그때 전례적 금욕주의는 그리스도의 아이콘이 되고 그분의 형상이 우리의 얼굴에서 드러나 보이게 만드는 데 필요한 훈련이다"("A Century on Ligurgical Asceticism," *Diakonia* 31, no. 1 [1998]: 41). 전례적 금욕주의에는 "전례(*leitourgia*), 즉 세상을 섬기는 하나님의 사람들의 일로서 예배하는 공동체의 실천에 대한 관상적 인식이 포함된다"(Pfeil, "Liturgy and Ethics," 134). 그러나 전통적으로 금욕은 단지 하나님처럼 되는 것의 수단으로만이 아니라 신성화(theosis)의 표시로서도 이해된다(가령, 성인들의 전기에서 나타나듯이 말이다). 금욕은 우리의 삶 전체에 십자가를 적용함으로써 그리스도처럼 되는 일에서 하나님을 본받는 것이다. 궁극적으로 그것은 자기 공여적 사랑에 의해 동기를 부여받아 타자를 위해 자신을 절제하는 것이다.

는 우리 자신의 것을 타자에게 제공한다. 그리고 그들이 이 선물을 받을 때, 우리는 그들의 삶에 참여자가 된다. 어느 의미에서 우리가 하나님으로부터 세상을 받는 것은 우리의 삶을 그것에 연합시켜 하나님 자신의 공동체적 삶의 형식과 내용에 성찬적으로 복종하면서 그것을 하나님께 되돌려 드리기 위함이다. 우리는 이런 드림을 통해 육신을 입은 하나님처럼 된다. 우리는 그리스도, 즉 성육신을 통해 세상을 십자가로 이끌고 "자기 안에 기원을 둔 모든 것의 경계를 정해"[46] 자신의 부활 속으로 맞아들이는 완전한 성찬적 존재가 된다. 그러므로 세상은 인간을 하나님에게로, 그리고 신성한 본성에 대한 참여라는 갱신된 삶으로서의 부활(영원한 삶)로 이끌어가도록 되어 있다. 스타닐로아가 말하듯이 "이런 의미에서 하나님과 인간 사이에서 발견되는 모든 것은 십자가를 필요로 하는데",[47] 인간은 그것을 통해 자신을 선물로부터 분리시키고 그 선물의 수여자와 연합한다. "우리의 일이라는 금욕을 통해, 그리고 십자가의 각인을 통해 변화된 자연의 선물을 하나님께 되돌려드림으로써" 우리는 우주를 성화시키고 또한 그것 자체를 목적으로 만들지 않음으로써 우리 자신을 성화시킨다. 그렇게 함으로써 우리는 하나님 안에 있는 우리의 운명을 인식하고 타자에 대한 자기 공여를 통해 그것을 실행한다. 우리는 그분처럼 된다. 즉 우리는 자기 공여적 사랑 안에서의 공유된 삶이라는 그분의 공동체적 거룩하심으로 거룩해진다.

1장에서 이미 지적했듯이 창세기의 내러티브는 하나님을 거룩한 공동체적 자아 안에서 타자의 가능성과 번영을 위한 성소를 창조할 뿐 아니라 타자를 위해 집을 짓는 분으로 묘사한다.[48] 그분은 자신의 피조물의 물리

---

46    Saint Maximus the Confessor, *Gnostic Chapters* 1.67, Patrologia Graeca 90:1108B.
47    Staniloae, *World*, 25.
48    집을 짓고 장식하는 건축가로서의 하나님에 대한 설명을 위해서는 Crossan, *God and*

적 필요에 따라 이 집을 세심하게 짓고 장식하는 데 시간을 들이시는데, 그
것은 그들이 참으로 더 풍성한 삶에 접근할 수 있게 하시기 위함이었다. 우
리는 창조 행위에서 나타나는 하나님의 무조건적 환대가 쉬는 날로서의 안
식일의 제정에서 절정에 이른다고 주장할 수 있다. 시간은 창조의 결과이
자 하나님이 그 위에서 우주를 펼치시는 캔버스이기도 하다. 따라서 존 도
미니크 크로산은 우리에게 창조의 절정은 제6일의 인간 창조가 아니라 제
7일의 안식일이라고, 또한 세상에 대한 우리의 "지배"는 소유권이 아니라
안식일의 하나님 밑에서 행하는 청지기 노릇이라고 생각하도록 권한다.[49]
그러므로 하나님과 이웃 사이에 공유된 교제로서의 세상의 성찬적 본질은
안식일의 현실에서 분명하게 가시화된다. 제7일은 하나님의 모든 피조물
을 위한 휴식의 날이다. 이 날은 하나님이 인간에게 노동으로부터의 해방
을 제공하시고 그들이 타자에게도 같은 방식으로 행하도록 명령하시는 날
이다. 인간 및 비인간 피조물 모두 안식일의 휴식 속에서 하나님의 무조건
적인 돌보심, 즉 그분의 피조물을 위해 신성한 주인(devine host)이 제공하는
모든 것을 포괄하는 우주적 환대의 몸짓을 즐겨야 한다. 그런데 이런 환대
는 정의이고, 하나님의 환대를 수령하는 자들은 그것을 "하나님 자신의 분
배적 정의"의 행위로서 타자에게 확대해야 한다.[50] 따라서 모든 가속과 모
든 피부양자들—아들과 딸들, 남종과 여종들, 농장 동물과 가축들—에게
안식일의 휴식이 명령된다. 안식일은 급진적 평등으로서의 정의이고, 이스
라엘 안에서 살아가는 거주 외국인들조차 예외가 되지 않는다(신 5:14). 신
적 환대라는, 모든 것을 포괄하는 정의로서의 안식일이라는 논리는 안식년

---

Empire, 51-52을 보라.

49    Crossan, God and Empire, 53.

50    Crossan, God and Empire, 54.

과 희년으로까지 이어진다. 이것은 시간을 포함해서 창조세계 전체에 대한 하나님의 소유권을 인정하고 피조물이 환대로서의 신적 은혜에 전적으로 의존하고 있음을 인정하며 드리는 "예배를 **위한** 안식이 아니라 예배**로서의** 안식"이다.[51]

월터 브루그만은 계속해서 악화되는 피곤함이라는 오늘의 경제적 실존에 맞서는 안식일에 내재된 정치신학의 적절성에 대해 숙고하면서 이집트 제국의 압박 아래에서 절대 끝나지 않았던 노예 노동을 시내산에서 얻은 "이웃 됨의 경제"라는 언약적 자유와 대조한다.[52] 그러므로 저자는 하나님에 의해 제정된 안식일의 사회경제적이고 정치적인 의미란 요컨대 삶을 왜곡하는 우상숭배를 드러내면서 모든 것을 상품화하고 쉼을 찾을 수 없는 근심과 시장 논리의 비인간화하는 영향에 대한 "대안과 저항"이라고 묘사한다.[53] 브루그만의 말을 빌리자면,

> 야웨(YHWH)는 안식일을 지키는 하나님이시다. 이 사실은 삶의 중심에 쉬지 못함이 아니라 쉼이 있음을 보증한다. 야웨는 안식일을 제공하는 하나님이고, 안식일을 명령하는 하나님이다. 그런 이유로 이스라엘은 언제나 다시 "생명과 죽음" 사이에서(신 30:15-20), 야웨와 "너희 조상들의 신들" 사이에서(수 24:14-15), 야웨와 바알 사이에서(왕상 18:21), 율법의 길과 죄인의 길 사이에서(시 1편) 선택해야 한다. 안식일은 안식의 하나님을 선택하고 그분 편에 서는 결정적이고 구체적이며 가시적인 방법이 된다.[54]

51    Crossan, *God and Empire*, 54.
52    Walter Brueggemann, *Sabbath as Resistance: Saying No to the Culture of Now* (Louisville: Westminster John Knox, 2014), 6.
53    Brueggemann, *Sabbath as Resistance*, 21.
54    Brueggemann, *Sabbath as Resistance*, 10.

안식일을 지키는 것은 새롭게 성별된 인간 공동체와 창조주 사이의 언약적 신뢰에 뿌리를 둔 인간과 창조세계의 나머지 사이의 회복된 신뢰를 묘사하는 주간 전례(a weekly liturgy)가 된다. 만약 (타락 상황에서) 저주가 아담과 땅 사이의 적의(와 불신)로 모습을 드러낸다면, 이제 안식일의 쉼 가운데서 시내산의 하나님을 예배하는 것은 그 저주의 전복과 창조세계의 존재론적 갱신에 대한 예언적 기대가 된다. 그것은 회복된 에덴에 대한, 즉 세상이 다시 한번 성소가 되고 삶이 다시 한번 생명을 제공하고 유지하시는 창조주께 대한 예배 행위가 되는 상황에 대한 엿보기다. 따라서 브루그만이 지적하듯이 출애굽기 34:21은 안식일이 "밭 갈 때나 거둘 때에도" 지켜져야 한다고 주장하면서 언약적 안식이라는 제도를 "인간이 참여해야 하는 생산적인 식품 생산 시스템의 맥락 안에" 위치시킨다. 그러나 사람들은 또한 "땅을 믿고" 자신들의 삶을 "창조의 리듬에" 순응시켜야 한다.[55] 이런 식으로 안식일은 인간과 그 외의 피조물을 다시 동시에 움직이게 하면서 (또한 그 둘 사이의 틈을 치유하면서) 인간과 땅 사이의 새롭고 정당한 관계를 제도화한다. 그것은 창세기 1:26-28의 원래의 문맥—우주라는 대성당에서 유일하신 참된 하나님께 바치는 예배—을 고려함으로써 창조세계에 대한 인간의 "지배"에 대한 왜곡된 해석을 바로잡는 언약적이고 생태학적인 경제학을 구성한다. 그러므로 인간과 창조세계의 나머지 사이의 신성한 관계는 오직 우주의 성례성과 신적 임재의 회피할 수 없는 가까움에 대한 날카로운 의식과 그것에 조율된 관심을 특징으로 갖는 창조주에 대한 끊임없는 예배로서 경건한 의도성을 지니고 살아가는 삶(거기에는 일, 생산 그리고 소비가 포함된다)의 맥락 안에서만 번성할 수 있다. 성찬적 전례로서의 삶을 사는 것

---

55    Brueggemann, *Sabbath as Resistance*, 36.

은 인간의 실존을 하나님께 집중시키면서 세상에서 자신의 존재를 하나님의 창조 의도와 일치시키고 자기 중심성이라는 우상숭배적인 사회적 병리(그것은 부족에 대한 점증하는 근심과 타자에 대한 눈을 멀게 하는 두려움 아래서 동료 인간과 창조세계의 나머지에 대한 탐욕적인 착취를 통해 모습을 드러낸다)에 대한 저항을 육성한다. 성찬적 선물로서의 세상에 대한 회복된 인식은 인간을 종말의 이편에서의 모든 창조세계의 번성을 위한 제사장적 섬김과 책임 있는 청지기직으로 소환한다.

## 성령의 성찬적 경제 안에서 우주의 왕 같은 제사장과 청지기들

1장에서 분명하게 밝혔듯이 타락 이전에 인간의 존재론은 우주라는 대성당에서 수종드는 제사장 공동체로서의 존재, 즉 물질적 세계 한가운데서 공동체적 삼위일체의 형상을 지니고 그 모습으로 성장하는 것이었다. 하나님 앞에 있는 제사장으로서 아담은 물질과 성령의 우주적 교제의 구현으로서 있다. 그는 자신의 존재로 하나님이 만유가 되시는(엡 1:23) 곳인 세상의 운명을 환기하면서 우주의 아이콘과 하나님의 아이콘이 하나로 연합하는 성례전을 대표한다. 그러므로 인간의 존재론은 세상의 신령한 이야기를 구체화하면서 세상의 시초에 대한 원초적인 기억을 그것이 창조주와의 연합 속에서 종말론적으로 펼쳐지는 것에 대한 기억과 결합시키는 것이다. 바르톨로메오스 1세(H. A. H. Bartholomew I)의 말을 빌리자면,

하나님의 말씀은 인간이 두 세상 모두에, 즉 비가시적인 자연과 가시적인 자연 모두에 참여한다는 것을 밝히기를 바라셨다.…따라서 아담은 영적인 세상과 물질적인 세상 모두에 참여하면서 하나님을 예배하는 천사처럼 두 번째 세상,

즉 작은 세상 안에 존재하는 큰 세상인 이 땅 위에 놓였다. 아담은 영적 세상 안으로 들어가면서도 가시적인 세상을 보호하고 보존하도록 창조되었다.[56]

실제로 인간은 그 두 세계 모두를 묶어 하나의 살아 있는 교제를 이뤄내기 위해 그것들에 참여하도록 창조되었다. 그러나 성경은 인간의 물질적 요소와 영적 요소가 모두 그 기원을 하나님께 두고 있음을 상기시킨다. 물질은 창조의 존재를 위한 공간을 여는 과정에서 말씀에 의해 창조주의 "자기 제한" 행위로 무로부터 출현하는데,[57] 이것은 타자와 다른 이를 위한 사랑으로서의 하나님의 본질을 요약해서 보여주는 이미지다. 그 결과 지구/자연은 (어느 의미에서 창조주의 모범을 따르면서) 인간의 몸이 신성한 창조 에너지의 솜씨로 자신으로부터 나타나도록 자신의 물질적 몸을 인간과 공유한다.

---

56   Bartholomew I, *Encountering the Mystery*, 96. 여기서 Bartholomew 총대주교는 다마스쿠스의 요한네스에게서 영감을 발견하는 것처럼 보인다. 요한네스는 인간과 신화에서의 인간의 운명에 관해 숙고하면서 다음과 같이 말한다. "그때 하나님은 악이 없고, 올바르며, 덕스럽고, 고통과 근심으로부터 자유로우며, 모든 덕으로 빛나고, 선한 모든 것으로 장식된 인간을 만드셨다. 그 인간은 마치 위대한 세상 안에 있는 일종의 두 번째 소우주, 예배하고 종합하는 능력을 지니고, 가시적 창조세계를 조망하면서 사고의 영역의 신비 속으로 들어가는 또 다른 천사, 땅의 것들에 대한 왕이지만, 하늘과 땅의 왕, 즉 위대한 것과 낮은 것 그리고 영과 육신의 중간에 속해 있는 일시적인 것과 영원한 것, 보이는 것의 영역과 사고의 영역에 속해 있는 보다 높은 왕에게 복종하는 왕과 같다. 왜냐하면 그는 은혜에 의해 영이지만 교만으로 인해 육신이기 때문이다. 영으로서 그는 자신의 시혜자를 받아들이고 그분에게 영광을 돌리며, 육신으로서 그는 고난을 받는데, 그 고난은 그가 자신의 위대함을 자랑할 때 훈련과 징계가 된다. 여기서, 즉 현세에서 그의 삶은 동물의 그것처럼 명령을 받지만, 다른 곳에서, 즉 오는 세상에서 그는 변화되고―그 신비를 완성하기 위해―단순히 스스로 하나님을 향해 기울어지는 것만으로 신성화된다. 거룩한 존재로 변화되는 방식으로가 아니라 거룩한 영광에 참여하는 방식으로 그렇게 된다"(John of Damascus, *An Exposition of the Orthodox Faith*, book 2, chapter 12, "Concerning Man," ⟨http://www.newadvent.org/fathers/33042.htm⟩에서 찾아볼 수 있음).

57   Jürgen Moltmann, *The Trinity and the Kingdom* (Minneapolis: Fortress, 1993), 59. 『삼위일체와 하나님 나라』(대한기독교서회 역간).

더 나아가 인간의 영혼은 하나님의 숨—그것은 타자에 대한 그분의 자기 공여다—으로부터 나온다. 인간의 몸이 지상에서 성령의 전이 되는 것처럼 물질은 신성한 임재와 함께 내재한다. 실제로 인간은 타자의 (금욕과 자기 비움을 통한) 자기 공여의 결과다. 그것은 타자로부터 나오며 타자와 공유하는 교제로서의 생명의 선물을 구현해야 한다. 따라서 인간은 만유가 신성한 공동체가 될 때까지 세상을 하나님의 공동체적 삶의 모습으로 변화시키는 작인/중재자 역할을 하기 위해 기름 부음 받은/성령 충만한 제사장적이고 성찬적이며 공동체적인 현실로서 우주 한가운데 위치한다. 이 존재론적으로 새겨진 인간의 소명에는 타자와 함께—하나님과 함께 그리고 인류 및 비 인류 이웃들과 함께—번영하며 삶을 공유하는 우주적 공동체로서의 세상에 대한 지속적으로 성찬적인 식별이 포함된다. 그러므로 정교회 신학자들이 주장해왔듯이 우리는 또한 "원죄"를 인간이 자신의 성찬적 존재를 잃어버리고 세상을 하나님과 이웃과의 만남과 교제라는 신성한 선물로부터 자기 탐닉을 위한 실용품으로 축소시키면서 우주 안에서 자신의 제사장적 소명을 거부하는 태도로 이해할 수 있다. 세상 자체를 하나의 목적으로 선포하는 것은 그것이 하나님께 의존하고 있음을 부인하는 동시에, 그러하기에 그분에게 기원을 둔 피조물로서의 본질을 부인하는 것이다. 하나님 안에 있는 물질의 인과성을 부인함으로써 인간은 하나님을 물질로 대체하는 우상숭배를 저지른다. "왜냐하면 그 자체가 목적인 것은 또한 원인이 없이 존재하는 것이고"[58] 그런 존재는 오직 하나님 한 분뿐이기 때문이다. 만약 인간이 슬기로운 사람(*homo sapiens*)이나 도구를 사용하는 사람(*homo*

---

58    Saint Maximus the Confessor, *Ambigua*, Patrologia Graeca 91:1072B–C.

*faber*)으로뿐 아니라 무엇보다도 "예배하는 사람"(*homo adorans*)[59]으로, 즉 세상의 운명을 성취하기 위해 그것의 중심에 서 있는 제사장으로 창조되었다면, 인간은 자신이 그 자체를 목적으로 인식하는 것을 예배하는 것이고 그 안에서 자신의 성취를 기대하는 것이다. 예배하는 피조물로서 인간은 하나님과의 연합―신성화를 통한 자기 실현―에 대한 내적 갈망을 지니고 창조되었다. 그러나 예배의 변증법의 특성은 우리가 자신이 사랑하는 것을 예배하고 자신이 예배하는 것이 된다는 점이다. 실제로 예배는 창조주로부터 피조물로 돌아선 (하나님으로부터 세상으로, 그리고 그럼으로써 그것을 목적으로 만들면서) 자신의 잘못된 갈망을 절제하는 방식의 의도적인 금욕을 통해 자신의 목적을 성취하는 하나님처럼 되는 것에 관한 변화를 이끌어내는 교육이다. 그러므로 올바른 예배(*orthodoxy*)는 예배자들이 그들 스스로 (그들의 모든 삶이) 사랑―자신의 모든 피조물을 향한 하나님의 사랑(*orthopraxy*)―이 될 때까지 올바르게 사랑하고 사랑받는 법(*orthopathy*)을 배우도록 애정을 훈련하고 재정렬하는 것이다. 바로 이것이 인간이 그의 온 존재로 하나님을 사랑하라는 가르침을 받는 이유다(신 6:5; 마 22:37; 막 12:30; 눅 10:27). 인간은 오직 그분만을 예배하고 그렇게 함으로써 그분의 모습으로 변화되어야 한다. 즉 신성화를 경험해야 한다. 따라서 우상숭배는 인간을 하나님이 아닌 다른 그 무엇(보다 못한 그 무엇)―창조주가 아닌 피조된 그 무엇―으로 만듦으로써 인간의 운명을 위험에 빠뜨린다.

예배가 갖고 있는 신을 닮게 하는(*theoforming*, 그리스도를 닮게 하는 [Christoforming]) 현실은 인간 공동체 안에서 타자에 대한 사랑의 중단 없는 움직임으로서 삼위일체적이고 상호내주적인 삶을 구현하는 것이다. 그

---

59    Schmemann, *For the Life of the World*, 15.

것은 우리의 얼굴을 하나님께 향하게 함으로써 그것이 다시 한번 타자를 위한 그분의 얼굴이 되게 만든다. 실제로 예배는 우리를 다시 인간으로 만들어준다. 즉 예배는 우리가 다시 한번 신성한 사랑과의 만남을 통해 타자를 향해 얼굴(prosōpon)을 돌리고 타자의 번성을 위해 필요하지만 부족한 것을 제공하려고 노력하게 해준다.[60] 그러므로 인간 공동체 안에서 구현된 거룩한 상호내주적 현실은 인간애(philanthrōphia, 인간의 공유된 동일함을 강조하는 동료 인간을 위한 사랑으로서의 자기 공여)와 환대(philoxenia, 각 사람의 독특하고 재생될 수 없는 타자성을 강조하는 낯선 이에 대한 사랑으로서의 접대를 통해 나타나는 자기 공여)로서 드러난다. 하나님의 구속적 사랑이 인간의 얼굴을 타자에게로 돌리게 할 때, 그/그녀는 세상의 삶에 대한 제사장적 책임에 대한 변명의 여지가 없는 소환으로서 하나님의 형상과의 불가피한 만남이 된다. 어쩌면 지구의 구형(spherical form)은 타자와의 교제를 위한 성례전으로서 세상의 현실을 섭리적으로 강조하는 것으로 이해될 수도 있다. 임마누엘 칸트(Immanuel Kant)의 말을 빌리자면, 지구가 구체(globe)라는 사실은 우리가 "무한히 흩어져 있을 수 없고, 결국 [타자와 더불어] 서로 화해하고 나란히 존재해야 한다는 것"을 의미한다.[61] 우리가 타자와 그들의 필요에 대해 등을 돌릴 때조차 지구의 곡선은 무한한 거리를 위한 가능성을 부정하면서 우리가 그들과 다시 대면하게 하는 여행을 하도록 만든다. 하나님의 구원하는 은총은 인간을 처음으로, 즉 얼굴—어떤 이가 마치 거울로 보듯 동료 인간 안에서 자신을 보고 그렇게 함으로써 타자를 자신처럼 사랑할 수 있게 될 때까지(레 19:18; 마 19:19) 타자 안에서 자신을 대면하는 하나님의 형

---

60    Bartholomew I, *Encountering the Mystery*, 132.
61    Immanuel Kant, *Perpetual Peace: A Philosophical Essay*, trans. M. Campbell (New York: Grand, 1972) 138. 『영구 평화론』(서광사 역간).

상―과의 만남으로 다시 이끌어간다. 하나님께로 돌아가는 인간의 여행은 타자 안에서 그분을 식별하는 것에 관한 교육이 된다. 타자 안에서 하나님의 형상을 보는 것 외에는 하나님을 볼 수 없다. 타자를 사랑하지 않고서는 하나님을 사랑할 수 없다(요일 4:20). 구원은 그들의 사회경제적·문화적·민족지적·인종적·성별적·언어적 타자성에도 불구하고 타자의 몸과 얼굴로 위장하고 계신 하나님을 보는 방법이 된다. 그러므로 가장 고통스러운 상황에 있는 타자 안에서조차 그리스도를 식별하는 것(마 25:31-46)은 궁극적으로 우리가 하나님을 보도록 허락하는 우리의 삶 속에 있는 그리스도를 닮아가는 능력이 된다. 타자 안에서 그리스도를 보는 것은 우리를 그리스도처럼 만든다. 그것은 우리를 갱신된 성찬적 존재로 만든다. 각 사람은 자신과 동일한 존재론적 기원과 목적인 그리스도 자신―그는 창조의 시작이고 끝이다(계 21:6)―이 각인되어 있는 타자 앞에 선다. 이렇게 성화된/신성화된 관점에서 볼 때 타자의 얼굴은 세상의 미래로서, 즉 하나님 안에서, 하나님과 함께, 그리고 하나님을 통해서 보다 풍성해지는 생명의 충만함의 온전한 잠재성으로서 우리를 만난다. 따라서 타자가 없이는 미래도, 구원도, 세상도 없다.

인간은 예배하는 사람, 예배하는 피조물, 모든 피조물을 위해 하나님 앞에서 섬기는 **제사장**으로서[62] 하나님의 말씀을 듣고 기도를 통해 그것에 응답하도록 창조되었다. 인간의 존재론적 실현은 (제사장적 중재를 통해) 하나님의 공동체적 담론에 참여하고, 세상을 그 자체로 (그것의 몸, 정신/생각, 마음/애정으로) 하나님 앞에서 운반하며, 세상을 만들고 (타락 상황에서) 세상을 개선하는 삼위일체적 전례 안에서 그것이 "말해지게" 함으로써―그렇

---

62    Schemann, *For the Life of the World*, 15.

게 해서 신성한 성품에 참여하는 자가 되고(벤후 1:4) 신성화를 이룸으로써 성취되어야 한다. 그러나 말씀은 제사장적 중재직에 대한 소환으로서뿐 아니라 궁극적으로 인간 공동체 안에서 그런 중재직의 예언자적 구현/구체화에 대한 명령으로서 인간에게 말을 건다. 예언자적 소명을 실현하면서 인간은 그 말씀을 들어야 할 뿐 아니라 또한 그것을 하나님의 뜻을 자신의 자유로운 의지로 행하는 자로서 그 말씀을 실행하면서 창조 질서 안에서 말씀의 살아 있는 구체적 확장이 되어야 한다. 알렉산더 슈메만은 인간의 제사장적이고 예언자적인 소명이 모든 창조세계에 대한 정당한 청지기직에 대한 왕적 명령과 함께 인간의 존재론 안에 **처음부터** 새겨져 있는 것으로 묘사한다.[63] 성경은 인간의 소명의 이 세 가지 차원들(왕적·제사장적·예언자적)의 본질을 성령의 은사(charisma)로, 즉 성별되어, 기름 부음 받은 인간의 중재를 통해 하나님의 뜻을 구현(구체화)하는 세상 안에서의 성령의 운동으로 표현한다. 그러므로 처음부터 인간은 성령 안에서 성령과 함께 움직이도록, 그리고 우주 안에서 하나님의 숨(그분의 살아 있고 활기를 띠게 하는 임재)의 성령 충만한 영적인 성소가 되도록 창조되었다(창 2:7).

이와 같은 성령론적 인간학에서 인간의 소명의 세 가지 은사적 차원(왕적·제사장적·예언자적 차원)은 서로 불가분의 관계에 있다. 아담은 오직 그가 제사장이자 예언자인 한에서 왕이다. 슈메만이 주장하듯이 우리는 그 세 가지 차원을 그것들이 갖고 있는 그리스도적이고 그리스도를 닮아가는 목표에 비추어 이해해야 한다. "왕권만 그리고 제사장직만 있는 것이 아니라 그것들이 서로에게 속해 서로 안에서 성취되며" 또한 그러하기에 "왕

63　Alexadnder Schmemann, *Of Water and Spirit: A Liturgical Study of Baptism* (Crestwood, NY: St. Vladimir's Seminary Press, 1974), 95.

같은 제사장"(벧전 2:9)이 된다.[64] 그러므로 창조세계에 대한 인간의 힘("지배")은 성령이 인간의 삶을 "하나의 '전례', 즉 하나님에 대한 섬김과 그분과의 교제로 변화시킬 때"[65] "제사에서" 그리고 "세상을 하나님과 교제하게 '만듦'으로써 세상을 **성결케 하는 것**에서 성취된다."[66] 인간의 존재론에 대한 이런 견해에 비추어볼 때, 인간이 된다는 것은 타자가 번성하고 가장 온전하게 삶을 살아가도록 **타자를 위해 존재하는 것**을 의미한다.

그리스도는 비가시적인 하나님의 가시적 아이콘(골 1:15), 즉 "완전한 성찬적 존재"[67]이기 때문에 오순절은 인간 공동체 안에서 하나님의 형상이 존재론적으로 갱신됨을 의미한다. 이와 같이 그리스도를 닮는다는 측면에서 오순절의 의미는 성령의 부으심을 메시아적 기름 부음이 그리스도로부터 신자들의 공동체로 이전하는 것으로 인식하는 것을 통해 더욱 확대된다. 신자들은 기름 부음을 받으신 분(the Anointed One)—그분의 삶과 사역—의 살아 있는 확장으로서 기름 부음을 받은 자들이 된다. 오순절의 성령은 요단강 세례수를 통한 예수의 사역 취임과 비슷한 방식으로(눅 3:21-22), 공동체적 형태로 성육신한 그리스도(교회) 위로 내리면서 땅을 뒤덮기로 예정된 살아 있는 구현된 복음으로서의 자신의 사명의 성취를 위해 그것(교회)에 세례를 주고 능력을 부여한다. 따라서 그리스도의 사역의 예언자적·왕적·제사장적 차원들은 제자들의 공동체가 왕 같은 제사장직과 모든 신자들의 예언자직으로 변화될 때 그분의 몸의 은사적 현실과 불가분리

---

64    Schmemann, *Of Water and Spirit*, 95.
65    Schmemann, Of Water and Spirit, 97
66    Schmemann, *Of Water and Spirit*, 96.
67    Schmemann, *Of Water and Spirit*, 38. Shmemann은 다음과 같이 말한다. "그분만이 완전한 성찬적 존재이시다. 그분은 세상의 성찬이시다. 이 성찬 안에서 그리고 그것을 통해서 모든 창조세계가 늘 그렇게 되어야 했으나 아직 되지 못한 것이 된다."

한 것이 된다.[68] 오순절 날에 성령의 부으심으로 충만해진 그리스도의 공동체적 몸은 하나님의 원래의 창조 의도를 따라 인간의 존재론과 소명의 회복이 된다. 성령은 모든 피조물을 창조주와의 연합 안에 제한하도록 임명된 새롭고, 기름 부음을 받으며, 우주적인 예배하는 사람(*homo adorans*)으로서의 교회를 드러낸다.

성령 충만한 공동체는 경제(*oikonomia*)를 포함해 그 존재의 모든 측면에서 삼위일체적 삶을 구현한다. 나지안주스의 그레고리오스에 따르면, 첫 번째 아담은 창조세계에 대해 "왕 같은 청지기[*basileus oikonomos*—왕 같은 경제전문가]로 섬기도록 되어 있었다."[69] 인간의 경제적이고 제사장적인 책임은 하나님의 가정인 세상의 생명을 위해 사랑으로 행하는 노동의 목적이라는 측면에서 일치한다. 그러므로 세상의 경제적 운영은 모든 구성원의 평등한 유익을 위해 가족 자원을 공유하는 것에 기초를 둔 가정 경제가 되어야 한다. 가정과 같은 나눔의 정신이 기독교 공동체의 오순절적 특징을 지닌 삶에서 구현되는 성령의 경제학에서 가시화되는 것은 놀랄 일이 아니다.

비인류 창조세계와 마찬가지로[70] 오순절의 경제적 모델은 상품과 노동의 공유 대 거래라는 패턴을 따른다. 그것은 창조주의 자기 공여의 패턴

---

68  오순절파적 관점을 통해 본 오순절 공동체의 제사장직에 관해서는 Roger Sttonstad, *The Prophethood of All Believers*, JPTSup 16 (Sheffield: Sheffield Academic, 1999), 75-70과 이 책의 2장을 보라.

69  Bartholomew I, *Encountering the Mystery*, 96.

70  만약 우리가 경제 과정 안에서 창조의 기능을 면밀하게 살펴본다면, 우리는 시장 논리를 따르지 않는 다른 형태의 경제적 참여를 인식하게 될 것이다. 창조세계는 그것이 행한 기여 때문에 보상을 받지 않는다. 그러므로 그것은 경제적 교환에 참여하지 않고 자신을 (그리고 자신의 자원을) 인간과 공유하는 모델을 따른다. 그것은 창조주의 자기 공여와 환대의 모델을 따른다.

을 따른다. 오순절 모델의 공동체적 구조는 시장의 사회경제적 곤경으로부터 가정의 곤경으로 이동한다. 가정의 관계는 구성원이 갖고 있는 자본이나 소유의 양이 아니라 그들의 가족으로서의 유대에 근거한다. 시장과 대조적으로 가정은 계급 구조를 만들고 유지하지 않는다. 가족 구성원들의 사회적 지위는 가족 내의 역할에 근거한다. 그리고 이런 역할과 연관된 모든 특권은 동일한 가족의 일부로서 서로에 대한 상호 간의 소명이라는 이해 안에서 인정된다. 그 구성원들은 서로에게 속해 있다. 그들은 서로의 형제, 자매, 어머니, 자녀다. 그들은 공통의 가족 정체성 안으로 함께 부름을 받는다. 그 가족의 부는 구성원 모두의 부다. 그들은 그것의 유익을 아낌없이 공유한다. 가정의 물질적 소유는 가정 단위의 공통의 유익을 위해 가정 구성원들에 의해 활용된다. 그 가정 전체의 안녕이 그 가정의 구성원 모두의 안녕을 보장한다. 식탁이 가정과 그것의 경제 모델의 중앙 장식품인 것은 우연이 아니다. 그것은 정체성과 목적의 측면에서 동등한 자들이 삶에 필요한 근본적인 요소를 공유한다는 것을 상징한다. 가족은 그 구성원들이 함께 빵을 떼고 소유물을 공유할 때, 즉 그들이 삶을 나누고 함께 살아갈 때, 양육되고 유지된다.

하나님의 가정으로서의 오순절 공동체는 삶을 나누는 이런 가족 형태를 드러내는데, 거기에는 또한 자연스럽게 소유의 나눔이 포함된다. 동일한 성령에 의해 하나의 가족이 된 하나님의 자녀로서 그들의 정체성은 성별, 민족성, 그리고 경제적 계급의 모든 특수성을 능가한다. 대신 그것은 보살핌, 양육, 보호 및 모든 사람의 필요에 대한 제공을 포함하여 전통적인 가족 역할의 역동성을 확립한다.

가정이라는 이미지는 하나님의 가족 구성원들을 창조세계와 그것의 필요를 돌볼 책임으로 소환한다. 왜냐하면 실제로 하나님의 가정에는 창조세계 전체가 포함되기 때문이다. 온 가족의 안녕을 위해서는 성령의 조명을 받은 구성원들이 서로에게 소속됨을 인정하는 맥락에서 상호 간의 연민 어린 돌봄이 요구된다. 아담과 흙(adama)은 공유된 안녕의 불가피하고 유기적인 연속성 안에 서 있다. 따라서 (억제되지 않은 부주의한 착취와 오염으로 인한) 비인류 창조세계의 고통은 불가피하게 인간의 고통으로 이어지고, 인간의 건강을 위험에 빠뜨리며 (태어나지 않은 세대에 대해서는 물론이고) 모든 공동체의 생명에 대한 접근권을 부정한다. 다른 한편으로, 지구의 번영은 세심하게 양육되고 돌봄을 받는 공동선이라는 지속 가능한 생태계 안에서 인간의 공생적 번영을 보장한다. 세상은 그리스도적 목표를 향한 인간의 영적 성장을 위한 선물이자 필연적인 교육이기에, 창조세계에 대한 충실한 경제적 청지기직과 그것의 삶과 번영을 위한 끊임없는 제사장적 중재는 단지 하나님 앞에서 인간의 책임일 뿐 아니라 하나님이 그 안에서 우주 한가운데서 자신의 집을 발견하시는 성전이자 그 위에 성령이 내리는 기름 부음 받은 왕, 제사장, 예언자로서 인간의 존재론적 실현을 위해 하나님이 정하신 수단이기도 하다.

그러므로 오순절의 공동체적 경제학에서 경제적·사회적 정의의 행위로서 타자에 대한 반응은 사회정치적 설득의 결과가 아니라 믿음의 공동체 안에서 하나님의 삶과 그분의 지상의 임재에 대한 참여를 확장하는 영성의 결과다. 이런 영성은 개인적 필요와 갈망을 분별하고 하나님을 닮도록 자신을 훈련하면서 타자의 필요와 안녕을 온 가정의 안녕과 분리될 수 없는 것으로 우선시한다.

그리스도의 몸 안에서 가시화되는 비가시적인 성령의 삶을 드러내면서 소유를 공유하는 데에는 자발성의 느낌이 있다.[71] 소유의 공유는 신자들의 갱신된 존재론에 대한 외적 표현이다. 이것은 새로운 인간으로서 그들이 세상에서 존재하는 방식, 즉 지상에서 그리스도 자신의 삶의 공동체적 확장과 지속으로서의 그들의 영적 정체성의 물질적 구현이다.[72] 그들이 하는 일이 그들의 참모습이다. 그들은 성령의 자기 비움적 중재를 통해 구속된 공동체로 구현된 부활한 그리스도다. 인간 사회 안에서의 하나님의 삶으로서 그들의 물질적인 삶은 (경제를 포함해) 인간 실존의 모든 측면 안에서 자신을 드러내는 상호내주적이고 삼위일체적인 논리를 따른다. 왜냐하면 실제로 모든 것을 포괄하는 성육신의 현실 속에는 구원의 범위 밖에 있는 것은 아무것도 없기 때문이다. "인자에게서 아무것도 빼앗을 수 없다."[73]

따라서 만약 "우리는 몸이기도 하고 몸을 갖고 있기도 하기에 소유가

---

71  Martin Hengel, *Property and Riches in the Early Church* (Philadelphia: Fortress, 1974), 32. 『초기 기독교의 사회경제사상』(감은사 역간).

72  내가 앞선 작품들에서 주장했던 오순절에 대한 성육신적 관점은 또한 우리가 사도행전의 나머지 부분을 그리스도의 몸 안에서 지상에서의 그의 확장된 임재에 뿌리를 둔 것으로 볼 가능성을 고려할 수 있게 한다. 그러므로 만약 누가복음이 "예수께서 행하시며 가르치시기를 시작하셨던 모든 것"(행 1:1)의 첫 권을 대표한다면, 사도행전은 "그가 행하셨고 가르치셨던 것의 계속과 성취"를 개략하는 둘째 권으로 보일 수 있다. Matthias Wenk, *Community-Forming Power: The Socio-Ethical Role of the Spirit in Luke-Act*, JPTSup 19 (Sheffield: Sheffield Academic, 2000), 242. 저자는 오순절에 성령을 부으심을 (성령으로 세례를 주는 분인) 그리스도의 사역이 사도행전에서 계속되고 있음에 대한 분명한 예로 지적한다(243). 또한 그는 행 9:5, 10; 13:39; 7:55-56; 17:7; 18:10; 19:15; 그리고 행 25:19을 제자들에 대한 예수의 행위를 나타내는 것으로 언급한다. 또 다른 예는 "예수의 치유 사역의 지속으로 표현되는(행 4:30)" 행 3:1-16이 전하는 거지에 대한 치유다(245). Beverly Gaventa 의 작품 역시 사도행전을 예수의 사역의 지속으로 여기는 견해를 지지한다. *The Act of the Apostles*, Abingdon New Testament Commentaries(Nashville: Abingdon, 2003) 34, 62, 63 에 있는 그녀의 주석을 보라.

73  Alexander Schmemann, "The Missionary Imperative in the Orthodox Tradition," in *Eastern Orthodox Theology: A Contemporary Reader*, ed. Daniel B. Clendenin (Grand Rapids: Baker, 1995), 195-210 (201).

우리 자신에 대한 상징적 표현이라면",[74] 그리스도(와 그의 몸)의 정체성을 우리 자신의 것으로 받아들이면서 우리의 소유를 그리스도께 넘기는 것은 구속적이다. 동방 정교회의 교부들은 인간 안에 있는 하나님의 형상이 인간 전체, 즉 인간의 영적 존재와 물질적 존재 전체를 통합한다고 보았다.[75] 그러므로 하나님의 형상 역시 몸과 소유를 통한 몸의 물질적 확장을 배제해서는 안 된다. 성경은 성화에 대한 명령을 분명하게 밝힐 때 계속해서 몸의 실재성을 강조한다(살전 4:3-8; 5:23; 히 9:13-14; 롬 6:19). 그리고 (2장에서 지적했듯이) 성령의 성화의 역사에는 행동과 관계와 갈망에서 나타나는 모든 사회적이고 물질적인 표현들과 함께 인간의 실존 전체가 포함된다.

실제로 마지막 아담의 성찬적 제사장직은 신앙 공동체 안에서 성령의 상호내주적 경제를 다시 수립한다. 그러나 타자에 대한 이런 성화된 경제 관계의 패턴은 그리스도가 죽고 부활하기 이전의 초기 사역에서도 나타난다. 오병이어에 관한 복음서 이야기는 독자들에게 지상에서 구체적인 삼위일체적인 공동체적 삶의 경제적 현현을 드러내는 완전한 성찬적 존재로서의 그리스도를 상기시킨다. 하나님이 제공하신 것(빵과 물고기)이 감사의 전례를 통해 그분에게 되돌아간다. 그것은 성찬의 음식 속에서 쪼개져서 타자와 공유되는데, 자연은 그것을 통해 교제의 요소 속에서 자신을 타자에게 제공하고, 다시 그것은 하나님 자신에 의해 신성하게 되고 늘어나서 그분의 가족을 먹인다. 그분은 참여하기를 원하는 모든 이가 생명에 대한 접

---

74    Luke T. Johnson, *Sharing Possessions: Mandate and Symbol of Faith* (Philadelphia: Fortress, 1981), 40. 『공동소유』(대장간 역간).

75    Vladimir Lossky, *Orthodox Theology: An Introduction* (Crestwood, NY: St. Vladimir's Seminary Press, 2001), 71. 『정교신학 개론』(지만지 역간); Christoforos Stavropoulos, "Partakers of Divine Nature" in *Eastern Orthodox Theology: A Contemporary Reader*, ed. Daniel B. Clendenin (Grand Rapids: Baker, 1995), 186.

근권을 얻는 잔치의 주인이시다. 그 접근권은 이스라엘의 자녀들뿐 아니라 데가볼리에서 무리를 먹인 사건에서처럼 이방인들에게도 주어진다. 거기서 그리스도는 "모든 나라의 백성에게 하나님의 식탁의 빵을" 제공하신다.[76] 그들은 모두 하나님의 자녀들이다. 그들 모두가 그분의 가족이다. 이것은 세상에 대한 인간의 비전의 급진적인 변혁이다. 제한된 물질 자원을 위한 야만적인 경쟁의 장소가 아니라 누구나 자신의 생명을 다른 이들과 값없이 나누는 가정으로서의 세상이다. 실제로 이것은 세상이 시장으로부터 집으로 바뀌는 것이다.

　신앙 공동체 내의 성령의 경제 안에는 곤궁한 사람이 없다(행 4:34). 계급주의는 삼위일체적인 상호내주적 삶의 급진적 평등성에 의해 폐지되며, 신성한 성품에 참여하는 자(벧후 1:4)로서 인간은 그런 평등성을 위해 노력한다. 성령의 사회 변혁적 역사의 결과물인 오순절 공동체는 당면한 물질적 필요가 존재하는 현재 안에서 하나님의 환대와 타자와의 자기 공유의 구현이 된다(행 2:43-47). 이런 신적 환대는 모든 것을 포괄하는 정의다. 그것은 그리스도를 닮은 신자들의 새로운 의식 안에서 경제를 그들의 영적 토대와 재결합시킨다. 그 의식은 새로운 형태의 경제적 관계, 즉 타자를 포용하고 자신의 자원을 사용해 그들의 필요를 채워주는 관계다. 그 결과는 하나님 가정의 경제에 대한 가시적인 물질적 표현으로서 "모든 물건을 서로 통용"(행 2:44)하고 소유를 나누는 것이다. 이 새로운 경제적 관계는 오순절 공동체를 세상의 경제와 구별해준다. 그렇게 해서 우리는 세상의 한

---

76　Brian K. Blount, "The Apocalypse of Worship: A House of Prayer for All Nations," in *Making Room at the Table: An Invitation to Multicultural Worship*, ed. Brian K. Blount and Leonora Tubbs Tisdale (Louisville: Westminster John Knox, 2001), 21.

가운데서 성령의 일하심과 마주한다.[77] 성령은 신자들을 하나님 나라의 사회정치적 현실 속으로 낳고 그들이 지상에서 그 현실의 확장이 되도록 그들을 변화시킨다. 성령은 이런 급진적인 경제적 정의를 가능케 하는 조건을 만들고 유지하는 분이다. 왜냐하면 그런 정의는 성령과 진리 안에서 드리는 예배라는 행위의 결과이기 때문이다. 따라서 동유럽의 마르크스주의적 경험에 의해 입증된 것처럼 이 비전의 세속화는 실패할 수밖에 없다.

매일의 친교와 그리스도의 공동체의 일치에 대한 성찬적 축하로서 함께 빵을 떼는 것(행 2:46)은 하나님의 가정 안에서 그 나라의 정당한 사회정치적 현실을 살아내는 것을 나타내는 상징의 중심이다.[78] 동방 정교회 수도원들의 공동 식탁의 건축적 배치는 이런 현실을 의도적으로 상기시키고 상징적으로 구현한다. 그 식탁은 그것이 성소 제단의 확장임을 나타내는 방식으로 놓여 있다. 따라서 그 공동체가 식탁 교제를 매일 나누는 것은 주님의 식탁 주위에서 이루어졌던 교제의 연속으로 이해된다. 각 식탁은 주님

---

77    Miroslav Volf, *Exclusion and Embrace: A Theological Exploration of Identity, Otherness, and Reconciliation* (Nashville: Abingdon, 1996), 228-29. 『배제와 포용』(IVP 역간). 소유를 나누라는 영적 명령에 관한 광범위한 연구를 위해서는 Johnson, *Sharing Possessions*를 보라. 저자는 또한 그 주제를 오순절 사건과의 관계 속에서 논한다(21).

78    Reta Halterman Finger는 그녀의 책 *Of Widows and of Meals: Communal Meals in the Book of Acts* (Grand Rapids: Eerdmans, 2007)에서 1세기 팔레스타인의 자연적이고 가상적인 친족 그룹이 갖는 매일의 친교에 관한 깊이 있는 연구를 제공한다. 그녀는 초기 그리스도인들의 경제적 삶에 관한 사도행전의 구절들을 매일 이루어지는 사회경제적 관습과 가난한 자들(특히 경제적으로 가장 빈곤한 인구통계적 집단 중 하나였던 과부들과 그들의 딸들)의 상황적 관점에서 살핀다. 그녀는 함께 매일의 빵을 떼는 것을 공동 식사에서 친족 사이의 나눔과 예수가 유대인과 이방인 모두와 나눴던 식사에서 유래하는 성례전적 관습 모두로 강조했다. 어떤 저자들은 행 2:42의 교제(*koinōnia*)와 공동체적이고 성찬적인 식사로서 빵을 떼는 것을 구별했다. 그러나 식사를 주의 만찬으로 변화시키는 것은 예수 그리스도의 임재다. 그러므로 감사함으로 세상에서 그분의 몸의 일치 안에서 그분의 임재를 불러일으키면서 주님의 이름으로 식사를 나누는 것의 성례전적 본질은 매일의 친교와 성찬 모두에서 나타난다.

의 식탁이 된다. 왜냐하면 그분이 모두에게 양식을 주시는 주인이시기 때문이다. 그 식탁에 참여하는 자들은 그분의 임재를 간구하고, "우리의 일용할 양식"(마 6:11; 눅 11:3)으로서 하나님으로부터 오는 선물인 식사를 제공받고 감사하며 그분의 이름으로 그 식사를 축복한다. 실제로 우리는 영원히 그분의 손님들이다. 그러나 또한 이것은 우리 가족의 식탁―우리 성부의 식탁―이기도 하며, 우리는 집에 있다. 우리는 그분의 자녀들이고 그분의 가정의 구성원들이기 때문이다. 여기서 우리는 모두 온 우주의 성별을 위한 성례전으로서 공유되는 생명에 대한 접근권을 얻는다. 어느 의미에서 매일의 공동의 식탁 교제는 성찬 봉헌의 말씀을 반영한다. "우리는 모든 사람을 대신해 그리고 모든 사람을 위해 당신 자신의 것을 당신께 바칩니다." 그러므로 (예상치 못했던 저녁 식사 손님들을 포함해) 낯선 이에게 베푸는 환대는 수도원의 규율이다. 아무도 외면당하지 않는다. 그리고 식탁은 군중을 먹이시는 그리스도에 대한 예전적 회상 역할을 하면서 세상을 보다 충분하게 만드는 성령의 강림을 기대한다. 이런 예언적 기대 속에서 (월터 브루그만의 말을 빌리자면) "풍요의 복음은 희소성에 대한 주장을 무시하고 공동선으로 초대한다."[79]

## 갈망을 훈련하는 교육과 소비주의에 대한 해독제로서의 성찬

(새 창조의 일부로서) 교회의 영적인 성례전적 삶은 타락 이전의 "창조세계의 성례성 그 자체"[80]로부터 나오고 그것을 가리킨다. 그것은 세상의 **시작**

---

79    Walter Brueggemann, *Journey to the Common Good* (Louisville: Westminster John Knox, 2010), 32.

80    Alexander Schmemann, *The Eucharist: Sacrament of the Kingdom* (Crestwood, NY: St.

이 갖고 있는 전례적 특성과 그것의 성찬적 현실을 드러내고 그것의 **목적**을 하늘과 땅, 가시적인 것과 비가시적인 것, 물질적인 것과 영적인 것의 결합으로 묘사하면서 **만유**가 되실 그리스도 안에서 모든 창조세계를 모은다. 바로 이 **목적**이 (슈메만의 말을 빌리자면) "교회의 본질과 목적을 구성한다."[81] 그러므로 신앙 공동체는 "새롭고 변화된 창조세계의 현현과 임재",[82] 오는 시대의 침입, 그리고 하나님 나라의 지상으로의 도래다. 바로 이것이 교회가 그것의 본질과 소명의 측면에서 "우주적이고 종말론적인"[83] 이유이고 또한 교회의 전례 역시 그러한 이유다. 이런 주장에 비추어볼 때 구속은 창조세계(와 생명 그 자체)의 성례전적 현실의 갱신으로 이해될 수 있다. 슈메만이 주장하듯이

정확하게 세상에 대한 이런 **성례전적** 이해에 교회의 삶 전체, 즉 모든 전례적이고 영적인 전통에 스며드는 **세상의 빛**의 본질과 선물이 있다.…여기서 죄는 그 자체가 인간의―그리고 그 안에서 모든 피조물의―이런 성례성으로부터, "빛의 낙원"으로부터 더는 하나님을 따르지 않고 자기를 따라 그리고 자기 안에서 살아가고 그로 인해 부패하고 죽을 운명에 처한 "이 세상" 속으로 **떨어져 나가는 것**으로 이해된다. 그리고 사정이 그러하다면, 그때 그리스도는 하나의 성례전으로서 세상과 생명 자체를 갱신함으로써 세상의 구원을 이룬다.[84]

Vladimir's Seminary Press, 1987), 33. 『성찬』(터치북스 역간).

81   Schmemann, *Eucharist*, 19.

82   Schmemann, *Eucharist*, 21.

83   Alexander Schmemann, "Liturgy and Theology," in *Liturgy and Tradition: Theological Reflections of Alexander Schmemann*, ed. Thomas Frish (Crestwood, NY: Vladimir's Seminary Press, 1990), 49-69 (57-58).

84   Schmemann, *Eucharist*, 34.

존재론적으로 갱신된 인간과 우주적 그리스도 안에 계신 하나님과의 구속적이고 종말론적인 연합은 교회의 전례적 기억에서 분명하게 표현되고, 기대되며, 경험된다.[85] 그리스도에 대한 이런 공동체적 회상(고전 11:24-25)은 단지 정신적 회상에 불과한 것이 아니라 제정된 유사성이다. 그것은 그분처럼 "되고" "행동하기"를 선택하는 것, 즉 성령의 성육신적 중재를 통해 세상에서 그분의 확장이 되는 것이다. 전례의 거행이 성령 세례를 받은 교제(koinōnia) 안에서 그리고 그것을 통해서 삶의 신성한 충만함의 전조를 해석할 때 그리스도의 몸을 통해 하늘이 세상으로 내려오고 창조주와 그분의 피조물의 일치를 회복시킨다. 그러므로 성찬 전례는 "이미와 아직", 기대와 성취, 현재와 그것의 미래의 타자성을 소화하는 것 사이의 만남의 긴장 속에서 펼쳐지는 희구적이고, 성령으로 충만하고, 사회 변혁적인 사건이다.

그리스도와 그분의 공동체적 몸의 영적 하나됨에 대한 전례 거행의 초점으로서 성찬은 또한 더글라스 믹스의 말을 빌리자면,

> 예수 그리스도의 가정 안에 있는 탁월한 하나님의 경제 행위다. 그 안에서 하나님 자신의 자기 공여, 즉 하나님이 그것을 통해 세상을 하나의 집으로 만들고자 하시는 그분 자신의 경륜이 제시된다.[86]

성찬은 인간 공동체보다 앞서 하나님의 식탁에 와서 그것을 하나님의 가정 안에 있는 신적 양분의 가시적 형태로서 환영하는 비인류 창조세계의 결

---

85    Pfeil, "Liturgy and Ethics," 136.
86    Meeks, *God the Economist*, 45.

백을 주장한다. 창조된 물질은 성육신 사건에서 그리스도 안에 포함됨으로써 삼위일체의 삶에 대한 구속적 참여 속으로 들어간다. 성자의 몸의 물질성 안에서 물질은 우주를 성별하기 위한 은총의 수단으로 성화되고 승인된다.[87] 그러므로 성찬은 인간과 창조세계의 나머지 사이의 존재론적·구원론적·종말론적 상호관계에 대한 식별과 전례적 기억에 관한 교육을 제공한다. 그것은 우리가 타자의 안녕을 우선시하면서 우리의 갈망을 훈련하도록 가르치고 또한 우리에게 경건한 소비라는 전례적 금욕주의의 실천에 대해 알려준다(고전 11:27-34). 실제로 성찬은 제약 없는 소비라는 비인간화하는 독으로부터 우리를 건져내고 우리가 그것의 유혹적인 미끼에 대해 면역력을 갖도록 돕는다. 그것은 시장 논리의 상품화에 맞서는 반체제적 저항 세력으로서 신앙 공동체를 육성하고 그것을 하나님의 창조세계의 실용적인 대상화에 대한 구체화된 비판으로 형성한다.

성찬에서 성령은 물질과 공간과 시간을 그리스도께 투명한 것으로 계시하고 신자들의 눈을 열어 전례의 거행을 인류 및 비인류 창조세계 모두를 하나의 우주적 예배 공동체 안으로 소환하는 것으로 보게 한다. 알렉산더 슈메만은 자신의 『물과 성령의 세례』(Of Water and Spirit)에서 성찬을 존재하는 "모든 것에 스며드는" 우주적 "기쁨"으로 묘사한다. 그가 진술하듯이 성찬은 "하나님을 찬양하고 예배하는 창조세계 전체—그것의 물질, 그것의 시간, 그것의 소리와 색깔, 그것의 말과 침묵—이며, 이 찬양에서 다시 그것 자신, 즉 성찬, 일치의 성례전, 새로운 창조의 성례전이 된다."[88] 그는 『세상에 생명을 주는 예배』(For the Life of the World)에서 성찬은 하나님 나

---

87    Daniela C. Augustine, *Pentecost, Hospitality, and Transfiguration: Toward a Spirit-Inspired Vision of Social Transformation* (Cleveland, TN: CPT, 2012), 56-59.

88    Schmemann, *Of Water and Spirit*, 118.

라의 차원 속으로의 "여행 혹은 행진"으로 가장 잘 이해된다고 확언한다.[89] 이 여행은 그리스도인들이 주일 아침에 현재의 삶으로부터 성령을 통해 그리스도의 공동체적 몸의 회합(synaxis) 속에 모이는, 세상의 미래로서 하나님 나라의 삶 속으로 들어가는 상징적인 행진을 시작하면서 시작된다. 슈메만에 따르면, 이 여행에서 "성례전적 행위는 이미 발생한다." 왜냐하면 그때 신자들은 성령에 의해 현재의 세상으로부터 불려 나와 변화되어 오는 세상속으로 들어가면서 **"교회를 구성하는** 길 위에 있기" 때문이다.[90] 조지 테오크리토프(George Theokritoff)는 성찬의 우주론에 관한 매혹적인 성찰을 제공하면서 독자들에게 이 행렬의 여정을 새로운 빛 안에서 바라보고 그 전례를 (성 바실레이오스의 전례의 언어를 빌리자면) 성육하신 하나님의 몸으로서의 창조세계를 드러내는 성령의 희구적 편재를 통해 그것의 모든 것을 포괄하는 범위뿐 아니라 온 우주의 봉헌으로서의 기념적 참여에 대해서도 갱신된 의식을 지니고 다시 경험하도록 자극한다. 저자는 빵과 포도주라는 친숙한 요소들을 생산하기 위해 (자연과 인간의 노동의 복잡하고 시너지를 일으키는 안무를 포함해) 함께 결합되어야 하는 복잡한 생물학적·화학적 물질과 과정들에 대해 분석하면서 그 우주적 성찬의 행렬의 시작을 집에서(교회 건물에까지 이르는 인간의 여정에서)가 아니라 "창조에서, 다시 말해 **'태초에'**" 출발하는 것으로 생생하게 묘사한다.[91] 따라서 테오크리토프는 다음과 같이 진술한다.

89    Schmemann, *For the Life of the World*, 26.
90    Schmemann, *For the Life of the World*, 27.
91    George Theokritoff, "The Cosmology of the Eucharist," in *Toward an Ecology of Transfiguration: Orthodox Christian Perspectives on Environment, Nature, and Creation*, ed. John Chryssavgis and Bruce V. Foltz (New York: Fordham University Press, 2013), 131–35.

성찬에서 우리는 온 우주와 우리 자신을 포함한 모든 살아 있는 피조물—가장 작은 물질 분자로부터 가장 먼 공간까지, 그리고 모든 장소와 모든 시간 속에서 이루어지는 인간의 노동의 열매들까지—을 이 빵 조각과 이 포도주잔을 통해 바친다. 그러므로 우리는 성찬이 우주의 중심임을 알게 된다. 그리고 모든 물질을 통해 빛을 발하는 그리스도에게 우주가 투명하다는 것을 우리로 하여금 더욱 분명하게 인식할 수 있게 해주는 것은 성찬이다.[92]

따라서 성찬은 창조를 하나님 및 이웃과의 교제의 수단으로뿐 아니라 주의 만찬의 공동 기념자로 식별하는 신학 윤리를 가리킨다. 거기에는 우리의 안녕과 번영을 창조세계 전체—인류 및 비인류 이웃 전체—의 안녕과 번영의 기능과 결과로 인식하는 것이 포함된다.

월터 브루그만에 따르면, 성찬은 "출애굽기에 나오는 만나 이야기의 재연"이고 그러한 것으로서 **불안한 결핍**으로부터 **기적적인 풍성함**을 통해 **우호적인 공동선**"으로 나아가는, 다시 인간화하는 여행의 살아 있는 구현으로서의 신앙 공동체를 묘사한다.[93] 공동의 번영을 추구하는 이웃 됨에 관한 신성한 교육을 통해 만나에 공동으로 참여하는 것과 같이 성찬은 동료 인간을 굶주리게 하면서 자기를 위해 더 많은 것을 취하는 것이 생명에 대한 접근권을 제공하지 않을 뿐 아니라(고전 11:20-22) 오히려 그리스도의 몸을 바르게 분별하지 못하는 짓이라고(심지어 죽음과 비교할 정도로) 비난한다(고전 11:27-34)고 가르침으로써 부족에 대한 두려움을 부정한다. 성찬은 우리에게 자신을 살피면서—타자의 경제적 타락과 주변화에 의식적

---

92    Theokritoff, "Cosmology of the Eucharist," 133-34.
93    Brueggemann, *Journey to the Common Good*, 32.

으로 혹은 의도치 않게 기여하는 것에 대해 조심하면서—타자의 굶주림과 빈곤에 대해 책임을 지도록, 또한 모든 필요가 채워질 때까지 "서로 기다리고"(고전 11:33) 공동체 내에서 가장 부서지기 쉬운 자들(고아와 과부, 어린아이와 노인, 장애인, 그리고 경제적 주변인들)과 함께 먹기 시작하는 것을 배우면서 그들이 식탁에 접근할 수 있게 하도록 가르친다. 새 창조의 성례전인 성찬은 새로운 인간 공동체 안에서의 성령의 경제학을 묘사하고 육성한다. 주님의 식탁을 중심으로 이루어지는 공동생활은 모든 인간의 삶을 위한 기준, 즉 경제를 포함해 인간 실존의 모든 차원을 거룩하게 하는 공동선의 성례전적 제정이 되어야 한다.

성찬은 자유 시장의 소비주의 논리를 효과적으로 해체한다. 왜냐하면 윌리엄 카바노프(William Cavanaugh)의 말을 빌리자면 개인이 성찬의 요소들에 참여할 때 그는 "단순히 그리스도를 자신에게 모셔오는 것이 아니라 자신이 그리스도 안으로 취해지기 때문이다.…그렇게 해서 소비 행위는 뒤집어진다. 우리는 단순히 그리스도의 몸을 소비하는 것이 아니라 우리 자신이 그것에 의해 소비된다."[94]

"우리가 다 한 떡에 참여할 때"(고전 10:17), 우리는 한 몸으로 선다. 왜냐하면 그때 우리는 모두 그리스도에게 참여하는 자가 되고 또한 그 안에서 서로에게 참여하는 자가 되기 때문이다. 그러므로 타자의 필요보다 자신의 개인적 갈망을 우선시하고 그리스도의 몸 안에서 자신의 자기만족을 위해 타자를 소비하는 것은 자신을 삼키는 것이 된다.

성찬의 논리와 교육의 궁극적인 도전은 우리가 그리스도의 몸이 됨으

---

94    William Cavanaugh, *Being Consumed: Economics and Christian Desire* (Grand Rapids: Eerdmans, 2008), 54.

로써 "타자를 위한 음식이 되어야 한다"는 것이다.[95] 알렉산더 슈메만은 성찬 거행의 세 가지 전례적 운동에 관해 고찰하면서 성찬의 이런 외향적인 선교적 지향에 대해 숙고한다. 그것은 교회가 "새 시대 안으로 들어가는 입구"에서 성령에 의해 하늘로 운반될 때 상승 운동으로 시작된다.[96] 교회는 주님의 식탁에서 삼위일체 공동체의 충만한 삶을 경험하고, 신성한 임재에 의해 채워지고 조명을 받아 다시 지상으로 내려오도록 부름을 받는다. 이 두 번째 하강 운동은 교회의 선교적 정체성의 일부다. 왜냐하면 만약 교회가 이 세상 속으로 다시 들어가지 않는다면, "세상에 천국"은 없을 것이기 때문이다. 그러나 교회가 세상을 위해 땅으로 돌아온다. 그리고 (성령에 의해 활성화되는) 교회의 마지막 전례적 운동은 성전의 내부로부터 온 세상의 외부로—심지어 그것의 "극단의" 부분으로, 즉 가장 멀고, 가장 어두우며, 우리와 가장 다른 부분으로 향한다. 따라서 "성찬은 교회를 그것의 본래의 모습, 즉 선교하는 교회로 변화시킨다."[97] 자신의 소명을 이행하면서 교회는 굶주리고 부서진 세상을 먹이고 치유하기 위해 매일 자신을 제공하는 그리스도의 몸 안에 살아 있는 복음으로서 우주 안으로 들어간다. 실제로 성찬은 교회를 세상의 삶을 위한 성례전으로 변화시킨다.

　(동방 정교회라는 문화적 뿌리의 영향 아래에 있는) 동유럽의 여러 오순절파 공동체들에서 성찬례 이후에 애찬이 따르는 것은 우연한 일이 아니다. 성찬이 하늘에서 일어나는 반면, 애찬은 땅에서 일어난다. 애찬은 성찬을 통한 교육의 궁극적 목적을 구현한다. 그것은 하나님의 가족의 식탁에 의해 포착되는, 땅에서 누리는 하늘의 삶이다. 그 식탁에서는 모두가 그들의 자

---

95　Cavanaugh, *Being Consumed*, 55.

96　Schmemann, "Missionary Imperative," 200.

97　Schmemann, "Missionary Imperative," 200.

원을 공유하고 무상으로 생명에 대한 접근권을 얻는다. 그렇게 함으로써 그들 중 아무도 굶주리거나 곤궁한 상태로 남아 있지 않는다. 그들의 성부의 집에서 그들은 모두 자녀들이며 모든 창조세계를 위한 그분의 사랑 어린 집짓기의 동등한 수혜자들이다.

성찬은 애찬으로 끝나기는 하나 그 전에 강렬한 기도와 금식의 시간이 있다.[98] 많은 동유럽 오순절파 신자들이 엄격한 성찬 이전의 금식에 충실한 것은 그들의 영적 위생의 중요한 차원이며 그들이 소비 충동에 맹목적으로 굴복하는 데서 벗어나 자신들의 정당한 필요와 자기 탐닉적 갈망을 구별하는 것을 배우게 한다. 그러므로 금식은 신자들이 유혹에 대한 저항을 강화함으로써 영적으로 성숙하며 성장하도록 돕는 금욕적 투쟁으로 실천된다. 이런 오순절파 공동체들에게 금식을 행하는 것은 우주 안에서 마귀의 힘(과 제도적인 악을 통해 그런 힘들이 드러나면서 동료 인간을 비인간화하고 상품화하는 것)에 맞서는 것으로 해석되는데, 이것은 예수의 광야 시험에 대한 복음서의 설명에 비추어 (또한 "그런즉 너희는 하나님께 복종할지어다. 마귀를 대적하라. 그리하면 너희를 피하리라"라는 약 4:7에 비추어) 발전된 이해다. 2장에서 이미 논의되었듯이, 예수의 40일 금식(과 그것에 이어진 마귀와의 영적 대결)에 관한 누가와 마태의 이야기는 심원하게 청원적인 사건을 묘사한다. 그것은 성령의 이끄심과 능력 주심 안에서 그리고 그것을 통해서 발생하는 금욕적 투쟁이다(눅 4:1-2; 마 4:1). 이런 주장에 비추어볼 때, 대부분의 동유럽 오순절파 신자들에게 금식은 (다른 영적 훈련들처럼) 신자 안에서 이루어지는 성령의 성화시키고 그리스도를 닮게 하는 역사에 굴복하는 것이다. 그러나 다

---

98 의심할 바 없이 이것은 이런 오순절파 공동체들이 갖고 있는 동방 정교회의 문화적 뿌리의 다른 측면이다(특히 성찬 전의 금식과 기도는 전례서[Typikon]에 의해 요구된다). 금식의 기간은 개별 신자들에게 달려 있고 하루에서 일주일까지 지속된다.

른 무엇보다도 성찬 이전의 금식은 살아 계신 하나님과의 만남에 대한 기대를 품고 행하는 준비로 이해된다. 그 만남은 신성한 은혜와 인간의 책무/책임에 대한 요구라는 특징을 지닌 변화의 순간이다. 그리고 그것은 신자가 축복과 심판/훈련—둘 다 인간을 영광에서 영광에 이르게 하는 상승 속으로 들어 올리고 신자들을 하나님의 모습으로 빚어내는 신성한 사랑에 대한 적극적인 표현이다—을 경험하는 사건이다.

알렉산더 슈메만에 따르면, 성찬을 위한 금식과 성찬의 거행 사이의 관계는 교회의 전례적 "기대와 성취, 준비와 '임재'라는 리듬"을 반영한다.[99] 이런 주장에 비추어 그는 금식의 성찬적 차원과 금욕적 차원 사이의 차이와 연속성에 대한 통찰력 있는 숙고를 제공하면서 그것들의 복음적 기원과 교회의 삶 속에서 그것들이 갖는 신학적 의미를 지적한다. 슈메만이 주장하듯이, 성찬의 금식은 재림(parousia), 즉 "그리스도의 영광스러운 두 번째 도래, '하나님이 만유로 드러나실' 성취"[100]에 대한 기대 어린 준비다. 이런 신학적 이해는 그의 제자들이 금식하지 않는다는 바리새인들의 비난에 대한 그리스도의 응답에 관한 공관복음서의 기록에 근거한다. "혼인 집 손님들이 신랑과 함께 있을 때에 금식할 수 있느냐? 신랑과 함께 있을 동안에는 금식할 수 없느니라. 그러나 신랑을 빼앗길 날이 이르리니 그날에는 금식할 것이니라"(막 2:18; 참조. 눅 5:33; 마 9:14). 따라서 성찬 이전의 금식은 승천과 재림 사이의 긴장 속에서 펼쳐지는, 교회(그리스도의 신부)를 깨어 있게 하고 세상(과 그것의 역사)을 종말론적 미래 안으로 모으시는(왜냐하면 아

---

99  Alexander Schmemann, "Fast and Liturgy," St. Vladimir's Seminary Quarterly 3, no. 1 (Winter 1959): 2-9. (⟨https://oca.org/reflections/fr-alexander-schmemann/fast-and-liturgy⟩에서 찾아볼 수 있다)
100  Schmemann, "Fast and Liturgy."

무도 주님이 오시는 날을 알지 못하기에, 마 24:42) 성령의 운동에 적응시키는 기대 어린 임신과 같은 철야다. 금식은 신랑의 임재로 표시되는 혼인 잔치처럼 성찬을 거행하는 것으로 끝난다. 슈메만의 말을 빌리자면, 자신의 주님을 향한 교회의 "열망"은

이제 주님의 임재의 성례전에서, 즉 성찬의 연회에서 계속해서 성취되고 응답을 얻는다.…그러므로 금식과 성찬은 말하자면 교회의 삶의 두 가지 보완적이고 필요한 기둥을 형성하고, 기대와 소유, 성취와 성장, 종말과 역사라는 교회의 본질의 핵심적 이율배반을 나타낸다.[101]

그러나 슈메만이 강조하듯이 금식은 또한 성찬의 의미—즉 (동유럽 오순절파의 이해와 유사하게) 그가 "마귀의 능력과 맞서는 싸움으로, 영적 삶의 방법으로" 묘사하는 금욕적 차원—를 "완성하는 두 번째 의미"를 갖고 있다.[102] 그는 금욕적 금식의 성경적 기원을 예수가 광야에서 시험을 받은 것(그 일은 그가 40일간 금식한 후에 일어난다)[103]에 관한 복음서의 이야기에서 찾지만, 슈메만은 또한 복음서가 "사탄에 대해 승리를 거두는 유일한 수단"인 기도와 금식의 능력에 관해 직접적인 진술을 한다고 주장한다(마 17:21). "왜냐하면 그리스도의 출현은 구원의 역사를 완성할 뿐 아니라 또한 '이 세상의 왕'이 된 사탄에 맞서는 투쟁에서 결정적인 순간이기 때문이다."

첫 번째 아담이 받았던 시험을 되풀이하면서 마지막 아담이 광야에서

101　Schmemann, "Fast and Liturgy."
102　Schmemann, "Fast and Liturgy."
103　예수의 광야 시험에 관한 복음서 이야기들에 대한 상세한 설명을 위해서는 이 책의 2장을 보라.

받은 시험 역시 음식으로 시작된다. 따라서 슈메만은 (승리한 그리스도 안에 거하는) 인간은 우리의 생명을 유지하는 수단인 음식이라는 핵심적인 "필수품"을 삼감으로써 사람이 "빵으로만 살지 않는다"는 것을 발견한다고 주장한다. 또한 인간은 의도적으로 금식을

> 아담이 위반한 계명의 성취로의 자유로운 복귀로 선택한다. 그것을 수용하면서 인간은 다시 음식을 신성한 선물로 받는데, 그때 음식은 "필수품"이 되기를 그치고 메시아의 연회에 대한 이미지가 된다. 왜냐하면 그때 "살기 위해 먹으라"가 다시 "하나님 안에서 살라"가 되기 때문이다.[104]

실제로 이렇게 회복된 자유는 심원한 사회적·환경적 차원을 갖고 있다. 왜냐하면 바르톨로메오스 1세의 말을 빌리자면, "금식은 모든 것과 모든 사람의 위엄과 가치를 강조"하기 때문이다. 금식은 "타자의 필요를 인식하면서" 반면에 "덜 원하는 것이다."[105] 그러므로 그것은 타자의 "굶주림"과 고통에 대한 체화된 회상이며 (자신의 물질적이고 영적인 자원으로) 그들의 결핍을 구제하기 위해 애쓰면서 그들과 자신을 동일시하는 "상징적인 노력"이다.[106] 사실 그리스도를 닮아가는 영적 깊이를 지닌 금식은 (바르톨로메오스 1세가 설명하듯이) 타자를 위한 사랑과 연민의 행위이자[107] "우리가 행하는 모든 일이 타자의 안녕이나 상처와 연관된다는 점을 상기시켜주는 엄숙한 상기물"[108]이다. 이런 사랑과 연민은 창조세계 전체로 확대된다. 왜냐하면 금

---

104 Schmemann, "Fast and Liturgy."
105 Bartholomew I, *Encountering the Mystery*, 82.
106 Bartholomew I, *Encountering the Mystery*, 84.
107 Bartholomew I, *Encountering the Mystery*, 82.
108 Barhtolomew I, *Encountering the Mystery*, 84.

식은 우리의 생태적 인식과 우주의 치유에 대한 갈망을 강화하기 때문이다. 금식은 물질적 창조세계 전체를 긍정하면서 우리에게 바르톨로메오스 1세가 지적하듯이 "'땅은 야웨의 것'(시 24:1)이지 우리가 소유하고, 착취하며, 소비하고, 통제할 우리의 것이 아님"을 상기시킨다. "금식은 하나님이 의도하셨던 대로의 세상에 대한 원초적 비전을 회복하는 것이고, 하나님이 창조하셨던 대로의 세상의 아름다움을 식별하는 것이다."

실제로 금식은 신자들의 영적 비전을 날카롭게 하면서 그들이 창조세계를 신성한 성찬적 선물로서뿐 아니라 그리스도의 공동체적 몸으로 바르게 식별하고 또한 가치 있는 방식으로 주님의 만찬에 참여하도록 돕는다 (고전 11:26-28). 그것은 신자들의 눈을 열어 타자 안에서 그리스도를 인식하고 그들을 동일한 가족의 유기적 일부, 즉 동일한 가정의 구성원으로서 포용하도록 만든다. 금식은 신자들이 타자에 대한 부정으로 표현되는 그리스도에 대한 부정과 관련해 그들의 정신과 마음을 살펴보도록 촉구한다. 그러므로 성찬 전례에는 사적이고 공적인 (개인적이고 집단적인) 고백과 타자와의 관계의 치유를 위한 용서의 응답적 표현이 포함된다. 타자로부터의 분리는 그리스도로부터의, 그리고 그분의 공동체적 몸으로부터의 분리이기 때문이다. 따라서 일부 동유럽 오순절파 교회들에서는 성찬 때 성찬 참여자들이 돌아서서 회중에게 용서를 빌고, 회중은 그런 간청에 대해 "우리는 당신을 용서하며 하나님이 당신을 용서해주시기를 바랍니다!"라고 말하며 응답한다. 관찰자는 이런 교환 속에서 동방 정교회의 용서 주일 (Forgiveness Sunday)[109]의 전례적 영향을 쉽게 식별할 수 있다. 실제로 이런 오순절파 공동체들에서 거행되는 각각의 성찬은 용서 주일이 되면서 성찬

---

109    동방 정교회의 전례력에서 이것은 사순대제의 시작 이전의 마지막 주일이다.

을 전형적인 화해의 성례전으로 확대한다.[110]

(그것에 앞서는 금식과 함께) 성찬 전례의 그리스도를 닮게 하는 역사는 신자들 안에서 그것이 없이는 아무도 하나님을 보지 못하는 거룩함을 육성한다(히 12:14). 타자 안에서―심지어 자기와 아주 급격하게 다르고 알아볼 수도 없는 모습 속에서도(마 25:31-46)―그리스도를 식별하는 것으로 시작되는 이 사회적 거룩함은 신자들을 지금 하나님과 대면하도록 이끌어간다. 그들은 곤경에 처한 이들을 향한 자애로운 행동을 통해 타자와 소유를 공유한다. 따라서 종말의 이편에서 곤경에 처한 이들의 얼굴에서 하나님의 얼굴을 보는 것은 "땅의 터가 놓이기 전부터" 성부 하나님에 의해 그들을 위해 예비되었던 나라의 상속자들인 그들을 영원 속에 계신 그분의 얼굴 앞으로 이끌어간다(마 25:34).

그러므로 성찬은 교회를 천국에 이르는 "통로"로, "옛것에서 새것으로, 이 세상에서 '오는 세상'으로" 변화시킨다.[111] 그것은 우리에게 슈메만이 지적하듯이 우리가 성찬적 존재로 창조되었음을 가르친다.

[우리는] 삶의 성례전, 즉 자신이 하나님 안에서의 삶으로 변화된 것을 축하하는 자로 [창조되었다].…우리는 실제 삶이 "성찬", 즉 하나님을 향한 사랑과 경배의 움직임, 오직 그 안에서만 존재하는 모든 것의 의미와 가치가 드러나고 성취되는 움직임이라는 것을 안다.

이것은 세상에 대한 우리의 비전을 왜곡시켜왔던 자유 시장의 세속적 전례

---

110    용서와 화해의 성례전으로서의 성찬은 이 책의 4장에서 더 논의될 것이다.
111    Schmemann, *For the Life of the World*, 31.

들의 추함에 대한 강력한 해독제다. 그것은 인간의 경제적 삶을 구속함으로써 하나님의 가정의 경제 속으로 다시 들어가게 하는 것이다.[112]

## 거룩함과 도덕 경제적 책임

성육신처럼 오순절 역시 물질과 성령의 존재론적 관계를 확증하고 "영적인 문제로서의 타자의 물질적 조건"을 이해하는 문을 연다.[113] 오순절 공동체의 경제적 패러다임은 이런 이해를 확증하고 성결의 책임을 인간 안에서 성령의 삶이 연장되는 것으로 요약한다. 거룩함은 자신의 소유로써 타자의 물질적 필요를 채우는 것으로 나타난다. 따라서 소유를 나누는 것은 하나님의 삶에 대한 참여의 표현이자 공유된 영성의 실현이 된다.

에디스 위스코그로드(Edith Wyschogrod)는 성인 됨(sainthood)을 식별하는 다음과 같은 기준을 제시한다.

성인의 삶은 그 성인이 치러야 할 대가가 무엇인지와 상관없이 타자에 대한 연민이 주된 특성이 되는 삶으로 정의된다.…그들[성인들]의 삶은 두 가지 형태의 부정, 곧 자아의 부정과 타자의 삶에 필요하지만 없는 것의 결여를 드러낸다.[114]

---

112  Schmemann, *For the Light of the World*, 34.
113  Sallie McFague, "Epilogue: The Human Dignity and the Integrity of Creation," in *Theology That Matters: Ecology, Economy, and God*, ed. Darby Kathleen Ray (Minneaplolis: Fortress, 2006), 199-212 (209).
114  Edith Wyschogrod, *Saints and Postmodernity: Revisioning Moral Philosophy* (Chicago: University of Chicago Press, 1990), xxi. Wyschogrod의 작품에 대한 보다 상세한 논의를 위해서는 이 책의 에필로그를 보라.

샐리 맥페이그는 물질에 대한 개인의 소유가 인간이 영적 문제인 타자의 물질적 필요에 대해 눈을 멀게 할 수 있다고 주장한다. 그녀는 "자기 비움, 자기 부정은 우리가 달리 보게 하고 그로 인해 달리 살게 한다.…그것은 종종 타자에 대한 보편적 사랑을 향한, 타자를 가치 있는 존재로, 그리고 모든 이를 상호연관된 존재로 보는 첫걸음이다."[115]

타자를 위한 자기 부정으로 간주되는 재산 공유 행위는 그리스도를 닮는 자들로서의 성인들의 전기를 통해 우리의 도덕적 반응을 불러일으키는 몸짓과 이미지들 사이에 있다. 그들의 구속된 인성은 "삼위일체적 삶의 충만함에 대한 참여"―상호적인 자기 공여와 수여―를 통해 나오는 "소비가 아닌 자기 비움"에 의해 정의된다.[116] 성인들이 그리스도의 몸 안에서 자기를 비울 때, 그들은 세상에서 그분의 몸이 되고 그리스도를 닮는 일에서 자신들의 운명과 사명의 모양과 모습을 취하면서 그분의 새로운 인성으로 변화된다. 이런 닮기는 신앙 공동체의 보다 넓은 사명―화해의 성취(고후 5:18)―의 성취로 해석된다. 이 세상에서 하나님의 아들과 딸들의 평화 만들기는 확실히 전쟁과 물리적 폭력의 중지에 국한되지 않는다. 그것은 모든 인간과 창조세계의 나머지를 포함하는 포괄적 정의의 샬롬을 가리킨다. 그러므로 평화에 대한 정의에는 "땅과 그 위에 사는 사람들에게 존재의 기본을 제공하는 것"[117] 그리고 그렇게 함으로써 우리의 공동 운명의 일부인 그들의 위엄과 정체성을 긍정하는 것도 포함된다.

오순절의 성령의 경제학과 세계적인 경제적 신자유주의의 시장 논리 사이의 대조는 인간과 인간의 갈망이 성화되어야 하는 심원한 필요를 드러

---

115    McFague, "Epilogue," 209-10.

116    Cavanaugh, *Being Consumed*, 86.

117    McFague, "Epilogue," 209.

내고 이 세상의 경제 시스템의 유혹과 약속의 한가운데서 하나님 나라의 비전과 접촉할 때 나타나는 인간 의식의 내적 투쟁을 지적한다. 카바노프가 주장하듯이 우리의 유혹은 가난한 자, 억압받는 자, 고통받는 자와 우리의 연합과 연대를 정신적인 것으로 만들어

> 배고픈 자와의 연결을 상상적인 동정심의 감정적인 행동으로 만드는 것이다. 그럴 때 우리는, 우리가 실제로 그들의 신체적 필요를 충족시켜주는지와 관계없이 식량이 부족한 사람들과 이미 한 공동체에 있다고 상상할 수도 있다. 심지어 우리는 자신에게 우리가 소비재를 구매하는 것이 일자리를 창출함으로써 사실상 다른 이들을 먹이는 일을 한다고 말하고 싶어 할 수도 있다. 그러나 우리로서는 과연 그런 일자리가 위엄을 만들어내는지 아니면 단지 타자의 절망을 이용하는 것에 불과한지 알 길이 없다.[118]

경제는 영적인 문제이고 개인과 공동체의 내적 생활에 대한 외적 표현이다. 바로 이것이 우리가 계급과 연관된 현실로서의 빈곤을 불평등과 더 나아가 계급 분열을 유지하고 심화시키는 경제 모델을 안내하고 유지시키는, 주어진 영성의 결과로 간주할 수 있는 이유다. 이런 영성은 추가적인 계급 이탈을 방지하고 사회 전반에서 도덕 경제적이고 시민적인 책임을 회복하는 것을 목표로 하는 옛 언약과 새 언약의 치료적 조치들과 대조된다. 희년이라는 개념은 경제 정의를 시행하고 인간의 존엄을 유지하는 사회 계약의 요구에 대한 그런 놀라운 예 중 하나다. 빚의 탕감과 자유에 대한 개인의 회

---

118    Cavanaugh, *Being Consumed*, 56.

복은 언약 백성의 영적 운명과 그들의 사회적 연대에 대한 지침이다.[119]

오순절 사건은 성령 충만한 공동체 안에서 그리스도의 부활한 삶에 대한 증언으로서 분배적 정의라는 경제 모델을 유발한다(행 4:32-33). 마르시아 릭스(Marcia Riggs)가 말하듯이

집단적 선에는 지속 가능성이 요구된다. 지속 가능성을 위한 수단은 자원의 공유다. 그것은 분배적 정의다. 분배적 정의는 모두가 생존과 번영에 필요한 기본적인 것을 갖는 것을 의미한다.[120]

이 모델은 모든 이의 안녕에 대한 관심을 공유하는 경건한 소비에 근거한다(행 4:34-35). 역사적으로 마르크스주의 사상가들은 이 모델의 지속 가능성에 대해 의문을 가졌고 생산 수단의 공유 없이 생산물을 공유하는 것을 그 모델의 쇠락과 영구적인 소멸의 주된 이유로 여겨왔다.[121] 그러나 사도행전 이야기의 주된 쟁점은 오순절 사회 계약의 근본적인 유대 및 삼위일체의 공동생활에 대한 신앙 공동체의 참여에 대한 구체적인 표현으로서 일치, 인간의 존엄성, 사랑의 지속 가능성에 관한 것이다.

모든 육체에 성령이 부어지는 것은 오순절의 종말론적 비전에 범지구적인 차원을 부여한다. 모든 육체는 성령의 삶 안에 그리고 그것을 통해 함

---

119　공관복음서에 등장하는 희년 주제와 그것이 윤리에 대해 갖는 함의에 관한 연구를 위해서는 Sharon H. Ringe, *Jesus, Liberation, and the Biblical Jubilee: Image for Ethics and Christology*(Philadelphia: Fortress, 1985)를 보라.

120　Marcia Y. Riggs, "The Globalization of Nothing and Creation Ex Nihilo," in *Theology That Matters: Ecology, Economy, and God*, ed. Darby Kathleen Ray (Minneapolis: Fortress, 2006), 141-53 (148).

121　Rosa Luxemburg, "Socialism and the Churches," *Marxist Classics*, ⟨http://www.newyouth. com/archives/classics/luxemburg/socialismandthechurches.html⟩.

께 묶여 있고 그것의 사회경제적 현실에 참여한다. 이런 지구화된 에토스는 하나님 나라—세상에서의 물질적 실존의 사회정치적이고 경제적인 차원으로 번역되는 하나님의 삶의 현실—가 행성에 확산되는 기대가 없으면 안 된다. 이것은 경제가 성령의 중재를 통해 신성한 삶의 결과로 확장되는 현실이다. 그런 것으로서 경제는 타자(사물과 존재)에 대한 근본적인 관계로서 정의의 확장이다. 모든 육체는 성령을 통해 물질을 그것의 영적 기원 및 목적과 다시 정렬시키는 이런 포괄적 정의 안으로 인도된다. 이것은 인간 사회(*socium*)를 구성하는 기본적인 관계의 급진적인 변화, 즉 물질과 에너지 자원의 고갈에 대한 근심 어린 인식이라는 맥락에서 생산과 소비를 뒷받침하는 물질적 결핍과 갈망으로부터 모든 물질적 존재에 구속적으로 스며들어 그것을 하나님 나라의 포괄적 샬롬으로 변화시키는 영적 삶으로의 변화다. 이것은 보다 풍성한 성령 안에서의 삶이다. 그것은 생존에 대한 두려움과 경쟁으로부터 자유로운 삶, 즉 그 안에 모든 이를 위한 집이 있는 삶이다(요 14:2).

"도피성"(민 35장)이라는 구약의 개념에 관해 숙고하면서 에마뉘엘 레비나스는 자유롭고 문명화된 서구 사회가 종종 세상의 나머지 지역을 희생시키면서, 즉 타자에게 고통과 박탈을 유발하면서(가령 신식민적 착취를 통해 혹은 개발도상국 내의 노동 착취 공장들에서 생산되는 "값싼" 상품들에 대한 무제한적인 소비를 통해서) 부와 특권을 누리고 있다는 중요한 관찰을 한다. 우리는 무지한 순진함으로 살인에 가담하고 우리를 향해 세상의 분노가 일어날 때 놀라며 반응한다. 레비나스는 우리의 사회적 양심의 이런 불안정한 현실에 비추어 다음과 같이 묻는다. "이 모든 것은 우리의 도시를 도피성으로 만드는가 아니면 망명시로 만드는가?"[122] 아마도 이것은 우리 가운데 낯선 이들이 도착하는 것이 우리를 전보다 더 근심하게 만드는 이유일 것이다. 우리는 그들이 "피의 복수자"인지 아닌지 확신하지 못한다. 결국 우리는 정치적·경제적 이익을 따르면서 계속해서 세상의 나머지를 향해 삶의 "미국적 방식"이라고 자랑스럽게 광고되는 물질적 번영의 수준이 보편적인 것이 될 수 있다는 거짓말을 해왔다. 그러나 "미국은 세계 인구의 겨우 5%밖에 되지 않으나, 세계 에너지의 23% 내지 26%를 소비한다."[123] 제임스 스미스(James K. A. Smith)가 관찰하듯이 이런 삶의 방식은 창조세계에 대해 파괴적이며 타자에게 실현 가능한 방식으로 확산되지 못한다. 그것은 "특권과 착취의 시스템"을 영속화한다. 그리고 그것을 계속해서 누릴 수 있는 유일한 길은 "그것을 계속 우리 자신에게 국한시키는 것"뿐이다.[124] 세상의 나머지 거주자들에게 지속 가능한 서구 스타일의 소비주의에 대한 공허한 약속을 제공하면서, 서구의 유혹적인 매력은 수십 년 동안 세상의 나머지로부터의 자율 그리고 자연 및 인간 공동체를 희생시켜가며 자기 탐닉적 갈망을 예배하는 변명하지 않는 개인주의로서의 인간 자유의 수호자의 임무에 대한 오만한 주장에 의존했다. 현재의 세계적인 경제 및 환경 위기는 자율적 존재에 대한 우리의 자기 망상을 부쉈고 세상의 질병과 빈곤에 대한 우리의 도덕적 책임을 촉구했다. 우리의 소비 중독에 대한 면죄부로서 자선을 실천하는 것은 부서진 세상을 개선하는 데 충분하지 않다. 지구의 치유를 위해서는 타자와 공유하는 성례전으로서의, 즉 하나님과 이웃과의 교제로서

---

122    Emmanuel Levinas, *Beyond the Verse: Talmudic Readings and Lectures* (London: Continuum, 207), 40.

123    James K. A. Smith, *Desiring the Kingdom: Worship, Worldview, and Cultural Formation*, vol. 1 of *Cultural Liturgies* (Grand Rapids: Baker Academic, 2009), 101.

124    Smith, *Desiring the Kingdom*, 101.

의 세상이라는 지구적인 비전이 요구된다. 이 비전은 세상의 생명을 위한 금욕과 자기 비움이라는 특징을 갖는 우주의 제사장적 존재라는 성찬적 영성과 결합되어야 한다. 이것은 이 세상을 하나님의 가정으로, 그리고 그 안에서 그분의 모든 피조물이 생명에 대한 접근권을 얻는 성소로 여기는 영성이다. 왜냐하면 성령의 경제가 우리에게 상기시켜주듯이 (성 이레나이우스의 말을 샐리 맥페이그가 유명하게 풀이한 말을 빌리자면) 궁극적으로 "하나님의 영광은 모든 피조물이 온전하게 사는 것"이기 때문이다.[125]

---

125   이것은 "하나님의 영광은 온전하게 살아 있는 인간이다"라는 성 이레나이우스의 진술에 대한 의역이다. 그 본문은 계속해서 다음과 같이 말한다. "더 나아가 인간의 삶은 하나님의 비전이다. 만약 창조세계를 통한 하나님의 계시가 이미 세상에 거주하는 만물을 위한 생명을 얻었다면, 성부의 말씀의 나타나심은 하나님을 보는 자들을 위해 얼마나 더 많은 생명을 얻겠는가"(*Adversus Haereses* 4.20.7). 이 의역은 본문의 정신을 포착하며 Sallie McFague의 작품들에서, 특히 *Life Abundant*, 3에서 유명해졌다.

## 4장

성령의 세계 개선 과정에서
용서로부터 공동선으로

랍비 조녀선 색스는 감동을 불러일으키는 자신의 『부서진 세상 치유하기』 (*To Heal a Fractured World*)에서 이스라엘의 예언자들이 "역사상 최초로 평화를 하나의 이상으로 여겼던 사람들"이었다고 주장한다.[1] 신성한 샬롬으로 가득 찬 화해를 이룬 우주에 대한 그들의 종말론적 비전은 단지 특별하고 내세적인 것이 아니라 전쟁과 폭력이 일상성을 구성했던 시대에 (사실 그 것은 고대에서 현대에 이르는 내내 정치철학이 가졌던 이해였다)[2] "혁명적"이었다.[3] 고대의 종교적 상상력에서 갈등은 돌이킬 수 없을 정도로 "우주의 구조 안에 쓰여 있었다."[4] 그러나 샬롬에 대한 예언자적 약속은 새로운 인간 공동체에 변화된 세상에 대한 꿈과 갈망—인간적 수단을 통해서는 얻을 수 없으나 창조주 성령에 의해 존재하게 되는 사회적 번영에 대한 비전, 즉 영광

---

1    Jonathan Sacks, *To Heal a Fractured World: The Ethics of Responsibility* (New York: Schocken), 98.

2    Sacks, *To Heal a Fractured World*, 99.

3    Michael Howard는 그의 책 *The Invention of Peace*(London: Yale University Press, 2000) 서론의 시작 부분에서 Sir Henry Main의 말을 인용한다. "전쟁은 인류만큼이나 오래된 것으로 보인다. 그러나 평화는 근대의 고안물이다"(1).『평화의 발명』(전통과현대 역간).

4    Sacks, *To Heal a Fractured World*, 99.

스러운 새 세상, 그러나 종말의 이편에서는 유토피아적으로 멀리 있고 이룰 수 없는 비전—의 씨앗을 심어주었다.

이런 매력적인 비전에 비추어볼 때, 이스라엘의 이야기는 현시대부터 만들어지고 오는 시대의 시작으로 성별된 백성—인간을 위한 (실제로는 창조세계 전체를 위한[사 11:6-9]) 하나님의 미래에 대한 성령 충만하고 희망적인 백일몽의 청지기직으로 소환되는 새로운 인간 공동체—에 관해 말한다. 따라서 폭력적이고 전쟁으로 물든 현재의 한가운데서 이사야는 어렴풋이 나타나기 시작하는 야웨의 평화가 지닌 시적 타자성을 감동적인 확신에 차서 선포한다. "무리가 그들의 칼을 쳐서 보습을 만들고 그들의 창을 쳐서 낫을 만들 것이며, 이 나라와 저 나라가 다시는 칼을 들고 서로 치지 아니하며, 다시는 전쟁을 연습하지 아니하리라"(사 2:4). 이것은 적의로부터 해방되어 존재론적으로 치유된 공동체에 대한 비전이다. 본문은 창조주의 원래의 의도—타자와의 평화롭고 조화로운 공존 속에서 지구를 돌보면서 또한 (창조적인 인간의 세계 만들기를 통해) 그것이 지구를 덮을 때까지 에덴이라는 원시적 성소를 확장하면서 하나님과 모든 피조물에 대한 그의 무조건적인 돌보심을 형상화하는 것—를 따르는 인간의 소명의 회복을 주장함으로써 이런 존재론적 갱신을 묘사한다.[5] 타락 상태에서 인간은 세상을 그 자체로 하나의 목적으로 만들고 (그것을 하나님과 이웃과의 교제를 위한 수단으로부터 인간의 생존을 위한 유한하고 계속해서 고갈되는 자원으로 축소시키면서) 타자를 하나님의 무조건적인 성찬적 환대를 공동으로 기념하는 자로부터 타자의 존재와 연관된 결핍과 폭력에 대한 가중되는 두려움 속에서 생명에 대한 제

---

5    Daniela C. Augstine, "The Liturgical Teleology of Human Creativity and the City of God as Theosis of Culture," *Cultural Encounters: A Journal for the Theology of Culture* 10, no. 2(April 2015)를 보라.

한된 접근권을 얻기 위해 싸우는 경쟁자로 왜곡하면서 농경을 위한 도구를 전쟁 무기로 대체했다. 이사야의 환상에서 무기는 다시 한번 땅의 열매를 수확하기 위한 도구로 변화된다. 본문의 시문 안에는 되찾은 낙원에서 타자와 함께 누리는 평화에 대한 꿈 이상의 무언가가 있다. 거기에는 수확에 대한 약속, 노동의 풍성한 열매에 대한 약속, 그리고 인류 및 비인류 타자에 대한 모든 분쟁을 근절하면서 나타나는 동료 인간들 사이뿐 아니라 인간과 땅 사이의 회복된 교제에 대한 약속이 있다. 참으로 이것은 저주의 결과들을 뒤엎는 것에 관한 비전, 즉 구속되고 화해를 이룬 우주에 대한 약속이다.

훗날 예언자 미가는 종말의 평화에 관한 이 환상을 가져와 그것을 이사야의 예언에 대한 그 자신의 프롤로그와 에필로그로 보일 수 있는 것 사이에 끼워 넣는다. 프롤로그(미 4:1-3a)는 샬롬의 실현을 향한 길을 세상의 모든 인간이 야웨의 "길"(미 4:2)로 회심하는 것과 다름없는 것으로 묘사한다. 그 구절은 나라들이 줄을 지어 "야웨의 산"으로, "야곱의 하나님의 전"으로 나아오고, 그분이 그들에게 "그분 자신의 도에 관하여" 가르치며 그들이 "그분의 길을 따라 걷는 것"을 배우는 것을 묘사한다(미 4:2). 그들은 "시온으로부터 나오는" "도", 즉 하나님의 정의를 시행하고 나라들에 대한 그분의 심판을 전하면서 우주를 유지하고 개선하는 야웨의 "말씀"을 듣는다(미 4:3). 이것은 하나님을 아는 지식과 인간 공동체 안에서 그분의 말씀의 구현에 의해 변화된 세상에 대한 비전이다. 정의로운 평화가 이런 변화에 대한 증거다. 실제로 미가 4:1-3은 샬롬 안에서의 지구적 번영을 진리와 정의의 기능(혹은 결과)으로 묘사하는데, 그것은 유일하게 참되고 정의로우신 하나님에 대한 예배와 그분과의 교제로부터 나온다. 여기서 야웨를 예배하는 것은 단지 그분의 율법에 대해 아는 것만이 아니라 "그분의 길을 따라 걷는 것"과 일치한다. 그러므로 이사야가 말하는 영광스러운 평화는 삶의 방식으로서의 예배에 의해 가득 넘치고 타자와 함께 살아가는 인간의 영광이다.

이어지는 에필로그는 이사야의 비전에 대한 묘사를 더 확장하면서 범세계적인 평화(혹은 국제 관계의 영역)라는 거시적 차원으로부터 개인과 그의 매일의 삶에서의 샬롬이라는 미시적 차원으로 관심의 초점을 옮긴다. "각 사람이 자기 포도나무 아래와 자기 무화과나무 아래에 앉을 것이라. 그들을 두렵게 할 자가 없으리니 이는 만군의 여호와의 입이 이같이 말씀하셨음이라"(미 4:4). 그 구절은 결핍과 타자와의 폭력적인 경쟁에 대한 근심에서 해방된 인간을 묘사한다. 세상은 다시 한번 모든 이에게 충분하다. 그리고 점점 줄어드는 물질적 자원 때문에 동료 인간과 전쟁을 벌여야 할 필요가 없다. 세상을 충분하게 만드는 것은 인간의 삶을 하나님의 성령을 위한 집으로 변화시키면서, 그리고 그렇게 함으로써 신적 관대함과 환대를 모든 창조세계로 확대하면서 하나님을 예배하는 것이다. 구속된 인간 안에 거하시는 성령의 환대 속에서 동료 인간과 창조세계의 나머지는 영원한 성찬적 은혜의 운동 속에 있는 동료 성찬자들이 된다.

어느 의미에서 그 본문이 프롤로그로부터 에필로그로 이동하면서 점점 강해지는 것은 인간이 하나님 및 이웃과의 화해로부터 공동선을 수호하는 일에서 세상을 평화롭게 공유하는 언약적 헌신으로 이동하는 것에 관한 종말론적인 예언적 비전을 분명하게 표현한다. 그러나 (구약뿐 아니라 신약에서도) 성경의 종말론은 인간이 하나님에 대한 타협 없는 예배로 개종한 결과로서만 포괄적이고 범세계적인 평화를 약속하는 것처럼 보인다. 미가서를 읽는 동안 우리는 새 예루살렘―하나님의 도성―이 그 자체로 하나의 성전, 즉 유일하신 참된 하나님에 대한 예배로 포화 상태가 되게 하면서 지구의 경계를 정하는 지성소인 모든 대륙을 포함하는 지구촌으로서의 땅 위로 내려오는 것에 관한 요한의 묵시적 비전을 떠올린다. 이런 맥락에서 요한계시록 21:24-27은 종종 나라들의 회심에 관한 요한의 비전으로 읽힌다.

> 만국이 그 빛 가운데로 다니고 땅의 왕들이 자기 영광을 가지고 그리로 들어가리라. 낮에 성문들을 도무지 닫지 아니하리니 거기에는 밤이 없음이라. 사람들이 만국의 영광과 존귀를 가지고 그리로 들어가겠고, 무엇이든지 속된 것이나 가증한 일 또는 거짓말하는 자는 결코 그리로 들어가지 못하되, 오직 어린양의 생명책에 기록된 자들만 들어가리라.

자연스럽게 이런 질문이 떠오른다. (칸트의 말을 되울리자면) 종교적 회심 없는 국제적인 샬롬에 대한 희망이 있을 수 있을까? 우리는 종말의 이편에서 종교적·문화적 타자와 더불어 영구적이고 지속 가능한 평화 속에서 공동선을 추구하며 살 수 있을까? 조너선 색스는 많은 종교가 평화를 찬양하고 "갈등과 전쟁을 비난하지만", 그것들이 여전히 자신들의 이념적 적대자들에 맞서는 전쟁과 폭력에 개입하고 있다고 지적한다. 그것은 그들이 평화를 말하면서 의미하는 것이 결국 그들 자신의 입장에서의 평화, 즉 자신들과 동일함이 주는 위안으로서의 평화이기 때문이다.[6] 종교적·문화적 타

---

6    Sacks, *To Heal a Fractured World*, 100. 저자는 다음과 같이 말한다. "어떤 언어로 표현되든 논쟁은 다음과 같은 형태를 띠는 경향이 있다. '우리의 믿음은 평화에 관해 말한다. 우리의 거룩한 본문은 평화를 찬양한다. 그러므로 세상이 우리의 믿음과 우리의 본문을 공유할 때만 평화가 있다.' 비극적이게도, 이 길은 평화로 이어지지 않으며 이어질 수도 없다. 왜냐하면 그것은 세상이 세계적 진리나 우주적 구원으로 이해되는 우리의 종교나 우리의 이데올로기로 개종하는 것에 근거하기 때문이다. 그렇게 이해되는 평화는 문제의 일부이지 해결책의 일부가 아니다. 바로 이것이 예언자들이 평화를 역사의 시간 속에서가 아니라 '종말에' 있을 것으로 상상했던 것이, 그리고 더 나아가 이것을 인간이 아닌 하나님의 일로 보았

자와 영구적이고 불가피하게 함께 거주해야 한다는 폐소공포증을 불러일으키는 세계적 압박 속에서 인간의 생존은 현재와 종말 사이에서 공유된 지구촌 가족의 한가운데서 모두의 포괄적이고 지속 가능한 번영을 위해 노력하면서 **"차이와 더불어 사는 것"**[7]으로서 평화 만들기라는 도전에 직면해 있다. 이런 현재의 도전은 종종 타자와 연관된 갈등과 트라우마[8]에 대한 지워지지 않고 세대를 넘어 계속되는 기억에 의해 더욱 강화되는데, 그런 기억은 종종 부족/공동체의 정체성의 표지로서 "소중히 여겨진다." 존재하는 것은 기억하는 것이다. 잊는 것은 존재하기를 거부하는 것이다. 이전의 적과의 평화를 추구하는 것은 폭력과 불의의 순교자와 무고한 희생자들의 피로 봉인된 공동체적 정체성에 대한 배반으로 간주된다.

홀로코스트에 대한 신성화되고 불안한 기억의 그늘로부터 글을 쓰면서 한나 아렌트는 **용서**를 과거의 불가역성에 대한 "가능한 구속"으로 제시하고 **약속**을 "미래의 혼란스러운 불확실성"에 대한 "치유책"으로 지적한다.[9] 인간은 과거와 미래의 분통 터지게 하는 긴장 속에서 살아가면서, 종종 다가오는 미지의 것의 불가피성을 두려워하면서, 자신이 알고 있는 것을 잊기를 원한다. 과거의 행위의 불가역성과 그것의 미래의 결과의 예측

---

던 것이 옳았던 이유다. 인간의 행위를 통해 예언적 평화를 가져오려는 시도는 평화가 아닌 전쟁, 종종 '성전'이라고 불리는 전쟁을 낳는다. 내가 믿기로 '성전'은 거룩한 전쟁이 아니라, 하나님의 이름으로 하나님의 형상을 모독하는 것이다."

7    Sacks, *To Heal a Fractured World*, 101.

8    갈등에 대한 기억과 "복수에 대한 소망을 품는 것"을 영속화하는 "세대간의 분개"에 대하 숙고하면서, Donald W. Shriver는 "과거의 공포에 대한 기억이 미래에 그것들의 반복을 위한 터를 준비한다"고 말한다(*An Ethic for Enemies: Forgiveness in Politics* [New York: Oxford Univsersity Press, 1995], 67). 『적을 위한 윤리』(이화여자대학교출판문화원 역간). 기억과 정체성과 관련해서는 또한 Miroslav Volf, *The End of Memory: Remembering Rightly in a Violent World* (Grand Rapids: Eerdmans, 2006), 24-27을 보라. 『기억의 종말』(IVP 역간).

9    Hannah Arendt, *The Human Condition* (Chicago: University of Chicago Press, 1998), 237. 『인간의 조건』(한길사 역간).

불가능성 사이의 영속적인 긴장 속에서 용서로부터 약속으로의 이동 가능성은 공동선을 추구하는 과정에서 종말의 이편에서 다름과의 평화로운 공존에 대한 희망을 제시한다.

이에 비추어 이번 장은 타자와의 공동의 미래의 가능성을 여는 것으로서의 용서에 관한 신학적 성찰을 제공한다. 본문은 용서의 창조적 잠재성과 인간 공동체 안에서 그것을 구현하기 위한 성령의 섭리를 강조하는 것에서 출발점을 찾는다. 이 장은 더 나아가 교회의 성례전적 삶과 관련해 용서와 기억의 구속 사이의 교차점에 관해 논하고 "용서받을 수 없는 자"에 대한 용서라는 어려운 개념에 대해 숙고하는 것으로 결론을 맺는다.

## 무조건적인 용서라는 성령의 솜씨

기독교 신학은 종종 화해를 구속의 "핵심"을 제시하는 것으로,[10] 그리고 무조건적인 용서를 참으로 화해를 이룬 우주를 향해 나아가는 통로로 표현한다.[11] "화해"라는 용어는 분쟁과 폭력으로 얼룩진 세상에 의해 부서지고 상처를 입은 세상에 살아 있는 복음인 기독교 공동체에 의해 그리스도 사건에 대한 포괄적인 표현으로, 그리고 그것에 대한 구현된 선언으로 사용된다. 고린도후서 5:18-19에 기록된 사도 바울의 말은 그리스도 안에서 이루어지는 하나님의 구속적인 화해의 역사와 그것이 세상에 있는 그분의 공동체적 몸인 교회의 실천 속으로 옮겨가는 것에 대한 매혹적인 신학적 요

---

10    Karl Barth, *Church Dogmatics: The Doctrine of Reconciliation*, Church Dogmatics, vol. 4.1 (Edinburgh: T&T Clark, 1961), 3. 『교회 교의학 4/1』(대한기독교서회 역간).

11    성경과 기독교 전통에서 화해의 본질에 대한 심도 있는 연구를 위해서는 John W. de Cruchy, *Reconciliation: Resoring Justice* (Minneapolis: Fortress, 2002), 특히 2장을 보라.

약을 조심스럽게 보존하고 있다.

모든 것이 하나님께로서 났으며 그가 그리스도로 말미암아 우리를 자기와 화
목하게 하시고 또 우리에게 화목하게 하는 직분을 주셨으니, 곧 하나님께서 그
리스도 안에 계시사 세상을 자기와 화목하게 하시며 그들의 죄를 그들에게 돌
리지 아니하시고 화목하게 하는 말씀을 우리에게 부탁하셨느니라.

타자와 맞서면서 그들의 "범죄"를 "헤아리지 않는 것"이 용서의 내용과 실
천을 위한 지침 노릇을 한다.[12] 그것은 간사회적이고 공동체적인 치유의 시
작점, 타자(심지어 적)와 함께하는 미래의 가능성을 위해 그리고 희망을 심
어주고 샬롬을 세우는 사회적 변화의 참된 운동을 위해 공간과 시간을 여
는 행위다. 성경은 이런 사회 변혁적 치유의 기원을 하나님과 그분의 활동
적이고 구속적인 우주 안의 임재에서 찾는다. 따라서 용서의 가능성은 하
나님의 편재성과 분리될 수 없다. 그것은 인간 공동체(언약 공동체와 비언약
공동체 모두, 기독교 공동체와 비기독교 공동체 모두) 안으로 깨치고 들어오는 하
나님의 공동체적 삶의 표현이다. 그러므로 그 원초적 깊이에서 용서는 세
상의 구조 속에서 진동하는 성령의 행위, 즉 하나님의 창조물 사이에서 저
주의 적의를 뒤집어엎는 창조세계의 존재론적 치유와 갱신의 행위다. 부서

---

12  Desmond Tutu는 용서에 대해 그(녀) "자신의 동전"으로 "범죄자에게 지불할 권리"를 포
    기하는 것이라는 유명한 정의를 남겼다. 그러므로 용서는 그렇게 하는 게 정당화될 수 있
    고 그렇게 할 권리를 갖고 있을 때조차 복수하기를 거부하는 것이다(*No Future without
    Forgiveness* [New York: Doubleday, 1999], 272).『용서 없이 미래 없다』(사자와어린양 역
    간). 이런 정의가 오직 그것의 직접적이고 실천적인 표현에만 초점을 맞춤으로써 다소 제한
    적인 방식으로 용서의 현실을 표현하기는 하나, 그것은 여전히 현재의 연구를 위한 좋은 출
    발점을 나타낸다.

진 세상을 향한 성령의 자기 비움(kenosis)은 하나님과 이웃과의 화해를 위해 그것을 준비시키고 인간의 양심(그들의 인종적·종교적·문화적 구별과 상관없이 모든 인간의 마음에 새겨진 하나님의 율법[롬 2:12-16])을 일깨워 삼위일체의 원공동체적 삶을 형상화하게 한다. 성령은 희생자들의 부르짖음과 가해자의 고백 모두에서 자유케 하는 진리의 음성을 강화하고 확대하며(요 8:32) 내적이고 간사회적인 치유와 자유를 위해 타자에 대한 수용을 중재한다. 그러므로 참된 용서와 화해는 그것이 어느 곳에서 발견되든 세계를 개선하고 인간을 그의 창조주의 모습으로 변화시키는 성령의 끊임없고 구속적이며 사회 변혁적인 역사의 표현이다. 성령의 역사의 징표 중 하나는 정의롭고 언약적인 공동체를 만드는 것이기에,[13] 타자에게 용서를 선물하는 것의 반문화적이고 반직관적인 성격은 비가시적인 성령을 인간의 공동체적 실존 안에서 가시적으로 만들고 현실적으로 구현한다. 성령은 인간 안에서 하나님의 얼굴을 회복시키고 타자의 얼굴에서 가시적인 것이 되게 한다. 그는 우리의 시력을 맑게 하고 우리에게 다시 한번 동료 인간의 얼굴에 새겨진 신성한 얼굴을 볼 수 있는 눈을 제공한다. 시력의 이런 치유가 우리를 인간화한다. 그것은 세상에서 성령의 공동체 건설 사역의 근본적인 표현으로서 사회의 인간화를 실현하는 것이다. 왜냐하면 조너선 색스의 말을 빌리자면 공동체는 "인간의 얼굴을 한 사회"이고,[14] 그러하기에 하나님의 얼굴로 세상을 대면하고 있는 사회이기 때문이다.

하나님의 편재성에 따라서 하나님의 정의의 종말론적 불가피성에 뿌

---

13    John D. Zizioulas, *Being as Communion: Studies in Personhood and the Church* (Crestwood, NY: St. Vladimir's Seminary Press, 1995), 131. 『친교로서의 존재』(삼원서원 역간). Zizioulas는 세상에서 성령의 활동적인 역사는 두 개의 구별되는 차원, 즉 공동체적 차원과 종말론적 차원에 의해 특징지어진다고 지적한다.

14    Sacks, *To Heal a Fractured World*, 54.

리를 내리고 있는 인간들 사이의 용서는 지금 여기서 인간적 정의에 대한 희생자들의 부르짖음[15]—종말의 이편에서 인간의 번영에 대한 접근과 신성하게 규정된 "타자와의 관계"[16]의 갱신으로 표현되는 정의에 대한 탄원—안에 들어 있는 의로운 불만족(과 분노)의 존재를 배제하지 않는다. 그런 것으로서 용서는 (비록 그것을 요구하거나 그것에 의존하지는 않으나) 가해자의 회개와 자신의 치유를 위한 움직임으로서의 참회의 필요성을 제거하지 않는다(그것이 없이는 간사회적 회복과 참되고 정의로운 화해는 불가능하다).[17] 용서는 값싼 것이 되거나 율법주의적이 되거나 자기를 비하하는 감상적인 행위가 되는 것을 거부하며,[18] 또한 동료 인간과 나머지 창조물에 대한 그 어떤

---

15  Jonathan Sacks는 유대교 전통에 입각해 신의 정의와 인간의 정의의 차이에 관한 매혹적인 통찰을 제공한다. 정의의 존재가 가능한 것은 그것이 그 안에서 기원과 본질을 얻는 하나님의 존재 때문이다. 그러므로 인간적 정의는 신의 정의에 뿌리를 두고 있다. 그러나 신의 정의는 "모든 것을 알고, 모든 것을 보며, 모든 것을 생각하는 자의 관점에서의 정의다. 신은 우주 전체, 시간 전체, 즉 영원을 알고 보며 생각한다. 그러나 시간과 공간 속에서 살아가는 우리는 이런 관점에서 보지 못한다. 그리고 만약 우리가 그렇게 한다면, 그것은 우리를 더 나은 인간이 아니라 더 나쁜 인간으로 만든다.…우리는 정의를 이해하지만 인간이 되기를 그치는 대가를 치르고 그렇게 할 것이다." Sacks는 하나님은 우리가 인간이 되기를 그치는 것을 바라지 않으신다고, 그렇지 않다면, 그분이 우리를 창조하지 않으셨을 것이라고 지적한다. "우리는 하나님이 아니다." 그리고 "결코 그분의 관점에서 사물을 보지 못할 것이다. 그렇게 하려고 시도하는 것은 인간의 상황을 포기하는 것이다." 만약 우리가 세상을 하나님이 보시듯 본다면, 그때 우리는 언젠가 "악이 선에 이르는 여정에서 필수적인 단계"라고 이해하고 모든 형태의 불의에 맞서는 우리의 투쟁을 포기하거나, Sacks가 말하듯이, "하늘을 보는 것"이 우리를 땅에 대해 둔감해지게 할 것이다. Sacks는 다음과 같이 결론짓는다. "신의 정의가 있다. 그러나 하나님은 우리가 다음 세상에서가 아니라 이 세상에서, 무한과 영원이 아니라 시간과 공간의 관점에서 인간의 정의를 추구하기를 바라신다. 하나님은 신적 정의를 창조하신다. 그러나 오직 우리만이 인간적 정의를 창조할 수 있다. 인간이 아닌 존재가 되기를 바라면서가 아니라 하나님을 대신해 행동하면서 말이다. 바로 이것이 그분이 우리를 창조하신 이유다"(To Heal a Fractured World, 22-23).

16  이것은 정의를 "타자에 대한 관계"로 정의했던 Emmanuel Levinas에 대한 언급이다(Totality and Infinity: An Essay on Exteriority [Dordrecht: Kluwer, 1991], 89).

17  가해자가 회개하고 용서를 구하는 것의 중요성에 관해서는 Tutu, No Future without Forgiveness, 272-73을 보라.

18  Paul Tillich는 용서의 윤리가 신적 용서의 메시지에 뿌리를 내리지 않는다면, "그것은 율

형태의 억압과 희생도 용서하거나 가능하게 하지 않는다. 그것은 하나님의 모든 피조물의 화해와 유기적 일치와 샬롬을 위한 아주 고통스럽고 무거운 짐, 즉 우주의 치유를 위한 성령의 짐이다.

용서의 행위는 세상의 온전하고 존재론적인 갱신이나 다름없을 정도의 삶으로 경험되는 하나님의 정의를 위한 금욕적 투쟁(자기에 대한 절제)을 포함한다. "말할 수 없이 깊은" 성령의 탄식(롬 8:26)은 희생자의 부르짖음과 참회하는 가해자의 한탄에 내재하면서 회개와 용서와 화해를 하나님의 신비로운 임재가 우리 눈앞에 있는 타자를 변모시키고 그들에 대한 대상화, 상품화, 비인간화뿐 아니라 악당화/악마화를 뒤엎는 성례전으로 변화시킨다. 용서는 타락 이후의 세상의 부서짐―인간의 핵심을 관통하는 부서짐―속에서 악의 뿌리를 찾아내면서 고문하는 자의 얼굴에서 (타자의 비인간화하고 자기 탐닉적인 증오의 늪 아래서) 하나님의 형상을 보고 그들 자신이 인간이 만든 문명의 폭력적인 조직적 악에 의해 희생되었음을 드러낸다.[19] 용서는 타자가 자기가 어떤 존재가 되도록 창조되었는지를 살펴보고 그의 존재론적 운명의 성취를 위한 갱신의 기회를 얻도록 손을 뻗어 그의 얼굴

---

법주의와 감정적 행위 사이를 오락가락하면서 모호한 정의에 도달한다. 거룩한 공동체 안에서 이런 모호성은 정복된다"라고 주장한다(*Love, Power, and Justice* [New York: Oxford University Press, 1960], 121). 『사랑, 힘 그리고 정의』(한들출판사 역간).

19 인간 문명의 "야만성" 안에서 폭력의 "정상성"에 관해서는 John Dominic Crossan, *God and Empire: Jesus against Rome, Then and Now*(New York: HarperOne, 2007), ch. 1을 보라. 사회 변혁에 관한 해방신학의 표지 중 하나는 피압제자와 압제자 모두가 체계적 악의 비인간화하는 효과에 의해 희생된다는 주장이다. Desmond Tutu의 말을 빌리자면, 압제자는 "피압제자만큼이나, 그보다 더하지는 않으나 비인간화된다." 그는 아파르트헤이트라는 사회적 병리현상에 관해 숙고하면서 다음과 같이 말한다. "우리의 인간성은 얽혀 있었다. 가해자의 인간성은…그가 그것을 좋아하든 좋아하지 않든 간에 그의 희생자의 인간성 안에 사로잡혀 있었고 또한 그것에 묶여 있었다. 다른 이를 비인간화하는 과정에서, 말해지지 않은 해와 고통을 가하는 과정에서, 가해자 역시 거침없이 비인간화되고 있었다"(*God Has a Dream: A Vision of Hope for Our Time* [New York: Image/Doubleday, 2004], 50).

을 "씻어주는" 용기 있는 행위다. 용서는 그것의 도덕적 용기를 통해[20] 하나님의 창조세계에 대한 더 이상의 파괴에 참여하기를 거부하면서, 그리고 "우리의 인간성이 [비록 가장 왜곡된 형태로일지라도] 타자의 인간성을 인식하는 데 달려 있다"[21]는 진실을 반향하면서, 동료 인간에 맞서 "폭력의 순환을 영속시키는 악의적이고 보복적인 복수를…배제한다."[22]

이에 비추어볼 때, 용서에 관한 기독교 윤리(와 공동체적 치유를 위한 사회적 성례전으로서 그것의 실천)가 성경에 의해 핵심적인 "복음의 명령"[23]으로 확대되는 것은 우발적인 것이 아니다. 그리스도는 자신의 제자들에게 다른 이들이 그들에게 저지르는 죄를 "일곱 번을 일흔 번까지라도" 용서하라고 가르친다(마 18:22). 사실상 이것은 무조건적 용서에 대한 명령이다. 그것은 가해자의 회개를 요구하거나 그것에 의존하지 않는다. 따라서 그것은 계산된 교환이나 상호 이익의 거래로 축소되기를 거부한다. 그것은 참되고, 과분하며, 되갚을 수 없는 은혜의 선물로 남는다. 그것은 인간 안에서 집을 찾고 그곳으로부터 창조세계의 나머지로 자신을 쏟아내는 하나님의 세계를 개선하는 은혜다.

무조건적인 용서(그것의 치유적이고 사회 변혁적인 결과들은 물론이고)의 특수성을 이해하는 것은 자크 데리다(Jacques Derrida)의 정의와 (모든 계산과 법

---

20    용서의 도덕적 용기의 정치적 함의에 관해서는 Shriver, *Ethic for Enemies*, 67을 보라. Shriver 는 "용서의 도덕적 용기"를 "실제로 일어난 일의 진실을 우선적으로 고려하면서, 복수의 유혹에 저항하면서, 악의 모든 행위자와 고통을 당하는 자들에게 공감하면서—변명하지는 않으면서—그리고 고통을 당하는 자들이 악행자들 및 그들의 정치적 계승자들과 함께 삶을 재개하는 것에 참된 관심을 두면서 여전히 두고두고 마음을 괴롭히는 과거의 악을 직면하는 것"으로 묘사한다.

21    Tutu, *God Has a Dream*, 50.

22    De Gruchy, *Reconciliation*, 172.

23    Desmond Tutu, *The Rainbow People of God* (New York: Doubleday, 1994), 222.

적 체계화를 초월하는 것으로서의) "선물"이라는 "불가능한" 개념들을 다룸으로써 도움을 얻을 수 있다.[24] 데리다는 "법"과 "정의"를 구별한다. 그는 전자를 "법의 변화의…법적 시스템의…권리의 역사"로, 그리고 후자를 "법을 개선하기 위한, 즉 법을 해체하기 위한 충동, 추진력 혹은 운동"으로 규정한다.[25] 정의는 법으로("법적 구조의 주어진 체계로") 환원될 수 없는데, 그런 환원은 언제나 정의를 "그것 자신과 같지 않게"(혹은 "그것 자신과 일치하지 않게") 만든다.[26] 바로 이것이 늘 존재하는 정의에 대한 요구가 법 내부에 해체의 내부 덩어리로 남아 있으면서 영속적으로 그것의 변화(변화하는 사회적 조건 한가운데서 적응과 미세 조정은 물론이고)를 요구하는 이유다. 법(과 법적 체계)의 계속되는 발전은 정의의 환원될 수 없는 독특성이라는 현실에 의해 계속해서 연료를 공급받는다. 정의는 영원히 복제할 수 없고, 사례에서 사례로, 상황에서 상황으로, 한 삶의 이야기에서 다른 이야기로 양도할 수 없다. 정의의 이런 비길 데 없는 특유성은 그것의 관계적 특성으로부터 나온다. 왜냐하면 에마뉘엘 레비나스가 뛰어난 단순성으로 유명하게 정의하듯이 "정의는 타자에 대한 관계"이기 때문이다.[27] 정의를 규범적 규제로(어떤 법이나 법적 행위로) 환원할 수 없음은 타자성을 통일, 체계화 그리고 일반화로 환원할 수 없음으로부터 나온다. 두 사람 사이의 관계로서의 정의의 독

---

24    Jacques Derrida, "The Villanova Roundtable: A Conversation with Jacques Derrida," in *Deconstruction in a Nutshell: A Conversation with Jacques Derrida*, ed. John Caputto (New York: Fordham University Press, 1996), 3-28 (15-19).

25    Derrida, "Villanova Roundtable," 16.

26    Derrida, "Villanova Roundtable," 17.

27    Levinas, *Totality and Infinity*, 89. 정의에 대한 Levinas의 정의에 대해 숙고하면서 Derrida 는 다음과 같이 말한다. "일단 당신이 타자로서의 타자와 관계하면, 계산할 수 없는 무언 가가 무대에 등장하는데, 그것은 법이나 법적 구조의 역사로 환원될 수 없는 그 무엇이 다"("Villanova Roundtable," 17).

특성은 그들의 개별적 인간 됨으로부터, 즉 그들 자신의 복제할 수 없고, 대체할 수 없는 자아(삶과 죽음, 사랑과 고통, 기쁨과 부서짐, 꿈과 악몽, 우정과 배신, 천국과 지옥에 관한 그들의 개인적 이야기와 함께)로부터 나온다. 바로 이것이 데리다에게 정의의 개념이 "비집합, 분열, 이질성, 자기와의 비동일성, 끊임없는 불충분성, 무한한 초월"을 의미하는 이유다. "바로 이것이 정의에 대한 요구가 결코, 결코 온전하게 응답되지 않는 이유다. 바로 이것이 아무도 '나는 정의롭다'라고 말할 수 없는 이유다.…바로 이것이 정의가 계산의 문제가 아닌 이유다." 그러나 이것은 또한 정의가 "인가, 징벌 혹은 보답" 체계로 환원될 수 없으며, 만약 어떤 판사가 정의롭기를 원한다면 그가 단순히 법을 주어진 경우에 적용하는 것으로 만족해서는 안 되고 (어느 의미에서) "그것을 재창조해야" 즉 "단일한 상황에서 새로운 정의로운 관계를 재창조해야" 한다는 것을 의미한다.[28] 그러므로 참된 정의를 관리하는 것은 관계 치유를 중재하기 위한 조건을 구축하는 창의적이고 사회 변혁적인 작업이다. 사회적·관계적 치유로서의 정의와 화해 사이의 변증법의 관점에서뿐 아니라 이런 주장에 비추어볼 때도 (화해를 향한 첫 단계와 "정의를 회복하는 수단"으로서) 용서는 또한 "창조적인 행위"로, 그리고 그것의 행위자는 "참된 예술가"로서 이해될 수 있다.[29]

이런 사고의 맥락에서 한나 아렌트의 주장을 생각해보는 것이 도움이 될 것이다. 아렌트에 따르면, 용서는 "복수의 정반대"[30]일 뿐 아니라 침해에 대한 자동적이고 예측 가능한 복수의 대응과 대조적으로 "예측되지 않는다. 그것은 예상치 못한 방식으로 행동하고…행동의 원래의 특성의 무언가

<hr>

28    Derrida, "Villanova Roundtable," 17.
29    De Gruchy, *Reconciliation*, 179.
30    Arendt, *Human Condition*, 240.

를 유지하는 유일한 대응이다."[31] 다시 말해, 용서는 "그것을 유발한 행위에 제약되지 않은 채 새롭고 예기치 않게 행동하고 그러하기에 용서하는 자와 용서받는 자 모두를 그 결과로부터 해방시킨다."[32] 그러므로 용서는 인간의 행위 일반(그리고 특히 타자에 대한 침해 행위)의 특징을 이루는 "불가역성이라는 곤경으로부터의 [유일하게 가능한] 구속"이다.[33] 사실상 용서는 세상의 과거를 지우거나 뒤집지 않고, 범죄를 모호하게 하지 않으며, 그 결과를 비하하지 않고, 기억 상실 상태로 만들지도 않는다. 오히려 그것은 세상에 새로운 시작을 선물하고, 희망 속에서 다시 상상하게 하며, 자신과 타자를 위한 자유 속에서 다시 꿈꾸고 재창조하게 한다. "무로부터" 새로운 시작을 위한 창조적인 개방을 이뤄내는 능력을 지닌 용서는 하나님의 원래의 창조적 행위를 되울리는 동시에 새로운 창조의 구속적 시작을 형상화하면서, 동시에 현재의 한가운데서 그것의 종말론적 현실을 구현한다. 그와 같은 것으로서 용서라는 초세속적인 선물은 기원과 종말을 연결하면서 우주적 목표로서의 용서가 사랑과 일치함을 보인다. 따라서 오직 사랑만이, 즉 창조의 시작이자 끝인 사랑, 타자를 향한 무조건적 환대 속에서 그 숨결을 유지하는 세상을 관리하는 사랑, 그것을 통해 성령이 인간 안에서 거처를 찾고 세상을 새롭게 하며 타자를 위한 공간을 만들고 그들 없이 자신의 안녕과 미래를 보기를 거부하게 만드는 사랑만이 참으로 용서할 수 있다. 그러므로 요한은 확신에 차서 다음과 같이 외친다. "하나님은 사랑이시라. 사랑 안에 거하는 자는 하나님 안에 거하고 하나님도 그의 안에 거하시느니라"(요일 4:16). 우리가 이런 사랑을 할 수 있는 것은 "그가 먼저 우리를 사랑

---

31    Arendt, *Human Condition*, 241.

32    Arendt, *Human Condition*, 241.

33    Arendt, *Human Condition*, 237.

하셨기 때문이다"(요일 4:19).

아렌트에게 "사랑은 그것의 열정 때문에 우리를 타자와 연결시키고 타자와 분리시키는 중간을 파괴한다." 실제로 자유의 궁극적 행위인 사랑은 "기존의 세상 속으로 새로운 세상을 끼워넣는"[34] 능력을 갖고 있다. 그 새로운 세상은 자기와 타자가 혼합된 세상, 우리가 공통적으로 가진 것이 선인 세상, 즉 공동선의 세상이다. 그러나 아렌트의 정치철학에서 이처럼 "비세속적"이고 "인간의 모든 반정치적 세력 중 가장 강력한"[35] 것은 가장 진귀한 현실, 즉 용서의 영속적인 정치 혹은 윤리를 유지하지 못하는 일시적인 주문으로 남아 있다.[36] 그럼에도 그녀는 예수를 "인간사의 영역에서 용서의 역할을 발견한 이"[37]로 인정하고 "용서에 대한 예수의 가르침[이 전하는 자유]은 복수로부터의 자유",[38] 즉 타자에 대한 결코 끝나지 않는 대응적 폭력으로부터의 자유라고 주장한다. 아렌트는 복음 이야기에서 용서와 그것의 급진적 요구에 대한 예수의 가르침에서 인간의 역할을 강조한다. 예수에 따르면, 용서하는 힘을 가진 이는 하나님만이 아니고, 인간 역시 그렇게 해야 한다. 사실 그들이 그 과정을 시작해야 한다. 단지 하나님을 모방하는 형태로서만이 아니라 "너희가 마음으로 용서하면" 하나님 역시 그렇

---

34  Arendt, *Human Condition*, 242.

35  Arendt, *Human Condition*, 242.

36  바로 이것이 Arendt가 용서의 실천을 위한 대안적 토대로서 "존중"을 제안하는 이유다. 그녀는 다음과 같이 말한다. "그러나 사랑이 그 자신의 좁게 국한된 범주 안에 있는 반면, 존중은 인간사의 보다 큰 영역에 속해 있다. 존중은 아리스토텔레스의 사회적 우애(*philia politikē*)와 다르지 않게, 친밀함 없는 그리고 가까움 없는 '우정'의 일종이다. 그것은 세상의 공간이 우리 사이에 끼워 넣은 거리에서 드러내 보이는 존중이고, 이런 존중은 우리가 감탄할 만한 자질이나 우리가 존경할 만한 성취와 무관하다.…여하튼 존중은, 그것이 오직 그 사람과만 상관이 있기에, 그 사람을 위하여 그가 한 일을 용서하도록 촉구하기에 아주 충분하다"(*Human Condition*, 243).

37  Arendt, *Human Condition*, 238.

38  Arendt, *Human Condition*, 241.

게 하실 것이기 때문이다(마 18:35과 막 11:25을 참조하라). 이것은 상호 반사성—인간의 행위가 하나님의 행동을 촉구할 때처럼 용서하는 행위를 통해 인간은 하나님을 반영하고 하나님은 인간을 반영하신다—의 놀랍고 빛나는 반전이다. 여기서 인간의 용서는 우주의 갱신을 위한 핵심적 연결 고리가 된다. 이런 거시적 관점은 세계 개선을 위한 개인의 책임의 중요성을 높이고 우주의 구조 안에 기록되며 진동하는 용서를 강조한다.[39] 따라서 개인의 용서의 행위는 우주의 치유를 위한 책임이라는 중력과 짐을 수반한다. 이런 관점은 용서를 개인적 치료의 수단으로 축소시키려는 유혹에 대해 경계하고 그것의 초점을 다시 창조세계에 대한 하나님의 구속 사역 안에서 세상의 삶을 위한 그것의 적절한 사명(기능)에 맞춘다.

우리의 용서를 반영하는 것으로서 하나님의 용서에 대한 언급이 복음서 이야기의 수난 이전 구절들에서 등장하므로, 사람 간의/관계적 치유에 대한 하나님의 책임으로부터 인간의 책임으로의 이와 같은 강조점의 변화는 놀라운 것이 아니다. 실제로 그것은 "우리는 용서해야 한다. 왜냐하면 그분이 먼저 우리를 용서하셨고 그렇게 하심으로써 우리가 우리에게 죄를 지은 자들을 용서할 수 있게 하셨기 때문이다"와 같은 식의 인습적인 기독교적 해석에 도전한다. 그러나 이 점이 더 중요한데, 이런 구절들에서 나타나는 인간의 책임으로의 이동은 구약 이야기와 우주 안에서 하나님의 시대를 초월하는 구속 활동의 더 넓은 현실 모두의 목적과 움직임을 종합하는 것으로서 예수의 가르침을 가리킨다. 히브리 성경뿐 아니라 성경 전체(구약과 신약 모두)가 세계의 상황과 세계의 개선을 위한 "인간의 책임에 대한 하

---

39    Sacks, *To Heal a Fractured World*, 25.

나님의 명령"이다.[40] 유대교 전통에서 이런 명령에는 하나님의 말씀에 의해 책임을 부여받고 신성한 언약에 의해 해명 의무를 부여받은 새로운 인간 공동체 안에서 토라를 내면화하고 시행하는 것이 포함된다. 기독교에서 우주적 갱신 과정은 인간이 자유 의지로 구현된 말씀이자 창조세계의 구속자이자 치유자인 그리스도 안에 편입됨으로써, 그리고 성령을 통해 그분이 신자들 안에 내주하심으로써—그것은 신성화를 통한 창조주와의 연합에서 절정에 이르는 그리스도 닮기를 위한 상승을 낳는다—시작되고 유지된다.

용서라는 창조적 솜씨는 인간에게 타자 없는 미래를 포용하기를 (혹은 타자가 없는 더 나은 장소로서의 세상을 상상하기를) 거부하면서 타자와의 관계를 다시 꿈꾸고 다시 그릴 수 있게 하는 성령 충만한 예언적 상상력에 의해 연료를 제공받는다. 데스몬드 투투의 말을 빌리자면 "용서 없는 미래"는 없다. 하지만 이것은 또한 미래가 가해자와 고문자와 적을 포함한다는 것과 그것이 그들의 안녕과 인간의 번성에 대한 헌신을 요구한다는 것을 의미하기도 한다.[41] 그와 같은 미래의 급진적인 포괄성은 현재의 한가운데서 분배적 정의로서의 무조건적 용서와 화해가 갖고 있는 겉보기에 피안적인 (그리스도적인) 취약성을 드러내 보인다. 용서라는 예상치 못했던 타자성과의 접촉은 세상을 인간 공동체로 탄생시키는 성령의 변화시키는 작용과의 만남이다. 그러나 이런 타자성과의 만남에는 또한 익숙함이라는 느낌, 향수의 느낌—존재론적 인간의 선함, 창조세계의 온전함, 화해를 이룬 우주 안에서 타자와 함께하는 고향의 회복에 대한 갈망—즉 공유된 선으로서의 낙

---

40    Sacks, *To Heal a Fractured World*, 28.

41    Tutu, Rainbow People of God, ch. 6을 보라. Tutu는 그러한 미래를 건설하기 위해서는 영성의 변혁이 요구된다는 점을 강조한다. 나는 나의 책에서 이것이 성령의 사회 변혁적 행위에 있다고 말했다. Daniela C. Augustine, *Pentecost, Hospitality and Transfiguration: Toward a Spirit-Inspired Vision of Social Transformation* (Cleveland, TN: CPT, 2012).

원에 대한 갈망이 존재한다. 용서는 회복된 에덴으로의 귀향으로서 타자에게로 돌아가는 것이다.

화해를 위한 용서를 통한 세계 개선으로서의 정의라는 피안적인 사회 변혁적 능력(*poiēsis*)은 창조주 성령에 의해 영감을 얻고, 내주하며, 유지되는데, 그 성령의 임재는 하나님의 창조세계를 위한 모든 것을 포괄하는 평화와 정의로서 세상의 종말의 인큐베이터가 된다. 성령은 신앙 공동체—존재론적으로 갱신된 인간의 집합체(그리스도의 몸)—안에서 이런 미래의 구현을 잉태하고, 육성하며, 낳고, 또한 그의 사회 변혁적 힘으로 그 공동체를 준비시키고, 기름을 붓는다. 따라서 성령 충만한 인간 공동체는 우주 안에서 용서와 하나님 및 이웃과의 화해에 대한 가시적이고 구체적인 이야기—관계적 치유와 세계 개선에 관한, 부서진 인간 공동체를 우주의 구속적 갱신을 위한 소망의 대리자로 변화시키는 것에 관한 이야기—로 서 있다. 그러므로 부활한 주님의 공동의 몸인 신앙 공동체는 성령에 의해 하늘과 땅의 눈앞에서 현재의 한가운데 있는 세상의 미래의 화신(창조의 목적인 공동체적 그리스도)으로서뿐 아니라 또한 그것의 치유를 향한 "길"(요 14:6)로서 나타난다. 성령의 능력 안에 있는 교회는 타자를 위한 (생명에 대한 접근권으로서) 분배적 정의를 통한 평화 만들기라는 신성한 예술에 관한 살아 있는 복음으로 계시된다. 그런 존재로서 교회는 타자를 위한 집짓기로서의 평화 만들기에 대한, 하나님의 모든 피조물에 대한 그분의 무조건적 환대의 결과와 확장으로서의 구속에 대한 유형적인 표현이다. 이런 계시에 비추어볼 때, 포괄적 샬롬에 이르는 통로로서의 용서의 기술은 타자의 생명(심지어 적의 생명까지도)을 희생하는 것을 통해, 혹은 세상에서 지옥의 현실을 제거하기 위해 "그들을 지옥으로 보내는 것"을 통해 평화에 대한 값을 치르는 것을 거부한다. (사회 관리를 위한 전략으로서의 제국적 체제에 그토록 매력적인) 이데올로기적으로 뒷받침되는 타자에 대한 조직적인 근절은 평화를 제공하지 않는다. 왜냐하면 그것은 구속의 가능성을 배제하기 때문이다. 타자가 없으면 구속과 미래도 없다. 왜냐하면 구속은 삼위일체의 원공동체의 형상―타자와의 조화롭고 내주적인 교제의 형상―으로서 인간 공동체의 존재론적 갱신이기 때문이다. 그러나 타자가 없이는 구속도 없다는 사실은 또한 십계명의 중심에 사회 공동체적 언약이 전략적으로 위치한 것을 통해 드러난다(출 20:3-17). 그것은 타자와의 관계를 하나님과 우리의 언약을 깨뜨리거나 성취하는 자리, 즉 정죄나 구속을 경험하는 자리로 조명한다.

창조세계의 복잡하고 상호 연결된 이질성 안에는 타자가 없이는 삶의 온전함이 불가능하다는, 즉 균질한 획일성으로서의 존재의 불가능성에 관한 교육(과 지혜)이 자리를 잡고 있다. 조화롭게 상호 의존하는 온전함 속의 다양성이라는 창조세계의 본질은 인류 및 비인류 타자와 창조세계의 나머지 없이 우주의 사회정치적·문화적·생태적 구속을 모색하려는 인간의 모든 시도와 계산을 무효화한다. 따라서 우리가 현재의 생태적 위기로부터 배웠듯이 타자에 대한 파괴(혹은 야만적인 착취)는 우리 자신의 파멸과 비인간화를 낳는다.

무조건적 용서라는 사회 변혁적 수완은 자크 데리다의 철학 안에 있는 또 다른 중요한 범주인 "선물"을 상기시킨다. (타자의 생명에 대한 접근권과 안녕을 확보하는 것에 과격하게 집착하는 토라와 공명하는) 정의에 대한 그의 이해와 함께, 선물에 대한 데리다의 숙고는 사회적 성례전과 시민적 덕목으로서의 용서의 실천에 관한 몇 가지 유익한 통찰을 제공한다. 데리다에 따르면, 선물은 결코 그런 것으로 인식되어서는 안 되는 (혹은 인식될 수 없는), 그리고 그러하기에 결코 "다시 전유될" 수 없는 그 무엇이다. 그러므로 그것은 "감사, 상업, 보상 혹은 보답과 동등하지 않다."[42] 선물이 그런 것으로 인정되자마자, 감사가 선물에 대한 인식과 대등으로 제공되자마자, 그것은 무효가 되고 단순한 거래로 축소된다. 데리다에 따르면,

> 그것은 선물이 정의와 공유하는 상황이다. 그런 것으로 보일 수 있고, 계산될 수 있는 정의, 무엇이 정의롭고 무엇이 정의롭지 않은지에 대한 계산, 정의로 워지기 위해 무엇이 제공되어야 하는지를 말하는 것, 그것은 정의가 아니다. 그것은 사회적 보장, 즉 경제다. 정의와 선물은 계산을 넘어서야 한다.[43]

그러나 데리다는 또한 엄격한 계산이 실제로는 민주적 삶과 정치 과정의 중요한 일부로서 필요하다고 확언함으로써 자신의 진술에 대해 서둘러 해명한다. 그러나 그것은 한계에 대한, 즉 "우리가 정의와 선물 없이 단지 계산만 하는 민주주의나 정치는 무서운 것이 될 것이고, 종종 상황이 그러하기에" "그 너머에서는 계산이 실패할 수밖에 없는…어떤 지점이 있다"는 현실에 대한 냉정한 인식과 마주해야 한다.[44] 실제로 이런 통찰은 겉보기에 화해가 불가능해 보이는 차이들에 대해 협상하기 위한 글로벌 플랫폼을 제공하고 지구의 공동선과 미래에 관한 건설적인 대화를 위한 인간의 문화적·이념적·종교적 다성 음악의 조화를 이루기 위한 현재의 민주주의의 투쟁 한가운데서 고려해볼 만한 가치가 있다. 정의와 선물이라는 데리다의 "불가능한" 개념들은 민주적 과정에 대해 다시 생각하고 정치를 "다르게"—"환대를 위한 장소, 선물을 위한 장소"로서—다시 상상하게 하는 초

---

42    Derrida, "Villanova Roundtable," 18.
43    Derrida, "Villanova Roundtable," 19.
44    Derrida, "Villanova Roundtable," 19.

청이다.[45] 본질적으로 그것은 또한 타자를 위한 집짓기라는 창조적 행위와 오래도록 이어지는 갈등과 폭력의 상황을 타자 및 다른 존재와의 평화로운 공동체적 삶의 장소로 변화시킬 수 있는 회복적 정의라는 선물로서의 무조건적 용서의 실천을 위한 초청이기도 하다.

## 용서와 기억의 구속

의심할 바 없이 무조건적인 용서의 정치화는 정확하게 그것이 "용서받을 수 없는 자"[46]라는 기존의 개념 때문에 그리고 사회 변화를 위한 요구에 의해 유발되는 사회 불안을 피하기 위해 사람들(과 공동체)에게 조직적 학대와 불의를 용서하도록 조정하고 강요할 가능성 때문에 논쟁적인 문제가 된다. 실제로 만약 용서가 화해를 위한 열쇠라면 평화 만들기의 가능성은 희생자들의 손에 달려 있다. 이런 엄중한 현실과 복음의 명령으로서의 무조건적 용서에 대한 주장에 비추어볼 때, 세계 전역에서 벌어지는 폭력과 압제와 착취의 그리스도인 희생자들은 고통을 감내하면서, 그리고 적들의 안녕을 위해 기도하면서 자신들을 학대했던 자들에게 무조건적인 용서를 제공하도록 (좋게는) 가르침을 받고 (나쁘게는) 조작을 당한다. (사랑받을 수 없는 자를 향한 완전한 사랑이라는) 기독교적 완전을 향한 참된 제자직의 핵심적 차원으로 간주되는 무조건적 용서라는 윤리적 명령은 불의하고 비인간화하는 권력 관계 앞에서 희생자의 취약성을 강조한다. 개인과 공동체를 조직적 불의에 종속시키기 위해 미리 계산된 사회적 조작, 희생자들을 부끄럽

---

45     Derrida, "Villanova Roundtable," 18.
46     Jacques Derrida, "On Forgiveness," *Cosmopolitanism and Forgiveness* (New York: Routledge, 2007), 27-60 (32).

게 만들어 폭력, 사회정치적 압제, 경제적 착취라는 지속적인 병리 현상을 수용하게 하는 것, 그리고 그것을 영원의 이편에서 문명화된/사회적 정상성으로 표현하는 것—이런 것들이 용서에 대한 명령이 인권 학대를 영속화하기 위한 도구로 활용되어왔던 방식 중 일부다.[47] 로완 윌리엄스(Rowan Williams)가 지적하듯이 교회 자체가 종종 "용서를 어떻게 다뤄야 할지 확신하지 못한 채…그것을 용서하시는 그리고 잊으시는 하나님에 관한 수사(rhetoric) 속에 익사시키고",[48] 실제 상처에 대한 감각(과 그것과 함께 정의로운 개입에 대한 요구)을 환상으로 치부한다. "잊으시는 하나님"—이것은 인간의 마음 깊은 곳에, 즉 선과 악에 대한 모든 능력을 지닌 그분의 피조물 중 가장 내밀한 존재 안에 감춰진 사고와 감정에 대한 증언에 비추어볼 때 터무니없는 것 아닌가? 기억이 없는 참된 용서가 존재하는가? 망각/기억 상실 상태에 있는 타자에게까지 확대되는 참된 은혜와 긍휼이 존재하는가? 만약 하나님이 잊으신다면, 정의가 있을 수 있는가? 사실 이런 것은 수사적 질문들이다. 정의는 기억해야 할—충실하게 기억해야 할—의무를 갖고 있다. 왜냐하면 잊는 것은 정의뿐 아니라 관계의 구속, 사회적 치유, 그리고 변화를 위한 가능성에 대한 배반이기 때문이다. 기억이 없으면 용서도 없다. 그리고 기독교적 용서는 모든 것을 포괄하는 기억, 즉 성육신하신 하나님의 고통에 대한 기억에 뿌리를 두고 있다. 윌리엄스의 주장에 대해 설명하면서 존 드 구루취(John W. de Gruchy)는 다음과 같은 진술로 용서의 고통스러운 대가에 관해 숙고한다.

---

47  de Gruchy가 압제적인 권력 관계라는 맥락에서 용서를 조작할 가능성에 대해 간략하게 다루는 반면(*Reconciliation*, 171-72), Derrida는 "On Forgiveness"라는 그의 중요한 논문에서 이 주제를 보다 상세하게 다루면서 인간에 대한 20세기의 범죄들의 현실에 대해 숙고한다(*Cosmopolitanism and Forgiveness*).

48  Rowan Williams, *On Christian Theology* (Oxford: Blackwell, 2000), 272.

그러나 만약 예수의 십자가형이 무언가를 의미한다면, 그것은 하나님이 세상을 구속하기 위해 지옥으로 내려가셔야 했음을 의미한다. 구속은 값싼 은혜에 관한 공손한 말을 통해 올 수 없다. 그렇지 않다면 예수가 십자가에서 했던 말—아버지, 저 사람들을 용서해주십시오. 저들은 자기들이 하는 일을 모르고 있습니다—은 그것 자체로 충분했을 것이다. 예수는 하나님에 의해 버림받음을 경험하거나 죽음 자체를 견뎌야 할 필요가 없었을 것이다. 바로 이것이 용서의 윤리가 하나님의 용서에 관한 메시지에 뿌리를 두어야 하는 이유다.[49]

용서의 고뇌 속에서 우리는 타자를 위한 그리스도의 십자가형, 죽음, 그리고 지옥 강하와 자신을 연계한다. 용서는 고통스럽다. 왜냐하면 그것은 일반적이고 비인격적인 것이 될 수 없기 때문이다. 거기에는 자신을 공격한 자를 구속하겠다는 소망 속에서 자신이 받았던 힘든 고통에 대한 지옥 같은 기억을 되살리는 일에 자신의 치유되지 않은 상처를 노출시키는 것이 포함된다. 그것은 범죄에 대한 모멸적인 객관화, 폭력이라는 참혹한 성상 파괴, 상품화라는 비인간화하는 억압, 외상후 스트레스 장애와 끊임없는 불안을 지닌 신체의 심인성 기억에 새겨진 육체적 고통(트라우마의 외부성이 아무런 탈출구도, 회복도, 쉼도 없는 자신의 존재 내부로 옮겨가는 영속적인 고문)을 회상한다. 용서는 자신의 적의 영혼을 그것으로부터 노략하기 위해 지옥 안으로 뛰어 들어가는 그리스도 안에서 자신을 발견하는 행위이며, 또한 그런 것으로서 그것은 기억하지 않기를 거부하는 것에 돌이킬 수 없을 정도로 근거한다. 기억을 억압하는 것은 타자를 잊는 것, 즉 지옥에 있는 그들을 잊는 것(그리고 그들이 그곳에 머물기를 바라는 것)인데, 그것은 사랑이 견딜

---

49    De Gruchy, *Reconciliation*, 172-73.

수 없는 현실이다.[50] 그러나 정확하게 그런 일이 세상의 삶을 위한 그리스도의 자기 공여에 대한 구속적 내러티브 안에서 펼쳐지기 때문에 무조건적인 용서는 용서하는 이의 구속으로서 경험된다. 왜냐하면 그리스도는 단지 지옥으로 내려가셨을 뿐 아니라 또한 그 자신의 부활과 승천을 통해 온 인류(와 창조세계의 나머지―롬 8장)의 부활과 존재론적 갱신을 이루시면서 하늘로도 올라가셨기 때문이다. 지옥의 고문실에 대해 이처럼 신적으로 시행된 약탈은 정확하게 동방 정교회의 도상학의 신학이 부활이요 생명이신 그리스도(요 11:25)의 부활을 묘사하는 방식과 일치한다. 그것은 하나님의 창조되지 않은 활동들이 그 자신의 죽음을 통해 무덤과 "죽음을 짓밟는"[51] 인자의 부활한 몸 안에서 영원한 생명으로 터져 나오는 순간을 포착한다. 그러나 그리스도의 승리의 구속적 깊이는 그의 부활이라는 공동체적 현실에 있다. 그는 홀로 무덤으로부터 일어서지 않는다. 그것은 연대의 행위다. 왜냐하면 그 안에서 모든 인간이 죽음으로부터 일어서기 때문이다. 이 아이콘은 그리스도가 부활의 순간에 아담과 하와의 손을 잡고 있는 것을 묘사함으로써 중심적인 신학적 주장을 제시한다. 그들은 무덤으로부터 깨치고 나와 그들의 성육하신 창조주의 승리의 삶 속으로 끌어올려진다. 그의 생

---

50   Bishop Kallistos Ware, *The Inner Kingdom, Collected Works*, vol. 1 (Creastwood, NY: St. Vladimir's Seminary Press, 2000). 저자는 Saint Silouan of Mount Athos(20세기 러시아 정교회 수사)와 "'하나님은 모든 무신론자를 벌하실 것이오. 그들은 영원히 타오르는 불에서 태워질 것이오'라고 분명한 만족감을 드러내며 선포했던" 어느 은둔자 사이의 감동적인 대화를 인용한다. "분명히 화가 난 그 교리강사[Saint Silouan]는 다음과 같이 말했다. '말해보시오 당신이 낙원에 가서 아래를 내려다보니 누군가가 지옥 불에서 불타고 있음을 보았다고 칩시다. 당신은 행복할 것 같소?' '그건 어쩔 수 없소. 그건 그들 자신의 잘못이오'라고 은둔자가 답했다. 그 교리강사가 그에게 슬픈 얼굴을 하며 답했다. '사랑은 그런 일을 견딜 수 없소'"(194).

51   부활절 트로파리온(troparion, 2장에서 이미 인용한 바 있다)에서 선포되듯이, "그리스도가 죽음으로 죽음을 짓밟으며 죽음에서 일어나 무덤 속에 있는 자들에게 생명을 주신다."

명이 그들의 생명, 즉 그들이 애초에 그것을 위해 창조되었던 생명이 된다. 어느 의미에서 팔 관절은 또한 인간의 기원과 목적 사이의 회복된 연속성을 나타낸다. 부활은 첫 번째 인간과 마지막 인간 사이의 깨어진 고리를 함께 용접한다. 이것은 낙원을 되찾는 것으로, 인류가 생명을 주는 (그리고 생명을 유지하는) 우주적 전례 안에서 신성한 형상의 새로운 세 방향의 반향을 통해 그것의 창조주와 다시 한번 결합하는 순간이다.[52]

부활에 의해 조명된 용서는 "예상치 못했던 것을 잉태하고 있는…기억과 잠재성 사이"의 "창조적 공간" 안에 머물러 있다.[53] 이것은 인간이 모든 두려움을 떨쳐버리고(요일 4:18) 공동의 미래에 대한 공동 참가자로서의 타자라는 비전을 갱신하면서 완전한 사랑의 변혁적 능력과 만나는 장소다. 함께 삶을 기억하고 다시 그리는 것 사이의 이런 창조적 긴장 속에서 우리는 그리스도의 이야기 속에서 자신의 이야기(트라우마, 고통, 배신, 유기)를 다시 말하면서 두려움 없이 과거와 마주할 수 있다. 그곳에서 우리는 기억의 치유를 경험하고 "올바르게 기억할" 능력을 부여받는다.[54] 이것은 기억이 새로운 미래의 건축용 블록이 되는 구속된 "이야기의 장소, 다시 이야기하

---

52    이 책의 1장을 보라.

53    John Paul Lederach, *The Moral Imagination: The Art and Soul of Building Peace* (New York: Oxford University Press, 2005), 149. 『도덕적 상상력』(글항아리 역간).

54    Miroslav Volf의 표현을 빌리고 "바르게 기억하는 것"에 관한 그의 통찰의 선물들을 받아들이면서(*Exclusion and Embrace: A Theological Exploration of Identity, Otherness, and Reconciliation* [Nashville: Abington, 1996], 132), 나는 "완전히 구속되기 위하여" 우리의 기억을 잊고 놓아버려야 한다는 그의 주장에 정중하게 이견을 제시한다. 나는 Volf의 (아우구스티누스적인) 주장을 이해하지만, 나의 신학적 상상력은 기억의 구속의 정점을 잊음에서가 아니라 타자에 대한 성별된 시각과 관계(사랑에 의해 변화된, 그러면서 신성한 공동체적 삶을 반영하고 우리의 미래의 번영에 타자를 포함시키는 관계)로 표현되는 그리스도를 닮는 것 속에서 발견한다. 이에 비추어볼 때, 아마도 하나님이 모든 눈물을 닦아주실 것이라는 약속(계 21:4)은 또한 기억에 대한 구속적이고 종말론적인 갱신으로 혹은 (이렇게 그리스도화된 관점에 의해 조명된 기억으로) 고통스러운 고뇌 없이 기억하는 것으로 이해될 수 있다.

는 예술"이다.[55] 존 폴 레더락(John Paul Lederach)이 주장하듯이 "다시 이야기하기"(to restory)는 "삶에 그리고 계속되는 관계에 의미를 제공하는 내러티브를 발견하는 것"이다.[56] "그러나 그것은 또한 영속적인 위험 속에서 사는 것이다. 왜냐하면 뒤에 놓인 것과 앞에 놓인 것 사이의 여행은 결코 완전히 이해되거나 통제되지 않기 때문이다. 그러나 그런 공간은 건설적인 변화의 모체, 우리 앞에 놓인 과거의 계속적인 출생지다."[57] 그곳, 즉 위험과 약속 사이의, 기억의 고뇌와 노동과 같은 소망의 고통 사이의 부서지기 쉬운 긴장 속에서 구속은 사회 변혁적 평화 구축으로 경험된다.

폭력적인 세상에서 바르게 기억할 의무에 관한 그의 매력적인 성찰에서 미로슬라프 볼프는 "잘 기억하기[를 배우는 것]가 과거를 구속하는 유일한 열쇠"이며 이런 구속은 세상을 온전함으로 "회복시키는 하나님의 더 넓은 이야기 속에 깃들어 있다"고 강조한다.[58] 그는 이런 주장에 비추어 기억의 구속을 위한 다음과 같은 단계들을 제안한다. 진실하게 기억하기(정의를 구축하는 것과 갈등의 심화에 기여하기를 거부하는 것에 꼭 필요함), 치료적으로 기억하기(개인적 치유를 위한 토대인 인간관계의 치유의 초석), 과거로부터 배우기(타인에게 정의와 치유를 가져다주기 위한 연민, 희생자와의 연대, 사회 변혁적 행

---

55    Lederach, *Moral Imagination*, 148.
56    Lederach, *Moral Imagination*, 148. Lederach의 사상은 Hannah Areudt의 *The Human Condition*의 통찰을 재천명하며, 제2차 세계대전의 트라우마를 가하는 현실 후의 사회적 치유를 위한 탐구를 성찰한다. 그는 Arendt의 요점을 다음과 같이 요약한다. "우리는 바로 사물들이 우리에게 지니는 의미를 통해 사는 존재들이기 때문에, 인간으로서 특정한 역설 안에서 산다. 하나님이 우리에게 주신 장소는 이것이다. 우리는 과거를 기억할 능력이 있지만, 그것을 바꿀 능력은 없다. 하나님조차 과거를 바꾸실 수 없다. 우리는 다른 미래를 상상할 능력이 있지만, 그것을 완전히 예측할 능력은 없으며 미래를 통제할 능력은 훨씬 덜 가지고 있다."
57    Lederach, *Moral Imagination*, 149.
58    Volf, *End of Memory*, 42.

동을 위한 수단으로서 자신의 경험을 다시 포착함으로써 기억의 구속을 공고히 함), 그리고 기억하기를 더 큰 도덕적 틀[59] — 하나님이 부서진 우주를 개선하시는 이야기, 즉 세상의 삶을 위해 바르게 기억하는 일에 헌신하는 "기억의 공동체"[60]로서의 기독교 교회에 의해 관리되는 이야기 — 안에 두는 것.

교회는 인간의 이야기 안에 하나님이 오셔서 만물을 구속하고 새롭게 하시는 것에 대해 직접 증언하는 세대를 초월한 관리자, 즉 그것의 창조 의도와 의미에 따라 세상에 대해 다시 이야기하고 그것의 기억하는 방식을 변화시키는 기억이다. 기억의 이런 구속적 변화는 우리 안에서 그리스도를, 그리고 그리스도 안에서 우리를 낳으면서 우리를 거룩한 본성에 참여하게 하고 우리가 달리 보고 알 수 있게 하는 성령의 역사를 통해 구속자의 성육신한 공동체적 몸에 통합되는 것을 통해 수행된다. 성령의 너그러움 속에서 우리는 자신이 홀로 모든 것을 올바로 알고 기억하시는 분 안에 휩싸여 있음을 발견하고 또한 그분의 은혜의 환대가 우리의 모든 기억보다 더 크다는 것을 알게 된다. 하나님의 무조건적인 환대의 광대함을 되새기고 그분을 우리 안에 내주하도록 초대함으로써 우리는 성령에 의해 확장되어 다른 사람들의 기억을 제한하고 수용하며, 그들의 구속적 치유를 위해 성별된 시간과 공간을 우리 안에 조각한다. 우리 안에 계신 그리스도는 우리뿐 아니라 온 우주를 위한 기억 구속의 신성한 공간이 되신다. 우리는 타자의 기억을 위한 성령 충만한 성소가 된다.

교회의 성례전적 삶은 종말론적 기대에 사로잡혀 있는 회상과 약속의 창조적 긴장 속에서 이런 구속적 변화의 사전적 시행을 묘사한다. 존 드 구

---

59    Volf, *End of Memory*, 93.
60    Volf, *End of Memory*, 17.

루취의 말을 빌리자면, "성례전은 과거를 기억하는 것과 미래에 대한 희망을 그것들이 현재의 화해의 구현과 실천을 가능케 하는 방식으로…그것들이 치유와 갱신을 위한 은총의 수단이 되는 방식으로 결합시킨다."[61] "오래된 미래"로서의 신성한 시간의 목적을 올바르게 기억하는 특별한 방식으로 파악하면서, 성례전은 오는 세상을 "기억하는" 것으로서 미래의 제정이 된다.[62] 그러므로 구속주의 몸에 통합되는 것으로서 세례에 대한 선이해(prolepsis, 이야기 중간에 미래의 사건을 미리 내다보는 서술법—옮긴이)는 모든 피조물이 성령에 의해 그리스도의 몸 안으로 이끌리고 그분이 만유가 되시는 날을 "기억한다." 저주의 적의가 뒤집힐 것이고, 하나님의 샬롬의 실체가 안으로부터—그것들의 존재의 구조로부터 우주의 극단에 이르기까지—진동하면서 그분의 피조물 사이의 모든 관계와 공간에 침투할 것이며, 그것들 모두를 신성한 임재의 성소로 성별할 것이다. 유사하게 성령 세례(신자 안에서 그리스도를 잉태하는 개인적 오순절에 대한 환기)의 신비에 대한 상징적 묘사로서 견진성사(정교회 전통에서는 세례 직후에 그리고 성찬 직전에 이루어진다)라는 성례전은 차이의 구속으로서의 새 창조를 "기억한다." 오순절이 종말 안으로 깨치고 들어옴으로써 인간은 일치 속에서 다양성을 축하하는 것

---

61    De Gruchy, *Reconciliation*, 100.

62    우리의 기억/이야기를 하나님의 이야기 속에 위치시킬 필요를 주장하면서 Volf는 특별히 출애굽과 수난 이야기를 들어 우리가 이런 사건들에 대한 기억과 그것들의 종말론적 약속 사이에 신앙 공동체를 위치시키는 이런 이야기들의 렌즈를 통해 기억할 때 우리의 기억이 치유와 구속을 수행하는 특별한 방식에 대해 설명한다. 저자는 Johann Baptist Metz의 다음과 같은 진술을 강조하면서 그의 사상에 몰두한다. "우리는 우리의 자유의 미래를 그분의 고난에 대한 기억 속에서 기억한다"(Johan Baptist Metz, *Faith in History and Society: Toward a Practical Fundamental Theology* [New York: Seabury, 1980], 111을 보라). Metz에게 "고난에 대한 그리스도인의 기억"은 "정치적 삶 속에 새로운 도덕적 상상력, 즉 연약하고 불충분하게 대표되는 자들을 위한 관대하고 계산되지 않는 당파심으로 성숙해야 하는 타자의 고난에 대한 새로운 시각을 가져오는" "미리 내다본 기억"이다(117-18).

으로서 타자의 언어를 말하고 이해하는 능력을 회복한다. 성령으로 충만한 세상의 미래에 대한 성례전의 제정된 비전 안에서 인간 공동체는 사회문화적 다양성과 다름의 친교를 구현하는데, 이는 성령이 타자를 친족으로 변형시키면서도 그 사람의 타자성을 유지하는 화해된 세계를 표시한다. 동방 정교회의 전례적 실천인 견진성사에서 그리스도 안에 새로이 통합된 신자는 오순절의 미리 내다본 기억(anticipatory memory)—"성령을 받으라"—의 선언 아래서 그리스도를 닮도록 기름 부음을 받는다. 관유(성령의 부으심에 대한 상징)가 신자의 이마, 눈, 귀, 이불, 손 그리고 발 위에 십자가 모양으로 부어진다. 신자는 세상에서 그리스도처럼 생각하고, 기억하며, 보고, 들으며, 말하고, 행동하며 살아야 한다. 그래서 세상이 그리스도 안에서 감동을 받고, 화해하며, 치유되고, 모이게 해야 한다. 이 새로운 (십자가로 표시되는) 창조세계 안에서 성령은 타자에 대한 우리의 기억과 시각을 그리스도의 기억과 시각으로 변화시킨다. 왜냐하면 성령의 능력 안에 있는 신자의 삶은 단지 그리스도에 대한 모방에 불과한 것이 아니라 구속된 인간 안에서 반향하는 그리스도의 삶이기 때문이다.

미리 내다본 기억으로서의 성례전이라는 개념은 교회의 성례전적 삶의 근원과 목표—온전하고 존재론적으로 갱신된 창조세계 안에서 하나님과 이웃과의 연합—의 시행으로서 성찬의 거행에서 정점에 이른다. 그리스도의 부활과 그분의 임박한 재림에 대한 기대에 의해 조명된 그리스도의 수난에 대한 공동체적 상기 속에서, 알렉산더 슈메만의 말을 빌리자면, 그분과 화해하고 그분에게 연합한, 그리고 그분 안에서 서로와 연합한 "우리는 **서로에 대한 기억을 창조한다.**"[63] 미로슬라프 볼프는 슈메만의 말을 되울

---

63    Alexander Schmemann, *The Eucharist: Sacrament of the Kingdom* (Crestwood, NY: St.

리면서 다음과 같이 말한다. "그리스도의 수난을 기억함으로써 우리는 우리 자신을 앞으로 우리가 **될** 존재—잘못을 저지르는 자들과 잘못된 일을 당하는 자들로 이루어진 사랑의 공동체의 구성원—로 기억한다."[64] 그러므로 성찬례는 **"치명적인 적들로부터조차 화해된 공동체의 형성"**을 기대한다.[65] 그것은 인류를 (과거의 돌이킬 수 없는 것을 구속하기 위해 신이 제정한 치료법으로서의) 용서의 단계로부터 ("미래의 예측 불가능성에 대한 치료법"[66]과 희소성과 제한된 물질적 자원에 대한 경쟁에 대한 불안에 대한 해독제로서의) 언약적 약속에 의해 유지되는 타인과의 친교 안에서 화해의 단계로 전환시킨다. 용서에서 성약으로 이어지는 이 운동의 성례전적 제정은 그것이 이전의 압제자, 학대자, 희생을 강요했던 자, 곧 우리의 적들을 포함할 때 공동선을 추구하고자 하는, 얼핏 보기에 극복하기 어려워 보이는 도전에 대한 기독교의 응답이다. 성찬례는 우리를 용서받은 자들의 공동체 속으로 소환하는데, 그곳에서 성령이 우리를 서로의 구성원으로 만들고(롬 12:5; 엡 4:25) 우리의 눈

~~~~~

Vladimir's Seminary Press, 1988), 130. Schmemann은 그 기념식(그는 그것을 "대 입장 [Great Entrance, 정교회 전례 중 하나다—옮긴이]에 대한 일종의 구도 표현"으로 묘사한다)에 대해 숙고하면서 미칠 듯한 기쁨을 나타내는 산문을 사용해 다음과 같이 말한다. "우리는 이 기념식을 통해 그리스도의 생명을 창조하는 기억 속에 기억되고 있는 이들을 포함시킨다. 인간에 대한 하나님의 기억, 하나님에 대한 인간의 기억, 영원한 생명인 그 신성한 기억 속에, 우리는 그리스도 안에서 서로를 하나님께 되돌려주며, 이 되돌림을 통해 기억되고 되돌려진 자가 하나님의 기억 안에 거하기에 살아 있음을 확인한다.…그리스도를 기억하는 것은 그분의 사랑 안으로 들어가 우리를 형제와 이웃, 즉 그분의 사역 안에서 '형제'로 만들면서 그분의 사랑 안으로 들어가는 것이다. 우리 안에 그리고 우리 '가운데' 있는 그분의 생명과 현존은 오직 서로에 대한, 그리고 그분이 보내시고 우리의 삶 속에 포함시키신 모든 이들에 대한 우리의 사랑을 통해서만 확인된다. 그리고 이것은 무엇보다도 서로에 대한 기억 속에 그리고 그리스도 안에서 서로를 기념하는 것에 그들 모두를 포함시키는 것을 의미한다."

64    Volf, *End of Memory*, 119.
65    Volf, *End of Memory*, 119.
66    Arendt, *Human Condition*, 237.

을 열어 가장 예기치 않은 형태로 계시는 그리스도—옛날에 우리에게 죄를 지었던 이들에게서 나타나는 비가시적인 하나님의 가시적 형상—를 보게 한다.

말씀의 선포로부터 그분의 공동체적 구현에 이르는 운동으로서 교회의 모든 성례전적 삶은 오직 성육신의 대리자인 성령의 강하를 비는 기도(epiclesis)에서만 가능하다는 것은 우연이 아니다. 세상의 구속된 기억의 화해를 이룬 종말론적 공동체로서의 교회는 그것이 성부의 뜻을 시행할 때 인자의 공동체적 몸—신성하게 하는 영에 의해 신성한 "광대함"으로 "확대된", 그리고 온 인류와 창조세계의 나머지를 향해 무조건적이고 사랑스러운 환대를 베풀 수 있게 된 몸—을 포화시키는 성령의 현현이다. 실제로 만약 기억의 구속이 과거로부터 배우고 우리의 이야기/경험을 세상을 치유하는 하나님의 사역이라는 더 큰 이야기 안에 위치시키면서 참된 회상을 요구한다면, 성령과 무관한 기억의 구속(과 참된 용서의 시행)은 없다. 진리의 성령은 우리를 모든 진리 안으로 이끌고(요 16:13), 우리에게 모든 것을 가르치며(요 14:26), 우리를 그리스도 안으로 받아들이고(엡 1:13), 우리를 신성한 형상으로 변화시키며(고후 3:18), 그리스도의 공동체적 몸의 일치 곧 평안의 매는 줄로 이루는 성령의 일치를 이룬다(엡 4:3). 로완 윌리엄스가 진술하듯이

끊임없이 자기 비판적이고 경각심을 갖고 기도하며 수용적으로 예수님을 돌아보는 것으로서 인간에게 주어지고 그 안에서 "지속되는" 진리는 내재된 성령의 선물이다.…만약 우리가 우리의 용서받음과 용서할 사명을 연결하는 다리를 찾는다면, 그것은 예수를 기억하고 예수에 대해 증언하기 위해 주어진 성령을 믿는 자들과 함께 있는 것에서 발견된다.…이 진리의 용광로 속에서 사는

이는 나머지 인간에게 진리 안에서 살아갈─불타오르지만 소멸되지 않을─
가능성을 증언하는 자가 된다. 그리고 그렇게 함으로써 그/그녀는 세상에 그
것의 기억을 되돌려주는 하나님의 행위의 일부가 된다.[67]

## 용서할 수 없는 자를 용서하는 도전

그러나 용서와 그것이 화해를 이룬 우주에 대해 갖는 종말론적 약속에 대
한 기독교의 전반적인 강조는 때때로 더 넓은 사회가 용서의 한계를 초월
하는 것, 즉 "용서받을 수 없는 것"으로 여기는 범죄와 잔혹 행위들과 마주
한다. 그런 이야기들은 "보편적 양심"의 연대기 안에서 그것들의 발생을
지울 수 없이 기록해야 하는 기억의 의무와 밀접하게 연결된다.[68] 왜냐하면
만약 우리가 이 의무에 대해 무관심하고 부주의하며 그것을 잊는다면, 우
리는 우리 자신의 기억 상실 때문에 비인간화될 수 있기 때문이다.[69] 최근
의 역사에서 국내 및 국제 문제에서 공적 (개인적인 그리고 국가적인) 회개와
용서가 확산되는 것에 관해 숙고하면서 데리다는 지정학에서의 이런 추세
는 의심할 바 없이 모든 인간을 "인간에 대한 범죄" 즉 "자신에 대한 범죄"
에 대한 책임이라는 공통의 그물 안에 묶는 "기억의 보편적 긴급성"[70]으로

---

67    Rowan Williams, *Resurrection: Interpretng the Easter Gospel* (London: Darton Longman &
      Todd, 2014), 42-43.
68    Derrida, "On Forgiveness," 33.
69    Elie Wiesel은 "악에 대한 방패" 역할을 하면서 기원 공동체의 인간뿐 아니라 모든 인간
      의 보호자로서의 공동체적 기억의 의무에 관해 성찰한다(*From the Kingdom of Memory:
      Reminiscences* [New York: Summit, 1990], 239). Volf는 "분노에서 태어나지 않을 때, 비인
      간성에 대한 기억은 비인간성에 대한 방패다"라고 진술한다. 그러나 고통을 기억하는 것의
      종말론적 구속을 예견하면서 그는 "칼이 없는 곳에서는 방패가 필요하지 않을 것이다"라고
      주장한다(*Exclusion and Embrace*, 138).
70    Derrida, "On Forgiveness," 28. Derrida는 "용서의 지정학"(30) 내의 이 새로운 지평이 아브

부터 나온다고 지적한다. 모든 것을 인간성이라는 집단적·공유적 얼굴 앞에서의 책임으로 포괄하는 이런 소환에 비추어 (그리고 이기적인 정치적 목표를 위한 수단으로서 세계적인 지정학 내에서 회개와 용서를 연극적으로 값싸게 만드는 것에 대응하면서), 데리다는 독자들에게 인간 중에는 유혈과 동료 인간에 대한 범죄에 대해 무고한 사람은 아무도 없음을 상기시킨다.

> 만약 우리가 인간에 대한 과거의 모든 범죄에 대해 용서를 구하면서 우리 자신을 변명하기 시작한다면, 세상에 무고한 사람은 더는 없을 것이고, 따라서 판단하거나 중재할 위치에 있는 사람도 없을 것이다. 우리는 모두 적어도 본질적이고 내적이며 지울 수 없는 방식으로 반인도적 범죄로 표시된 사람이나 사건의 상속자들이다.[71]

사실 우리의 다면적이고 집단적인 (부족적이고 민족적인·종교적이고 이념적인·정치적이고 경제적인) 정체성 안에서 우리는 모두 우리의 형제를 지키는 자가 되기를 거부하며 (설득과 조작으로부터 억압과 폭력적 강압에 이르는 다양한 수단을 통한 말살과 동화를 통해[72]) 타자를 근절하는 죄를 짓고 있다. 우리는 모두 용서가 필요하며 용서할 수 없는 것의 관점에서 보아 그것의 한계에 직면해 있다.

~~~~~

라함 종교(유대교, 기독교, 이슬람교)의 종교적 유산과 특히 기독교의 유산에 속한 언어와 상징들을 채택했다고 옳게 지적한다. 종종 집단들과 민족 국가들 사이의 화해 공동체의 정치적 언어의 만연한 기독교화에 대해 숙고하면서, Derrida는 이런 "용서의 '세계화'가 진행 중에 있는 거대한 고백의 장면과 닮았으며, 따라서 사실상 경련-회심-고백, 즉 기독교 교회에 대한 필요를 갖고 있지 않은 기독교화의 과정"이라고 주장한다(31).

71    Derrida, "On Forgiveness," 29.
72    배제의 다양한 형태에 관해서는 Volf, *Exclusion and Embrace*, 75-77을 보라.

G. F. W. 헤겔(Hegel)이 우리에게 상기시켜주듯이 성령—용서의 능력 자체, 그가 "기독교의 성령"[73]이라고 부르는 것—을 훼방하는 죄 외에는 모든 죄가 용서받을 수 있다. 그러나 블라디미르 장켈레비치(Vladimir Jankélévitch)에 따르면, 인간에 대한 범죄(의심할 바 없이, 이때 그가 염두에 두고 있는 것은 홀로코스트였다), 즉 인간성에 대한 범죄는 용서의 한계 너머에 있다. 왜냐하면 그것들은 "속죄할 수 없기" 때문이다. 그에게 어떤 범죄는 그것에 적절한 징벌이 없을 경우 속죄할 수 없다. 그리고 속죄할 수 없는 것은 돌이킬 수 없으며, 따라서 용서받을 수 없다. 장켈레비치는 다음과 같이 주장한다. 인간에 대한 범죄를 용서하는 것은 개인적인 일이 아니며 그래서도 안 된다. 왜냐하면 그것은 "자신의 권리를 포기하는 것이 아니라 그 권리를 **배반하는** 것이기 때문이다."[74] 바로 이것이 그가 "용서는 죽음의 수용소에서 죽었다"고 말하는 이유다.[75] 여기서 장켈레비치의 견해는 징벌과 용서의 관계에 관한 한나 아렌트의 성찰을 반향한다. 아렌트는 다음과 같이 말한다.

~~~~~~

73    Hegel은 여러 작품에서 성령에 대한 신성모독에 관해 논한다. 예컨대 "The Divine in a Particular Shape" and "Lectures in Philosophy of Religion," in *G. W. F. Hegel: Theologian of the Spirit*, ed. Peter C. Hodgson (Edinburgh: T&T Clark, 1997), 68, 251을 보라. 의심할 바 없이 성령에 맞서는 "말" 혹은 "신성모독"과 관련된 복음서의 진술(마 12:32; 막 3:29; 눅 12:10)과의 연관성은 의도적이다. 그 구절에 대한 일반적 해석은 성령의 정죄하는 능력의 핵심성을 가리키는 반면(요 16:8), Hegel의 진술은 용서의 구현과 시행을 위한 성령의 핵심성을 주장한다. 또한 L. Gregory Jones는 자신의 작품에서 용서와 화해의 대리자로서의 성령의 사역을 강조한다. 그 과정에서 그는 요 20:22-23을 "성령을 받는 것과 용서의 실천에 개입하는 것 사이의 불가분의 관계"에 대한 증거로 강조한다(*Embodying Forgiveness: A Theological Analysis* [Grand Rapids: Eerdmans, 1995], 129).

74    Vladimir Jankélévitch, *Forgiveness*, trans. Andrew Kelly (Chicago: University of Chicago Press, 2005), 48-50. 또한 그의 작품 *L'Imprescriptible*(France: Seuil, 1996)을 보라.

75    Vladimir Jankélévitch, "Should We Pardon Them?" trans. Ann Hobart, *Critical Inquiry* 22 (1996): 567.

용서에 대한 대안은 징벌이다. 결코 그것은 징벌에 대해 반대하지 않는다. 그 두 가지는 모두 간섭이 없으면 끊임없이 계속될 수 있는 무언가에 종지부를 찍으려고 한다는 공통점을 갖고 있다. 그러므로 사람들이 벌할 수 없는 것을 용서할 수 없다는 것, 그리고 그들이 용서받을 수 없는 것으로 판명된 것을 벌할 수 없다는 것은 인간사의 영역에서 아주 중요하고 구조적인 요소다.[76]

따라서 아렌트와 장켈레비치의 주장의 논리를 따르면, 벌하기가 불가능한 범죄는 영원히 속죄되지 않으며 용서되지 않는다. 복음서 이야기에 대한 아렌트의 해석에서 "용서의 의무를 지속해야 할 이유는 분명히 '그들이 자기들이 하는 일을 알지 못하기 때문'이다. 그리고 그것은 극한의 범죄나 고의적인 악에는 해당되지 않는다."[77] 그녀에게 동일한 죄에 대한 용서라는 영적 (그리고 시민적) 의무를 반복해서 실천하라는 예수의 가르침(눅 17:3-4)은 그런 해석을 지지한다. 아렌트는 누가복음 17:1-4에서 **스칸달라**[skandala]"(실족하게 하는 것)와 **하마르타네인**[hamartanein]"(죄를 짓는 것)이라는 단어의 사용을 구분하면서 예수는 "하나님께서 최후의 심판 때 처리하실", "최소한 이 땅에서는" 용서할 수 없는 범죄가 실재한다는 점을 지적했다고 결론짓는다. 그녀에게 그러한 비열한 범죄와 상상할 수 없는 악의 계획적인 행동은 다소 예외적인 사건들(칸트가 "급진적 악"이라고 부르는 것)이고, 우리는 심지어 "공공 현장에서 일어나는 그것들의 보기 드문 폭발 중 하나에 노출된" 후에조차 그것들의 본질에 대해 무지하다.[78] 우리는 그것들을 "벌할 수도 없고 용서할 수도 없다." 그러므로 그것들은 "인간사의

---

76  Arendt, *Human Condition*, 241.
77  Arendt, *Human Condition*, 239.
78  Arendt, *Human Condition*, 241.

영역과 인간이 지닌 힘의 잠재성을 초월하며 그것들이 나타나는 모든 곳에서 그 둘 모두를 파괴한다."[79] 실제로 인간은 마치 의도적으로 용서의 경계를 시험하는 것처럼 누구라도 인간적인 것으로 인식할 수 있는 모든 것으로부터 인간을 떼어내는 종류의 급진적인 악 앞에서 어리둥절하고 말문이 막힌다. 아렌트의 해설이 맥락이 없거나, 부적절하거나, 완전히 잘못된 것으로 치부될 수는 있으나 그녀가 가장 어려운 문제 중 하나—용서와 구속의 한계를 "따져 묻는 것"—에 답하기 위해 복음에 접근하는 것은 의심할 바 없이 주목할 만하다. 그러나 인간에 대한 이해 불가능한 범죄와 타자 안에 있는 하나님의 형상을 왜곡하고 지우고자 하는 겉보기에 무제한적인 능력을 이해하고자 하는 홀로코스트 이후의 분투에 영향을 받은 아렌트의 성찰은 세상을 위한 희망을 그분의 구속적 은총이 우주를 제한하고 그분의 용서가 인간의 그 어떤 범죄의 본성에 의해서도 제한될 수 없는 창조주 안에 두는 전통에 문제를 일으키는 것처럼 보인다.

의심할 바 없이 용서의 한계에 관한 그 어떤 기독교적 논의도 그리스도의 십자가형을 인간에 대한 **바로 그** 범죄로, (그리고 **바로** 인간의 목적으로서의 그분의 본질을 고려할 때) 인간성 자체를 구성하는 것에 대한 범죄로 기억할 것이다. 그러나 구속의 신비 안에서 이 유일하게 완전히 무고한 인간에 대한 잔인한 처형은 그것이 없으면 가해자들의 인간화가 불가능한 인간에 대한 범죄가 된다. 그것은 그들을 용서받게 만드는 용서할 수 없는 행위, 곧 탁월한 용서—십자가에 달려서 마지막 숨을 헐떡이면서 자신을 십자가에 못 박은 사람들의 죄를 위해 중재하는 죽어가는 인간의 몸 안에서 구현된 용서—를 보여주는 상징적인 사건이다. 실제로 용서는 이 범죄를 구속의

---

79    Arendt, *Human Condition*, 241.

행위로 변화시키는 현실이다. 이 행위가 없으면 인간은 무고한 인자의 죽음에 대한 비난을 받고 용서를 얻지 못한다. 죽어가는 과정에서 성부를 향해 드리는 이 탄원을 통해 마지막 아담은 용서받을 수 없는 자를 용서하고 속죄될 수 없는 것을 구속하면서 자신을 죽인 자—첫 번째 아담(과 그의 후손들)을 대면한다. 그러나 이 행위는 용서의 또 다른 중요한 측면을 가리킨다. 그것은 그 희생자가 용서할 수 있는 유일한 사람이라는 것이다. 그 외에는 아무도 (그 어떤 사람도 권위/제도/법정/국가도) 자기의 이름으로 자기를 위하여 그런 일을 할 수 없다.[80] 십자가형이라는 화해를 이루는 드라마 속에서 성자 하나님은 성령의 능력을 통해 자신의 형을 집행하는 자들을 위해 성부 하나님 앞에서 중재한다. 이것은 삼위일체적 정의의 행위이자 세상의 치유적 갱신으로서 구속의 중심에 자리 잡고 있는 용서에 대해 잊히지 않는 황홀한 비전이다. 용서는 그것으로부터 모든 것이 새롭게 해방되는 지점, 즉 새로운 (갱신된) 창조의 가능성과 시작점이다. 용서할 수 없는 것을 용서하면서 폭력적인 보복을 종식시키고 그렇게 함으로써 세상을 자신과 화해시키는 것—바로 그것이 성육하신 하나님인 그리스도가 만물을 새롭게 하시는 방식이다. 따라서 십자가는 용서를 가해자의 회개(자책 혹은 용서를 구함)를 요구하거나 그것에 의존하지 않는 무조건적이고 되갚을 수 없는 은총의 선물로 표시한다. 어느 면에서 용서의 과분한 관대함은 회개를 앞선다. 그것은 타자에 대한 참된 생명의 선물이다.

---

80  Derrida, "On Forgiveness," 43-44. 여기서 Derrida는 자신의 결론을 주장하기 위해 남아프리카공화국에서 있었던 진실과 화해 위원회(TRC)의 경험을 활용한다. 그 과정에서 그는 또 다른 중요한 문제를 다룬다. 만약 희생자가 용서할 준비가 되어 있지 않으면 어떻게 될까? TRC의 상황에서의 이 문제에 대한 심도 있는 탐구를 위해서는 Martha Minow, *Forgiveness, Law and Justice*, Annual Reconciliation Lecture, 2014 (14-20): ⟨http://traumareconcil.ufs.ac.za/dl/Userfiles/Documents/00000/78_eng.pdf⟩를 보라.

데리다에 따르면, 실제로는 용서받을 수 없는 것이야말로 용서해야 할 유일한 것이다(이것은 정의와 "선물"의 계산 불가능성에 공명하는 개념이다). 그는 이런 주장의 역설을 다음과 같이 요약한다.

우리가 오직 용서할 수 있을 것처럼 보이는 것, 즉 교회가 "가벼운 죄"라고 부르는 것만을 용서할 준비가 되어 있다면, 그때는 용서라는 개념 자체가 사라질 것이다. 용서해야 할 무언가가 있다면, 그것은 종교 언어로 대죄, 최악, 용서할 수 없는 범죄 또는 해악이라고 불리는 것이 될 것이다. 그로부터 자비 없이 건조하고 무자비한 형식으로 묘사될 수 있는 난제(aporia)가 나온다. 용서는 오직 용서받을 수 없는 것만을 용서한다.…용서는, 그런 것이 있다면, 오직 용서받을 수 없는 것이 있는 곳에만 있다. 그것은 용서가 그 자체를 불가능성으로 공표해야 한다고 말하는 것이다. 그것은 오직 불가능한 일을 하는 것을 통해서만 가능할 수 있다.[81]

데리다에게, 용서는 모든 조건부를 벗겨내야 한다. 그것은 회개에 대한 응답으로만 와서는, 따라서 단순한 이익의 거래/교환으로 축소되어서는 안 된다. 회개의 과정은 변화의 경험이기에 자신의 죄를 인식하며 용서를 구하는 사람은 이미 다른 인간—"이미 다른 사람 그리고 죄인보다 나은 사람"[82]이다. **회개**(*metanoia*)는 이전의 가해자와 자기와 타자를 향한 그의 관점을 변화시킨다. 그것은 자신의 사회성과 주변 세계를 조명하고 변화시켜 그것을 속죄와 구속의 장소, 그리고 그러하기에 성례전적 삶에서의 예배의

---

81    Derrida, "On Forgiveness," 32-33.
82    Derrida, "On Forgiveness," 35.

장소로 드러낸다. 그것은 성소로서의 우주의 성례전적 본질을 드러낸다. 그러므로 회개하는 사람을 용서하는 것은 가해자를 용서하는 것이 아니다. "용서받는 사람은 더는 **그런 죄인**이 아니다."[83] 이런 주장에 비추어 볼 때, 참된 용서는 자신의 행동의 돌이킬 수 없는 비인간화하는 효과와 함께 자신의 죄책을 인정하지 않고 회개하지 않으며, 자책하지 않는 가해자에게 무조건적으로 주어질 때만 가능한 것으로 이해된다. 그러므로 십자가에서 행한 그리스도의 중재는 과거의 불가역성 앞에서 만물을 새롭게 하면서 탁월한 용서의 창조적 행위의 전형을 보여준다.

그러나 의심할 바 없이 어떻게 우리가 일부를 상품화하고 대상화하면서 다른 이를 괴물 같은 학대자와 희생자를 만드는 자들로 변형시키는, 불의와 억압이라는 사회적 병리들을 영속화하는 데 기여하지 않으면서 무조건적 용서를 통한 화해라는 성례전을 실천할 수 있는가 하는 문제는 여전히 남아 있다. 이 질문은 용서의 실천을 "종교적 속박"에서 끌어내고 "일반적인 정치적 미덕의 대열에 들어가도록 허용하는 범세계적인 시민적 성례전"으로서의 용서의 실천을 육성하라는 요구에 의해 더욱 확대된다.[84] 대량살상 무기와 테러리즘의 악의적 확산이라는 특징을 지닌 시대에 (국가적·지역적·행성적) 평화를 유지하기 위한 날로 커져가는 불안은 공동선을 위한 시민적 의무로서 용서를 강요하려는 충동을 정당화하지만, 혹자는 과연 그것이 공공정책의 문제로 공식화될 수 있는지 궁금할 것이다. 참된 사회 변혁 능력을 훼손하고 그것을 단순히 어떤 목적을 위한(예컨대, 보복적 정의를 피하기 위한) 수단으로 축소시키지 않으면서 용서를 입법화하는 것이 가능

---

83    Derrida, "On Forgiveness," 35.
84    Shriver, *Ethics for Enemies*, 7.

할까?[85] 데리다는 "용서의 언어"가 "결정적인 최종성을 위해" 사용될 때, 그것은 "순수하고 사심이 없는 것"이라고 주장한다. 그는 참된 용서의 환원할 수 없는 무조건성을 다음과 같은 말로 재확인한다.

> 나는 이 명제를 위험에 빠뜨리게 될 것이다. 용서가 어떤 최종적인 것—그것은 고귀하고 영적인 것(속죄나 구속, 화해, 구원)이 될 수 있다—에 봉사할 때마다, 그것이 애도를 통해 혹은 치유나 기억의 생태학을 통해 (사회적·국가적·정치적·심리적) 정상성을 재수립하는 것을 목표로 할 때마다 "용서"는 순수하지 않다.…용서는 일반적이지 않고, 규범적이지 않으며, 표준적이지 않고, 그래서도 안 된다. 용서는 마치 그것이 역사적 시간성의 일상적인 과정을 방해하는 것처럼 불가능성 앞에서 예외적이고 비범한 것으로 남아 있어야 한다.[86]

불순하고 억압적인 목적을 위해 용서를 조작하고 남용할 가능성을 언급하면서 도널드 슈라이버(Donald W. Shriver)는 "용서는 형벌로서의 정의와 회복으로서의 정의 사이의 긴장 속에서 번성한다"라고 주장한다.[87] 정확하게 그런 긴장을 조성하는 것이야말로 희생자의 고통에 공적인 음성을 제공하고 (또한 그들에게 용기와 위엄을 갖고 자기들을 희생시켰던 자들과 마주할 힘을 부여하고) 반면에 가해자들에게 그들의 반인도적 범죄에 대한 책임을 묻는 메커니즘과 제도들(인권 법정과 범죄 재판소 같은)을 구성하고 유지하는 국내법과 국제법의 목표다. 그러나 이런 메커니즘(과 법적 플랫폼)은, 비록 희생자

---

85     바로 이것이 아파르트헤이트 이후 남아공의 진실과 화해 위원회(TRC)의 설립을 둘러싸고 제기된 질문들이었다.

86     Derrida, "On Forgiveness," 31-32.

87     Shriver, *Ethics for Enemies*, 32.

들에게 그들의 이야기와 정의를 위한 외침을 나누고 가해자들이 그들의 범죄를 공적으로 고백하는 것을 듣는 치료적 기회를 제공하기는 하나, 참된 회개를 통한 그 범죄자들(인권 침해자들)의 갱신과 재인간화를 보장하지 않는다. 만약 어떤 주어진 공동체 안에서의 참된 사회 변혁이 그 구성원들의 질적이고 인격적인 변화와 동일하다면, 공동체의 입법 기관들과 전파자들의 도덕적 변화 없이 부당하고 비인간화하는 상황의 전복을 기대하는 것이 합리적인가? 존 드 구루취의 말을 빌리자면, "고행의 성례전은 회복적 정의의 성례전이다."[88] 의심할 바 없이 우리는 "사회적 책임과 화해의 성례전"으로서의 "고행의 의미와 실천"[89]을 간과해서는 안 된다(개신교 안에 그것이 없어서 나타나는 도덕적 결과 역시 마찬가지다).[90] 실제로 사회적 관계의 참된 치유, 즉 타자와의 회복된 교제에는 희생자와 가해자, 용서하는 자와 용서받는 자 양쪽 모두의 변화시키는 회심이 포함된다.[91] 그러므로 다른 사람에 대한 생각의 변화와 관점의 변화로서의 회개는 다른 사람의 미래에 대한 책임을 수용하고 그들의 인간적 번영을 보장하는 사회적 변화로서 나타나

~~~~~

88    De Gruchy, *Reconciliation*, 101.

89    De Gruchy, *Reconciliation*, 100, 107. 저자는 2세기로부터 훗날 개신교가 그것을 사적인 기도나 목회 상담 시간에 이루어지는 전례와 개인적 고백 안에서 죄의 일반적인 고백으로 축소하는 것에 이르기까지 성례전의 역사적·신학적 발전과 실천에 대한 간략한 개요를 제시한다(100-112). 그는 개신교가 그 성례전을 포기함으로써 발생하는 "인간의 건강과 영적 안녕에 대한 심각한 부정적 결과"에 관한 Carl Jung의 성찰에 대해 지적한다(105). 그렇게 하는 과정에서 de Gruchy는 특히 Jung의 『영혼을 찾는 현대인』(*Modern Man in Search of a Soul*, 부글클래식 역간)을 가리킨다.

90    Dietrich Bonhoeffer, *Ethics*(New York: Macmillian, 1965), 292을 보라. 『윤리학』(복있는사람 역간). Bonhoeffer는 개신교회는 "성직자가 더는 계속해서 고해성사의 문제와 책임에 직면하지 않았을 때 구체적인 윤리를 소유하기를 그쳤"고 강조하고 "개신교회가 종교개혁 때 가졌던 것과 같은 구체적인 윤리로 돌아가는 길을 발견하는 것은 오직 고해라는 신성한 임무를 재발견함으로써만 가능하다"고 주장한다.

91    그의 놀라운 작품 *Exclusion and Embrace*에서 Volf는 사회적 변화를 위한 길로서 가해자와 희생자 모두의 회개의 필요에 대한 매력적인 성찰을 제공한다(113-19).

는 공동체적 구원의 경험에 필수적이다. 그와 같은 회개에는 동일한 공유된 세계에 대한 대안적인 이해, 반응, 참여와 함께 다른 사람이 있는 그대로 그 자신이 될 권리를 받아들이는 것이 포함된다. 어느 의미에서 이것은 우리의 현실에서 차이를 화해시키고 차이를 위한 공간을 여는 것인데, 그것은 생명과 창조의 성찬적 본질 안에서 공동체 및 타자와의 교제의 가능성을 위한 첫 번째 발걸음이다. 화해에 관한 그런 개념은 타자가 우리와 같은 모습으로 변화되기를 기대하는 것에 근거하지 않는다. 그것은 동일성에 근거하지 않고 차이를 유지하며 우리의 세상(우리 자신) 안에서 타자를 위한 개방을 만들어낸다. 그러므로 그것은 반직관적이거나, 부자연스럽거나, 불가능하거나 혹은 적어도 개연성이 없어 보인다. 실제로 그것은 자연의 행위가 아니라 초자연의 행위(육체를 따르는 행위가 아니라 성령을 따르는 행위[롬 8:4])이거나 혹은 성령에 의해 주입된 존재론적으로 갱신된 육체의 행위로서 성찬 공동체의 건설자이자 완성자(*teleiōtēs*), 새로운 창조의 종말론적 수집가/호출자다. 무조건적 용서의 경우처럼 회개 역시 우리가 그것을 어디서 마주치든, 모든 육체에 자기를 부여하시는, 산통 중에 있는 우주의 구조 속에서 신음하시는, 그러면서 인간을 안으로부터 밖으로(양심의 확신으로부터 타자와의 갱신된 언약 공동체 속에서의 자기 공여에 대한 헌신으로), 즉 유일한 인간의 목적―창조의 시작이자 완성이신 그리스도(골 1:17)―으로의 변형적 소환으로 몰아가시는 성령의 역사다.

혹자는 이런 질문에 대해 숙고할 수도 있을 것이다. 사회 변화로서의 화해는 어느 정도나 인간의 번영에 대한 타자의 시각을 이해하는 것에 의존하는가? 그것은 우리의 관점을 다른 이의 경험으로 번역할 것을 요구하는가? 데리다에 따르면, "공유된 언어"와 대화적 개입은 참된 사회 변화의 시작으로서의 화해의 시작을 위해 필수적이다. 언어를 공유하는 것은 공통의 어휘와 구문을 사용하는 것 이상을 의미한다. 거기에는 단어의 공유된 의미들(그리고 그것들이 역사적으로 발전된 문화적 맥락과 경험들)이 포함된다. 왜냐하면 "희생자와 죄인이 언어를 공유하지 않을 때, 공통적이고 보편적인 그 어떤 것도 그들이 서로를 이해하도록 허락하지 않을 때, 용서는 의미를 빼앗기는 것처럼 보이기" 때문이다. 그때 용서는 불가능해진다.[92] 번역이 기계적인 언어적 수렴을 촉진할 수는 있으나, 그것은 민족지적으로, 역사적으로, 문화적으로 혹은 정치적으로 적재된 단어들의 의미들 사이의 간격을 메꾸지 못한다. 단어는 번역을 하면 종종 그 의미를 잃게 되는 공유된 공동의 경험, 세계 건설에서 함께 나눈 삶의 공동의 경험이다. 따라서 데리다에 따르면, 타자(와 그들의 세계/단어)를 이해하는 것은 화해에서 필수적이다. 그러나 그는 타자의 관점을 "이해할 수 없는 것의 밤" 속으로 뛰어드는 절대적·무조건적 용서라는 역설적이고 이해 불가능한 "광기"에 비추어 받아들이는 것에 관해 숙고하면서 다음과 같이 말한다.

> 희생자가 범죄자를 이해하는 순간, 그녀가 그와 대화하고, 말하며, 그에게 동의하는 순간 화해의 장면이 시작되었고, 그것과 더불어 결코 용서가 아닌 이 평범한 용서가 시작되었다. 비록 내가 나의 용서를 구하는 누군가에게 "나는 당신을 용서하지 않아"라고 말할지라도, 내가 그를 이해하고 그가 나를 이해할 때, 화해의 과정이 시작되었고 제3자가 개입했다. 그러나 이것이 순수한 용서의 결말이다.[93]

---

92    Derrida, "On Forgiveness," 48.
93    Derrida, "On Forgiveness," 49.

그러므로 데리다는 용서와 화해를 사회정치적으로 구분할 것을 주장한다. 전자가 생명의 선물인 공로 없는 은혜로 자신과 타자 사이의 심연을 포화시키는 반면, 후자는 "그것이 사면과 '애도의 일' 등으로 나타날 때처럼 필요하고 바람직한 것으로서의 '정상성'에 대한 재구성이다."[94] 이런 사고는 우리가 법제화된 용서의 가능성(과 불가능성)에 대해 숙고하도록 만든다.

## 정의와 시민적 덕으로서의 법제화된 용서

데리다가 국내와 국제 문제의 범위 안에서 용서가 "화해의 치료에 해당되어서는 결코 안 된다"고 말한 것은 옳지만, 그것은 여전히 정당한 평화의 실현의 열쇠—단지 희생자만이 갖고 있는, 그리고 그 어떤 중재적 (혹은 정책 수립) 기관도 갖고 있지 못한 열쇠—로 남아 있다.[95] 따라서 (개인과 공동체가 법제화되고 공식적으로 조직된 화해라는 시민 의식에 참여하도록 죄책감을 주는 것뿐 아니라) 용서하고 잊으라는 압력이 점점 커지고 있다. 이런 경향에 대해 성찰하면서 마사 미노우(Martha Minow)는 법은 "개인에 의해서든 국가처럼 큰 집단을 위한 것이든 용서를 촉진하거나 지체시킬 수 있으나", 강요된 용서는 "용서가 아니다"라고 주장한다. 이에 비추어 그녀는 다음과 같은

---

94    Derrida, "On Forgiveness," 50.
95    Derrida, "On Forgiveness," 41. Martha Minow가 지적하듯이, 남아공 TRC의 모든 중재적이고 화해적인 노력에도 불구하고 통계는 다소 실망스러웠다. "TRC에 연관된 이들 중 그들이 용서라고 식별한 일에 참여한 이들의 실제 숫자는 적다." 한 연구는 남아공의 그 과정에 참여했던 429명 중 오직 72명만이 용서에 대해 논했다. 오직 10%만이 잘못을 저지른 자들이 그들의 행위에 대해 책임을 진다면 용서하려고 했다. 그리고 오직 7%만이 조건 없이 용서하려고 했다(Forgiveness, Law and Justice, 10-11). Minow가 언급했던 조사에 관한 정보를 위해서는 Hugo van der Merwe and Audrey R. Chapman, eds., Truth nd Reconciliation in South Africa: Did the TRC Deliver?(Philadelphia: University of Pennsylvania Press, 2008), 68을 보라.

세 가지 중요한 질문을 제기한다.

1) 용서를 촉구하기 위해 법을 찾는 것이 사적 감정에 너무 많은 공적 압력을 가하는가? 2) 개인 간의 용서와 집단 간의 용서의 유비가 작동하는가 혹은 그런 유비가 사회와 개인이 어떻게 다른지를 모호하게 하는가? 3) 용서는 참된 정의가 법적으로, 정치적으로 혹은 심리적으로 가능하지 않을 때 "차선의" 해결책이 되는가?[96]

미노우의 답변들은 이런 질문들의 수사학적 특성을 강조한다. 그녀는 "법은 그것을 사용하는 개인의 감정과 표현과 관련해 중립적일 수 없으며 법제화는 분쟁하는 당사자들 사이의 거리를 확대할 수 있다"고 지적하면서 용서에 대한 법제화된 중재에 내재된 위험과 한계를 강조한다. 왜냐하면 만약 "법적 틀이 필연적으로 감정에 영향을 끼친다면, 용서를 강요하는 것은 복수, 적대감 또는 비통함을 강요하는 것이나 다름없기 때문이다."[97] 더 나아가 미노우는 집단/국가와 개인의 기능적 현실 사이의 명백한 차이를 확대하고 국가나 민족 집단 사이의 관계의 영역 안에서 개인적 용서의 역학을 번역하려는 시도의 결함을 재확인한다. 그녀는 다음과 같은 말로 문제의 핵심을 찌른다.

정부가 용서의 방향으로 발걸음을 옮길 때, 그것은 더 이상 일차적 관계―잘못된 일에 직접 연관된 실제 개인들 사이의 관계―를 화해시킴으로써가 아니

---

96    Minow, *Forgiveness, Law and Justice*, 13.
97    Minow, *Forgiveness, Law and Justice*, 15-16.

라 오히려 이차적 관계—궁극적으로 일차적 관계 내에서 의무의 법적 결과와 연관된 집단들 사이의 관계—로 돌아섬으로써 용서를 변화시키는 것처럼 보인다.[98]

만약 타자와의 개인적 관계에서 치유가 일어나지 않는다면, 정의는 보복의 영역에 남아 있지 회복과 구속의 영역에 남아 있지 않다. 인간에 대한 대규모 잔학 행위와 범죄는 (국제 사회의 관점에서) 모든 범죄가 궁극적으로 개인들에 대해 행해진다는 것과 희생자들의 고통(과 그로 인한 트라우마)이 결코 일반적이거나 비인격적인 것이 아니라는 현실을 쉽게 모호하게 만들 수 있다. 사실, 국가들은 외교 관계를 회복하거나, 공개 사과를 제공하거나, 과거 범죄에 대한 배상금을 지불함으로써(그런 식으로 타자의 고통에 관리 가능한 가격표를 붙이려고 시도함으로써) 서로(와 그들의 시민들)를 판단하고 갈등이나 상호 고립을 중단하기 위한 조건을 협상할 수 있다. 하지만 오직 사람들/개인만이 용서할 수 있다. 마지막 질문에 대한 미노우의 답변은 자연스럽게 이런 결론으로부터 나온다. 그녀는 "더 강력한 정의를 얻을 수 없거나 [확보하기 어려울 때만]", 특히 "아주 많은 범죄자가 관여된 곳에서"[99] (홀로코스트나 남아공의 아파르트헤이트뿐 아니라 과거 부족 간의 그리고 시민 간의 전쟁으로 찢긴 라틴 아메리카와 아프리카와 아시아 사회에서의 독재 이후 변화기 민주주의에서처럼) "용서를 구하는 것"의 유혹에 대해 경고한다.

공동체적·민족적·부족적 기억은 종종 트라우마와 분노를 대대로 전달하는데, 그것은 국가들 사이의 관계의 치유를 더 복잡하게 만든다. 타자

---

98    Minow, *Forgiveness, Law and Justice*, 17.
99    Minow, *Forgiveness, Law and Justice*, 18-19.

에 의한 희생에 대한 회상이라는 특징을 갖는 집단적 정체성의 전달은 과거의 구속적 (치유적) 회복과 이전의 적과의 공유된 미래에 대한 희망을 재구상하는 맥락에서 각각의 새로운 세대에서 다루어질 것을 요구한다. 국가들 사이의 용서와 화해라는 고통스럽고, 느리며, 겉보기에 불가능해 보이는 과정에서 민족적 정체성의 핵심적 요소인 "기억의 의무"가 이전의 적들 사이의 기능적 관계를 요구하는 사회정치적·경제적 생존의 필요성과 수렴한다. 민족 정체성의 집단적이고 서사적인 성격은 그것의 형성 과정에서 유지되는 각각의 상처(와 고통스러운 트라우마)를 공들여서 소중히 여긴다. 민족적 비극과 고통은 승리와 함께 충실히 기억된다. 따라서 유대인의 정체성은 제2차 세계대전의 홀로코스트에서 정점에 이르는 반유대주의적 박해로부터의 생존 속에 새겨져 있다. 불가리아인들의 정체성은 5백여 년 동안의 이슬람 오스만의 통치하에서 겪었던 경제적·정치적·종교적 주변화와 두 차례에 걸쳐 일어난 세계대전 기간에 있었던 민족적 대재앙이라는 특징을 지니고 있다. 아르메니아인과 키프로스인의 정체성에는 20세기의 대량 학살과 난민으로서의 이주 경험이 각인되어 있다. 세르비아인, 보스니아인 그리고 크로아티아인들은 그들의 최근 역사에 돌이킬 수 없이 각인된 공동묘지에 꽃을 가져가고 민족적 정체성과 이익을 지키기 위해 치러야 했던 값에 대한 기념으로서 의도적으로 재건되지 않은 채 남겨진 유산탄이 박혀 있는 건물들 곁을 지나친다. 이에 비추어볼 때 다음과 같은 질문을 제기하는 것은 타당하다. 화해가 (회개와) 용서 없이 이루어질 수 있는가? 화해는 용서의 행위가 무기한 중단될 때 피해자와 가해자 사이의 공통의 미래의 건설로서 일어날 수 있는가? 만약 용서가 희생자의 기억에 대한 (그리고 그러하기에 민족적 정체성에 대한) 배신으로 간주된다면, 그리고 만약 아무도 용서하려 하거나 용서를 구하려 하지 않는다면, 함께하는 삶으로서의 지속 가능한 평화가 있을 수 있는가? 바로 이것이 유럽 연합 내에서 공동의 삶과 새로운 집단적 정체성을 추구하는 현재의 발칸 국가들 (유럽에서 오래 지속된 인종 갈등의 다른 맥락에서뿐 아니라)[100] 사이에서 시도되고 있는 평화인 것처럼 보인다. 오직 미래만 그런 가능성의 범위를 보여줄 수 있다.

실제로 강요된 용서는 용서가 아니다. 그러나 용서하라는 기독교적 명령은 구원을 (다소) 하나님께 용서받기 위해 용서할 수밖에 없는 거래적 현실로 묘사하는 것처럼 보이는 몇몇 중요한 복음서 본문들에 의해서도 표현된다. 이처럼 혼란을 주는 절들은 피할 수 없는 신적 보복과 영원한 형벌에 대한 두려움 아래서 불의의 희생자들에게서 선택의 가능성을 빼앗고 용서하기를 강요하는 것으로 인식될 수 있다. 그런 본문의 한 예는 용서하는 통치자와 용서하지 않는 종에 관한 하나님 나라의 비유다. 그 비유에서 종은 자기에게 빚진 자에 대한 긍휼과 연민이 없는 것 때문에 벌을 받는다(마 18:23-34). 이 내용은 마태복음 18:22에 나오는 무조건적인 용서에 대한 가르침 바로 뒤에 나오는 구절들에 기록되어 있다. 그 구절은 다음과 같은 예수의 경고로 끝난다. "너희가 각각 마음으로부터 형제를 용서하지 아니하면 나의 하늘 아버지께서도 너희에게 이와 같이 하시리라." 유사한 진술이 그리스도인 제자들의 두드러진 특징이 되는 기도(종종 "주의 기도"라고 불린다 [마 6:9-13]) 끝에서도 나타난다. 거기서 예수의 말은 용서의 실천을 그리스도처럼 변화되는 것의 핵심에 위치시키는데, 그것은 "우리가 우리에게 죄지은 자를 사하여 준 것 같이 우리 죄를 사하여 주시옵고"(마 6:12)에서 정점에 이른다. 타자에 대한 구현된 용서가 갖는 구원적 차원은 그 기도보다 두 절 후에 기록된 그리스도의 진술에 의해 더욱 강조된다. "너희가 사람의

---

100    예컨대 스페인의 바스크 분리주의자(Basque separatists)와 북아일랜드의 IRA의 경우.

잘못을 용서하면 너희 하늘 아버지께서도 너희 잘못을 용서하시려니와, 너희가 사람의 잘못을 용서하지 아니하면 너희 아버지께서도 너희 잘못을 용서하지 아니하시리라"(마 6:14-15).

이런 구절들에 비추어 또한 학대와 불의를 영속화하는 데 그것들을 사용할 가능성에 비추어 우리는 과연 징벌에 대한 두려움에서 나오는 용서가 참으로 변혁적이고 그리스도를 닮는 경험이 될 수 있을지 궁금해할 수 있을 것이다. 그런 용서가 두려움, 배제 그리고 편견을 모든 두려움을 몰아내는 사랑으로 변화시키는 성령의 행위일 수 있는가? 오직 하나님께만 용서를 구하는 것으로 충분한가(개인 기도의 익명성 혹은 고백의 비밀성이라는 측면에서), 아니면 우리는 우리가 죄를 지은 사람들을 대면해야 하는가? 이 책의 한계는 이런 질문들을 깊이 있게 다루는 것을 허락하지 않지만, 모든 성경은 그것의 최종적 목적—성령의 역사를 통해 말씀을 우주 안에서 구체화하는 것, 그러면서 그것을 세상의 삶과 개선을 위해 살아 있는 공동체로 만들어내는 것—에 비추어 읽어야 한다는 것을 기억하는 것이 도움이 될 것이다. 이런 구절들을 읽으면서 우리는 그것들의 종말론적으로 미묘한 목적이 위대한 심판의 날에 복수와 보복적 정의에 대한 갈증에서가 아니라 무엇보다도 우주의 치유 및 창조주와의 연합에 대한 갈망에 의해 추동된다는 것을 기억해야 한다. 이런 종말론적 펼쳐짐에는 구속되고 그리스도를 닮은 인간—하나님의 모습으로의 존재론적 갱신을 경험하고 살아 있는 구체적인 말씀이 된 인간—의 인간적 중재가 요구된다. 이러한 주장에 비추어볼 때, 상호 용서는 인류가 현재의 한가운데서 신성한 형상을 재현하고 그 형상을 향한 끊임없는 변화에 자유 의지로 굴복하는 것을 성취하는 영적 훈련으로 인식될 수 있다. 신자는 용서라는 전례적 금욕주의를 통해 세계를 개선하는 성령의 지속적인 사역에 참여한다. 이 여행은 우주적 치유를 위한 통로로서의 관계의 치유에서 시작한다. 따라서 사람은 그들이 용서하는 만큼 용서를 얻는다. 왜냐하면 바로 이것이 그들이 피조물로서 그들의 목적, 즉 그리스도를 닮음(육체를 입은 하나님의 모양)에 이르는 (또는 이르지 못하는) 정도이기 때문이다. 이런 해석학적 렌즈를 통해 보면, 용서하지 않는 종의 이야기는 심각하게 정신이 번쩍 들게 한다. 그 종의 삶은 하나님과 그분의 목적이 자신을 우주의 목적(인간의 자기 중심적 내향성과 자기를 존재의 목적으로 선언함)으로 여기는 타락한 인간에 의해 도전을 받는 장소가 되는데, 이것은 그 자체가 (우상숭배로서의) 죄에 대한 정의다. 그런 읽기의 또 다른 분명한 결론은 용서하지 않음은 우리를 우리가 예속된 범죄에 가두고 우리의 영혼에서 그것이 갈망하는 치유를 빼앗아 간다는 것이다. 그것은 지옥처럼 고통스러운 경험이다. 그러므로 그 "악한" 종은 "단지 '간수'(jailers)가 아니라" "고문하는 자들"(basanistais)에게 넘겨진다.[101] 존 스토트(John R. W. Stott)는 그 비유의 내러티브에 대해 숙고하면서 다음과 같이 말한다.

일단 우리의 눈이 열려 하나님에 대한 우리의 죄가 얼마나 큰지 알게 되면, 다른 이들이 우리에게 입힌 상처는 대조적으로 지극히 사소해 보인다. 다른 한편, 만약 우리가 다른 이들의 죄에 대해 과장된 견해를 갖는다면, 그것은 우리가 우리 자신의 죄를 최소화시켰음을 입증한다.[102]

이런 해석은 그 용서하지 않는 종이 구원을 경험하지 못했음을 의미하는

---

101    D. A. Carson, *Matthew: Chapters 13 through 28*, The Expositor's Bible Commentary (Grand Rapids: Zondervan, 1995), 407.

102    John R. W. Stott, *Christian Counterculture: The Message of the Sermon on the Mount* (Downers Grove, IL: InterVarsity, 1978), 149-50. 『존 스토트의 산상수훈』(생명의말씀사 역간).

**298**    성령은 어떻게 공동선을 증진하는가?

것일 수 있다. 왜냐하면 그는 자신의 삶에서 변혁적인 그리스도를 닮게 하는 은혜를 받았다는 증거를 보여주지 않았기 때문이다. 그에게 용서를 구하며 "왕"에게 돌아가는 것은 단지 그가 받아야 마땅한 벌을 피하기 위한 길이었을 뿐이다. 그러므로 그 이야기는 구원을 그것의 수령자를 수여자의 모습으로 바꾸는 목적을 지닌 신적 은혜의 신실한 청지기직이라는 측면에서 묘사한다. 그것은 용서를 얻기 위해 하나님께로 돌아서는 것이 영생을 얻기에 충분하지 않다는 것을 의미한다. 그보다는 우리가 그분과 같아져야 한다. 그러면서 동일한 은혜를 우리의 동료 인간들에게 확장해야 한다. 종말의 이편에서 하나님의 모습으로 행동한다는 것은 신자들에게 종말이 이르렀음을 의미한다. 그들은 하나님 나라 안으로 들어간다. 왜냐하면 그 나라가 먼저 그들 안으로 들어갔기 때문이다. 그 비유는 복음의 내용을 분배적 (그리고 회복적) 정의―곤경에 처한 자들(과 그럴 만한 자격이 없는 자들)에게 생명에 대한 접근권을 제공하는 것으로서의 용서와 화해라는 신성한 은혜를 제정하는 것―에 몰두하는 것으로서 강조한다. 이에 비추어볼 때, "악한 종"의 이야기는 삭개오의 이야기(눅 19:1-10)와 대조를 이룬다. 그 세리는 왕과 그의 나라를 자신의 집으로뿐 아니라 자기 안으로 환영해 들인다. 그리고 이런 내재는 현실에서 분배적 정의의 형태로 열매를 맺는다. 하나님의 은혜가 그것의 수령자를 통해 곤궁한 이들에게로 확대되면서 그들의 삶에 신성한 관대함이 흘러넘친다. 그러므로 "주여, 보시옵소서. 내 소유의 절반을 가난한 자들에게 주겠사오며 만일 누구의 것을 속여 빼앗은 일이 있으면 네 갑절이나 갚겠나이다"라는 삭개오의 신앙과 회개에 관한 공적 언명에 대해, 예수께서 "오늘 구원이 이 집에 이르렀도다"라고 답하신다. 뒤따르는 주장은 "이 사람도 아브라함의 자손임이러라"이다. 이것은 세리로서의 삭개오의 사회적 주변화에 대한, 곧 이방의 로마 권력자들―이스라엘의 적—과 협력하는 자로서의 그의 의식적 "불순함"에 대한 그리스도의 응답이다. 하나님 안에서의 그의 언약적 정체성은 그와 하나님과의, 그리고 동료 인간과의 화해에 관한 예수의 선언을 통해 재확언된다. 아브라함의 자손이 된다는 것은 공의와 정의를 행함으로써 야웨의 길을 지킨다는 것이지(창 18:19), 특정한 "전례적 수사"[103]를 일상화하거나 불의를 정당화하기 위해 예배를 이용하는 것을 의미하지 않는다. 따라서 그 이야기는 용서와 화해의 가시적이고 유형적인 징표로서 분배적 정의와 회복된 교제를 묘사한다.

## "평화의 길"의 도전

"다름과 함께 살기"로서의 평화 만들기와 공동선의 추구라는 범세계적 분투에 직면해 조너선 색스는 인간은 현자들의 지혜를 붙잡고 그들이 "평화의 길"(darkhei shalom)이라고 불렀던 것을 따라 살아가야 한다고 제안한다. 평화의 길은 디아스포라 유대 공동체들을 위한 윤리적 규범과 삶의 방식이 된 고대 랍비들의 가르침으로서 (문화적이고 민족적이며 인종적인 것은 물론이고) 종교적 타자들 가운데서 수천 년 동안 살아 있다. 색스는 "평화의 길"을 "우리의 신앙을 갖고 있지 않은 자들에게 적용되는" 혹은 그들에게까지 확대되는 "헤세드"(hesed, 신앙 공동체 구성원들 사이의 "언약적 사랑")로 묘사한다.[104] 그러므로 "평화의 길"은 "보편화된" 언약적 사랑으로 보일 수 있다.[105] 의심할 바 없이 이것은 급진이며 급진적으로 아름다운 명제다. 실제

---

103    Meier, *Matthew*, 59.
104    Sacks, *To Heal a Fractured World*, 98.
105    Sacks, *To Heal a Fracutred World*, 98.

로 그것은 타자―하나님과 (그들의 차이에도 불구하고) 이웃―에 대한 무조건적인 사랑에 대한 기독교의 명령과 놀랄 만큼 유사해 보인다. 그것은 적에게까지 확대되는 사랑이다.[106] 우리는 탈무드에서 "평화의 길"에 대한 가장 짧은 공식 중 하나를 발견한다. "우리의 랍비들은 다음과 같이 가르쳤다. 우리는 평화를 위해 유대인 가난한 사람들과 함께 비유대인 가난한 사람들을 지지하고, 유대인 병자들과 함께 비유대인 병자를 방문하며 유대인 죽은 자들과 함께 비유대인 죽은 자들을 매장한다."[107] 색스에 따르면, 이런 진술들은 "**구속되지 않은 세상**에서" 평화를 위한 랍비들의 "**비-유토피아적인 프로그램**"을 구성한다.[108] 그 본문은 타자를 생명에 대한 공동의 접근 속에 무조건적으로 포함시키는 것, 공동선의 추구에 근거한 안녕과 샬롬에 대한 이해, 그리고 공동의 인간성과 그러하기에 공동의 고통에 대한 인식 때문에 주목할 만하다. 여기서 고통에 대한 공유된 경험은 이런저런 차이에도 불구하고 타자 안에서 자신을 인식하고 그런 차이를 삶과 죽음과 눈물로 이루어진 동일한 인간 공동체에 속하는 것으로 명명하는 다리가 된다. "**평화의 길**"(*darkhei shalom*)은 세상이 망가졌다는 사실을 인식하고 동료 인간들과 함께 고통을 감수하겠다는 약속이다. 그것은 차이를 지닌 삶― 불가분리하게 공유된 인간성의 핵심을 통해 타자의 껍질 아래 깊은 곳을 흐르는 심원한 동일성의 유대에 의해 이끌리고 유지되는 삶―의 방식으로

---

106 그러나 Sacks는 "이런 법들이 공식화되었던" 시기에 "다른 일신교는 존재하지 않았다. 기독교는 설령 그것이 그 당시에 존재했을지라도(그것은 본문의 정확한 연대에 달려 있다) 여전히 유대교의 한 종파였다. 이슬람교는 아직 나타나지 않았다"라고 주장함으로써 그 개념의 특별히 유대적인 기원을 세심하게 지적한다(*To Heal a Fractured World*, 101).

107 Babylonian Talmud, Gittin 61a (〈http://www.on1foot.org/text/babyloniantalmud-gittin-61a〉). Babylonian Talmud의 온전한 본문에 접근하려면 또한 〈https://www.jewishvirtuallibrary.org/jsource/Judaism/FullTalmud.pdf〉를 보라.

108 Sacks, *To Heal a Fractured World*, 100-101.

서의 평화를 세우는 낯선 이들에게 보이는 동반자적 관대함과 친절함의 몸짓이다.

아마도 탈무드의 세 번째 진술은 그중에서도 가장 놀랍고 예상치 못한 것이지만, 그것은 타자의 인간성을 자신의 것으로 포용하는 것에 대한 가장 분명한 증거다. "우리는…평화를 위해 유대인 죽은 자들과 함께 비유대인 죽은 자들을 매장한다." 처음 두 개의 진술이 자비와 연민을 필수적인 것으로 확대하는 반면, 세 번째 진술은 그것들을 타자에 대한 헌신의 새로운 단계, 즉 타자를 가족으로 인정하는 단계로 강화한다. 매장은 심오한 민족지적이고 문화적인 특수성을 특징으로 지닌다. 그것은 각각의 민족적·가족적·공동체적 정체성에 대한 강화된 표현으로 공동의 기억, 공유된 시작 이야기, 그리고 (종말론적) 미래에 대한 결합된 소망이라는 하나의 초세대적인 공동체 안에서 산 자와 죽은 자를 연결시키는 사건이다. 그러므로 매장은 시간과 영원 모두보다 더 강한 유대로 삶과 죽음 사이의 구분을 초월하는 소속감을 인식하면서 사람들을 한데 모은다. 또한 장례식은 종교의식(심지어 무신론적 확신의 경우에도)이며, 그런 것으로서 공동체의 신앙 고백에 대한 강렬하고 압축된 공적 선언을 나타낸다. 그것은 부당한 (혹은 합당한) 세상에서의 수고에 대한 보상이라는 특별한 미래―정의와 온전함의 미래, 즉 평화의 미래―에 대한 정당한 주장을 인증하는 것으로서 거기서부터 나오는 모든 종말론적 소망으로 망자의 신앙적 정체성을 긍정한다. 따라서 타자를 자신의 가족처럼 매장하라는 가르침은 훨씬 더 의미심장하다. 그것은 타자의 소망과 미래에까지 자신을 넓히고, 그들을 자신의 낙원/천국으로 초대하며, 자신의 샬롬을 공유하고, 이해할 수 없는 은혜의 움직임을 통해 타자가 그 안으로 들어오기를 기대한다고 고백하라는 명령이다. 이것은 급진적 환대의 몸짓으로 타자를 가족이 되도록 초청하고 그들을 그런 존재로 대우하는 것이다. "평화의 길"의 지혜는 그 지혜를 실천하는 자들이 양극화하거나, 위협하거나, 불안정하게 하거나, 충격을 주는 타자성을 꿰뚫어 보고 또한 우리가 모두 가족이며 그런 존재로서 서로에게 속해 있으며 하나의 분명한 닮은 점, 즉 하나님의 형상을 공유하고 있다는 진리를 인식하게 만든다. 데스몬드 투투의 도전적인 말이 우리를 공유된 세상에서 타자의 삶과 죽음에 대한 책임에로 소환한다.

> 모든 죽음은 너무도 흔한 것이지만, 어떤 죽음은 살아서뿐 아니라 죽어서도 다른 죽음보다 더 중요했다. 이런 죽음의 불평등함은 우리가 우리 삶에서 우리 자신을 서로에게서 분리하는 데서 비롯된다. 예컨대, 전쟁 때 우리는 누가 이겼는지 알기 위해 우리 편 사상자와 저쪽 편 사상자의 수를 헤아린다. 하나님은 오직 그분의 죽은 자녀들을 보실 뿐이다.…아마도 우리는 오직 우리가 서로의 죽은 자에게 관심을 가질 때만 참으로 불합리한 편견과 증오 없이 같은 세상에서 함께 사는 법을 배울 수 있을 것이다. 아마도 이것은 언젠가 우리가 하나님께는 적이 없고 오직 가족만 있다는 것을 깨닫게 될 때야 가능할 것이다.[109]

---

109    Tutu, *No Future without Forgiveness*, 46–47.

# 공동선에 헌신하는 공동체의 성인전을 향하여

에디스 위스코그로드(Edith Wyschogrod)는 자신의 매력적인 『성인과 포스트모더니즘: 도덕 철학의 개정』(*Saints and Postmodernism: Revisioning Moral Philosophy*)에서 도덕 이론과 실천 사이의 명백한 난점들(거기에는 윤리 이론들이 살아 있는 도덕적 공동체를 형성하거나 성인다운 삶의 독특한 전개를 설명하지 못하는 것이 포함된다)에 대한 해결책을 찾기 위해 성인 됨(sainthood)의 개념과 성인전 담론(hagiographic discourse)의 본질에 대해 살핀다.[1] 쟁점을 분석하면서 그녀는 "구체적인 도덕적 삶에 직접 호소함으로써" 성인전의 비이론적인 틀이 "도덕적 실천의 문제에 영향을 줄 수 있다"고 제안한다.[2] 성인전 본문들의 상황적 특수성을 인정하면서도 저자는 성인전의 담론적 형태의 특징을 이루는 성인의 삶의 다음 네 가지 구별되는 구조적 특성을 설명한다. **서사성**(narrativity), **신체성**(corporeality), **본문성**(textuality) 그리고 **역사**

---

1    Edith Wyschogrod, *Saints and Postmodernism: Revisioning Moral Philosophy* (Chicago: University of Chicago Press, 1990), 3-4. Wyschogrod에 따르면, 이 간격은 "도덕적 담론과 과학적 담론의 혼란에서" 비롯된다. 저자는 이런 주장과 함께 "도덕적 성향을 생산하지 못하는 이론의 부조리한 전제들"에 대해서도 숙고한다(4).

2    Wyschogrod, *Saints and Postmodernism*, 4.

성(historicity).[3] 그러나 마틴 힌터버거(Martin Hinterberger)가 지적하듯이 본문 그룹 전체를 통해 추적할 수 있는 몇 가지 공통적 요소에도 불구하고 광범위한 성인전 작품들은 일반화와 범주화를 거부한다. 체계화에 대한 이런 명백한 도전 때문에 하나의 장르로서의 성인전에 대한 연구는 "난처한 상황으로 남아 있으며"[4] 오히려 성인전 장르와 하위 장르에 대해 말하는 것이 더 적절해 보인다. 힌터버거는 각 텍스트는 주어진 그룹의 텍스트에 뉘앙스를 제공하는 공통적인 특징에도 불구하고 역사적 설명뿐만 아니라 문학 작품으로서 검토될 때, 뚜렷한 주제적·문체적 특수성을 드러내며 또한 단순히 기대했던 정형화된 주제를 따르지 않으면서 변형을 도입한다고 지적한다.[5]

기독교 전통과의 연속성 속에서 성결의 살과 피를 분명하게 표현하는 임무를 맡은 자에게 성인전에 관한 보편적인 청사진을 찾는 일의 불가능성을 이해하는 것은 성가시면서도 해방시키는 것이 될 수 있다. 형식과 주제 모두에서 변화를 위한 표면상의 공간은 도전에 직면함에 있어서 부적절하다는 무거운 느낌과 함께 어느 정도의 편안함을 가져다준다.[6] 따라서 이 마지막 장은 성인전 문학의 당혹스러운 복잡성에 유념하면서 그것들의 한

---

3   Wyschogrod, *Saints and Postmodernism*, 5.
4   Martin Hinterberger, "Byzantine Hagiography and Its Literary Genres: Some Critical Observations," in *The Ashgate Research Companion to Byzantine Hagiography*: Volume II: Genres and Contexts, ed. Stephanos Efthymiadis (Burlington, VT: Ashgate, 2014), 25-60(25). 저자는 각 장르 내에서의 텍스트 간의 변화를 설명하면서 다양한 성인전 장르/집단과 그것들의 특징들(가령, 열정[passio], 바꿔 말하기, 기적에 대한 서술과 수집, 금언 모음집[apophthegmata], 교화적 이야기, 집단적 전기, 행위 등)에 대한 짧은 개요를 제공한다.
5   Hinterberger, "Byzantine Hagiography and Its Literary Genres," 25.
6   Wyschogrod는 "긍정적인 거룩한 인물"을 묘사하는 일에서 Dostoevsky 자신의 문학적 분투에 의존하고 궁극적으로 자돈스크의 티혼(Saint Tikhon of Zadonsk)의 삶에서 그것에 대한 영감을 찾는 방식으로 성인다움에 대한 자신의 성찰을 시작한다(*Saints and Postmodernism*, 3).

계를 의식하고 조심하면서 위스코그로드가 제안한 성인전 담화의 특성들 (특히 처음 두 개—**서사성**과 **신체성**)을 다룬다. 또한 이 장은 (1장에서 강조되었던) 샐리 맥페이그의 성인다움에 대한 탐구로 완전히 되돌아감으로써 책의 주제를 완전하게 전개하고, 공동선을 추구하는 과정에서 평화 만들기와 화해의 행위를 고양함으로써 이 책에 영감을 주었던 살아 있는 공동체에 대한 간략한 성인전적 설명을 제공한다.[7] 이 성인전적 작품에서 이야기를 전개하는 목소리는 공동체 내부에 살아 있는 자기 성찰적 기억으로부터만이 아니라 그 공동체의 구성원들이 전쟁과 희소성이라는, 비인간화하는 야만성 한가운데서 그들의 생명과 안전을 위해 자신들의 생명을 위험에 빠뜨렸던 민족적·종교적 타자들의 직접적인 증언을 통해서도 나온다.

## 성인전 담론과 성인다운 삶의 특징들에 대한 숙고

성인전의 특정한 **서사성**(narrativity)에 관해 숙고하면서 에디스 위스코그로드는 타자로부터 "비밀 없는 비밀"과 같은 그 무엇, 즉 "그들이 발생한 것

---

7  Hinterberger가 지적하듯이 성인전 형태로서의 행전(*praxeis*)은 사도행전을 따서 만들어졌으며 거의 배타적으로 사도나 "사도들과 동등"하다고 명명된 사람들(가령, 성 테클라[Saint Thecla])의 이야기들을 설명하는 데 사용되었다(Hinterberger, "Byzantine Hagiography and Its Literary Genres," 35). 내가 이 장에서 몇 개의 선택된 이야기들을 다시 말하는 것은 Hinterberger가 논했던 다른 형태의 성인전 담화인 "교화시키는 이야기"에 더 가깝지만, 나는 그것들이 그것과 공통으로 갖고 있는 특정한 측면—직접적인 증인들의 이야기로서 그것들의 역사성과 중요성은 물론이고, 성령에 의해 하나님의 환대로 확대되고 능력을 부여받아 복음을 구현하면서 (인종적이고 종교적인 타자들 사이에서) 세상의 끝까지 복음을 증언하는 오순절 이후 공동체의 거룩한 삶을 묘사할 때 나타나는 영적 강조—을 강조하기 위해 "행전"(Acts)이라는 용어를 택했다.

에 관한 진실이라고 부르는 그 무엇"을 "강탈하고자"[8] 하는 "법적 담론"[9]의 한 형태로서의 내러티브에 대한 자크 데리다의 두드러지는 주장에 도달한다. 실제로 데리다에게 내러티브는 **"내러티브에 대한 요구"**[10]로서의 진실에 대한 요구와 함께 시작되는데, 그것은 이야기의 기원으로("기원의 기원"으로, 내러티브의 내러티브로)ㅡ"현재가 존재로 이어질 때""오늘의 빛을 보는" 것의 탄생으로 거슬러 올라간다.[11] 이것은 가시적인 것 너머를 보라는, "시야-너머를-보라는"(혹은 "시야-너머의-시야를-보라는"), 보이지 않는 것을 보라는 요구다.[12] 내러티브에 대한 데리다의 정의에 나오는 이 놀라운 표현은 도상 신학(iconographic theology)과 공명한다. (거룩한 것에 대한 시각화된 내러티브로서의) 도상학과 (거룩한 것의 서사화된 아이콘으로서의) 성인전의 신학적 연속성에 유념할 경우, 그런 주장은 더욱 주목할 만하다. 성인전 담론에 적용하면, 내러티브에 대한 이러한 이해는 성인다운 삶에 대한 설명을 육신 안에 있는 하나님의 삶에 대한 비전, 즉 살아 계신 말씀이신 그리스도에 대한 비전으로 받아들이도록 허용한다. 성인의 삶이 독자들에게 투명해지는 것은 그들이 하나님을 뵙고 그분과 교제함으로써 그분처럼 되게 하기 위함이다. 성인의 삶(거룩한 삶)은 청자/화자의 운명/목적인 분과의 변화적·변혁적 교제를 위한 수단이 된다. 성인들은 성령의 운동을 통해 이생ㅡ영적인(하나님/성령과 연합한) 타자의 삶ㅡ의 광대함 속으로 이끌리고, 그곳에서 그들의 삶은 세상에 존재하는 하나님의 임재에 대해 투명하게 되어 비가시적

8    Jacques Derrida, "Living On: Border Lines," in *Deconstruction and Criticism*, ed. Harold Bloom (New York: Seabury, 1979), 87.

9    Wyschogrod, *Saints and Postmodernism*, 5.

10   Derrida, "Living On: Border Lines," 72.

11   Derrida, "Living On: Border Lines," 72.

12   Derrida, "Living On: Border Lines," 75.

인 것을 타자에게 가시적인 것으로 만들고 영적으로 눈이 먼 자들에게 시력을 부여함으로써 그들이 아담이 에덴에서 보았던 것을 볼 수 있게 한다. 성인전과 도상학 모두 내러티브의 **내러티브**, 기원의 **기원**, 이야기의 **이야기**로서의 **복음**을 다른 형식으로 이야기한다(가시적으로 만든다). (하나님에 의해 선하게 **창조되었으나** 죄로 인해 **타락하고** 왜곡된, 그리고 마침내 그리스도 안에서 **구속된**, 즉 존재론적으로 갱신되었다는 3중의 신학적 이해에 비추어볼 때) 둘 다 자신과 세상에 대한 진리의 선포 및 그것과의 구속적이고 변혁적인 만남을 촉진하기 위한 것이다.[13] 궁극적으로, 도상학에서처럼 성인전에서도 보는 사람은 말씀과 성령의 성화시키는 중재를 통해 자신이 보는 것이 되어야 한다. 그리고 성인의 삶은 이런 영적 여행에 대한 설명이다. 그러므로 성인의 삶에 관한 성인전의 (그리고 도상학의) 설명은 하나의 신학적 명령, 즉 도덕적으로 신을 닮으라는 요구다.

진리를 요구하는, 심문하는 담화로서의 내러티브라는 데리다의 이해에 비추어 위스코그로드는 성인전을 여러 문학적 장르의 하나로서가 아니라 "독자나 청자가 그것의 명령하는 힘을 경험할 수 있도록 성인의 삶을 이야기하는 서사적인 언어적 실천"으로 정의한다.[14] 성인의 삶은 시간과 지역을 초월하고 구체적인 생활 공동체의 사회정치적 역학 내에서 이야기의 재형성(및 재적용)을 가능케 하는 상호 작용적 개방성을 유지하면서 집단적·도덕적 패러다임으로 작용하는 내러티브 구성이다.[15] 그것은 그 교훈의 토착화와 성육신적 맥락화를 초대하고 그것들을 하나의 이론적 가능성이

---

13  Alexander Schmemann, "The World in Orhodox Thought and Experience," in *Church, World, Mission: Reflections on Orthodoxy in the West* (Crestwood, NY: St. Vladimir's Seminary Press, 1979), 67-84 (74).

14  Wyschogrod, *Saints and Postmodernism*, 6.

15  Wyschogrod, *Saints and Postmodernism*, 7-8.

아니라 살아 있고 제정되며 목격된 혈과 육의 거룩함, 즉 성령 안에서 연합되고 그에 의해 움직이는 실제 인간의 삶으로 지지하는 텍스트다. 사실상, 각 성인의 삶(그것의 모든 민족적·인종적·문화적·역사적·지리적·사회정치적 특수성과 함께)은 추문에 휩싸인 급진적 특수성을 지닌 성육신과 다양하고 살아 있는 신앙 공동체들에서 (복음의 내용으로서) 그리스도의 삶을 번역하고 토착화하는 성령의 성육신적 사역에 대한 인증이다.

실제로 성인전 내러티브는 보통 성인의 하나님/그리스도와 그분의 거룩하심과의 만남에 의해 추동되는 그리스도화를 향한 상향적 진보를 우리의 도덕적 선택에 대한 책임 및 (비인류 창조세계를 포함해) 타자와의 관계에 대한 부르심으로 약술한다.[16] 성령에 의한/성령 안에서의 이런 소환에 대한 성인의 자유 의지적이고 정화 작용을 촉진하는 식의 반응은 그가 그리스도처럼 변화되도록 만들고, 이어서 그 변화가 다시 그 주변의 세상이 그리스도를 닮는 변화를 향해 나아가도록 도전한다.[17] 어느 의미에서 성인다운 삶과 그것에 대한 성인전 내러티브는 모두 성령의 사회 변혁적 사역을 위한 도구가 된다. 따라서 위스코그로드가 지적하듯이 "이야기의 성공은 미학적 또는 인지적 측면에서가 아니라 이야기를 받는 이가 성인의 영적 중생을 하나의 실존적 요구로 경험하는지 여부와 관련하여 측정된다." 그

---

16  성화된 인간과 비인류 창조세계 사이의 관계의 치유는 성령이 그리스도화된 인간의 삶을 통해 타락의 결과들을 폐기하는 것을 보여주는 중요한 주제다. 아시시의 성 프란치스코(Saint Francis of Assisi)와 릴라의 성 이반(Saint Ivan of Rila)은 성인전 장르 안에서 이런 신학적 주제를 예시한다.

17  Wyschogrod, *Saints and Postmodernism*, 10. Wyschogrod는 기독교의 성인전들 안에서 그리스도를 닮는 것(*Imitation Christi*)은 "성인다운 행위를 이끄는" 원리임을 인정하지만, 그녀는 인간의 본성은 그것 자체를 "신적 완전에 일치시킬 수 없기에" 이것은 "실현될 수 없는 명령"이라고 주장한다(13). 분명히 이런 이해는 하나님과 이웃을 향한 완전한 사랑 안에서 인간의 그리스도화를 위한 성령의 중재 능력을 고양하는 이 책의 비전과 상충한다.

러나 앞서 지적했듯이 [이야기의] "끝부분이 의도하는 것은 복제품을 만들어내는 것이 아니라 이야기를 받는 이의 삶에 적합한 도덕적 사건들의 새로운 연속을 고무하는 것이다."[18]

우주를 신성하게 하는 성령의 역사로서의 거룩함은 결코 전형적이거나, 단조롭거나, 단색적이지 않다. 그것은 기존의 규범과 규정에서 벗어나 놀라움과 충격을 주기도 한다. 성인의 여행은 종종 "교회의 권위를 깨뜨리고 나아가는 것처럼" 보이며 그들의 "반규범적 행위는 텍스트 내 맥락에서…제도적 틀에 대한 반대 담론을 제공한다."[19] 그 과정에서 성인다운 삶은 (성령의 무한한 창조성을 반영하는) 성결의 창조성을 드러내면서 성인의 성령의 감동적인 "도덕적 상상력"을 통해 세계 개선을 위한 예상치 못했던 개방을 만들어낸다.[20] 그러므로 거룩한 것에 대한 성인전의 묘사는 성인들의 말과 행위를 단지 그들 주변 사람들의 성화를 위한 도덕적 명령과 도전으로뿐 아니라 해결할 수 없는 것처럼 보이는 문제에 대한 해결책을 제공하는 은혜의 개입으로 분명하게 표현한다. 예컨대 폭력적인 갈등 한가운데서 평화를 중재하거나,[21] 불의에 맞서 타협하지 않는 입장을 견지하거나,

18  Wyschogrod, *Saints and Postmodernism*, 10.
19  Wyschogrod, *Saints and Postmodernism*, 37. 저자는 다음과 같이 말한다. "성인전의 플롯을 통해 모습을 드러내는 성인의 갈망과 제도적 규범 사이의 갈등은 거룩한 성취의 출현을 위한 교점(nodal point)을 구성한다. 제도적 구조와 성인의 의지는 서로 경쟁하는 권력의 근원들이다."
20  John Paul Lederach, *The Moral Imagination: The Art and Soul of Building Peace* (New York: Oxford University Press, 2005), ch. 2을 보라.
21  성인전은 모든 피조물의 번영에 대한 성인들의 관심을 창조를 수선하고 저주의 결과를 뒤집는 데 성령과 협력하는 형태로서의 평화주의/평화 구축에 대한 헌신과 불가분의 관계로 묘사한다. 성인의 평화 만들기에 관한 두 개의 강력한 예가 아시시의 성 프란치스코의 삶을 통해 나타난다. 1219년에 성 프란치스코와 일루미나토라고 불리는 다른 수도사는 5차 십자군의 군대와 함께 이집트의 다미에타까지 여행했다. 그들은 십자군들에게 평화주의를 설교했고 무슬림에게 증언하면서 기독교의 기본적인 것들을 나눴다. 성 보나벤투라(Saint

권력에 대해 진실을 말하고 개인과 공동체 모두와 맞서거나, 그들이 사회 정치적이고 경제적인 권한 상실, 소외, 착취, 타인의 억압에 대한 책임을 지도록 소환함으로써 그렇게 한다.[22] 그러나 성령은 성인의 삶을 단지 자기,

---

Bonaventure)에 따르면, 성 프란치스코는 순교를 포용함으로써 그리스도의 열정을 나누고자 하는 깊은 열망에 의해 이 사도적 사명을 향해 내몰렸다(Saint Bonaventure, *The Life of St. Francis of Assisi* [Charlotte, NC: TAN, 2010], 7-80). 다른 이야기에 따르면, 성 프란치스코는 다미에타 전투에서 십자군이 무슬림들을 공격하는 것을 중단시키려 했다. 유감스럽게도 그의 시도는 실패했고, 서방의 군인들이 심각한 패배를 당한 후, 성 프란치스코와 일루미나토는 전도 사역을 위해 전선을 넘어갔다. 그들은 스파이로 간주되어 아랍 군인들에게 잡혔고, 매를 맞았으며, 결국 술탄 말렉 알-카밀(Malek al-Kamil) 앞으로 끌려갔다. 성 프란치스코는 알-카밀과 그의 신하들에게 평화의 메시지로 복음을 선포했다. 서방의 이야기에 따르면, 그 만남 후에 술탄 알-카밀은 패배한 십자군들을 인간적으로 동정심을 가지고 대했고 그들이 집으로 돌아갈 만큼 건강해질 때까지 매일 필요한 양식을 제공했다. 그 사건에 대한 텍스트와 시각적 설명에 대한 개관을 위해서는 John Tolan, "The Friar and the Sultan: Francis of Assisi's Mission to Egtpt," *European Review* 16, no. 1(2008: 115-26)을 보라. 두 번째 예는 성 프란치스코와 쿠비오의 사나운 늑대 사이의 만남에 관한 유명한 설명에 명시되어 있다. 그 성인은 지역 공동체를 공포에 빠뜨려왔던 늑대를 길들이고 그 늑대와 쿠비오 시민 사이의 오랜 갈등의 상황을 변화시킨, 타자의 안녕을 위해 자원과 관심을 공유하는 오래 지속되는 조화로운 교제를 만들어낸다("How St. Francis Tamed the Very Fierce Wolf of Gubbio," in *From Christ to the World: Introductory Readings in Christian Ethics*, ed. Wayne G. Boulton, Thomas D. Kenney, and Allen Verhey [Grand Rapids: Eerdmans, 1994], 496-98).

22  어리석음이나 노골적인 광기의 "가면"을 취하면서 권력을 향해 진실을 말했던 거룩한 "그리스도를 위한 바보들"에 대한 성인전의 기사는 이 점을 분명히 예시한다. Stavroula Constantinou, "Holy Actors and Actresses: Fools and Cross-Dressers as Protagonists of Saints' Lives," in *The Ashgate Research Companion to Byzantine Hagiography*: Volume II: *Genres and Contexts*, ed. Stephanos Efthymiadis (Burlington, VT: Ashgate, 2014), 343-57을 보라. 그리스도를 위해 어리석음을 포용하기로 선택하는 것은 고전 1:25; 3:18; 그리고 4:10에 나오는 바울의 진술에 근거한다. 대주교 Kallistos Ware가 지적하듯이, "그리스도를 위한 어리석음"은 그 뿌리를 비잔틴 전통에 두고 있으나 중세 러시아 후기에 특히 두드러지게 되었다. 그는 다음과 같이 말한다. "'바보'는 모든 지적인 재능과 모든 형태의 세속적인 지혜를 포기하고 자발적으로 광기의 십자가를 짊어짐으로써 자기 박탈과 굴욕이라는 개념을 가장 멀리까지 가져간다." 바보들은 "다른 이들이 아무도 감히 사용하지 못한 솔직함"으로 권력자들에게 맞서고 비판했으며, 따라서 어떤 면에서는 그들의 "살아 있는 양심"으로 기능했다. 차르 이반 4세(Ivan the Terrible)의 야만성과 불의를 공개적으로 비판했던 성 바실리우스(Saint Basil the Blessed)는 아마도 러시아의 "그리스도를 위한 바보들" 중 가장 유명할 것이다(*The Orthodox Church*, 2nd ed. [New York: Penguin, 1993], 108).

타자, 그리고 세상을 보는 지배적인 방식에 대한 구체적인 예언자적 비판으로서뿐 아니라[23] 신성하게 영감을 받아 타자를 새롭게 다시 상상하고/구상하고, 보며, 아는 것으로 제시한다. 이런 영적인 인식론은 신성한 인간의 삶이 다시 한번 신성한 임재의 고향이고 세상이 성찬, 즉 하나님과 이웃과의 영으로 충만한 교통 수단이 되는 곳에서 세상의 신성화라는 목적(telos)의 종말론적 명확성에 의해 조명된다.

성육신에서처럼 성인들의 삶에서도 세상에 대한 거룩의 사회 변혁적 접근은 결코 일반적이지 않고 언제나 문맥적 관계에서 구체적이고, "진리는 타자의 고통을 섬기는 데 있으며" 그들의 필요를 가리키고 그것의 경감을 위해 애쓴다는 것을 보여준다.[24] 따라서 성인전은 청중에게 만약 그들이 원한다면 성령께서 오셔서 그들을 "그늘로 덮으실" 것이고 그렇게 해서 그들이 **신처럼**(theophorous) 되며 또한 성인들처럼 그들이 처한 상황의 문화적·민족지학적·언어적·사회적 특수성 속에서 타자를 위한 그리스도가 되게 하리라는 것을 **알려주는** 역할을 한다. 그러므로 성인전 내러티브는 그 이야기를 받는 이들에게 성령의 그리스도를 닮게 하는 작용에 대한 보증(증언적 인증)이며 그리스도의 삶을 존재론적으로 갱신된 인간으로 변화시켜 그들이 타자와 함께, 그리고 타자를 위해 창조된 자들로서 자신들의 피조물적 특성을 회복하게 한다. 성인 안에서 말씀은 성령을 통해 육신이 되고 그로 인해 성인의 육신(그의 존재)은 살아 있는 말씀이 되어 타자에 의해 들리고, 보이며, 음미되고, 음식처럼 먹힌다.

성령의 매개를 통해 이렇게 육신을 갖는 것은 또한 성인전 담론의 두

---

23    Sallie McFague, *Blessed Are the Consumers: Climate Change and the Practice of Restraint* (Minneapolis: Fortress, 2013), 112-15.
24    Wyschogrod, *Saints and Postmodernism*, 37.

번째 특징—그것의 **신체성**(corporeality)—에도 반영되어 나타난다. 이런 텍스트상의 특징에 대한 에디스 위스코그로드의 표현은 시에나의 성녀 카타리나(Saint Catherine of Siena)와 아빌라의 성녀 테레사(Saint Teresa of Avila) 같은 서방의 중세 신비가들의 성인전에 의해, 특히 그들이 황홀경적 환상에 육체적으로 참여한 것에 관한 설명을 통해 알려진다. 두 성인 모두 환상을 그들의 영적인 눈으로뿐 아니라 몸으로 "보고" 보이는 것 속으로 "들어간다"—(성녀 카타리나의 이야기에서처럼) 그것의 고문과도 같은 고통을 육체적으로 경험함으로써 그리스도의 수단을 증언하거나, (성녀 테레사가 묘사하는 것처럼) 하나님의 불타오르는 사랑으로 자신들의 마음이 고통스럽고 카타르시스적으로 관통되는 것을 느낀다. 그러나 환상의 육체적 고통은 성인들의 몸을 단지 괴로운 고통으로뿐 아니라 놀라운 "달콤함"으로 삼킨다. 왜냐하면 이 고통에 대한 참여적 인식은 구속적·변형적·개인적·우주적 결과의 계시적 전달에 의해 조명되기 때문이다.[25]

이 책의 1장은 샐리 맥페이그의 작품을 다루면서 성인의 신체성에 대한 다른 묘사를 강조했는데, 그것은 가장 작은 자들—그리스도가 자신과 동일시하기로 택하신 자들—과의 연민 어린 금욕적이고 자기 비움적인 연대 속에서 살아가는 것이었다. 타자(하나님과 인류 및 비인류 이웃 모두)를 위한 금욕이라는 이런 비전은 성령의 삶과 세계 개선이라는 사명에 헌신하고 참여하는 인간으로서의 성인의 존재론적 갱신의 징표다. 이미 지적했듯이 성인의 삶은 창조세계의 본질적인 물질성의 선함을 확인하면서도 물질주의와 방탕한 소비주의에 대한 강력한 해체를 보여준다. 그것은 물리적이고 영적인 번영을 서로 불가분의 관계에 있는 것으로 인식하면서 세상의 물질

---

25    Wyschogrod, *Saints and Postmodernism*, 17-18.

적 몸으로부터의 영지주의적 도피로서가 아니라 타자의 안녕에 대한 구체적인 헌신으로 전개된다. 성인전의 설명은 그리스도의 비전과 증언과 반대되는 것으로서 육체가 없는 거룩이라는 개념에 도전한다. 성인의 몸은 우주 한가운데 있는 성령의 몸으로 비인격적이고 일시적이며 빌려온 도구가 아니라 신성한 임재에 의해 채워지고 조명되는 하나님 자신의 집이다. 그것은 성령이 스며들도록 창조된 모든 인간의 몸, 즉 모든 물질의 목적을 가리킨다. 몸은 모든 육신 위로 부어질 성령을 위해 만들어졌다. 즉 그것은 오순절을 위해 만들어졌다.

실제로 몸은 신성화(theosis) — 창조주와 그분의 피조물의 그리스도를 닮고 그리스도화하는 연합—에 참여한다. 이런 주장에 비추어 성인전 담론의 신체성이 성인다움과 신비주의를 결정적으로 구분한다는 위스코그로드의 결론에 주목하는 것은 중요하다. 성인이 황홀경적·신비적 경험을 할 수는 있으나, 그것은 거룩의 전제 조건(혹은 요구사항)이 아니다. 성인다운 행위는 오히려 이타심의 핵심성, 즉 타자의 필요에 대한 전적인 관심이라는 특징을 지닌다.[26] 따라서 성인전은 거룩한 삶의 **외향성**(extrovertedness)을 묘사하는데, 그것은 세상에서 성령의 움직임을 따르며(그것으로부터 그리고 그것과 함께 나오며), 타자의 결핍, 고통, 부서짐에 공감하고 연대하면서 타자를 향해 돌진한다. 성인들은 그리스도화되고 존재론적으로 갱신된 아담으로서 세상의 상태에 맞서지만, 타자에게 세상의 책임을 전가함으로써가 아니라 조직적 악으로 인한 세상의 파괴와 고통에 대한 책임을 짐으로써 그렇게 한다. 성인들의 **회심의** 에토스는 일반적이거나 익명으로 집단적이지 않고 매우 개인적이다. 그들은 조직적 불의의 영속화에 대한 자신들의

---

26    Wyschogrod, *Saints and Postmodernism*, 38-39.

알려지거나 알려지지 않은(의도적이거나 의도적이지 않은) 기여에 대해 날카롭게 의식하고 있으며, 그것에 대한 비난을 수용하고, 악에 대한 책임을 내면화하고 외면화하지 않는다. 그러므로 자신의 새로운 그리스도적 정체성안에서 성인은 타자를 (그들을 대속제물로 바치면서) 희생양으로 만들려 하지않고,[27] 성령 충만한 종말론적 충만함 속에서 모든 피조물의 새 생명을 구현하면서 자신을 하나님께 "산 제물"(롬 12:1)로 바친다. 그리스도를 닮은성인의 사회정치적 상상력을 위해 각각의 주어진 순간에 오직 하나의 몸(한 생명)이 제공될 뿐인데, 그것은 바로 그들 자신의 몸이다. 그들은 (비폭력과 평화주의에 대한 그들의 헌신이 그들을 국가 이익과 집단적 군국주의적·확장주의적열망의 적이나 반역자로 만들어 비난을 받게 할 때도) 폭력이라는 성상파괴와 시민 종교에 의한 능숙한 합법화에 굴복하기를 용감하게 거부한다. 성인다운삶의 도덕적 책무는 하나님의 살아 계신 아이콘인 그리스도의 얼굴로 폭력과 직면한다.[28] 그러므로 성인의 삶은 창조의 타락 이후의 분열에 대한 책임을 짐으로써 타락의 소멸적인 힘을 취소/전복시킨다. "아담아, 네가 어디 있느냐?"라는 하나님의 질문에 대해 성인은 "제가 여기 있나이다. 제가

---

27  이 책의 2장을 보라.

28  *The Russian Primary Chronicle*은 블라디미르 대공(Prince Vladimir, 그의 영도 아래에서 러시아가 기독교로 전환했다)의 아들인 성 보리스(St. Boris)와 성 글렙(St. Gleb)의 이야기를통해 폭력에 대한 성스러운 부정의 유명한 예를 제공한다. 자기들의 아버지가 죽었고 자신들의 이복 형제인 스뱌토폴크(Svyatopolk)가 왕좌에 대한 모든 경쟁자들을 제거하기 위해자기들을 죽이려는 음모를 꾸미고 있음을 알아차린 후, 그들은 보복하거나 심지어 다가오는 암살을 피해 숨기를 거부한다. 오히려 그들은 그리스도를 본받는 자로서 죽음을 마주하하나님을 찬양하고 스뱌토폴크에 대한 그분의 용서를 간구한다. 보리스와 글렙에게(그들의 보다 앞선 순교자들에게처럼), 평화주의와 보복하지 않음은 그리스도에 대한 그들의 증언과 그들 안에서 더는 그들 자신이 아니라 그리스도가 사신다는 것에 대한 확신을 보증해준다. *The Russian Primary Chronicle: Laurentian Text*, trans. and ed. Samuel Hazzard Cross and Olgerd P. Scherbowits-Wetzor(Cambridge, MA: The Medieval Academy of America, 1956), 126-28을 보라.

세상의 상황에 대해, 나의 동료 인간과 창조세계의 나머지에 대해 책임이 있습니다. 제가 그들을 대신해 고통을 당하게 해주십시오"라고 답한다.

그러므로 성인의 삶이 자신의 존재 전체—영적인 것과 육체적인 것(모든 물질적 소유뿐만 아니라) 모두를 포함한다—를 상대방의 처분에 맡김으로써 자신을 방어하지 않는 취약성을 수반한다는 것은 놀라운 일이 아니다. 그것은 다른 사람의 삶의 이름으로, 다른 사람에게 삶의 유형적인 선물로서 자신을 바치는 것이다. 따라서 위스코그로드는 성인의 삶은 "두 가지 형태의 부정, 즉 자아의 부정과 타자의 삶에 필요하지만 없는 것의 결핍을 보여준다"고 말한다.[29] 성인은 종종 다른 사람들의 결핍과 연대하여 자신들이 가진 작은 것을 성례전적으로 나누면서 (풍요로부터가 아니라)[30] 자신의 결핍으로부터 타자에게 제공한다. 따라서 성인의 삶은 존재론적으로 갱신된 금욕적 기풍과 성찬적 정신으로 영화되고 특징지어지는 새로운 신성화적 창조에 대한 종말론적 비전을 가시적으로 구현한다. 성인의 삶 전체는 하나님과 이웃과의 교제 속에서 자신과 세상을 성례전적으로 나누는 성찬이 된다. 성인은 다시 한번 완전한 인간, 즉 신성한 사랑 안에서 완성되는 하늘과 땅 사이의 그리스도화된/회복된 살아 있는 **연결 고리**(*syndesmos*)가 되며, 그 안에서/그것을 통해 성령은 신성하게 정해진 관계성을 드러내면서 우주를 함께 묶는다. 성인의 삶은 모든 삶의 참된 형태인 성찬을 나타낸다. 그것은 교제 속에서 나누는 것 외에는 참다운 삶이 없으며, 사회적 거룩함 외에는 다

---

29    Edith Wyschogrod, *Saints and Postmodernism*, xxiii.

30    Sallie McFague, *Blessed Are the Consumers*, 114. 저자는 자아의 시장 지향적 비전이 "세상의 빌 게이츠들"과 그들의 풍요로부터의 자선을 "성인다움"의 특징으로 축하한다고 지적한다. 이것은 수 세기에 걸쳐 기독교 성인들이 자주 보여준 타자의 고통 및 결핍과의 연대를 폄하하는 윤리다.

른 거룩함이 없음을 가르친다.[31] 모든 타자와의 교제 속에서 자기를 공여하는 성인의 자기 비움적 "성육신적 포괄성"[32]은 또한 (3장에서 이미 지적했듯이) 그리스도의 몸과 피를 먹고 그와 하나(그의 몸의 지체)가 되는 이는 자신을 다른 사람들을 위한 음식으로 제시해야 한다는 성찬의 논리의 급진성을 드러낸다.[33] 이런 급진적인 성육신주의에는 모든 다른 존재—모든 피조물[34]—의 고난과 그것의 경감을 위한 분투에 참여하면서 창조의 참된 의미를 성찬의 포함과 환대로 설명하는 것이 포함된다. 따라서 하나님의 사랑스럽고 무조건적인 환대와 함께 성령에 의해 확대된 성인의 삶은 한 번에 한 생명씩 우주적 갱신을 하는 성령의 지속적인 행동과 자유 의지로 협력하면서 신성한

~~~~~

31    성결의 사회성에 대한 John Wesley의 유명한 주장은 복음의 내용과 사막 신비주의자들의 고립을 대조하는 맥락에 놓이는 반면(참조. John Wesley, *The Works of John Wesley*, vol. 14 [Peabody, MA: Hendrickson, 1991], 321), 20세기의 한 성인인 Mother Maria Skobtsova (Saint Maria of Paris)가 주장했듯이, 사막의 수도원들은 곤경에 처한 이들을 지속적으로 돌보았다. 그들의 신비주의는 내향적이지 않았고 동료 인간의 고통으로부터 단절되지 않았다. Saint Maria of Paris에 관해서는 Michael P. Plekon, *The World as Sacrament: An Ecumenical Path toward a Worldly Spirituality*(Collegeville, MN: Liturgical, 2016), 35-49를 보라. Mother Maria는 그녀 자신이 성인다운 자기 공여와 동료 인간을 위한 자기희생의 놀라운 예다. 매일 가난한 자들을 먹이고 곤경에 처한 이들을 돌보면서 그녀는 "주의 식탁"과 "자신의 호스텔에서 사는 굶주린 자들을 위해 마련된 식탁" 사이의 연속성을 믿었다(39). 1945년 3월 31일(동맹군에 의해 수용소가 해방되기 불과 몇 주 전) 나치가 점령한 파리에서 어린 유대인 어린이들을 빼낸 죄로 강제 수용소로 보내진 후, 그녀는 하나님과 이웃에 대한 사랑의 마지막 행동으로 "가스실로 보내지는 다른 여성을 대신하기로 자원하면서" 다른 사람의 생명을 위해 자신의 목숨을 내놓았다(43).

32    McFague, *Blessed Are the Consumers*, 119.

33    Sallie McFague는 Simone Weil의 "탈창조"(decreation)—모든 생명이 하나님께로부터 왔을 뿐만 아니라 그분이 "피조물의 '음식'"임을 인식하고 자율적 존재에 대한 그릇된 감각을 포기하는 것—라는 개념을 묘사함으로써 이 점을 예시한다. 따라서 (제2차 세계대전 기간에) 기근이 닥친 파리 한가운데서 Weil은 하나님께서 자기를 "삼키시고", 자기를 "그리스도의 본체"로 변화시키시며, "몸과 영혼에 온갖 영양분이 부족한 고통받는 사람들에게 음식으로" 주시도록 기도한다(*Blessed Are the Cconsumers*, 118; 이 놀라운 인용문은 Simone Weil, *First and Last Notebooks*, trans. Richard Rees[London: Oxford University Press, 1970], 149)에서 가져왔다.

34    McFague, *Blessed Are the Consumers*, 118.

삶에 참여한다.

실제로 타자에 대한 하나님의 성육신적 사랑은 성인 됨(그리고 그러하기에 참된/완전한/그리스도를 닮은 인간성)의 본질이다. 성인은 모든 것을 제한하는 이런 사랑의 능력을 통해 참으로 "타자를 아는 것" 혹은 제임스 올트위스(James Olthuis)가 표현하듯이 "달리 아는 것, 사랑의 눈으로 마음을 아는 것"을 가능케 하는 새로운 인식론을 얻는다.[35] 올트위스에게 사랑은 모든 존재─상호 연관된 모든 삶─의 지속적 원칙일 뿐만 아니라 "말과 행위로" 하는 모든 관여보다 앞서는 모든 긍정의 원천이자 타자에 대한 예비적인 서약이다. 사랑은 **타자와 함께하는 그리고 타자를 위한** 존재로서의 삶의 의미를 밝히면서 세상을 은혜롭게 하나로 묶는 신성한 선물이자 소명이다.[36] 따라서 신성한 사랑의 구현으로서 성인의 삶은 구속된 인간 안에서 나타나는 성령을 통한 그리스도의 성육신, 즉 타자를 위한 사랑으로서의 하나님의 삶의 구현이다. 그런 것으로서 성인의 삶은 그리스도의 실체와 인간 공동체 가운데서 성령의 그리스도화하는 중재에 대한 인증이 되고, 모든 피조물에 대한 신성한 사랑의 광활함으로 인류를 확대시키며, 인류의 번성을 위해 노력하고, 자기 이익을 추구하는 중에 타자를 "자산이나

---

35　James H. Olthuis, ed. "Introduction: Love/Knowledge Sojouring with Others, Meeting with Differences," in *Knowing Other-Wise: Philosophy at the Threshold of Spritualtiy* (New York: Fordam University Press, 1997), 1-15 (1). Olthuis는 다음과 같이 말한다. "달리 아는 것은 숙달이 아니라 만남이다. 달리 아는 것은 경쟁이 아니라 상호성이다. 달리 아는 것은 몸에 관한 것이지 마음에 국한되지 않는다. 달리 아는 것은 타자와의 윤리와 친밀성이지 타자에 대한 힘이 아니다. 달리 아는 것은 사랑이다. 그것은 열림이지 닫힘이 아니고, 연결이지 혼합이 아니며, 가까이 다가감이지 멀어짐이 아니다. 달리 아는 것은 타자와 함께 축하하고 함께 고통을 당하는 것이다. 달리 아는 것은 정신, 즉 우리가 사랑에 의해 형성되는 것처럼 사랑을 형성한다. 달리 아는 것은 그 안에서 모든 것이 일어나는 상호 변화의 영적 과정이다. 달리 아는 것은 상호 간의 만남의 위험을 감수하면서 타자를 사랑하는 위험을 감수하는 것이다"(8).

36　Olthius, "Introduction: Love/Knowledge," 12.

장애물"로 여기는 왜곡되고 비인간적인 인식을 교정한다.[37] 샐리 맥페이그의 말로 하자면, 성인은 자신을 모든 타자와의 유기적 연속성과 상호 연관성 속에 서 있는 것으로 인식하고 그들을 자기 존재의 불가분한 일부로 여기는 "보편적 자아"를 획득한 이다. 그가 세상의 살아 있는 양심이 될 때 세상은 성인의 몸이 된다. 그렇게 주장하면서 맥페이그는 "네 이웃을 네 몸과 같이 사랑하라"(마 22:39; 막 12:31; 눅 10:27)라는 복음서의 명령을 급진적으로 해석한다. 그녀는 다른 사람을 사랑할 수 있기 전에 "자기 사랑"이 먼저 이루어져야 한다는 불안하고 자기 중심적인 제안을 받아들이기를 거부한다. 오히려 그녀는 그 구절의 의미는 "네가 그 이웃, 그 이웃들이다"라고 주장한다. "세상은 너의 몸이다. 너는 보편적 자아다. 그러므로 다른 사람을 자신처럼 사랑한다는 것은 [다른 존재와 사물 안에서] 우리가 '생래적으로' 자신에 대해 갖고 있는 내재적 가치에 대한 공감, 기본 요구에 대한 주의, 혹은 관심과 같은 동일한 감정들을 확장하는 것을 의미한다."[38] 이런 해석에 비추어 맥페이그는 보편적 자아의 네 가지 두드러지는 특징을 설명하는 이야기로 선한 사마리아인의 비유를 꼽는다. 그 네 가지 특징은 보편적 공감(자신의 관심을 "가족이나 가까운 이웃"에게 국한시키기를 거부하는 것), 타자를 위한 행위의 익명성과 "비인격성"[39](감사나 인정을 구하거나, 보상을 기대하지 않고, 돌봄의 수혜자와의 그보다 앞선 인간적 연관성에 기초하지 않음), 이런 행위의 물질적·물리적 목표(수혜자의 물리적 필요—음식, 피난처, 의료적 돌봄—를 충족시킴), 그리고 마지막으로 이웃에 대한 사랑을 통해 "우리가 하나님을 어떻게

---

37    McFague, *Blessed Are the Consumers*, 113.

38    McFague, *Blessed Are the Consumers*, 115.

39    McFague가 여기서 "비인격적인"(impersonal)이라는 말로 가리키는 것은 돌봄/선행의 수혜자에 대한 사전의 인간적 지식이나 관계의 결여, 즉 절대적으로 낯선 이에 대한 그리스도적 사랑이다.

사랑해야 하는지"를 보임(하나님께 대한 시민적 의무의 행위로서가 아니라 사랑에 의해 추동되는 예배의 행위로서) 등이다.[40] 맥페이그가 지적하듯이 그 이야기는 "으스스하다." 그것의 명령은 압도적이다. 그것은 "중간 조치", 예외 또는 "자격이 있는 상황"을 위한 공간을 남기지 않는다.[41] 그것의 중요성은 타자에 대한 "무한한" 헌신에 대한 요구, 즉 그를 위한 지속적이고 적극적인 개입에 대한 요구로 인해 더욱 강화된다("이 사람을 돌보아 주라. 비용이 더 들면 내가 돌아올 때에 갚으리라"[눅 10:35]). 궁극적으로 선한 사마리아인의 이야기와 성인의 삶에서 나타나는 그것의 지속적인 복제는 모두 도스토옙스키의 소설에 나오는 조시마 장로(Father Zossima, 맥페이그는 이 인물을 거듭해서 언급한다)의 놀라운 말을 빌리자면, "행동하는 사랑은 꿈 속의 사랑과 비교하면 가혹하고 두려운 것이다."[42] 도스토옙스키에게 "행동하는 사랑"과 "꿈속의 사랑"의 이런 병치는 목표와 동기의 차이에 근거한다. 행동하는 사랑은 참을성 있고, 매력적이지 않으며, 겸손하고 종종 간과되거나/눈치채이지 않는다. 그것은 타자의 고통을 덜어주기 위한 "노력과 인내"다. 꿈 속의 사랑은 조급하고 "즉각적인 행동을 탐하고 모든 사람이 보는 앞에서 속히 행해진다."[43] 적극적인 사랑의 그리스도적 실천에 헌신하는 사람은 자신의 모든 노력에도 불구하고 어떻게 필요가 충족되지 않은 채 남아 있은지, 그리고 목표가 도달할 수 없이 영원히 표류하는 지평처럼 보이는지를 "공포에

---

40    McFague, *Blessed Are the Consumers*, 116.

41    McFague, *Blessed Are the Consumers*, 116.

42    Fyodor Dostoevsky, *The Brothers Karamazov*, trans. Constance Garnett (Louisville: CreateSpace, 2018), 21. 의심할 바 없이 책 전체에서 나타나는 조시마 장로의 사랑에 관한 신학적 담론은 동료 인간에 대한 사랑을 세상을 구할 수 있는 능력을 가진 유일한 행동으로 뿐만 아니라 의심과 절망의 유일한 치료법으로 높이는 Dostoevsky 자신의 신학적 요약이기도 하다.

43    Dostoevsky, *Brothers Karamazov*, 21.

떨며" 바라본다. 그러나 견딜 수 없을 만큼 막대한 타자의 박탈에 직면해 자신의 부적절함을 이해하면서, 그들은 하나님의 가까우심을 발견하고 자신들의 노력의 하찮음과 모호함을 통해 세상을 개선하시는 일에서 그분의 임재의 적절성을 경험한다. 따라서 고난당하는 타자에 대한 돌봄은 하나님과의 교제의 수단이 된다. 그것은 인간 공동체에 종말의 생명을 부여하는 성령의 선물인 사랑의 힘으로 세상을 새롭게 재창조한다.[44]

위스코그로드가 약술한 성인전 담론의 처음 두 가지 특징인 **서사성**과 **신체성**이 특히 이 책에 중요하기는 하나, 나머지 두 개의 특성인 **본문성**(texuality)과 **역사성**(historicality)에 관한 그녀의 생각을 간략하게 언급하는 것도 중요하다. 저자가 성인전의 본문성을 구별되는 것으로 여기는 것은 정확하게 (앞서 지적했듯이) 성인의 삶이 "단지 본문 **안에서**만이 아니라 [실제로 이해되고 적용될 필요가 있는] 본문**으로서** 전달되기 때문이다."[45] 이런 이해는 성인전 이야기의 마지막 특성인 사실성(factuality)—혹은 역사성(historicality)—으로 이어진다. 실제로 본문의 사실성이 핵심적 관심사가 되는 것은 "본문의 수신자 안에서 도덕적 실천을 생성하기 위해서는 역사적 진실성에 대한 감각이 필요하기 때문이다."[46] 성인의 삶은 그 구체성에서 독특하지만 성령과 함께/성령 안에서/성령을 통해서 신성화를 향해 나아가는 삶으로서 (그것의 도전 및 분투와 더불어) 그리스도화하는 여행을 통해 안내자로서의 신앙 공동체에 의해 다시 살아낼 수 있는 것이 되어야 한다. 이에 비추어볼 때, 이하의 내용은 역경 한가운데서 이루어졌던 현대의 성인

44    Dostoevsky, *Brother Karamazov*, 21-22.
45    Wyschogrod, *Saints and Postmodernism*, 30.
46    Wyschogrod, *Saints and Postmodernism*, 30.

다운 행위에 대한 역사적 설명이다.[47] 이 책의 한계 때문에 오직 소수의 이야기만 서술할 수 있을 뿐이지만, 그것들은 타협하지 않는 거룩의 신체성과 신앙과 실천 사이의 간격을 메우는 성인다운 삶의 도덕적 요구를 예시하며 우리 모두에게 그와 같이 하지 않는 것에 대해 변명치 못하게 한다.

## 전쟁 중에 사랑을 가시화하기

아래의 이야기들은 1990년대에 구유고슬라비아에서 있었던 전쟁 기간에 동슬라보니아 지역에서 평화 만들기에 임했던 그리스도인들의 행위를 전하는 간략한 반(semi)성인전적 설명을 제공한다.[48] 그것들은 직접 목격자들의 인터뷰와 증언을 토대로 전쟁 중에 적이 된 이웃을 향한 사랑의 비전을 분명하게 밝힌다. 이야기로 구성된 공동체적 피조물로서 우리는 그것들을 보존하고 세대를 통해 전달하기 위해 공유된 기억에 맡길 수밖에 없다. 우리는 그것들을 잊을 수 없다. 왜냐하면 그것들은 우리를 우리의 공유된 인간성에 대한 책임으로 소환하고, 만약 우리가 그것들을 잊는다면, 우리는 우리 자신을 망각할 (그리고 파괴할) 위험이 있기 때문이다.

---

47  이 장에 실려 있는 모든 설명은 서술된 성인다운 행위를 수행한 사람들과 그런 것을 직접 목격한 사람들과의 인터뷰를 통해 온다. 그런 인터뷰는 2012년에 내가 동슬라보니아에서 현장 조사를 하는 동안 편집되었다. 나는 인터뷰 대상자들의 원래의 말(과 그들이 그 말을 하며 보였던 태도)에 내 자신의 신학적 의제를 잠재적으로 부과하거나 선정주의를 통해 왜곡하지 않기 위해 최선을 다했고 내 자신의 목소리를 그 이야기의 가장자리에 위치시켰다. 인터뷰 대상자들은 비범할 정도로 솔직하게 단순했고 겸손했다. 그러나 서술된 성인다운 행위의 힘은 산문의 의도적인 엄격함과 미니멀리즘을 초월한다.

48  이 단락에 실려 있는 다양한 이야기들 앞에 붙은 소제목들은 상징적이며 그것들 각각 아래에 묶여 있는 이야기들에 배타적이지 않다. 그것들은 이야기들 자체로서 주제적으로 중첩된다. 그러므로 그 이야기들 대부분은 각각의 소제목들 아래에 놓일 수 있다.

## 사랑은 타자의 고통에 무관심하지 않다

1991년 가을, 격렬한 전쟁의 악몽이 동슬라보니아 전 지역을 집어삼켰다. 전투의 최전선이 오시예크 외곽에 집중되면서 그 도시는 숨 막힐 듯한 무시무시한 포위 공격을 받았다. 폭력적인 증오의 "흐름"이 한때 이웃으로 여겨졌으나 지금은 "적"으로 낙인찍힌 세르비아 정교회의 도시를 "청소" 하고 있었다. 때때로 그들의 생명 없는 시신들이 근처의 강 위로 떠다녔다. 끊임없는 무차별적 포격과 저격수의 오싹한 정확성이 살아 있는 자들을 지하실과 빈약한 임시 대피소의 춥고 습한 어둠 속으로 밀어 넣었다. 결핍과 굶주림이 모든 것을 쥐고 있어 죽음에 대한 공포가 더욱 날카로워지고 죽음이 가까웠다는 피할 수 없는 인식이 고조되었다. 폭격으로 부서진 지역 병원 건물의 황폐하고 파편이 박힌 건물 뼈대 아래 지하에서 (기본적인 의료자원의 부족 때문에) 마취 없이 응급 수술을 할 수밖에 없는 상황에서 점점 커져가는 절망감은 도시의 회복력을 깨뜨릴 지경에 이르게 했다. 바로 이것이 곤궁에 처해 있는 전화 한 통이 피터 쿠즈믹(Peter Kuzmic) 교수를 고든-콘웰 신학교의 안식년 프로젝트로부터 떠나도록 소환했을 때의 상황이었다. 전화선 저쪽에서 들려오는 가슴을 찢는 말을 들었을 때 그의 원고 위에서 눈물과 잉크가 뒤섞였다. 고통당하는 타자를 위해 행동하라는 하나님의 피할 수 없는 요구가 그 도시의 시장인 블라드코 크라마릭(Vladko Kramaric) 박사의 말을 통해 그를 소환했다. "피터…그리스도인으로서 당신은 무관심해서는 안 됩니다." 그 전화가 쿠즈믹 교수로 하여금 당시 그가 다른 이들에게 가르치고 있었던 것을 실행에 옮기도록 강요했다. 당신이 그리스도인이라면, "당신은 무관심해서는 안 됩니다. 아픔이 있는 곳마다, 무고한 사람이 고통받는 곳마다, 불의가 있는 곳마다, 그리스도의 사랑을 가슴에 품고 있는 참된 그리스도인은 무관심해서는 안 됩니다."[49] 왜냐하면 사랑은 언제나 그것의 구현을 추구하기 때문이다. 사랑은 공허한 감상을 거부한다. 그것은 안전한 거리에서 타자의 고뇌를 지켜보면서 눈물만 흘리지 않는다. 사랑은 인간을 그들의 동료 인간의 고통과 연대하게 한다. 사랑은 피터가 다음 비행기를 타고 포위된 채 경련을 일으키고 있는 도시 오시예크로 건너가게 했다. 모두가 그곳을 떠나려는 동안에도 사랑은 그 위기를 향해 질주할 수밖에 없었다.

피터가 도착하자 크라마릭 시장은 그를 병원 지하실로 데려갔다. 그곳에서 그는 "무차별적인 폭격으로 사지를 잃은 작은 소년"을 손으로 어루만졌다.[50] 피터는 그 기형의 몸의 잊히지 않는 광경을 보고 울었다. 결국 그가 참을 수 없었던 눈물은 행동하겠다는 그의 결의를 강화시켜주었다. 크로아티아 복음주의 (오순절) 교회(와 보스니아 헤르체고비나에 있는 그 교단의 개척 교회들)의 주임 주교로서[51] 쿠즈믹 교수는 교회 지도자들의 회의를 소집하고

---

49    2012년 5월 31일, 크로아티아 오시예크에 있는 복음주의 신학교(Evangelical Theological Seminary)에서 Peter Kuzmic과 했던 인터뷰. Kuzmic 교수는 고든 콘웰 신학교에서 세계 선교와 유럽학을 가르치는 Paul E. and Eva B. 석좌교수다. 그는 동유럽과 발칸반도의 최초의 복음주의 신학교인 크로아티아 오시예크에 있는 복음주의신학교(ETS)를 공동 설립하고 지도했다. 또한 그는 ETS 부설 루마니아 학교인 티미소아라 신학교를 설립하기도 했다. Kuzmic 교수는 데이튼 평화 협정(Daton Peace Accord, 보스니아 내전을 종식시킨 협정으로 1995년에 체결되었다―옮긴이)을 성사시키는 데 큰 영향을 주었고 발칸반도, UN, 그리고 미 국무부의 국가 지도자들을 위한 화해 고문으로 활동했다.

50    2012년 5월 31일에 있었던 Kuzmic과의 인터뷰.

51    Peter Kuzmic은 그것이 7개의 독립 국가로 나눠지기 전 구유고슬라비아에서 하나님의 성회 교단의 마지막 총회장으로 섬겼다. (우리의 인터뷰가 진행되던 기간에 있었던) 이 혼란스러운 변화에 관해 숙고하면서 그는 다음과 같이 말했다. "나는 이 과정에서 매우 어려운 역할을 했어요. 모든 교회 운동이 평화롭게 분리되어 우리의 어느 국가 교회도(아직 '국가적'이 아니었지만) 조직화되지 않은 상태로 남아 있거나 자민족 중심주의적 선전, 국가주의 등에 희생되지 않게 해야 했어요. 우리는 이 과정을 통해 비록 쉽지는 않았지만 민족 분열을 가로지르는 다리를 만들고 적대감의 벽을 허물 수 있는 몇 안 되는 교회 공동체 중 하나가 되었어요. 상황이 서서히 정상화됨에 따라 우리가 정치적으로나 군사적으로 분리되어 있음에도

그들에게 인도주의적인 구호 활동인 아가페 인도주의 구호 및 개발 기구(the Agape Humanitarian Relief and Development Agency)를 시작하도록 설득했다. 그는 그들에게 "우리는 인간의 필요를 채우기 위한 사역을 시작해야 한다. 우리는 그들에게 매일의 빵을 주어야 한다. 왜냐하면 그들이 육체적으로 굶주리고 있기 때문이다. 또한 그 후에 우리는 그들에게 영원한 빵을 주어야 한다. 왜냐하면 그들은 또한 영적으로 굶주리고 있기 때문이다"라고 엄숙하게 말했다.[52] 전쟁 후 피터는 그 고통스러운 기간에 기독교 공동체가 배웠던 어려운 교훈 중 하나를 다음과 같이 요약했다. "사람들이 굶주리고 종교가 악용될 때 구두 선언만으로 전도하는 것은 불가능하다. 그런 상황에서 선언만 하는 것은 역효과를 낼 수 있다. 사람들은 사랑을 **볼** 필요가 있다."[53]

전쟁 기간에 아가페(Agape)는 그 지역 전체에서 (적십자 및 로마 가톨릭 인도주의 기구인 카리타스와 함께) 주된 구호 기관 중 하나가 되었다.[54] 그 기관은 크로아티아와 보스니아/헤르체고비나(BiH) 전역의 파괴와 기아 발생으로 황폐해진 지역의 수만 명의 사람들에게 매일 음식과 의약품을 전달했다.[55]

~~~~~

불구하고 주님께서 우리를 영적인 교제 안에서 어떻게 지켜주셨는가를 보는 것은 놀라운 일이었어요.…우리가 경험한 것은 그리스도 안에, '십자가 아래', 또는 옛말을 사용해 말하자면, '피 씻음'을 받고 성령으로 충만한 사람들은 그들을 찢어놓을 그 어떤 세속적 또는 정치적 경계나 적개심보다 더 강한 교제와 유대를 갖고 있다는 것이었어요. 이런 교제는 계속됩니다."

52  Kuzmic과의 인터뷰.
53  Kuzmic과의 인터뷰.
54  도움이 필요한 모든 사람에게 구호품에 대한 접근을 보장하고 불평등한 분배를 방지하기 위해 그 세 기관은 서로 협력하면서 노력을 조정했다. 2012년 5월 29일, 오시예크에 있는 ETS에서 Antal Balog과의 인터뷰. 그때 Balog 박사는 ETS와 자프레시치에 있는 "발타자르 아담 크르첼리치" 경영대학에서 조교수로 일하고 있었다. 그는 응용신학(고든-콘웰 신학교, USA)과 경제학(오시예크 대학교) 분야의 박사학위를 갖고 있다.
55  Antal Balog, *Agape International: The 1994 Annual Report on the Humanitarian Relief and*

사역자들(그들 모두가 자원봉사자들이었다)은 종교와 민족에 상관없이 도움이 필요한 모든 사람에게 다가가기로 결심하고 최전선과 포위된 마을을 운전하면서 총알과 파편을 피해 다니며 종종 목숨을 걸어야 했다. 아가페는 정교회 세르비아인, 로마 가톨릭 크로아티아인, 그리고 보스니아 무슬림들에게 하나님의 사랑을 가시화하면서 그들이 민족주의적 극단주의 너머를 보고, 그들의 공유된 인간성을 기억하며, 그들 모두가 동일한 눈물의 언어를 말하고 있음을 인식하게 했다.

아가페가 보여주었던 고통당하는 타자와의 그리스도적 연대는 그 지역의 많은 무슬림들의 신뢰를 얻었다.[56] 그 기구의 젊은 사역자 중 두 사람

~~~~~
*Development Agency of Evangelical Church in Republic of Croatia and the Republic of Bosnia & herzeovina* (Osijek, Croatia: Izvori, 1995).

56　오시예크에서 조사하는 동안 나는 오시예크-바란자와 비로비티차-포드라비마 지역의 수석 이맘인 Effendi Enes Poljic와 인터뷰하는 특권을 얻었다(Osječko-baranjska i Virovitičko-Prodravska županija). 그 지역에서 아가페 사역에 대한 자신의 경험을 떠올리면서 그는 아가페의 리더 중 하나인 Antal Balog에 관한 감동적인 이야기를 회상했다. Balog은 투즐라 근처 루카바츠 마을에 있는 Effendi Polijc의 어머니를 방문하고 그녀에게 인도주의적인 도움을 제공하기 위해 BiH까지 여행했다. "Antal은 전쟁 기간에 생활이 매우 어려웠던 어머니에게 (밀가루 한 자루가 1,000마르크였다) 식량을 제공해주었어요. 그는 어머니에게 필수품[기본 식품] 한 꾸러미를 가져다주었어요. 그것은 잊을 수 없는 일이에요. 나중에, 아가페가 기부를 받을 때마다, Antal이나 (아가페의) 다른 누군가가 나에게 전화를 해서 혹시 자기들이 우리를 도울 수 있는지 물었어요. 나는 적어도 두세 차례 우리가 다른 기부를 받았던 것을 기억해요.⋯그들은 항상 무슬림이 취할 수 없는 음식에 관심을 기울이면서 음식에 조심했어요." Effendi Enes Poljic, Office of the Chief-Imam for Osijeck-Baranja and Virocitica-Podravian, Osijek와의 인터뷰는 2012년 5월 29일에 이루어졌다. (다른 인터뷰 때) 루카바츠로의 이 여행을 회상하면서 Antal Balog은 오시예크로 돌아와 자기가 이맘의 어머니와 함께 찍은 사진과 그녀로부터 온 편지를 Effendi Poljic에게 가져갔다고 말했다. 이 친절한 행위에 감격한 그 수석 이맘은 다음과 같이 외쳤다. "믿을 수가 없어요. 당신은 나의 형제입니다!"(Antal Balog, ETS, Osijek와의 2012년 5월 29일 인터뷰). Effendi Polijic는 자신이 Peter Kuzmic 및 ETS 공동체와 가졌던 관계를 동일한 따스함을 갖고 말했다. "Peter는 종종 나에게 안부를 물었고 자기가 보스니아와 헤르체고비나에서 무슬림 종교 지도자와 만남을 갖고 가졌던 인상에 대해 얘기했어요. 개인 메모: 도시에서 Peter를 만날 때마다 우리는 항상 형제의 포옹을 나누었다! 그는 그런 따뜻한 사람이다. 나는 그와의 만남에서 늘 용기를 얻고 지지를 받는 느낌이었다. Peter는 나에게 형제와 같다."

이 비하치(Bihać)라는 보스니아의 도시로 의약품을 가져가기 위해 목숨을 걸었기에(그곳에서는 3년간이나 포격이 그치지 않아 다른 이들은 그곳으로 가기를 포기했다),[57] 아가페가 그 마을 중심부에 창고를 세울 수 있었고, 그것이 그 지역 최초의 구호단체가 되었다. 1995년 8월에 그 도시가 해방된 후 시장이 피터 쿠즈믹과 안탈 발록(Antal Balog, 아가페의 주요 간사 중 하나)을 특별한 모임에 초청해 그 조직이 이 지역에서 생명을 구하는 인도주의적 활동을 벌인 것을 기렸다. 함께 음식을 나누며 교제하는 동안 피터가 시장에게 물었다. "시장님, 당신은 무슬림이고 나는 그리스도인입니다. 그런 우리가 어떻게 이토록 잘 지내는 걸까요?" 시장이 답했다. "그것은 내가 서방에 있는 당신의 친구들이 '무슬림'이라는 단어를 들을 때 생각하는 종류의 무슬림이 아니고, 당신이 무슬림들이 '그리스도인'이라는 말을 들을 때 생각하는 종류의 그리스도인이 아니기 때문입니다."[58] 시장이 계속해서 말했다. "나는 명목상의 [문화적인] 무슬림입니다. 나에게는 깊은 신앙이 없어요.…하

---

57 그 도시에 대한 포위의 역사, 그로 인한 기간 시설의 파괴(거기에는 지역 의료 시설들이 포함된다), 수만 명의 난민과 실향민의 유입으로 인한 절망적인 인도주의적 위기, 그리고 개입해서 절망적인 기아와 고통을 완화하지 못한 UN 안전보장이사회와 평화유지군의 무력감 등은 언론, UN 보고서, 그리고 그 전쟁의 사회정치적 역학을 살피는 여러 후속 논문들에 잘 기록되어 있다. 예컨대 Tom Hedley, "Croatia, Serbia Face Off at Bihac," *Chicago Tribune*, July 30, 1995, 〈http://articles.chicagotribune.com/1995-07-30/news /9507300180_1_bihac-bosnian-serb-bosnian-government; Tony Barber, "Defenseless Muslims Face the Final Agony: Tony Barber Witnesses the Relentless Demolition of Bihac by Serbian Guns," *The Independent*, August 12, 1992, https://www.independent.co.uk/news/defenceless-muslims-face-the-final-agony-tony-barber-witnesses-the-relentless-demolition-of-bihac-by-1540468.html〉를 보라.

58 내가 2012년에 수행한 Peter Kuzmic과의 이 인터뷰 외에도 길이와 상세한 내용이 조금씩 다른, 이 이야기에 대한 몇 가지 설명이 있다. 그중 몇 개가 다양한 출판물에 등장하는데, 예컨대, Peter Kuzmic, "Historical Context: How Did We Get Here?" in *Bridges of Reconciliation: Reader on the Conflict in Bosnia*, ed. Craig Arban and Jo Marie Dooly (World Vision) 같은 것들이다.

지만 나는 점점 더 당신의 예수에 관심이 갑니다. 왜냐하면 당신은 우리가 아는 것과 다른 종류의 그리스도인이기 때문이에요.…당신은 중세의 방식으로 한 손에는 칼을, 그리고 다른 한 손에는 십자가를 들고 오지 않았어요. 당신은 정치적 목표나 영토에 대한 주장을 하며 오지 않았어요. 당신의 젊은이들은 우리의 여자들과 소녀들을 강간하지 않았어요. 당신은 사랑스럽게 음식을 제공하면서 왔어요." 이어서 그는 다음과 같이 말했다. "나는 시장이기 때문에 [이 도시 안에서] 어디든 갈 수 있어요. 그래서 나는 [당신의 창고의] 뒷방으로 가서 『노비 자브젯』(Novi Zavjet, 신약성경)이라는 제목이 달린 작은 책들이 들어 있는 상자들을 보았어요. '빌리 그레이엄: 하나님과의 평화(Billy Graham: Mir s Bogom)'라는 이름이 붙은 다른 상자들도 있더군요. 분명히 거기에는 어떤 문헌들이 있겠지요. 자유롭게 나눠주세요!"

피터는 놀랐다. "지금 무슬림 시장께서 오순절파 목사에게 자기 마을에서 기독교의 문헌들을 나눠주라고 말씀하고 계신 거예요!" 그러자 시장이 덧붙였다. "당신이 이곳에서 교회를 시작하기 원하신다면, 가서 그 일을 하세요!" 처음 충격에서 벗어난 피터가 마침내 응답했다. "무슨 말씀을 드려야 할지 모르겠습니다. 당신은 우리에게 우리가 꿈으로라도 분명하게 표현하기를 꺼릴 만한 일을 하라고 권하고 계신 거예요!" 시장이 답했다. "아닙니다, 당신은 그렇게 하실 수 있어요. 우리는 당신을 신뢰합니다." 피터가 물었다. "무엇 때문에 우리를 신뢰하시나요?" 시장이 답했다. "당신은 신뢰할 만해요. 왜냐하면 당신은 우리와 함께 약해졌기 때문이에요."[59]

---

59  2012년 5월 31일에 있었던 Peter Kuzmic과의 인터뷰. 전쟁 중 인도주의적 봉사 활동으로 인해 오순절파 그리스도인에 대한 무슬림 인구의 태도가 변했다는 증거는 1948년에서 1992년 사이의 전체 기간 동안 보스니아 헤르체고비나 영토에 단 3개의 오순절 교회가 있었던 반면, 2003년 보고서의 통계는 상당히 다르다는 사실이다. 그 통계에 따르면, 보스니아 헤르체고비나의 복음주의 (오순절파) 교회는 55명의 목회자와 사역자들, 22개의 교회와 예배

## 사랑은 공간을 만들고 타자를 위한 성소를 세운다

1991년 7월 23일, 전쟁이 빈코비치시에까지 이르렀다. 천둥처럼 울려 퍼지는 포격 소리는 부서진 박격포 연기와 산산조각이 난 유리의 섬광으로 가득 찬 두껍고 무거운 공기를 가르는 갑작스러운 침묵으로 때때로 중단되었다. 전쟁의 초현실적인 상황 속에서 당황하고 치명적인 근접성에 익숙하지 않은 지역 주민들은 때때로 위험을 무릅쓰고 밖으로 나가 피해를 조사하고 마당과 거리에 빠르게 쌓이는 잔해를 치웠다. 언젠가 그 지역의 오순절파(하나님의 성회) 목사인 요시프 젠드리코(Josip Jendričko)[60]의 아내 밀리카(Milica)가 포탄을 맞아 심각한 부상을 당했다. 지역 병원에서 응급 수술과 몇 주간의 치료를 받은 덕에 간신히 목숨을 건진 그녀는 회복을 위해 친지들과 함께 지내도록 독일로 후송되었다.[61] 그녀가 없는 동안 크로아티아 군대와 민병대 부대가 그 도시 안으로 들어와, 잠재적인 학살에 대한 두려움—제2차 세계대전 기간에 그 지역의 세르비아인들에게 자행되었던 잔혹한 행위에 대한 생생한 기억 때문에 촉발된 두려움[62]—때문에 달아난 세

---

처소들, 723명의 교인과 지지자들, 그리고 10명의 학생을 지닌 성경 학교 한 곳을 갖고 있었다(〈http://europemissions.org/about/countries/bosnia-herzegovina/〉).

60   Josip Jendričko는 전쟁이 끝난 때부터 2012년 가을까지 크로아티아 하나님의 성회의 총회장(국가 감독관)이었다.

61   Milica가 자신이 병원에서 그리고 그 후에 회복 과정에서 경험한 내용을 문서화한 증언(출간되지는 않았다). Milica는 자신의 적을 포함해 모든 인간에 대해 느끼는 초자연적 평화와 사랑에 대해 숙고하면서 이렇게 썼다. "그 긴 겨울 밤 동안, 안으로 깊이 침잠하면서, 나는 전보다 훨씬 더 좋은 기분을 느꼈다. 하나님은 너무나 실제적이고 가까이 계셔서 나의 마음은 녹아내리고 있었다. 나는 기도하며 그분과 대화할 수 있었다. 나는 여전히 빈코비치에 머물고 있는 나의 남편을 위해, 그와 함께 있는 이들을 위해, 우리의 아이들을 위해, 우리의 부모를 위해, 형제와 자매들을 위해, 내 주변에서 고통당하는 사람들을 위해, 그리스도의 교회를 위해, 적들을 위해, 그리고 나에게 상처를 입힌 소화탄을 쏜 이를 위해 기도했다."

62   (제2차 세계대전 기간에 친 나치 성향의 크로아티아인들에 의해 조직되어) 수많은 세르비아인, 유대인, 그리고 집시들의 생명을 앗아간 악명 높은 집단 수용소에 관한 정보를 위해서는 "Jasenovac," *Holocaust Encyclopedia*(〈https://www.ushmm.org/wlc/en/article.

르비아 정교회 거주자들이 비워두고 간 집들 중 몇 곳에 자리를 잡았다. 요시프와 밀리카의 세르비아인 이웃의 집도 그런 집들에 속했다. 교전 중이던 양측 사이에 휴전 협정이 체결된 후 그 이웃의 노부부가 그들의 집으로 돌아갔을 때, 그들은 자신들의 집에 정착해 있던 군인들이 자신들에게 총구를 겨누고 위협하는 것을 발견했다. 그 광경을 본 요시프가 거리로 나아가 군인들과 그의 이웃 사이에 섰다. 그리고 그 부부를 자신의 집으로 이끌었다. 그곳에서 그의 가족은 이후 4년 반 동안 그들을 위해 거처를 제공하고 그들을 돌보고 보호했다. 그 노부부는 젠드리코 가족의 입양된 구성원으로서 사랑을 받았다. 요시프와 밀리카 그리고 그들의 자녀들은 그들이 그들의 이웃에게 베푼 무조건적인 환대 때문에 크로아티아 민족주의자들로부터 계속해서 살해 위협을 받았다. 그러나 괴롭힘이 심해지는 가운데서도 하나님은 그들에게 평화와 보호에 대한 확신을 주셨다. 주변에서 전쟁이 한창일 때 그의 집은 평화의 성소가 되었다.[63] 타자라는 선물에 대한 압도적인 감사의 마음과 하나님과 이웃을 향한 온전한 사랑이라는 카타르시스적인 체험은 전쟁으로 인해 부족했던 식탁에서 매일의 식사를 하나님 나라에서의 풍요로운 삶의 기쁨으로 가득 찬 성찬 잔치로 바꾸어놓았다.

성령으로 충만한 급진적 환대의 삶은 젠드리코 가정의 한계를 빠르게 초월했으며 그들 부부가 목회하는 교회를 타민족과 종교를 위한 집과 성소로 변형시켰다. 1991년 9월 15일, 그 도시에 대한 정기적인 폭격 중 하나가 일어났을 때, 교회 건물이 불길에 휩싸였고 완전히 타버렸다. 낙심하기

---

php?ModuleId=10005449)〉를 보라.

63   눈에 눈물을 머금고 Milica는 그 4년 반 동안 자기들의 집을 가득 채웠던 화목한 합의와 평화의 비상한 분위기를 회상했다. 아무런 갈등도, 분쟁도, 심지어 사소한 긴장조차 없었다. 실제로 성령께서 그들을 위해 성소─그들 주변의 폭력적인 증오와 죽음으로부터 안전과 쉼을 제공하는 장소─를 세워주셨다. 2012년 6월 9일, Josip와 Milica Jendričko와의 인터뷰.

를 거부한 채 요시프는 그 지역 개혁교회의 목사인 친구와 접촉했다. 그 친구는 (다른 많은 이들처럼) 가족과 함께 마을을 떠난 상태였고 전쟁 기간 동안 교회 문을 닫고 있었다.[64] 그러나 그들의 성소는 그 폭격 속에서도 남아 있었다. 요시프가 그 건물에 대한 사용 허가를 요청했다. 그 요청은 수락되었다. 다음 몇 주 동안 그는 오순절파 회중이 개혁교회의 성소로 이주한다는 뉴스를 퍼트리고 그 지역의 개혁교회 그리스도인들에게 자기들과 함께 예배하도록 초청했다. 두 회중의 첫 번째 연합 예배는 1992년 2월에 있었다. 그것은 영적 위로와 소망을 구하는 다른 모든 이들에게 성소의 문을 여는 것이었다. 건물은 곧 사람들로 가득 찼고 회중석에 앉을 수 없는 이들은 마당에 서서 예배를 드렸다. 매주 기도와 예배를 위해 오순절파, 개혁파, 침례파, 정교회, 무슬림으로 이루어진 아주 독특한 신앙 공동체가 그곳에 모였다. 그중에는 크로아티아인, 세르비아인, 보스니아인이 섞여 있었는데, 그들은 성령의 평화 만들기로 전쟁을 거부하는, 민족적이고 종교적인 타자들로 이루어진 아주 특별한 회중이었다. 그곳에서 성령은 민족적·종교적 부족주의라는 과격한 정치학에 의해 추동되는 모든 적의와 증오의 벽을 허물었고 이전의 적들을 하나의 인간 가족으로 변화시켰다. 서로 싸우는 종교적이고 민족적인 타자들을 모아서 하나의 영적 공동체를 만드는 성령의 전복적 활동은 또한 그 갈등에서 그것의 역할을 변화시킴으로써—폭력적인 민족주의의 옹호자이자 인종 청소 기술의 공범자에서 공동선을 추구하는 평화 구축과 공동체 변혁의 필수적인 부분이 되는 것으로—종교 자체를 구속하고 있었다.

---

64    마을의 거주자 중 상당수가 전쟁이 시작되기 직전이나 초기에 마을을 떠났다. 약 3만 5천 명이던 주민이 3천 명으로 줄었다. 2012년 6월 9일 Josip와 Milica와의 인터뷰.

그러나 빈코비치의 회중은 예외적인 경우가 아니었다. 고통당하는 타자와의 연대는 동슬라보니아 전역의 많은 오순절파 교회들을 에큐메니컬한 종교간 커뮤니티 센터들로 바꿔놓았다. 그들은 그 지역의 정교회 세르비아인 거주자들, 추방된 로마 가톨릭 크로아티아인들, 그리고 무슬림 난민들이 안전과 생존을 위한 수단을 얻기 위해 그들의 집으로 몰려왔을 때 매일 굶주리는 이들을 먹이고, 집이 없는 이들에게 쉼터를 제공하며, 인도주의적 도움을 제공하는 일에 개입했다.[65] 1992년 9월, 오라호비체의 오순절파 교회 목회자의 아내인 리디아 스토이코비치(Lidia Stoiković)는 그녀에게 지역 학교의 일을 그만두고 그 지역에서 빠르게 수가 늘어가고 있는 난민과 추방된 자들을 섬기라는 하나님의 음성을 반복해서 들었다. 독일의 인도주의적 지원 단체 하나가 정기적으로 그 교회에 음식과 옷가지를 실어 보내기 시작했다. 그리고 그 교회의 회중은 매일 지원 물품을 보급하는 그 도시의 사회 복지 서비스에 등록된 그 지역의 빈곤한 거주자들도 포함시키기로 결정했다. 타자의 안녕을 위한 사랑의 급진적 헌신은 만인에게 생명에 대한 공유된 접근에서 그들을 연대와 정의의 공동체로 엮어냈다.

　　그 교회의 성소는 또한 부서진 관계, 몸, 그리고 마음을 치유하는 장소가 되었다. 그것은 용서와 화해라는 도전적인 과제를 마주하고 타자에 대한 왜곡되고 정치적으로 편법적인 시각과 씨름하는 안전한 공간이었다. 전장으로부터 돌아온 크로아티아 군인, 보스니아의 포격당한 마을과 수용소와 공동묘지에 사랑하는 이의 시체를 두고 온 무슬림 가족, 그리고 그들의 아들들과 손자들이 그들을 학살하거나 그들에 의해 죽임을 당했을 수도 있

---

65　　예를 들어 Osijek, Tordinci 및 Orahovice에 있는 교회들의 경우가 그러했다.

는 세르비아계 여인들이 회중석에 나란히 앉아 있었다.[66] 타자가 가까이 있다는 사실에 대한 분노와 이해를 억누르고 그들과 함께 기도하고 예배하는 것은 쉬운 일이 아니었다. 그러나 희생자와 가해자 모두[67]의 삶과 꿈, 그리고 무죄에 대한 후회와 애도의 고백과 혼합된 고통과 눈물은 그 성소를 비인간적인 전쟁의 잔인함으로 인해 상처를 입은 영혼과 정신을 위한 병원으로 변화시켰다.[68] 그곳에서 성령은 인종적·종교적 타자의 얼굴에서 주님을

---

66    Peter Kuzmic은 다음과 같이 말한다. "보스니아 전쟁에서는 어느 쪽도 무고하지 않다. 보스니아의 무슬림과 크로아티아인 모두가 잔혹한 행위를 했고 인종 청소를 했다. '모두가 죄인이다.' 그리고 이 전쟁에서 죄책이 없는 쪽은 없다. 그러나 모두의 죄책이 똑같은 것은 아니다. 그것이 그 전쟁의 기원, 베오그라드의 역할 및 전쟁이 치러진 목표를 검토하는 것이 중요한 이유다. 국제 공동체 역시 여전히 그렇게 하기가 상대적으로 쉬웠을 때 그 대학살을 중단시키지 않은 것에 대해 상당한 정도의 책임이 있다"("On the Way to Peace in the Balkans," *The Christian Century* 6 [February 21, 1996]: 199-202 [201]).

67    2012년 6월 1일에 오라호비체에서 있었던 Lidia Stoiković와의 인터뷰. Lidia는 그 회중의 인구지학적 역학의 도전에 대해 다음과 같이 회상했다. "우리는 또한 그들의 남편이 군인인 가족들과도 접촉했는데, 그들 중 몇은 전쟁터에서 살해되거나 상처를 입었어요. 그리고 우리는 그들 역시 돕기 위해 노력했어요.…훗날 그들 중 하나가 우리 집으로 찾아왔어요. 그리고 그는 자기가 부코바르에서 방어군으로 싸웠고, 제2차 세계대전 때 살해당한 자기 할아버지에 대한 복수를 하기 위해 그곳으로 갔다고 말하더군요. 그는 '나는 무서운 일들을 많이 겪었고 지금은 잠을 자지 못해요. 나는 아무것도 할 수가 없어요. 나는 술을 마시는 것 외에는 아무것도 하지 못해요'라고 말했어요. 우리는 그와 함께 기도했고 그는 교회에 나오기 시작했어요. 당시 그의 아내도 위험한 상태였어요. 왜냐하면 그는 폭력적이었고 광기에 사로잡혀 있었기 때문이지요. 그녀는 그를 화장실에 감금해두어야 했어요[유럽에서는 사람을 분리하는 데 화장실과 샤워실 또는 욕조를 사용하는 것이 관례입니다]. 그는 얼마 후 죽었는데, 그의 몸이 지나친 음주 때문에 치명적으로 해를 당했기 때문이에요. 그러나 죽기 전에 그는 그리스도를 영접했어요.…생각해보세요. 우리는 다른 이를 죽인 사람들과 접촉했고, 또한 어떤 무서운 곳에서 탈출한 이들과도 접촉했어요."

68    인터뷰를 하던 중에 Lidia Soiković는 전쟁 경험 때문에 외상후 스트레스 장애(PTSD)를 갖게 된 이들을 치유했던 몇 가지 이야기를 전해다. 그녀는 다음과 같이 회상했다. "부코바르 사람들과의 모임을 통해 우리는 어느 [로마 가톨릭] 가족을 만났어요. 그 가족이 우리 집에 왔을 때, 그 가족의 어머니는 자신의 건강 상태가 악화되고 있고 [자신이] 미쳐가고 있으며 정신과 검진을 받기 위해 오시예크에 가야 한다고 말했어요. 그녀가 사람들이 자기를 어떻게 다루는지 알았을 때, 그녀는 더는 병원에 입원하기를 원치 않았어요. 그들이 할 수 있는 것은 그녀에게 알약을 처방하는 것뿐이었는데, 그것은 그녀에게 도움이 되지 않았기[충분하지 않았기] 때문이지요. 그녀가 말했어요. '나는 당신의 교회가 나를 도울 수 있다고 들

보고 함께 식사하는 식탁에서의 매일의 친교라는 성례전적 도전에 맞서면서 주님과 교통하는 이들의 내면의 상처에서 시작하여 내부로부터 피조물을 고치고 계셨다. 그로 인해 이 치유가 부서진 공동체의 바깥 경계에까지 도달할 수 있게 하셨다.

성령의 급진적이고 무조건적인 환대는 타자를 먹이고, 그들에게 안식처를 제공하며, 그들의 육체적·정신적 상처를 돌볼 뿐 아니라 타자의 주검을 자신의 것처럼 매장하는 이런 오순절의 평화의 길(*darkhei shalom*)[69]을 통해 가시화되었다. 전쟁 기간에 많은 오순절파 목사들이 개혁주의와 가톨릭 크로아티아인, 정교회 세르비아인, 그리고 보스니아 무슬림들을 위해 장례식을 집전해줄 것을 요청받았다. "적"을 위해 장례식을 치러주는 것이 전복적이고 "비애국적인" 행위로 여겨졌던 그 지역에 다른 목회자/사제가 남아 있지 않은 경우가 종종 있었다. 그러므로 목회자들은 타자의 주검을 매장하기 위해 그들 자신의 생명을 내려놓을 각오를 해야 했다.[70] 그들

---

었습니다.' 우리가 답했습니다. '우리는 당신을 도울 수 없어요. 하지만 당신을 도울 수 있는 분을 알아요. 우리는 당신을 위해 기도할 수 있어요.' 그녀는 자기가 잠을 잘 수 없으며 잠이 들려면 여섯이나 일곱 알의 약을 먹어야 한다고 말했어요. 그것은 그녀가 세르비아 감옥에서 겪은 모든 일을 잊을 수 없어서였어요. 그녀는 자기가 세르비아나 크로아티아 정부를 신뢰하지 않는다고 했어요. 왜냐하면 그녀는 아무도 신뢰할 수 없었기 때문이에요. 그녀는 '나는 오직 당신의 교회만 믿을 수 있어요'라고 말했고, 우리는 그녀에게 '하나님을 신뢰하세요'라고 답했어요.…그날 밤, 그녀는 저녁 뉴스가 끝나기 전, 즉 밤 8시가 되기 전에 잠에 빠졌어요. 그 가족은 그녀를 보고 이렇게 말했어요. '그녀는 미쳤었는데, 이제는 전보다 훨씬 더 미쳐가고 있다.' 왜냐하면 그녀가 '어떤 사교 집단'에 다니기 시작했기 때문이죠.…얼마간 시간이 흐른 후 그들은 그녀가 미치지 않았음을 알게 되었어요. 오히려 무언가 좋은 일이 그녀에게 일어나고 있다는 것도요." 결국 그들 모두가 교회에 다니기 시작했다.

69  평화의 길(*darkhei shalom*)이라는 유대적 개념은 이 책 4장의 결론 단락에서 논의된다.
70  전쟁 기간에 자신의 남편이 수행한 목회 사역과 오순절파에 대한 공동체의 태도의 변화에 대해 숙고하면서 Lidia Stoiković는 다음과 같이 말한다. "전쟁 기간에 정교회 사제들이 떠났어요. 그래서 정교회 신자들이 죽어도 그들을 매장해줄 사람이 없었지요. 그래서 사람들은 나의 남편을 찾아와 혹시 그가 장례식을 집례해줄 수 있는지 물었어요. 그는 하겠다고 말했어요. 그는 주로 정교회인들에 대한 장례식을 수행했는데…때때로 그것은 민병대들 때문

중 하나였던 마테이 라자르 코바체비치(Matej Lazar Kovačević)[71]는 로마 가톨릭, 정교회, 그리고 무슬림 신자들의 장례식을 2백 번 이상 집례했다. 그는 토르딘치 마을의 모든 주민의 목회자 노릇을 했다. 하지만 그의 목회적 돌봄에는 또한 그 지역의 크로아티아인 군인들도 포함되었는데, 그들의 트라우마는 종종 간과되거나, 억압되거나, 의무 수행에 따른 부작용 정도로 무시되었다. 경계가 없이 민족적이고 종교적인 타자에게 "언약적 사랑"과 돌봄을 확장하는 그의 사제직은 결과적으로 그 지역 공동체와 크로아티아 국가 모두에게 인식되었고 기림을 받았다. 크로아티아는 그를 "국가의 수호자"라고 부르고 애국 기념관 훈장을 수여했다. 역설적으로 (한때 비애국적인 배반으로 정죄되었던) "평화의 길"을 따르는 그의 여행은 공동선을 위한 용기 있고 자기희생적인 노력으로 정당화되고 긍정되었다.

## 사랑은 타자를 세상의 부서짐에 대한 책임에로 소환한다

1991년 8월 5일, 네 명의 공동 사역자가 빈코비치로부터 토르딘치까지 여행하고 있었다. 그들은 두 대의 차에 나눠 탄 채 한 무리의 군용 차량을 멀리서 뒤따르고 있었다. 갑자기 세 명의 중무장한 세르비아 민병대 군인들

에 쉽지 않았어요.…[세르비아인 마을에서] 유일하게 눈에 띄는 이들은 그들의 얼굴을 발라클라바(balaclava, 눈이나 입을 제외한 머리 전체를 덮는 방한 의류로 주로 군인들이 사용한다—옮긴이)로 가린 이들이었어요. 그래서 남편이 장례식을 집례하러 마을로 갈 때마다 나는 열심히 기도했어요. 그리고 나는 그가 아주 위험하다고 느꼈던 몇 번의 경우를 여전히 기억하고 있어요. 그러나 아무도 그에게 전화를 걸어 협박하지 않았어요. 그런 일은 결코 없었어요! 발라클라바를 쓴 그[크로아티아인] 민병대 군인들은 장례식이 진행되는 동안 조용히 서서 지켜보았어요. 그들은 복음에 귀를 기울였어요. 아무도 우리에게 '당신들이 왜 이런 일을 하는 거요?' 하고 묻지 않았어요. 왜냐하면 그들은 우리가 곤경에 처한 모든 이를 돕고 있다는 것을 알았기 때문이죠.'

71 전쟁 기간에 목회자 Kovačević는 토르딘치에 있는 하나님의 성회 회중의 목회자로 섬겼다. 2012년 가을에 그는 크로아티아 하나님의 성회 교단의 총회장이 되었다.

(체트니치[chetnici]라고 알려져 있다)이 길 양쪽에 늘어선 키 큰 옥수수밭에서 차 앞으로 뛰어올라 놀란 승객들을 향해 총을 겨눴다. 네 사람은 차에서 내려 팔과 다리를 편 채 도랑에 엎어져 머리를 포장 도로 위에 받치고 있으라는 명령을 받았다. 그들 중에 목사 마테이 라자르 코바체비치와 그 지역 전기 기술자인 마르코 사반카(Marko Šavanka)가 있었다. 체트니치 중 하나로 분명히 그중 우두머리인 사람이 마르코의 등 위에 앉아 칼을 꺼내서 그의 목에 댔다. 그리고 다른 두 사람을 바라보며 물었다. "이 자의 목을 자를까?"[72] 그들 중 하나가 즉시 답했다. "잘라버려!" 그러나 다른 하나가 신경질적으로 반대했다. 그러자 그 첫 번째 체트니치가 칼을 거둬들이고 땅바닥에 누워 있는 이들 중 마지막 사람에게 다가가 그의 머리를 비열하고 잔인하게 걷어차기 시작했다. 그의 얼굴은 피와 흙과 잡초로 뒤덮인 채 알아보기 어려울 정도로 변형된 덩어리가 되고 말았다. 곧 모두에게 닥칠 일을 목격하면서 마르코가 부르짖었다. "라자르, 기도해주세요!" 라자르 코바체비치가 초조한 투지를 지니고 응답했다. "기도하고 있어요." 그 응답이 고문자의 시선을 끌었다. 그는 부족 간의 폭력이라는 성상파괴의 광기에 휩싸인 채 타자의 얼굴을 의식적으로 지우는 작업을 하기 위해 라자르를 향해 달려갔다. 바로 그때 라자르는 그의 존재의 깊은 곳에서 하나님의 음성을 들었다. "두려워 말라!" 그리고 얼굴을 돌려 자기를 향해 달려와 발을 들어 올려 라자르의 머리를 치려고 하는 체트니크(chetnik, 체트니치의 단수형)를 바라보았다. 그들의 눈이 마주치는 순간, 보이지 않는 어떤 힘이 체트니크의 발을 휩쓸어 그를 허공에 내던졌다. 그의 총은 땅에 떨어졌고, 그는 뒤

---

72    그 이야기는 2012년 6월 토르딘치에서 있었던 인터뷰 도중에 Marko Šavanka가 직접 들려 주었다.

이어 먼지 속으로 떨어졌다. 더 높은 권력이 갑자기 그를 무장해제시키면서 계획적인 동족 살해 행위, 즉 자기 비인간화 행위를 하지 못하게 만들었다. 다른 두 명의 체트니치가 라자르에게 달려가며 그의 머리에 총을 겨눴다. 그들이 방아쇠를 당길 준비를 했을 때 그들의 목소리에 담긴 공포는 욕설과 위협으로 바뀌었다. 그때 얼굴이 창백해지고 혼란에 빠진 그들의 지휘관이 땅에서 일어나 그들에게 무기를 버리라고 명령했다. 이어서 그는 라자르를 향해 돌아서서 두려운 분노로 가득 찬 음성으로 말했다. "일어서라! 너는 누구냐? 이 땅에서 일어나는 모든 악에 대해 누가 책임이 있는 건가?" 라자르가 일어서서 답했다. "나는 토르딘치에 있는 하나님의 교회의 목사입니다." 이어서 하나님이 단순히 자기만이 아니라 자신의 적에 대한 사랑 때문에 기적적으로 개입하셨다는 것을 깨닫고 "성령에 의해 담대함을 얻은" 라자르가 그가 할 수 있는 한 큰 소리로 외쳤다. "세상의 악은 하나님의 아들 예수 그리스도의 길을 따르지 않는 모든 사람들에게 죄가 있기 때문입니다." 그는 자신을 박해하는 자들을 해방시킬 수 있는 진리―세상의 상황에 대한 그들 자신의 책임을 이해하고 고백하도록 도전하면서 그들을 인간성에로 소환할 수 있는 유일한 진리―를 앞세워 그들의 고통스러운 영혼 속에서 들끓는 죽음과 직면하기로 결심했다. 분명히 동요된 그 우두머리가 화제를 바꿨다. 그리고 몇 마디 더 아무 말이나 지껄인 후에 포로들을 향해 차에 올라 떠나라고 명령했다. 아마도 그때 그는 민족적으로 타자인 이들의 얼굴에서 하나님의 얼굴의 빛을 보았을 것이다.

**사랑은 상호 지킴 속에서 타자의 생명을 위해 죽음의 길에 선다**

1991년 7월에 세르비아 급진당의 지도자였던 보이슬라브 셰셸(Vojislav Šešelj)이 가보스 마을에 와서 "위대한 세르비아"라고 불렸던 구유고슬라비아의 영토 전체에서 인종 청소를 위한 그의 극단적인 민족주의 프로그램을 홍보했다.[73] 그는 그 지역의 비세르비아인 주민들에 대한 폭력을 유발하면서 그 당의 민병대―체트니치("셰셸의 사람들"로도 알려졌다)―를 적극적으로 모집하고 있었다. 그가 연설을 하는 동안 그 지역의 세르비아 정교회 농부였던 밀로라드 (밀레) 코사노비치(Milorad [Mile] Kosanović)가 다음과 같은 말로 셰셸의 증오를 유발하는 정치적 수사에 도전했다. "당신은 나더러 내 이웃과 전쟁을 벌이도록 촉구하기 위해 이곳에 왔소.…나는 단지 그가 로마 가톨릭 신자라는 이유로 내 이웃에게 무기를 들 수는 없소." 셰셸은 청중의 나머지를 향해 다음과 같이 말하며 응수했다. "여기에 그와 같은 다른 사람들이 있다면, 그들 모두를 우스타샤(Ustaša, 크로아티아 민병대)[74]에게 보내십시오."[75] 이 사건 후에 밀레는 그의 공동체에 의해 고립되었고 괴롭힘

---

73  Šešelj은 구유고슬라비아에 대한 국제 형사 재판소(ICTY)에 의해 헤이그에서 재판을 받았고 "추종자들을 동원하고 동기를 부여하는 역할을 한 것으로 인해 인종 청소와 관련된 3가지 반인류적 범죄와 6가지 전쟁 범죄로" 기소되었다. "이 혐의에는 수만 명의 민간인을 강제 이감시키는 것으로 이어졌던 이른바 대세르비아를 만들기 위한 '공동 범죄 사업' 참여, 구금된 비세르비아인에 대한 고문, 성폭행, 구타 및 기타 신체적 학대, 가정, 종교 유적지 및 문화 기관 파괴, 그리고 증오 연설 등이 포함되었다"("Vojislav Šešelj, Serbian Nationalist, Is Acquitted of War Crimes by Hague Tribunal," *The New York Times*, March 31, 2016, 〈https://www.nytimes.com/2016 /04/01/world/europe/vojislav-seselj-war-crimes.html〉). 그는 처음에는 1심 판결에서 모든 혐의에 대해 무죄를 선고받았다. ICTY의 후계자 역할을 하는 유엔 안전 보장 이사회 기관인 MICT의 검찰은 그 무죄 판결에 대해 항소했다. 2018년 4월 11일, 항소심 재판부는 그에게 10년 형을 선고했다("Appeal Chamber Reverses Šešelj's Aquittal, in Part, and Convicts Him of Crimes against Humanity," *United Nations Mechanism for International Criminal Tribunals*, April 11, 2018, 〈http://www .unmict.org/ en/news/appeals-chamber-reverses-šešelj's-acquittalpart-and-convicts-him-crimes-against-humanity〉).

74  우스타샤(혹은 우스타세[Ustaše])는 1929년에서 1945년 사이에 구유고슬라비아 영토에서 활동했던 크로아티아 파시스트 극단적 민족주의자 조직이었다. 보도에 따르면, 그 조직의 구성원들은 제2차 세계대전 기간에 수많은 세르비아인, 유대인, 그리고 집시들을 살해했다.

75  이 이야기는 2012년 6월에 크로아티아 가보스에서 있었던 Milorad Milorad Kosanović와의 인터뷰 때 들은 것이다.

을 당했다. 머지않아 세르비아 민병대는 근처 마을에서 보급품을 수송하기 위해 그의 트랙터 중 하나를 징발했다. 그러나 예기치 못하게 크로아티아 군과 조우한 후 그들은 트랙터를 도로에 버리고 말았다. 밀레가 나중에 바리케이드를 치고 있던 크로아티아 군인들에게 접근해 자기 트랙터를 회수해 가도록 허락해주기를 청했을 때, 그는 토르딘치 시청으로 보내졌다. 한 지인이 그에게 시 당국 앞에 서기 전에 코바체비치 목사에게 연락해 지원을 요청하라고 조언했다. 밀레가 토르딘치 시청 안으로 들어간 직후, 두 명의 경찰관(그중 하나는 그 지역 경찰서장이었다)이 대기실로 들이닥쳐 그를 인근의 버려진 카페로 끌어갔다. 그들은 그를 죽이려고 권총을 뽑아들고 말했다. "네 삶은 여기서 끝이다." 바로 그때 (밀레의 구금 소식을 접한) 라자르 코바체비치 목사가 카페 안으로 밀고 들어와 처형을 막은 후 단호하게 처형자들을 향해 말했다. "나는 당신들이 그를 죽이는 것을 허락할 수 없어요. 나는 복음을 전하는 목사이고 당신들이 그를 죽이도록 내버려 두지 않을 겁니다. 그는 단지 자기의 것을 가지러 왔을 뿐이에요. 당신들이 하려는 일은 부당하고 불경합니다." 경찰서장은 돌아서서 코바체비치 목사에게 분통을 터뜨렸으나 잠시 주저한 후 방 밖으로 달려나갔다. 죽음의 문턱에서 두려워 떨던 밀레가 라자르에게 호소했다. "만약 당신이 복음을 전하는 사역자라면, 제발 나를 바리케이드로 데려가 나의 안전한 통행을 위해 중재해주세요. 그렇게 하지 않으면 그들이 나를 죽일 거예요." 라자르는 기꺼이 동의했고 이어서 밀레에게 자기를 인근에 있는 마르쿠시카 마을에 있는 세르비아인 본부까지 호송해 자기가 포로 교환에 대해 협상하고 다른 사형 집행을 중단하고 생명을 구할 수 있게 해달라고 요청했다. 밀레는 기꺼이 감사한 마음으로 라자르와 동행하기로 동의하며 단호하게 말했다. "걱정 마세요! 내가 당신을 보호하겠습니다. 만약 그들이 당신을 죽이려고 하면, 그들은 먼저 나를 죽여야 할 겁니다." 그때까지는 아무도 포로 교환에 대한 협상에 대해 생각한 적이 없었다. 적들에게 다가가는 것이 가져올 치명적인 결과를 두려워했기 때문이다. 그러나 사랑의 창의적인 힘이 적의와 죽음의 한가운데서 우정과 공유된 삶을 위한 길을 열었다.

## 사랑은 고통당하는 타자와 연대한다

민족적·종교적 타자의 생명을 위한 사랑의 끊임없는 노력의 대담함은 작지만 영향력 있는 기독교 에큐메니칼 평화 구축 운동의 출현을 통해 전쟁으로 피폐해지고 상처를 입은 지역에서 가시화되었다. 거기에는 폭력의 사회적 병리학에 맞서고 공공의 이익에 대한 헌신에 서로 다른 정도로 합의하며 살아가는 것에 대한 실행 가능한 대안적 비전을 제시하는 일에서 네트워크를 맺고 협력하며 살아가는 많은 기여자들이 포함되었다. 그들 중에 오시예크에 있는 평화, 비폭력, 인권 센터(Center for Peace, Nonviolence and Human Rights, CPNHR)가 있었다. 그 센터는 갈등 초기에 두 명의 크로아티아인 친구가 (일주일간의 로마 가톨릭 기도회 후에) 전쟁 시에 원수를 사랑한다는 것이 무엇을 의미하는지에 관한 토론을 시작했을 때 하나의 아이디어로 구상되었다.[76] 전쟁은 그들의 신앙과 기독교적 정체성에 도전했다. 그것은 그들의 마음을 살펴보고 성령께서 깊이 뿌리박힌 민족주의적 감정, 만성적인 불신, 타자에 대한 왜곡된 태도를 표면으로 드러내도록 촉발하면서 그리스도를 닮음에 대한 그들의 진정성을 직면하고 시험했다. 그 센터는 여러 다른 교단 출신의 그리스도인들을 (일부 비그리스도인들은 물론이고) 끌어

---

76  2012년 6월 4일 오시예크에서 있었던 헬싱키 위원회 크로아티아 지부(Croatian Barnach of the Helsinki Committe)와 평화, 비폭력, 인권 센터(CPNHR)의 공동 설립자인 Katarina Kruhonja와의 인터뷰.

들이면서 그 도시와 주변 지역에서 강력한 평화 구축 세력이 되었다. 그것의 사역은 다른 미래—공유된 번영에 대한 헌신 속에서 사적 영역과 공적 영역을 완벽하게 통합하는 사회 변혁적인 공동체적 기관에 모든 목소리를 포함시키고 권한을 부여하는 특징을 지닌 참여 민주주의의 토착적 형태—에 대한 비전에 의해 추동되었다.[77] 그 센터의 공동체는 이 재구성된 미래를 채울 수 있는 유일한 방법은 지금 이곳에서 그것을 살기 시작하는 것임을 깨달았다. 이런 인식이 "잔학 행위와 인권 유린에 맞서는 저항의 문화를 창조하고자 하는" 그들의 결의를 부추겼다.[78] 전쟁 시 적에 대한 사랑은 일반적인 감상주의의 문제가 아니라 고통스러울 정도로 구체적이고 인기 없는 선택이라는 것을 이해한 그들은 평화주의의 외로움을 받아들이고 전쟁 초기부터 구성원들이 위협받고 희생된 오시예크의 세르비아인 공동체와 연대하는 일에 헌신했다. 1991년 여름과 겨울 사이에 수많은 세르비아 시민이 크로아티아 민병대의 민족주의자 집단의 손에 살해당했다. 또한 세르비아인들은 분쟁 지역에서 이 지역으로 밀려들어오는 실향민 크로아티아인들을 위한 공간을 마련하기 위해 그들의 집에서 강제로 쫓겨났다. 센터의 구성원들에게 이것은 즉각적인 개입을 요구하는 인종 청소의 한 형태였다. 지역 신문에 기사를 게재하고, 공개적으로 평화를 지지하며, 자신들의 비전을 분명하게 밝히고, 인권 침해를 규탄한 후 그들은 위협을 받는 세

---

77    인터뷰 도중에 Dr. Kruhonja는 회원들이 배운 평화 구축에 관한 교훈과 함께 NGO의 비전을 설명했다. 세계에 대한 그들의 재구상은 비폭력 사회 건설에 대한 근본적인 관심을 주장하는 것에서 시작되었다. 자신들이 성령과 함께 공동체적 백일몽을 꾸게 된 이런 핵심적 동기에 대해 숙고하면서 Dr. Kruhonja는 다음과 같이 말했다. "우리는 문제와 갈등이 폭력으로 해결되지 않고 사회의 개선을 위한 지속적이고 비폭력적인 투쟁이 있는 정치적 사회/국가를 원한다고 말했습니다. 이런 사회는 폭력에 참여하기를 꺼리고 면역이 될 것입니다." 2012년 6월 4일 오시예크에서 있었던 Katarina Kruhonja와의 인터뷰.

78    2012년 6월 4일 Katarina Kruhonja와의 인터뷰.

르비아 주민들로부터 도움을 요청하는 전화를 받기 시작했다. 공동체의 문화적 변혁을 위해 헌신하던 중에 센터의 구성원들은 피해자를 보호하고 학대에 항의하는 등 지금 더 많은 일을 해야 한다는 것을 깨달았다. 그것을 현재적인 것으로 만들고 모든 이가 볼 수 있게 하면서 미래를 지금 여기서 살기로 결심한 그들은 "자신들의 아파트에 사는 이들을 비폭력적으로 보호하는 프로그램"을 시작했다.[79] 많은 세르비아인 거주자들이 센터로 전화를 해서 자신들이 겪은 괴롭힘에 대한 경험을 털어놓았다. 대개 민병대나 무장한 민족주의자 이웃들이 희생자들을 "방문해" 그들에게 하루 시한의 퇴거를 명령하거나 강제로 퇴거시키거나 사망에 이르게 했다. 그 센터의 구성원 중 많은 이가 타자의 생명을 보호하기 위해 기꺼이 자신의 생명을 위험에 빠뜨리면서 위협받는 세르비아인들의 아파트로 가서 "무장한 그룹이 오기를 기다리며" 그들과 함께 앉아 있었다. 그들은 또한 "경찰서, 시장실, 심지어 [크로아티아] 대통령에게 전화를 걸어 그런 각각의 경우들에 대해 설명함으로써" 희생자들을 위한 적극적인 옹호 활동을 시작했다. "그것은 불의에 맞서는 비폭력적인 보호 및 투쟁의 한 형태였어요."[80] 정의로운 평화에 대한 그들의 약속은 점점 더 많은 위협을 초래했고, 박해의 끊임없는 압력은 그 센터의 활동가들 사이에서 위기를 초래했다. 다른 이들, 즉 미국과 유럽 전역의 보다 경험 많은 기독교 평화 구축 기구들로부터 도덕적·영적·물류적 지원을 받았음에도 불구하고, 그 그룹 구성원 중 일부는 그 캠페인을 지지하는 동안에도 자신들이 "타자의 생명을 위해 앉는 것"을 통해 학대자들과의 직접적인 대립에 관여할 준비가 되어 있다고 느끼지 못했다.

~~~~~~

79    2012년 6월 4일에 있었던 Katarina Kuhonja와의 인터뷰.
80    2012년 6월 4일에 있었던 Katarina Kuhonja와의 인터뷰.

그러나 또한 그들은 "공개적으로 반전 운동과 연계함으로써" 그들의 직업과 사회적 지위를 잃으면서 박해의 대상이 되었다.[81] 그것은 증오를 통해 연료를 공급받는 전쟁의 광기에 맞서 이웃을 사랑하기로 선택한 그들이 치러야 할 값이었다.

1996년과 1998년 사이 기간에 그 센터의 일이 그 지역의 평화로운 전후 재통합에 결정적인 역할을 했다. 깊은 트라우마를 지닌 지역 공동체들이 위로부터 제정되어 강요된 평화를 받아들이지 못하리라는 것을 깨달은 센터의 구성원들은 분쟁 중에 있는 모든 편을 오가며 중재 역할을 시작했다. 그들은 정의롭고 지속 가능한 평화와 화해를 촉진하는 데 헌신하는 광범위한 풀뿌리 운동을 발전시켰다. 그 운동은 개인들, 공동체들, 그리고 비정부 기구들을 네트워크화하면서 그 지역에서 출현하는 시민 사회의 토대를 형성하는 데 공헌했다. 에큐메니컬 기도회로부터 공동체적 치유를 위한 공동 행동에 이르기까지 그것의 모든 노력의 측면에서 그 운동의 다인종적·다종교적 단체는 미래에 대한 대담한 성령의 영감을 받은 비전—모두가 생명에 대한 공유된 접근권을 지니고 타자와 그리고 서로 다른 이들과 편안하게 지내는 포용과 합의의 사회—을 구현했다. 그들을 통해 성령의 **소보르노스트**는 "세속 사회에서 자유, 일치, 공동생활을" 발산하고 있었다.[82]

---

81  2012년 6월 4일에 있었던 Katarina Kuhonja와의 인터뷰.
82  Todor Subev, "The Naure and Mission of Councils in the Light of the Theology of Sobornost," *The Ecumenical Review* 45, no. 3 (July 1993): 261-70 (265-66). 이 책의 1장에 있는 **소보르노스트** 부분을 보라.

## 결론적 생각

의심할 바 없이 성인전은 성인다운 삶을 구체적이고 소통적인 윤리적 실천의 한 형태로 고양시킴으로써 도덕이론의 일원론적 성격에 대해 대안을 제시한다. 성인전 내러티브의 맥락성은 기독교 윤리의 구체적이고 적용된 모델을 제공함으로써 이론과 실천 사이의 격차를 패러다임적으로 연결하고 도덕적 상상력을 형성하면서 그 내러티브의 수신자들을 통합한다. 타자의 생명을 윤리적 행동의 장소(실천이 이론을 교정하는 장소)로 옹호하는 것이 성인전의 도덕적 명령을 구체화한다. 고통당하는 타자와 성인의 연대의 견고함은 (그것을 존경할 만하지만 복제 불가능한 영웅적 [혹은 거친] 예외라고 선언하면서) 영적 격리에 대한 신화화하는 혹은 조심스러운 복종을 거부한다. 오히려 존재론적으로 갱신되고 종말론적으로 완성된 하나님의 형상으로서 성인은 성인 됨이 모든 인간의 피조물적 소명임을 긍정하면서 인간의 신성화적(theotic) 운명을 보여준다.

타자의 변영을 위한 성인의 자기 비움적 자기 공여는 그리스도를 닮는 것을 향한 복음의 소환("와서, 나를 따르라!")을 "타자에 대한 헌신 형태의 노동"으로 재진술한다.[83] 성령에 의해 시작되는 세계 개선을 위한 이런 노동은 종종 외롭고, 오해를 받으며, 부정된다. 거기에는 성인 자신의 공동체에 의한 (그리고 그/그녀가 돕고자 노력하는 자들에 의한) 조롱, 거부, 그리고 학대를 견디는 것이 포함된다. 이런 고통에 대한 성인의 대응은 타자(심지어 적)에게 도전하고 그를 다시 인간화시키는 사랑이다. 성인과의 만남은 끈기 있고 오래 참는 사랑의 창조성을 드러내는데, 그것은 보이지 않는 것─보는

~~~~~

83    Wyschogrod, *Saints and Postmodernism*, 85.

자의 종말론적 운명으로서의 하나님의 삶—을 보이게 만들고 또한 그를 그와 같은 존재로 만든다.

성령은 성인다운 삶을 통해 하나님의 사랑을 놀랍고도 예기치 않은 방식으로, 즉 거룩해진 인간 자신이 불가능하거나 극복할 수 없는 도전에 대한 해결책이 되는 방식으로 유형화한다. 성령은 그리스도화된 인간의 삶을 평화 만들기와 화해, 경제 정의, 사회정치적 포용, 그리고 생태적 갱신을 향한 비가시적 은혜의 가시적 수단으로 고양시킨다. 실제로 온 우주의 치유는 거룩해진 성령 충만한 인간 안에서 시작된다. 성화되고 성인다운 인간 공동체 안에서 성령의 세계 개선 솜씨는 차이가 지닌 도전적인 아름다움을 유지하면서 공동의 이익을 추구하는 공동체의 합의를 형성한다. 그곳에서 성령은 창조주와 결합되고 신성한 사랑의 광활함으로 확대된 숨 막힐 듯한 창조의 **소보르노스트**를 불러낸다. 그곳에서 말씀은 세상이 그분의 육신— 모든 것을 아우르는 그것의 창조주의 공동의 몸—이 될 때까지 세상의 삶을 위한 육신이 된다.

# 참고문헌

Alexander, T. Desmond. *From Paradise to the Promised Land*. Grand Rapids: Baker Academic, 2012.

Aquinas, Thomas. *Summa Theologiae*. Translated by Cornelius Ernst. London: Black Friars, 1972.

Arendt, Hannah. *The Human Condition*. Chicago: University of Chicago Press, 1998. 『인간의 조건』(한길사 역간).

_____. *On Violence*. New York: Harcourt, 1970. 『폭력의 세기』(이후 역간).

_____. Viva Activa oder vom tatigen Leben. Stuttgart: Kohlhammer, 1977.

Athanasius. *On the Incarnation*. Crestwood, NY: St. Vladimir's Seminary Press, 1996.

Augustine. *Tractates on the Gospel of John 80.3*. ⟨http://www.newadvent.org/fathers/1701. htm⟩.

_____. *The Trinity*. The Fathers of the Church 45. Translated by Stephen McKenna. Washington, DC: The Catholic University of America Press, 1963.

Augustine, Daniela C. "Creation as Perichoretic Trinitarian Conversation: Reflections on World-Making with Robert W. Jenson." Pages 99-113 in *The Promise of Robert Jenson's Theology*. Edited by Stephen Wright and Christopher W. Green. Minneapolis: Fortress, 2017.

_____. "Image, Spirit and Theosis: Imaging God in an Image-Distorting World." Pages 172-88 in *The Image of God in an Image Driven Age*. Edited by Beth Felker Jones and Jeffrey W. Barbeau. Downers Grove, IL: InterVarsity, 2016.

_____. "The Liturgical Teleology of Human Creativity and the City of God as Theosis of Culture." *Cultural Encounters: A Journal for the Theology of Culture* 10, no. 2 (April 2015): 3-26.

_____. *Pentecost, Hospitality, and Transfiguration: Toward a Spirit-Inspired Vision of Social Transformation*. Cleveland, TN: CPT, 2012.

_____. "Pentecost and Prosperity in Eastern Europe: Between Sharing of Possessions and Accumulating Personal Wealth." Pages 189-212 in *Pentecostalism and Prosperity: The Socio-Economics of Global Renewal*. Edited by Amos Yong and Katherine Attanasi. New York: Palgrave Macmillan, 2012.

Babylonian Talmud. ⟨https://www.jewishvirtuallibrary.org/babyloniantalmud-full-text⟩.

Bakhtin, Mikhail. "Discourse in the Novel." Pages 259-422 in *The Dialogic Imagination*.

Edited by Michael Holquist. Austin: University of Texas Press, 1981.

_____. "Response to a Question from Novy Mir Editorial Staff." Pages 1-9 in *Speech Genres and Other Late Essays*. Translated by Vern W. McGee. Edited by Caryl Emerson and Michael Holquist. Austin: University of Texas Press, 1986.

Balog, Antal. *Agape International: The 1994 Annual Report on the Humanitarian Relief and Development Agency of the Evangelical Church in the Republic of Croatia and the Republic of Bosnia & Herzegovina*. Osijek, Croatia: Izvori, 1995.

Balthasar, Hans Urs von. *The Word Made Flesh*. Vol. 1 of *Explorations in Theology*. Translated by A. V. Littledale and Alexander Dru. San Francisco: Ignatius, 1989.

Barber, Tony. "Defenseless Muslims Face the Final Agony: Tony Barber Witnesses the Relentless Demolition of Bihac by Serbian Guns." *The Independent*, August 12, 1992. ⟨https://www.independent.co.uk/news/defenceless-muslims-face-the-final-agony-tony-barber-witnesses-the-relentless-demolition-of-bihac-by-1540468.html⟩.

Barker, Margaret. "Beyond the Veil of the Temple: The High Priestly Origin of the Apocalypses." Presidential Address to the Society for Old Testament Study, Cambridge, January 1998. First published in the *Scottish Journal of Theology* 51, no. 1 (1998). ⟨http://www.marquette.edu/maqom /veil.html⟩.

Barth, Karl. *Church Dogmatics: The Doctrine of Reconciliation*. Church Dogmatics 4.1. Edinburgh: T&T Clark, 1961. 『교회 교의학4/1』(대한기독교서회 역간)

_____. *Dogmatics in Outline*. New York: Harper & Row, 1959. 『칼 바르트 교의학 개요』(복있는사람 역간).

_____. *Preaching through the Christian Year: A Selection of Exegetical Passages from the Church Dogmatics*. Grand Rapids: Eerdmans, 1981.

Bartholomew I, H. A. H. Archbishop of Constantinople and Ecumenical Patriarch. *Encountering the Mystery*. New York: Doubleday, 2008.

Bauckham, Richard. "Jesus and the Wild Animals (Mark 1:13): A Christological Image for an Ecological Age." Pages 3-21 in *Jesus of Nazareth: Lord and Christ—Essays on the Historical Jesus and New Testament Christology*. Edited by Joel B. Green and Max Turner. Grand Rapids: Eerdmans/Carlisle: Paternoster, 1994.

Behr, John. *The Mystery of Christ: Life and Death*. Crestwood, NY: St. Vladimir's Seminary Press, 2006.

Berdyaev, Nicolas. *The Meaning of History*. Pages 299-514 in vol. 2 of *Collected Works*. Sofia: Zachari Stoyanov, 2003.

_____. *The New Middle Ages*. Pages 515-607 in vol. 2 of *Collected Works*. Sofia: Zachari Stoyanov, 2003.

_____. *Philosophy of Inequality*. Sofia: Prozoretc, 1995.

_____. *Slavery and Freedom*. Paris: YMCA, 1939.

Bergson, Henri. *Creative Evolution*. New York: Cosimo Classics, 2005. 『창조적 진화』(아카넷 역간).

Blanchard, Kathryn D. *The Protestant Ethic or the Spirit of Capitalism: Christians, Freedom, and Free Markets*. Eugene, OR: Cascade, 2010.

Blount, Brian K. "The Apocalypse of Worship: A House of Prayer for All Nations." Pages 16–29 in *Making Room at the Table: An Invitation to Multicultural Worship*. Edited by Brian K. Blount and Leonora Tubbs Tisdale. Louisville: Westminster John Knox, 2001.

Boeve, Lieven. "Resurrection: Saving Particularity: Theological-Epistemological Considerations of Incarnation and Truth." *Theological Studies* 67 (2006): 795–808.

Bonaventure. *The Life of St. Francis of Assisi*. Charlotte, NC: TAN, 2010.

Bonhoeffer, Dietrich. *Ethics*. New York: Macmillan, 1965.

Brown, Raymond. *The Gospel According to John I-XII: A New Translation with Introduction and Commentary*. The Anchor Bible 29. Garden City, NY: Doubleday, 1966.

Bruce, F. F. *The Gospel of John: Introduction, Exposition and Notes*. Glasgow: Pickering and Ingles, 1983.

Brueggemann, Walter. *Genesis*. Interpretation: A Bible Commentary for Teaching and Preaching. Atlanta: John Knox, 1982.

_____. *Journey to the Common Good*. Louisville: Westminster John Knox, 2010.

_____. *The Practice of Prophetic Imagination*. Minneapolis: Fortress, 2012.

_____. *Sabbath as Resistance: Saying No to the Culture of Now*. Louisville: Westminster John Knox, 2014.

Bulgakov, Sergius. "The Virgin and the Saints in Orthodoxy." Pages 65–75 in *Eastern Orthodox Theology: A Contemporary Reader*. Edited by Daniel B. Clendenin. Grand Rapids: Baker, 1995.

Bultmann, Rudolf Karl. *The Gospel of John: A Commentary*. Louisville: Westminster John Knox, 1971.

Byron, John. *Cain and Abel in Text and Tradition: Jewish and Christian Interpretations of the First Sibling Rivalry*. Leiden: Brill, 2011.

_____. "Slaughter, Fratricide and Sacrifice: Cain and Abel Traditions in 1 John 3." *Biblica* 88, no. 4 (2007): 526–35.

Calder, Nigel. *Unless Peace Comes*. New York: Viking, 1968.

Caneday, A. B. "Mark's Provocative Use of Scripture in Narration: 'He Was with the Wild Animals and Angels Ministered to Him.'" *Bulletin for Biblical Research* 9 (1999): 19–36.

Cantalamessa, Raniero. *The Mystery of Pentecost*. Translated by Glen S. Davis. Collegeville, MN: Liturgical, 2001.

Carson, D. A. *The Gospel according to John*. Leicester: InterVarsity/Grand Rapids: Eerdmans, 1991.

_____. *Matthew: Chapters 1 through 12*. The Expositor's Bible Commentary. Grand Rapids: Zondervan, 1995.

_____. *Matthew: Chapters 13 through 28*. The Expositor's Bible Commentary. Grand Rapids: Zondervan, 1995.

Castro, Emilio. "Reconciliation." Pages 65-70 in *The Ecumenical Movement: An Anthology of Key Texts and Voices*. Edited by Michael Kinnamon and Brian E. Cope. Geneva: World Council of Churches, 1997.

Cavanaugh, William T. *Being Consumed: Economics and Christian Desire*. Grand Rapids: Eerdmans, 2008.

_____. *The Myth of Religious Violence: Secular Ideology and the Roots of Modern Conflict*. New York: Oxford University Press, 2009.

Chardin, Teilhard de. *The Divine Milieu*. New York: HarperCollins, 2001. 『신의 영역』(분도출판사 역간).

Clausewitz, Carl von. *On War*. Princeton: Princeton University Press, 1984. 『전쟁론』.

Coakley, Sarah. *God, Sexuality, and the Self: An Essay 'On the Trinity.'* New York: Cambridge University Press, 2013.

Connolly, William E. "Capitalism, Christianity, America: Rethinking the Issues." *Political Theology* 12, no. 2 (2011): 226-36.

Constantinou, Stavroula. "Holy Actors and Actresses: Fools and Cross-Dressers as Protagonists of Saints' Lives." Pages 343-57 in *Ashgate Research Companion to Byzantine Hagiography*: Volume II: *Genres and Contexts*. Edited by Stephanos Efthymiadis. Burlington, VT: Ashgate, 2014.

Cox, Harvey. *The Future of Faith*. New York: HarperOne, 2010.

Cross, Samuel Hazzard, and Olgerd P. Scherbowits, trans. and ed. *The Russian Primary Chronicle: Laurentian Text*. Cambridge, MA: The Medieval Academy of America, 1956.

Crossan, John Dominic. *God and Empire: Jesus Against Rome, Then and Now*. New York: HarperOne, 2007.

Crouch, Andy. *Culture Making: Recovering Our Creative Calling*. Downers Grove, IL: InterVarsity, 2008. 『컬처 메이킹』(IVP 역간).

Cunningham, Laurence S. *The Meaning of Saints*. New York: Harper and Row, 1980.

Damascene, John. *An Exact Exposition of the Orthodox Faith*. 〈http://www.orthodox.net/fathers/exacti.html〉.

De La Torre, Miguel A. *Genesis*. Louisville: Westminster John Knox, 2011.

Derrida, Jacques. "Living On: Border Lines." Pages 62-142 in *Deconstruction and Criticism*. Edited by Harold Bloom. New York: Seabury, 1979.

_____. *Of Grammatology*. Translated by Gayatri Spivak. Baltimore: Johns Hopkins University Press, 1998. 『그라마톨로지』(민음사 역간).

_____. *On Cosmopolitanism and Forgiveness*. Thinking in Action. New York: Routledge, 2007.

_____. "The Villanova Roundtable: A Conversation with Jacques Derrida." Pages 3-28 in *Deconstruction in a Nutshell: A Conversation with Jacques Derrida*. Edited by John Caputo. New York: Fordham University Press, 1996.

Dionysius Aeropagite. *The Divine Names*. Patrologia Graeca 3:700A-B. Edited by J.-P. Migne.

Dostoevsky, Fyodor. *The Brothers Karamazov*. Mineola, NY: Dover, 2005. 『카라마조프 가의 형제들』.

Ecumenical Press Service. "Churches Urged to Play Their Part in Ex-Yugoslavia." *Ecumenical Press Service*. February 22, 1993.

Engels, Friedrich. *Herr Eugen Dühring's Revolution in Science*. ⟨https://www.marxists.org/archive/marx/works/download/pdf/anti_duhring.pdf⟩.

Fagerberg, David. "A Century on Liturgical Asceticism." *Diakonia* 31, no. 1 (1998): 41.

Finger, Reta Halteman. *Of Widows and of Meals: Communal Meals in the Book of Acts*. Grand Rapids: Eerdmans, 2007.

Flam, Nancy. " 'Pass Not Away': Yearning for a Seamless Life of Connection." Pages 3-14 in *Jewish Mysticism and the Spiritual Life: Classical Texts, Contemporary Reflections*. Edited by Lawrence Fine, Eitan Fishbane, and Or N. Rose. Woodstock, VT: Jewish Light, 2010.

Flesher, Andrew Michael. *Heroes, Saints, and Ordinary Morality*. Washington, DC: Georgetown University Press, 2003.

Foucault, Michel. *Society Must Be Defended*. Translated by David Macey. Edited by Mauro Bertani and Alessandro Fontana. New York: Picador, 2003.

Francis of Assisi. "How St. Francis Tamed the Very Fierce Wolf of Gubbio." Pages 496-498 in *From Christ to the World: Introductory Readings in Christian Ethics*. Edited by Wayne G. Boulton, Thomas D. Kennedy, and Allen Verhey. Grand Rapids: Eerdmans, 1994.

Francis, Pope. *Homily for the Canonization of Mother Teresa*. Holy Mass and Canonization of Blessed Mother Terese of Calcutta. St. Peter's Square, September 4, 2016. ⟨http://en.radiovaticana.va/news/2016/09/04/homily_for_the_canonization_of_mother_teresa_full_text/1255727⟩.

Fresko, J. V. "Preaching as a Means of Grace and the Doctrine of Sanctification: A Reformed Perspective." *American Theological Inquiry* 3, no. 1 (January 15, 2010): 35-54.

Freud, Sigmund. *Beyond the Pleasure Principle*. London: Hogarth, 1920.

Fromm, Erich. *The Fear of Freedom*. London: Routledge, 2001.

Gaventa, Beverly. *The Acts of the Apostles*. Abingdon New Testament Commentaries. Nashville: Abingdon, 2003.

George, Henry. "Moses: A Lecture." ⟨http://www.cooperativeindividualism.org /george-henry_moses-a-lecture-1878.html⟩.

Gieschen, Charles A. "Why Was Jesus with the Wild Beasts (Mark 1:13)?" *Concordia Theological Quarterly* 73, no. 1 (January 2009): 77-80.

Gilligan, James. *Violence: Reflections on a National Epidemic*. New York: Vintage, 1996.

Girard, René. *Le Bouc emissaire*. Paris: Grasset, 1982.

_____. *Je vois Satan tomber comme l'éclair*. Paris: Grasset, 1999.

_____. *Violence and the Sacred*. Translated by Patrick Gregory. Baltimore: Johns Hopkins University Press, 1979. 『폭력과 성스러움』(민음사 역간).

Glenny, Misha. *The Fall of Yugoslavia: The Third Balkan War*. London: Penguin, 1996.

Godzieba, Anthony. "'Stay with us…' (Lk. 24.29)—'Come, Lord Jesus' (Rev. 22.20): Incarnation, Eschatology, and Theology's Sweet Predicament." *Theological Studies* 67 (2006): 783–95.

Greenberg, Irvin. "Religion as a Force for Reconciliation and Peace: A Jewish Analysis." Pages 88–112 in *Beyond Violence: Religious Sources of Social Transformation in Judaism, Christianity, and Islam*. Edited by James L. Heft, S.M. New York: Fordham University Press, 2004.

Gregory of Nyssa. *The Life of Moses*. Patrologia Graeca 44:374. Edited by J.-P. Migne.

Groody, Daniel G. "Globalizing Solidarity: Christian Anthropology and the Challenge of Human Liberation." *Theological Studies* 69 (2008): 250–68.

Gruchy, John W. de. *Reconciliation: Restoring Justice*. Minneapolis: Fortress, 2002.

Habermas, Jürgen. "The Crisis of the Welfare State and the Exhaustion of Utopian Energies." Pages 285–99 in *Jürgen Habermas on Society and Politics: A Reader*. Edited by Steven Seidman. Boston: Beacon, 1989.

Hardt, Michael, and Antonio Negri. *Declaration*. Argo Navis, 2012.

Hauerwas, Stanley. *Approaching the End: Eschatological Reflections on Church, Politics, and Life*. Grand Rapids: Eerdmans, 2013.

Havel, Vaclav. "Politics, Morality, and Civility." Pages 391–402 in *The Essential Civil Society Reader: Classic Essays in the American Civil Society Debate*. Edited by Don E. Eberly. New York: Rowman & Littlefield, 2000.

Hayes, Zachary. "Christology-Cosmology." *Spirit and Life* 7 (1997): 41–58.

Hedley, Tom. "Croatia, Serbia Face Off at Bihac." *Chicago Tribune*. July 30, 1995. ⟨http://articles.chicagotribune.com/1995-07-30/news/9507300180_1_bihac-bosnian-serb-bosnian-government⟩.

Hegel, G. W. F. *G. W. F. Hegel: Theologian of the Spirit*. Edited by Peter C. Hodgson. Edinburgh: T&T Clark, 1997.

Heinrich, Mark. "Eastern Slavonia Agrees to Join Croatia." *Independent*. November 13, 1995. ⟨https://www.independent.co.uk/news/world/eastern-slavonia-agrees-to-rejoin-croatia-1581721.html⟩.

Hengel, Martin. *Property and Riches in the Early Church*. Philadelphia: Fortress, 1974. 『초기 기독교의 사회경제사상』(감은사 역간).

Hill, David. *The Gospel of Matthew*. New Century Bible Commentary. Grand Rapids: Eerdmans, 1981.

Hill, Lisa. "The Hidden Theodicy of Adam Smith." *European Journal of the History of Economic Thought* 8, no. 1 (2001): 1–29.

Himes, Michael J., and Kenneth R. Himes. "The Sacrament of Creation: Toward an

Environmental Theology." *Commonweal* 117 (1990): 45-46.

Hinterberger, Martin. "Byzantine Hagiography and Its Literary Genres: Some Critical Observations." Pages 25-60 in *The Ashgate Research Companion to Byzantine Hagiography*: Volume II: *Genres and Contexts*. Edited by Stephanos Efthymiadis. Burlington, VT: Ashgate, 2014.

Hobbes, Thomas. *Leviathan (Or the Matter, Form and Power of a Commonwealth Ecclesiastical and Civil)*. New York: Simon and Schuster, 1962. 『리바이어던 1, 2』(나남출판 역간).

Howard, Michael. *The Invention of Peace*. London: Yale University Press, 2000. 『평화의 발명』(전통과현대 역간).

Ignatius. *Letter to the Romans*. ⟨http://www.newadvent.org/fathers/0107.htm⟩.

Irenaeus. *Against Heresies*. The Apostolic Fathers with Justin Martyr and Irenaeus, Christian Classics Ethereal Library. ⟨http://www.ccel.org/ccel/schaff/anf01.ix.vii.xv.html⟩.

Jacques, Peter. "Ecology, Distribution, and Identity in the World Politics of Environmental Skepticism." *Capitalism Nature Socialism Journal* 19, no. 3 (2008): 8-28. ⟨http://www.cnsjournal.org/wp-content/uploads/2014/09/Jacques.19.3.Sep_.08.pdf⟩.

Jankélévitch, Vladimir. *Forgiveness*. Translated by Andrew Kelly. Chicago: University of Chicago Press, 2005.

_____. *L'Imprescriptible*. France: Seuil, 1996.

_____. "Should We Pardon Them?" Translated by Ann Hobart. *Critical Inquiry* 22 (1996): 552-72.

Jenson, Robert W. *The Triune God*. Vol. 1 of *Systematic Theology*. New York: Oxford University Press, 1997.

_____. *Visible Words: The Interpretation and Practice of Christian Sacraments*. Minneapolis: Fortress, 2010.

_____. *The Works of God*. Vol. 2 of *Systematic Theology*. New York: Oxford University Press, 1999.

John of Damascus. *An Exposition of the Orthodox Faith*. ⟨http://www.newadvent.org/fathers/33042.htm⟩.

Johnson, Luke Timothy. *Sharing Possessions: Mandate and Symbols of Faith*. Philadelphia: Fortress, 1981. 『공동소유』(대장간 역간).

Jones, L. Gregory. *Embodying Forgiveness: A Theological Analysis*. Grand Rapids: Eerdmans, 1995.

Kant, Immanuel. *Perpetual Peace: A Philosophical Essay*. Translated by M. Campbell. New York: Grand, 1972. 『영구 평화론』(서광사 역간).

Keegan, John. *A History of Warfare*. London: Hutchinson, 1993.

Kim, Angela Y. "Cain and Abel in the Light of Envy: A Study in the History of Interpretation of Envy in Genesis 4.1-16." *Journal for the Study of Pseudepigrapha* 12, no. 1 (2001): 65-84.

Kuzmic, Peter. "Historical Context: How Did We Get Here?" Pages 6-12 in *Bridges of*

Reconciliation: Reader on the Conflict in Bosnia. Edited by Craig Arban and Jo Marie Dooly. Washington, DC: World Vision, 1997.

———. "On the Way to Peace in the Balkans." *The Christian Century*, no. 6 (February 21, 1996): 199–202.

———. "Reconciliation in Eastern Europe." Pages 47–55 in *Reconciliation in Difficult Places: Dealing with Our Deepest Differences, The Washington Forum: Perspectives on Our Common Future*. Monrovia, CA: World Vision, 1994.

Levinas, Emmanuel. *Beyond the Verse: Talmudic Readings and Lectures*. London: Continuum, 2007.

———. "The Ego and Totality." Pages 25–46 in *Collected Philosophical Papers*. Translated by Alphonso Lingis. Dordrecht: Martinus Nijhoff, 1987.

———. *In the Time of the Nations*. Translated by Michael B. Smith. London: Athlone, 1994.

———. *Totality and Infinity: An Essay on Exteriority*. Dordrecht: Kluwer, 1991. 『전체성과 무한』(그린비 역간).

Lederach, John Paul. *The Moral Imagination: The Art and Soul of Building Peace*. New York: Oxford University Press, 2005. 『도덕적 상상력』(글항아리 역간).

Lossky, Vladimir. *The Mystical Theology of the Eastern Church*. Crestwood, NY: St. Vladimir's Seminary Press, 1976.

———. *Orthodox Theology: An Introduction*. Crestwood, NY: St. Vladimir's Seminary Press, 1978. 『정교신학 개론』(지만지 역간).

Loth, Andrew. "From Doctrine of Christ to Icon of Christ: St. Maximus the Confessor on the Transfiguration of Christ." Pages 260–75 in *In the Shadow of the Incarnation: Essays on Jesus Christ in the Early Church in Honor of Brian E. Daley, S.J.* Edited by Peter W. Martens. Notre Dame: University of Notre Dame Press, 2008.

Luther, Martin. *Lectures on Romans*. Vol. 25 of *Luther's Works*. Saint Louis: Concordia, 1972.

Luxemburg, Rosa. "Socialism and the Churches." *Marxist Classics*. ⟨http://www.newyouth.com/archives/classics/luxemburg/socialismandthechurches.html⟩.

Marx, Karl. "Introduction." *A Contribution to the Critique of Hegel's Philosophy of Right*. ⟨http://www.marxists.org/archive/marx/works/1843/critiquehpr/intro.htm⟩.

Marx, Karl, and Frederick Engels. *Communist Manifesto*. ⟨https://www.marxists.org/archive/marx/works/1848/communist-manifesto/ch04.htm⟩. 『공산당 선언』.

Mass, Peter. *Love Thy Neighbor: A Story of War*. New York: Alfred A. Knopf, 1997.

Maximus the Confessor. *Ambigua*. Patrologia Graeca 91:1072B–C. Edited by J.-P. Migne.

———. *Gnostic Chapters* 1.67. Patrologia Graeca 90:1108B. Edited by J.-P. Migne.

———. *Mystagogy*. Patrologia Graeca 91:684C–685A. Edited by J.-P. Migne.

———. *On the Cosmic Mystery of Jesus Christ*. Crestwood, NY: St. Vladimir's Seminary Press, 2003.

McChesney, Robert W. Introduction to *Profit over People: Neoliberalism and Global Order*, by

Noam Chomsky. New York: Seven Stories, 1999.

McFague, Sallie. *Blessed Are the Consumers: Climate Change and the Practice of Restraint.* Minneapolis: Fortress, 2013.

_____. "An Ecological Christology: Does Christianity Have It?" Pages 29-46 in *Christianity and Ecology: Seeking the Well-Being of Earth and Humans.* Edited by Dieter T. Hessel and Rosemary Radford Ruether. Cambridge, MA: Harvard University Press, 2000.

_____. "Epilogue: Human Dignity and the Integrity of Creation." Pages 199-212 in *Theology That Matters: Ecology, Economy, and God.* Edited by Darby Kathleen Ray. Minneapolis: Fortress, 2006.

_____. *Life Abundant: Rethinking Theology and Economy for a Planet in Peril.* Minneapolis: Fortress, 2001.

_____. *A New Climate for Theology.* Minneapolis: Fortress, 2008. 『기후 변화와 신학의 재구성』(한국기독교연구소 역간).

McGill, Arthur. *Sermons of Arthur C. McGill: Theological Fascinations.* Edited by Daniel Cain. Eugene, OR: Cascade, 2007.

Meeks, M. Douglas. "The Church and the Poor in Supply-Side Economics." *Cities*, no. 1 (Fall 1983): 6-9.

_____. *God the Economist: The Doctrine of God and Political Economy.* Minneapolis: Fortress, 1989.

Meier, John P. *Matthew.* New Testament Message 3. Wilmington, DE: Michael Glazier, 1980.

_____. "The Present State of the 'Third Quest' for the Historical Jesus: Loss and Gain." *Biblica* 80 (1999): 459-87.

Merwe, Hugo van der, and Audrey R. Chapman, eds. *Truth and Reconciliation in South Africa: Did the TRC Deliver?* Philadelphia: University of Pennsylvania Press, 2008.

Metz, Johann Baptist. *Faith on History and Society: Toward a Practical Fundamental Theology.* New York: Seabury, 1980.

Meyendorff, John. "Doing Theology in an Eastern Orthodox Perspective." Pages 79-96 in *Eastern Orthodox Theology: A Contemporary Reader.* Edited by Daniel B. Clendenin. Grand Rapids: Baker, 1995.

Midlarsky, Manus I. *Origins of Political Extremism: Mass Violence in the Twentieth Century and Beyond.* New York: Cambridge University Press, 2011.

Minow, Martha. *Forgiveness, Law and Justice.* Annual Reconciliation Lecture, 2014. ⟨https:// www.ufs.ac.za/docs/librariesprovider47/trauma-forgiveness-and-reconciliation-studies-documents/programme-and-actvities-documents/annual-reconciliation-lecture-2014-78-eng.pdf?sfvrsn=0⟩

Moberly, R. W. L. "Did the Interpreters Get It Right? Genesis 2-3 Reconsidered." *Journal of Theological Studies* 59, no. 1 (April 2008): 22-40.

Moloney, Francis J., and Daniel J. Harrington. *The Gospel of John. Sacra Pagina.* Collegeville, MN: Liturgical, 1998.

Moltmann, Jürgen. *Creating a Just Future: The Politics of Peace and the Ethics of Creation in a Threatened World*. London: SCM, 1989.

_____. *Ethics of Hope*. Minneapolis: Fortress, 2012. 『희망의 윤리』(대한기독교서회 역간).

_____. *The Living God and the Fullness of Life*. Translated by Margaret Kohl. Louisville: Westminster John Knox, 2015. 『살아 계신 하나님과 풍성한 생명』(대한기독교서회 역간).

_____. *The Trinity and the Kingdom*. Minneapolis: Fortress, 1993. 『삼위일체와 하나님 나라』(대한기독교서회 역간).

Morgan, Maria Teresa. "Tongues as of Fire: The Spirit as Paradigm for Ministry in a Multicultural Setting." Pages 106–25 in *The Spirit in the Church and the World*. Edited by Bradford E. Hinze. New York: Orbis, 2004.

Murove, Munyaradzi Felix. "Perceptions of Greed in Western Economic and Religious Traditions: An African Communitarian Response." *Black Theology* 5, no. 2 (2007): 220–43.

Nation, R. Craig. *War in the Balkans, 1991-2002: Comprehensive History of Wars Provoked by Yugoslav Collapse; Balkan Region in World Politics, Slovenia and Croatia, Bosnia-Herzegovina, Kosovo, Greece, Turkey, Cyprus*. Progressive Management, 2014.

Nauta, Rein. "Cain and Abel: Violence, Shame and Jealousy." *Pastoral Psychology* 58, no. 1 (March 2009): 65–71.

Nazianzus, Gregory. *Epistle CI. To Cledonius the Priest against Apollinarius*. Christian Classics Ethereal Library. ⟨http://www.ccel.org/ccel/schaff/npnf207.iv.ii.iii.html⟩.

_____. *The Fifth Theological Oration: On the Holy Spirit*, XXVI, in *Cyril of Jerusalem and Gregory of Nazianzen*. Christian Classics Ethereal Library. ⟨http://www.ccel.org/ccel/schaff/npnf207.iii.xvii.html⟩.

_____. *Oration 38*. ⟨http://www.newadvent.org/fathers/310238.htm⟩.

Neshev, Kiril. *The Philosophical Postmodernism*. Sofia: Filvest, 1997.

Niebuhr, H. Richard. *Christ and Culture*. New York: Harper & Row, 1975.

Nussbaum, Martha C. *Political Emotions: Why Love Matters for Justice*. Cambridge, MA: Harvard University Press, 2015. 『정치적 감정』(글항아리 역간).

Olthuis, James. "Introduction: Love/Knowledge Sojourning with Others, Meeting with Differences." Pages 1–15 in *Knowing Other-Wise: Philosophy at the Threshold of Spirituality*. Edited by James Olthuis. New York: Fordham University Press, 1997.

Ouspensky, Leonid. "The Meaning and Content of the Icon." Pages 33–63 in *Eastern Orthodox Theology: A Contemporary Reader*. Edited by Daniel B. Clendenin. Grand Rapids: Baker, 1995.

Peters, Rebecca Todd. "Examining the Economic Crisis of Values." *Interpretation* (April 2011): 154–66.

Pfeil, Margaret R. "Liturgy and Ethics: The Liturgical Asceticism of Energy Conservation." *Journal of the Society of Christian Ethics* 27, no. 2 (Fall/Winter 2007): 127–49.

Philo. *Questions and Answers on Genesis* 1.4. The Works of Philo, Early Jewish Writings.

⟨http://www.earlychristianwritings.com/yonge/book41.html⟩.

_____. *The Special Laws. The Works of Philo.* ⟨http://www.earlychristianwritings.com/yonge/book30.html⟩.

Plekon, Michael. *The World as Sacrament: An Ecumenical Path toward a Worldly Spirituality.* Collegeville, MN: Liturgical, 2016.

Rad, Gerhard von. *Genesis.* Translated by John Marks. Philadelphia: Westminster, 1961.

Renan, Ernest. "What Is a Nation?" Pages 143-55 in *The Nationalism Reader.* Edited by Omar Dahbour and Micheline R. Ishay. Atlantic Highlands, NJ: Humanities, 1995.

Rieff, David. *Slaughterhouse: Bosnia and the Failure of the West.* New York: Touchstone, 1995.

Riggs, Marcia Y. "The Globalization of Nothing and Creation Ex Nihilo." Pages 141-53 in *Theology That Matters: Ecology, Economy, and God.* Edited by Darby Kathleen Ray. Minneapolis: Fortress, 2006.

Ringe, Sharon H. *Jesus, Liberation, and the Biblical Jubilee: Images of Ethics and Christology.* Philadelphia: Fortress, 1985.

Rosenblatt, Naomi H., and Joshua Horwitz. *Wrestling with Angels: What the First Family of Genesis Teaches Us about Our Spiritual Identity, Sexuality, and Personal Relationships.* New York: Delacorte, 1995.

Sacks, Jonathan. *The Politics of Hope.* London: Vintage, 2000.

_____. *To Heal a Fractured World: The Ethics of Responsibility.* New York: Schocken, 2007.

Schaab, Gloria L. "Incarnation as Emergence: A Transformative Vision of God and the Cosmos." *Heythrop Journal* 54, no. 4 (July 2013): 631-44.

Scheler, Max. "Repentance and Rebirth." Pages 38-63 in *On the Eternal in Man.* Translated by Bernard Noble. Hamden, CT: Archon, 1972.

Schmemann, Alexander. *The Eucharist: Sacrament of the Kingdom.* Crestwood, NY: St. Vladimir's Seminary Press, 2003. 『성찬』(터치북스 역간).

_____. "Fast and Liturgy." *St. Vladimir's Seminary Quarterly* 3, no. 1 (Winter 1959): 2-9. https://oca.org/reflections/fr-alexander-schmemann/fast-and-liturgy.

_____. *For the Life of the World: Sacraments and Orthodoxy.* Crestwood, NY: St. Vladimir's Seminary Press, 1963. 『세상에 생명을 주는 예배』(복있는사람 역간)

_____. "Liturgy and Theology." Pages 49-69 in *Liturgy and Tradition: Theological Reflections of Alexander Schmemann.* Edited by Thomas Frisch. Crestwood, NY: St. Vladimir's Seminary Press, 1990.

_____. "The Missionary Imperative in the Orthodox Tradition." Pages 195-210 in *Eastern Orthodox Theology: A Contemporary Reader.* Edited by Daniel B. Clendenin. Grand Rapids: Baker, 1995.

_____. *Of Water and Spirit: A Liturgical Study of Baptism.* Crestwood, NY: St. Vladimir's Seminary Press, 1974.

_____. "The World in Orthodox Thought and Experience." Pages 67-84 in *Church, World, Mission: Reflections on Orthodoxy in the West.* Crestwood, NY: St. Vladimir's Seminary

Press, 1979.

Shepherd of Hermas. ⟨http://www.earlychristianwritings.com/text/shepherd.html⟩.

Shriver, Donald W. *An Ethic for Enemies: Forgiveness in Politics*. Oxford: Oxford University Press, 1998. 『적을 위한 윤리』(이화여자대학교 출판문화원 역간).

_____. *The Sibylline Oracles*. Translated by Milton S. Terry. New York: Eaton and Mains, 1899.

Simmons, Marlise. "Vojislav Seselj, Serbian Nationalist, Is Acquitted of War Crimes by Hague Tribunal." *The New York Times*. March 31, 2016. ⟨https://www.nytimes.com/2016/04/01/world/europe/vojislav-seselj-war-crimes.html⟩.

Smith, Adam. *An Inquiry into the Nature and Causes of the Wealth of Nations*. London: William Benton, 1955.

_____. *The Theory of Moral Sentiments*. New York: Augustus M. Kelley, 1966.

Smith, James K. A. *Desiring the Kingdom: Worship, Worldview, and Culture Formation*. Vol. 1 of *Cultural Liturgies*. Grand Rapids: Baker Academic, 2009. 『하나님 나라를 욕망하라』 (IVP 역간).

Smith, Roger M. "Citizenship and the Politics of People Building." *Citizenship Studies* 5, no. 1 (2001): 73-96.

Sneed, Mark. "Israelite Concern for the Alien, Orphan, and Widow: Altruism or Ideology?" *Zeitschrift für die alttestamentliche Wissenschaft* 111, no. 4 (1999): 498-507.

Staniloae, Dumitru. *Revelation and Knowledge of the Triune God*. Vol. 1 of *The Experience of God: Orthodox Dogmatic Theology*. Brookline, MA: Holy Cross Orthodox Press, 1994.

_____. *The Sanctifying Mysteries*. Vol. 5 of *The Experience of God: Orthodox Dogmatic Theology*. Brookline, MA: Holy Cross Orthodox Press, 2012.

_____. *The World: Creation and Deification*. Vol. 2 of *The Experience of God: Orthodox Dogmatic Theology*. Brookline, MA: Holy Cross Orthodox Press, 2005.

Stavropoulos, Christoforos. "Partakers of Divine Nature." Pages 183-92 in *Eastern Orthodox Theology: A Contemporary Reader*. Edited by Daniel B. Clendenin. Grand Rapids: Baker, 1995.

Stott, John R. W. *Christian Counterculture: The Message of the Sermon on the Mount*. Downers Grove, IL: InterVarsity, 1978. 『존 스토트의 산상수훈』(생명의말씀사 역간).

Straus, Scott. *Making and Unmaking Nations: War, Leadership, and Genocide in Modern Africa*. Ithaca, NY: Cornell University Press, 2015.

Stronstad, Roger. *The Prophethood of All Believers*. Journal of Pentecostal Theology Supplements Series 16. Sheffield: Sheffield Academic, 1999.

Subev, Todor. "The Nature and Mission of Councils in the Light of the Theology of Sobornost." *The Ecumenical Review* 45, no. 3 (July 1993): 261-70.

Tanner, Kathryn. *Theories of Culture: A New Agenda for Theology*. Minneapolis: Fortress, 1997.

Taylor, Charles. "Notes on the Sources of Violence: Perennial and Modern." Pages 15-42 in *Beyond Violence: Religious Sources of Social Transformation in Judaism, Christianity, and*

*Islam*. Edited by James L. Heft, S.M. New York: Fordham University Press, 2004.

Tertullian. *Apology*. 〈http://www.newadvent.org/fathers/0301.htm〉.

Thatcher, Tom. "Cain and Abel in Early Christian Memory: A Case Study in 'The New Use of Old Testament in the New.'" *The Catholic Biblical Quarterly* 72, no. 4 (October 2010): 732-51.

Theokritoff, George. "The Cosmology of the Eucharist." Pages 131-35 in *Toward an Ecology of Transfiguration: Orthodox Christian Perspectives on Environment, Nature, and Creation*. Edited by John Chryssavgis and Bruce V. Foltz. New York: Fordham University Press, 2013.

Tillich, Paul. *Love, Power, and Justice*. New York: Oxford University Press, 1960. 『사랑, 힘 그리고 정의』(한들출판사 역간).

Tilton, John E. "Depletion and the Long-Run Availability of Mineral Commodities." *Mining, Minerals and Sustainable Development* 14 (March 2001). 〈http://www.iied.org〉.

_____. *On Borrowed Time? Assessing the Threat of Mineral Depletion*. Washington, DC: Resources for the Future, 2003.

Tolan, John. "The Friar and the Sultan: Francis of Assisi's Mission to Egypt." *European Review* 16, no. 1 (2008): 115-26.

Tschuy, Theó. *Ethnic Conflict and Religion: Challenge to the Churches*. Geneva: World Council of Churches, 1997.

Tutu, Desmond. *God Has a Dream: A Vision of Hope for Our Times*. New York: Image/ Doubleday, 2004.

_____. *No Future without Forgiveness*. New York: Doubleday, 1999. 『용서 없이 미래 없다』(사자와어린양 역간).

_____. *The Rainbow People of God*. New York: Doubleday, 1994.

Vermulen, Karolien. "Mind the Gap: Ambiguity in the Story of Cain and Abel." *Journal of Biblical Literature* 133, no. 1 (Spring 2014): 29-42.

Vogels, Walter. "The Tree(s) in the Middle of the Garden (Gen. 2.9; 3.3)." *Science et Esprit* 59, nos. 2-3 (2007): 129-42.

Volf, Miroslav. *The End of Memory: Remembering Rightly in a Violent World*. Grand Rapids: Eerdmans, 2006. 『기억의 종말』(IVP 역간).

_____. *Exclusion and Embrace: A Theological Exploration of Identity, Otherness, and Reconciliation*. Nashville: Abingdon, 1996. 『배제와 포용』(IVP 역간).

_____. *Flourishing: Why We Need Religion in a Globalized Word*. New Haven: Yale University Press, 2015.

_____. *Public Faith: How Followers of Christ Should Serve the Common Good*. Grand Rapids: Brazos, 2011. 『광장에 선 기독교』(IVP 역간).

Walton, John H. *Genesis. The NIV Application Commentary*. Grand Rapids: Zondervan, 2001.

Ware, Timothy (Bishop Kallistos). *The Inner Kingdom*. Vol. 1 of *Collected Works*. Crestwood, NY: St. Vladimir's Seminary Press, 2000.

_____. *The Orthodox Church*. New York: Penguin, 1993.

_____. "Sobornost and Eucharistic Ecclesiology: Alexei Khomiakov and His Successors." *International Journal for the Study of the Christian Church* 11, nos. 2-3 (May-August 2011): 216-35.

Weber, Max. "Ethnic Groups." Pages 52-66 in *Theories of Ethnicity: A Classical Reader*. Edited by Werner Sollors. New York: New York University Press, 1996.

Weil, Simone. *First and Last Notebooks*. Translated by Richard Rees. London: Oxford University Press, 1970.

Wenk, Matthias. *Community-Forming Power: The Socio-Ethical Role of the Spirit in Luke-Acts*. Journal of Pentecostal Theology Supplements Series 19. Sheffield: Sheffield Academic, 2000.

Wesley, John. *The Works of John Wesley*. Vol. 14. Peabody, MA: Hendrickson, 1991.

Wiesel, Elie. *From the Kingdom of Memory: Reminiscences*. New York: Summit, 1990.

Williams, Rowan. *On Christian Theology*. Oxford: Blackwell, 2000.

_____. *Resurrection: Interpreting the Easter Gospel*. London: Darton Longman & Todd, 2014.

Wright, N. T. *The Challenge of Jesus: Recovering Who Jesus Was and Is*. Downers Grove, IL: InterVarsity, 1999.

_____. "Jesus' Self-Understanding." Pages 47-61 in *The Incarnation*. Edited by Stephen T. Davis, Daniel Kendall, S.J., and Gerald O'Collins. New York: Oxford University Press, 2002.

Wyschogrod, Edith. *Saints and Postmodernity: Revisioning Moral Philosophy*. Chicago: University of Chicago Press, 1990.

Yong, Amos. *Hospitality and the Other: Pentecost, Christian Practices, and the Neighbor*. Maryknoll, NY: Orbis, 2008.

_____. *In the Days of Caesar: Pentecostalism and Political Theology*. Grand Rapids: Eerdmans, 2010.

Zappen, James P. "Mikhail Bakhtin." Pages 7-20 in *Twentieth-Century Rhetoric and Rhetoricians: Critical Studies and Sources*. Edited by Michael G. Morgan and Michelle Ballif. Westport: Greenwood, 2000.

Zizioulas, John D. *Being as Communion: Studies in Personhood and the Church*. Crestwood, NY: St. Vladimir's Seminary Press, 1995. 『친교로서의 존재』(삼원서원 역간).

_____. *Communion and Otherness*. New York: T&T Clark, 2006.

# 성령은 어떻게 공동선을 증진하는가?

성령 안에서 인류와 세계의 참된 번영을 모색하기

**Copyright ⓒ 새물결플러스 2022**

**1쇄 발행**  2022년 12월 28일

**지은이**  다니엘라 C. 어거스틴
**옮긴이**  김광남
**펴낸이**  김요한
**펴낸곳**  새물결플러스

**편  집**  왕희광 정인철 노재현 정혜인 이형일 나유영 노동래
**디자인**  박인미 황진주
**마케팅**  박성민 이원혁
**총  무**  김명화 이성순
**영  상**  최정호 곽상원
**아카데미**  차상희

**홈페이지**  www.holywaveplus.com
**이메일**  hwpbooks@hwpbooks.com
**출판등록**  2008년 8월 21일 제2008-24호
**주  소**  (우) 04118 서울시 마포구 마포대로19길 33
**전  화**  02) 2652-3161
**팩  스**  02) 2652-3191

ISBN  979-11-6129-245-8  93230

책값은 뒤표지에 있습니다.